U0016929

美國大企業與近代中國的國際化

吳翎君　著

目次

表目錄

緒 論

 1784年（乾隆49年）美國商船「中國皇后號」滿載大批人參及皮料等貨物抵中國廣州黃埔，這是美國獨立建國（1783）後首次和中國直接貿易的開始，寫下中美關係史上重要的一頁。而早在美國尚爲英國殖民地的時代，中國的茶葉已由英國東印度公司輸入美洲，歸航時採辦美洲土產運銷中國。所以中美關係的眞正肇始雖在獨立運動以後，然而在未獨立以前，中國和英國在北美殖民地間的貿易，早已行之有年。獨立後的美國在中國市場的貿易活動和以國家力量爲後盾的起步，雖晚於英國等主要歐洲國家，其對華貿易的數量在19世紀末以前在美國對外整體貿易量中並不重要，但中國廣大的土地和眾多的人口，始終帶給美國人一種美好的想像空間，讓美國商人遠渡太平洋而來[1]。

 美國在中國市場的貿易從早期鴉片貿易爲大宗，到19世紀中期以後以棉布、煤油、菸草和各式異國風味的商品交易爲主流。這種商品交易的型態到19世紀的後半期逐漸有新型態的產生，除了進出口貿易

1　Thomas J. McCormick, *China Market, America's Quest for Informal Empire, 1893-1901* (Chicago: Elephant Paperbacks, Ivan R. Dee, Publisher, 1967), pp. 77-103.

外，他們對中國市場有進一步投資，例如經營棉紗廠、碾米廠等各式機器廠的經營和航運事業等等，尤其是伴隨著中國條約權利的演變和通商口岸的開放，來華商人逐漸增加。1890年代以後，由於通商貿易的快速增加，一個以促進美國在華利益的商業團體──「美國在華利益委員會」（Committee on American Interest in China）也因此誕生，後來有1898年「美國亞洲協會」（American Asiatic Association）上海分會的成立。他們同時也出版一份以報導美國商人在亞洲地區的商業活動訊息為主的刊務，而中國商情的討論往往占了重要的版面 2。

19、20世紀之交，美國商人在中國市場的商業管理和組織型態，出現較大的轉變。伴隨著老式洋行和中國買辦制度的消退，在美國總公司指揮下，逐漸建立起銷售網及專屬經理人，形成早期的跨國企業，而這些粗具跨國企業型態的公司對中國市場的投資，也從早期公司本身產品的銷售，延伸到對中國市場的進一步開發與投資，像美孚

2　《美國亞洲協會期刊》（*Journal of the American Asiatic Association*）於1898年創刊，1946年停刊。哈佛大學收藏全套。據筆者逐一整理該刊物的主要歷史演變如下：1898年7月25日創刊。創刊開本B5。1917年3月改版A4大小，封面為*Asia: American Asiatic Association*，1919年12月，封面改為*Asia: The American Magazine of Orient.*在1919年11月，編輯部有說明「美國亞洲協會」（American Asiatic Association）正式退出此一刊物的管理和運作，其編務方向更加獨立，不受協會掌控。1919年11月以後改版的《亞洲》雜誌，該刊報導內容雖包括遠東和中東消息，但中國議題始終占有最多的篇幅，改版後此一刊物主要為對中國風俗習慣文化、美國人的中國印象及中國政治事務的觀察；原作為美國商人在華商務資訊傳播、發聲及意見反映的功能，以及美國在華商業利益的意義不再明顯。1942年11月改名為*Asia and the Americas*封面上大字為"Asia"，小字加上"and the Americas"。抗日戰爭時期該刊對戰時美國遠東政策、國際關係、國民政府的戰時動員和國共關係等訊息亦相當留意。宋美齡、林語堂曾在該刊發表文章，向國際宣傳國民政府抗戰的決心。

公司即是一個典型個案。19世紀末以後美孚公司對中國市場的投資，除了本身起家的油產品貿易外，還陸續投資於中國內河輪船航行、公路建造和探勘油礦等等。其次，有別於進出口貿易的經營，美國工礦企業界在此一世紀之交，對中國實業建設，有進一步的投資興趣。例如修築鐵路、開礦、架設電報線以及修浚港口的工程投資等等。這些實業投資，多肇始於清末，而於一次大戰前後有更大的投資熱潮。

事實上，美國的1880年代到1920年代，通常被冠以「鍍金年代」(The Gilded Age)，時值美國第二次工業革命後，一些企業家大量投資工礦鐵路事業，他們操縱金融和證券市場，並以遊說政府的手段，在美國國內和海外建立企業王國，因此被賦予略帶負面意義的稱號——「斂財大亨」(Robber Barons)。 這些著名的大亨，例如鐵路大亨斯坦福(Leland Stanford)、范德比爾特(Cornelius Vanderbilt)，鋼鐵大王卡內基(Andrew Carnegie)，石油大王洛克菲勒(John D. Rockefeller)、金融大亨摩根(J.P. Morgan)等等[3]。這些大企業所建立的事業王國遍及全球，中國市場當然不是它們最大的利潤所在，但它們的確促進美國在華投資的內容，一方面將中國市場的投資吸納到美國經濟和世界市場的軌道，另一方面，他們也從工業技術的移轉和輸入，參與了中國

3　在打造事業王國的版圖之際，事實上這些大企業對於慈善工作和建立各種社會服務的基金會亦不遺餘力，其與美國清教徒宗教精神結合起來，成為美國企業界從事慈善工作的優良傳統。如統稱之為「斂財大亨」確有失公允。但這一名詞顯現19世紀末一些人士對於這些大企業操縱和壟斷市場，快速累積財富的不滿。Walter LaFeber, *The Cambridge History of American Foreign Relations*, Vol. II, *The American Search for Opportunity, 1865-1913*(Cambridge University Press, 1993), Ch. 2, "the Second Industrial Revolution at Home and Abroad," pp. 21-44.

的早期工業化和技術革新，使中國主動或被動地與歐洲工業革命發生後的科技文明接軌。例如：跨世紀之交全球技術界的盛事——無線電報的發明不久，美國合眾電信公司即跨海到中國投資無線電事業。再如，1913年，美國初步完成巴拿馬運河(Panama Canal)的艱巨工程之後，在美國大企業支持下，一批巴拿馬運河的工程技術團隊即趕赴中國參與疏導大運河和淮河的水患工程。

1914年8月兩件世紀大事，對美國的海外投資發生革命性的影響，同時對中國市場而言，中國亦通過美國加速了中國與國際市場的接軌。一是8月15日，美國開鑿的巴拿馬運河正式通航，縮短了大西洋和太平洋的距離，使得如何打開遠東市場的重要性成為迫切命題。二是，一次世界大戰的「八月砲聲」(Guns of August)轟隆於德、奧匈等同盟國和英、法、俄等協約國之間，歐洲主要國家都捲入了這場戰爭。美國最初因未參加大戰，美國資本家醞釀成立「廣益投資公司」(American International Corporation，簡稱A.I.C.)借機拓展美國在海外市場的影響力，而中國市場正是他們有意移轉部分歐洲資金進入的地區之一。為了促進大戰時期對華貿易，1915年6月19日，除了原本的「美國亞洲協會」的組織外，美國在華商人更進一步於上海成立「美國中國商會」(American Chamber of Commerce of China, 簡稱 AmCham)，這個商會組織雖是民間性質，成立大會卻由上海總領事 Thomas Sammons所號召，創始委員有：大來公司(Robert Dollar Co.)、美孚石油、勝家縫紉公司(Singer Sewing Machine Co.)、美國鋼鐵公司(U.S. Steel Products Co.)等大企業老闆；名譽委員則是由美國駐京公使和使館代辦、美國上海領事館總領事和美國資深副領事

(Senior Vice-Consul)，可見得美國在華企業和美國政府間的密切關聯[4]。而1915年「美國中國商會」在上海的成立，也創下美國商人在美國本土之外成立第三個協會的紀錄[5]。

上述從19世紀到1920年代美國在中國的投資活動情形，為本書主要關懷所在，而尤著重民國初年實業投資的個案。由於作者長期以來對於外交史的興趣，所切入的焦點為「企業、政府與外交」的互動關係。如果我們留意美國在民國初年所參與的中國政府的大型投資案，大都牽涉到清末以來列強在中國的勢力範圍劃分和讓渡權（concession）問題，因此這些投資問題的交涉，主要牽涉的是政治外交因素，亦即一邊是美國大企業與美國政府，另一邊是中國政府。然而，前者——美國大企業及其政府之間有時合作，有時衝突；而後者——與中國政

4 「美國中國商會」標榜為一非營利、非黨派色彩的組織，主張自由貿易、市場開放、私有企業和資訊自由交流等原則，駐在中國的美商入會費為年金50美元，而為擴大影響和經費需求，該組織亦招收非駐地會員（non-resident member），年金20美元。1915年6月19日為籌備性質的臨時委員會。首次執行委員會議年會於1916年8月18日召開，據會員名冊共有公司會員31位和個人會員28位。1918年4月第二次執行委員會議年會，會員數已增加，共有公司會員38位、個人會員28位、非駐地會員5位。會議紀錄：*First Annual Report of the Proceedings of the Executive Committee of American Chamber of Commerce for the Year Ending*, Aug. 18, 1916. pp.1-2; 52-57.（台北：成文出版社印行，1971）。 *Second Annual Report of the Proceedings of the Executive Committee of American Chamber of Commerce for the Year Ending*, April, 1918. pp. 114-120。（中央研究院台灣史研究所南洋資料）該筆資料第二年名冊錄，打印仍為Aug. 18, 1916.，顯然係誤植。

5 目前美國商會在上海和台北亦設有分會。詳見：http://www.Amcham-shanghai.org /AmChamPortal/ PortalDefault.aspx ? HLLink=Par_link_Homepage&Tb_Name=Home，下載日期2010年8月1日。

府的關聯,則牽涉清末以來與列強之間錯綜複雜的權利糾葛,在不同
個案間面臨不同的問題,有其相似性,亦有相異性。研究者認為通過
具體個案的分析,有助於釐清美國大企業與近代中國的關聯。

條約,是中外往來的依據。自鴉片戰爭以來,中外關係的運作大
抵建立在不同階段的條約關係上,學者亦有稱之為「條約體系」或
「條約制度」(Treaty System),但近年的研究則拋開條約體系的角
度,提出各種新見解[6]。然而不同階段的條約對美國在華商務發展究
竟產生哪些影響,或者說條約關係在實際的商務交涉中具有怎樣的功
能,乃至於條約關係的實際運作,在個別的商務個案呈現怎樣的形
貌?過去有關條約制度的研究角度較偏重政治外交層面,而較少從中
外經貿關係和條約內容的運作來考察其意義。本書主要以個案來呈現
條約關係,如何落實於近代中美經貿發展關係中,藉此釐清條約利益
在商務發展中的實質面向。

兩國間的通商貿易,如依照近代國際通商之慣例,並在概念上有
一共識,亦即:兩締約國之人民有相互通商航海之自由,得各以船舶
裝運貨物,向他方之商港自由到達。此一國際通商的行為,不能稱為
侵犯沿岸貿易權[7]。然而,只要是獨立之國家莫不保留其沿海貿易權和
內河航行權於其本國之國民。如有例外,則必須於條約中明定,且給予

---

6 主要為費正清(John King Fairbank)所建立的「朝貢貿易體系」及鴉片戰
   後「條約體系」的論述,於近二十年來學界已有所質疑。有關中外條約
   及條約體系的研究,近年有相當豐富的研究成果,相關討論見本書第一
   章〈條約制度與清末美國在華商務的開展〉。

7 王洸,〈外人在華航業實況與收回航權問題〉,《外交評論》(南京:
   外交評論社,1934年4月),頁72-73。

互惠，而非如中國近代以來所簽訂的中外條約中僅加以片面限定[8]。在早期中美條約中有關商務的條約內容，較關鍵的條款如下：

一、沿海貿易權：根據中美望廈條約第三條規定：「合眾國人民之船隻在五口者裝載貨物互相往來，任聽其便」。由於條約所言「貨物往來，任聽其便」的定義含糊，使得西方列強競相援引，逕自在中國五口通商口岸間航行貿易，中國沿海貿易自主權因之淪喪[9]。

二、內河航行權：一如沿海貿易權，內河航權的喪失，亦由條約之延伸解釋及情事發展逐步演變而成。咸豐八年(1858)英國取得長江漢口以下的航行權，但僅止於航行通商，除指定口岸(不逾三口)外，英商輪船並不能於長江沿岸各港進出口貨物[10]。咸豐十一年(1861)中

---

8 由清末通商口岸所形成的不平等條約制度，在1920年代因中國民族主義的昂揚開始受到挑戰。1920年代後期不論是國民政府展開的「革命外交」或北洋政府的修約外交，均獲得一定的成就。其中就中美條約關係而言，最重要的成就莫過於1928年簽訂的平等新約——中美關稅新約，美國率先承認中國適用關稅自主之原則，並給予互惠原則。詳見吳翎君，《美國與中國政治(1917-1928)——以南北分裂政局為中心的探討》，收入張玉法主編《中國現代史叢書》(8)(台北：東大圖書公司，1996)，頁244-253。

9 于能模認為沿海貿易權的喪失，始於中美望廈條約及中法黃埔條約。在最初時期道光22年的中英南京條約及翌年虎門條約均無此項規定。見于能模，〈外人在華享有內河航行與沿海貿易權之條約依據〉，《東方雜誌》，第28卷22號(1931年11月)，頁15。王洸則認為沿海貿易權之喪失，始於南京條約及五口通商章程，此二條中國所謂開放口岸係只許英國於此五口通商貿易，未規定含有沿岸航行之性質，然因中國之放任而完全成立。王洸，〈外人在華航業實況與收回航權問題〉，《外交評論》(南京：外交評論社，1934年4月)，頁75。具體綜述之研究，詳見：李育民，《近代中國的條約制度》(長沙：湖南人民出版社，2010年2月)，頁175-203。

10 中英天津條約，該約第10款規定「長江一帶各口岸英商船隻俱可通

英長江通商章程，允許英商得在上海及長江口岸運輸土貨，此後即見英船充斥中國江面[11]。如以條約的明文規定而言，外輪行駛中國內河應始於中日馬關條約，條約列強在華才有比較完整的內河航行權。據馬關條約第六款准許日輪從宜昌至重慶，及從上海至吳淞江及運河，以至於蘇州、杭州航行之權，並可搭客載貨[12]。各國沿用「最惠國待遇」條款一體均霑。

三、商務拓展權利：據1858年中美天津條約第十二款，美國人民取得在中國通商口岸居住和租地的權利[13]。1895年以後，美商在華活

(續)───────────

商……准將自漢口溯流至海各地選擇不逾三口，准為英船出進貨物通商之區」。條約見：田濤主編，《清朝條約全集》，第一輯，(哈爾濱：黑龍江人民出版社，1999)，頁199。即除指定三口岸之外，但並無出進貨物之權。

11　葉作舟，〈收回外人在華航行權問題〉，《東方雜誌》，第31卷12號(1934年6月)，頁57-58。據長江通商章程第2款：「洋商由上海運土貨進長江……」第3款「洋商由上海運別口所來之土貨……」，第五款「洋商由長江口岸運土貨回上海」，是則已准許洋商在上海與長江各口間往來運輸土貨。

12　田濤主編，《清朝條約全集》，第二輯，頁912。關於外人在華內河航行權的詳細討論，可參見：應俊豪，《砲艦與外交的迷思──1920年代前期長江上游行航安全問題列強的因應之道》(台北：學生書局，2010)，第二章有關內河航行權的討論，頁15-34。根據該書作者的研究結果，即使到了1920年代，外國輪船仍未能依據中外簽訂的章程充分享有自由往來未開放通商內港從事貿易的權利。因此，外國經由中外條約或章程取得的部分權利，並不等同於實際的情況。頁21。

13　天津條約十二款：「大合眾國民人在通商各港口貿易，或久居或暫住，均准其租賃民房或租地自行建樓，並設立醫院、禮拜堂及殯葬之處，聽大合眾國人與內民公平議定租息……」。外交部編，《中外條約彙編》(台北：文海出版社，1964)，頁127。田濤主編，《清朝條約全集》，第一輯，頁197。詳見：李育民，《近代中國的條約制度》，頁50-56，有關通商口岸制度形成的探討。

動，又得利於「中日馬關條約」(1895)和「中美續議通商行船條約」
（即1903年中美商約）。馬關條約不僅爲日本也爲列強包括美國在內，
打通了進入中國內河，擴大直接貿易的區域，此外還有優惠的稅率和
在華投資設廠等貿易權利。

　　然而，在實際的個案中，往往可發現清政府不同意或抵制上述條
約所載之權利。在作者過去研究美孚石油公司個案中，發現外國企業
在中國內地是否可設置經理處（經銷處）的爭議即懸置多年未曾解決。
外國企業所引用的是1858年天津條約第九款「英商可在內地遊歷通
商」等語，但中國政府認爲遊歷(travel)或爲遊玩(for pleasure)或爲通
商目的(for purpose of trade)之故，並無永久經營之意。在美孚的研究
中，即使到1920年代美孚早已建立在中國的經銷系統，但中國政府對
美孚經理處的認定，仍抱持「洋商以貨物交與華人前往內地售賣，視
爲華人販賣，不能視爲洋商經理」，因此不予美孚公司掛牌設置經理
處[14]。是故，本書在處理早期美國在華貿易問題時，特別留意條約關
係與商業活動的個案，第一章舉出1860年代以後關乎外人在華投資設
廠和機器進口的重要個案，並探討中國政府對於美國口岸領事的規範
和相關禁令，以呈現條約制度的實質與演變。

　　由於早期的中外條約多包含政治、法律、外交和商務的綜合性內
容，一直到1903年，一個純粹以商務發展作爲經貿往來的條約依據，
才在清政府和英、美、日等國家分別訂立，顯現中外關係的發展在當
時已迫切到需要一個清晰明白的商務條文之規範。因此，1903年中美

14　吳翎君，《美孚石油公司在中國，1870-1933》（台北：稻鄉出版社，
　　2001）。此一問題關係洋貨的認定與是否爲華人販賣，其影響貨物進出
　　口稅和地方釐卡的徵收，並與中國中央與地方的財政收入有密切關聯。

商約在早期中美經貿發展中深具指標性意義。此為本書第二章討論題旨之所在。

本書從第三章到第八章，則是探討幾個美國政府參與的中國政府實業投資的案例，而這些個案的交涉雖是在民國初年，但大都與清末以來，歐洲國家和日本所簽訂的相關合同發生利益糾葛，其又與條約制度衍生的外人在華權益問題，息息相關，特別是鐵路、電報和礦業等投資。本書所選取個案為：

一、跨國大企業的實業投資——美孚石油公司與陝北延長礦區

二、國際大財團投資案——廣益公司與一千五百英里鐵路計畫

三、人道主義工程投資案——美國參與導淮和整治大運河案

四、一家大型電訊公司——美國合眾電信公司投資無線電台案

五、技術團隊的投資案——美國工程顧問公司與黃河鐵橋投標案

六、未完成的藍圖——孫中山與雷比特公司的南方大港投資案

以上這些個案，就一次大戰前後中國的工業化和近代化而言，從無線電訊、礦業開採、工程技術移轉和人道關懷等案例，均有指標性意義。而所交涉的中美合作個案，則從袁世凱時代的美孚石油公司，到北洋政府的幾件大型公共工程以及廣州政府的南方大港工程，很清楚看出經濟投資問題中的政治因素在不同政府時期的意義。因此本書採用此一架構舖展第三章到第八章。

一次大戰前後美國在華從事實業投資的企業，大概可歸納為以下三種型態：

一、合資公司。由於實業投資的金額龐大，風險過高，美國企業家乃為特定目標而另組成合資公司，其中尤以鐵路事業的投資為然，這些企業中不乏已是初具跨國企業規模的大公司。例如，清朝末年為獲取中國鐵路修築權目的，而於1895年組成的華美合興公司（American

China Development Company）。此一個案的討論已見諸於不少前輩學者的研究，因而本書不擬縷述細探此案[15]。本書探討的是成立於一次大戰爆發後，以拓展海外實業為主的廣益公司。

二、單獨承擔投資風險的大公司，通常已具跨國企業規模。例如，美孚石油公司和合眾電信公司。美孚公司參與中國油礦的開採，此一問題曾見諸於作者的專書《美孚石油公司在中國》，然而本書仍將美孚個案納入，主要原因是油礦開採個案與其他個案性質的不同，時間上又以袁世凱時期的交涉為主，有別於本書其他交涉之個案。另一粗具跨國企業經營的合眾電信公司，其所投資的中美合辦無線電訊問題，最能看出中國由水線電訊升級到無線電訊過程中，技術移入與外人投資因素的複雜度。

三、由一批專業工程師組成的工程顧問公司。規模較小，財力遠不如國際大財團。這批專業工程師為中國實業市場的開發注入一股新興實力。同時也對中國的近代化建設和工程人才的培育有相當大的貢

---

15 特別是李恩涵教授的大作，Lee, En-Han. "China's Response to Foreign Investment in Her Mining Industry(1902-1911)," *Journal of Asia Studies,* vol. 28, No.1, Nov. 1968, pp. 55-76.Lee, En-han, *China's Quest for Railway Autonomy, 1904-1911: A Study of Chinese Railway-Rights Recovery Movement*(Singapore: Singapore University Press, 1977).李恩涵，〈中美收回粵漢路權交涉〉，《中央研究院近史所集刊》，期1(1969)。以上著作主要從合興公司與粵漢鐵路的合同交涉，論述中國收回路權運動與近代中國民族主義的關聯；從美國對華投資的研究則有：William R. Braisted, "The United States and the Amerrican China Development Company," *Far Eastern Quarterly*, Vol. 11, No. 2(Feb. 1952), pp. 147-165. Charles Vevier, *The United States and China, 1906-1913. A Study of Finance and Diplomacy*(Rutgers University Press, 1955)等書。

獻。本書所舉的個案爲參與黃河鐵橋投標案的美國顧問工程公司。

上述這些個案，訂立合約的對象都是中國政府，時間上和清末以來列強在中國的實業開發，例如鐵路、電報、礦業開採等利權之競爭息息相關；當一次大戰前後當美國有意於角逐這塊實業市場的大餅時，便和其他列強的既得權益發生衝突和競爭。除了投資公司的不同類型之外，本書另選取了導淮工程和大運河工程案。這件工程最早由紅十字會所承擔，原爲一件人道救援工作，但後來因財力負荷問題，轉而由大財團接手。最後一件，則是南北分治下孫中山廣州政府的投資案，藉以突顯中國南北分治下美國在南方投資的問題。

關於美國首次提出門戶開放政策(1899)至一次大戰爆發期間，美國在遠東的投資與外交活動，以及環繞國際銀行團(American Group of the International Consortium)的問題，曾是美國外交史學界的顯學，前輩學者已做出極爲出色的研究，因而本書在選取個案時，並不打算以世紀之交的投資活動做爲切入點[16]。如前所述1914年巴拿馬運河的通

---

16 這一連串的投資活動，包括購買中東鐵路和南滿鐵路、修築錦璦鐵路、創辦東三省銀行、修築湖廣鐵路，以及參加國際銀行團等，直接牽涉到美國、俄國與日本在東北問題的角力，以及列強對中國事務的支配權，加上中國政局的動盪不安，使得此一波美國在華的商業投資，伴隨遠東國際關係和中國詭譎不安的政治情勢，互爲激盪，終無所成。其中1911年的湖廣借款，清政府因收回民間出資興辦的粵漢和川漢鐵路，宣佈鐵路國有政策，導致四省人民發起保路運動風潮，更進而引爆辛亥革命的發生。此一研究成果，代表性著作有：Charles Vevier, *The United States and China. 1906-1913. A Study of Finance and Diplomacy*, ch.6-ch.8. Charles Soutter Campbell, *Special Business Interests and the Open Door Policy* (Hamden, Conn.: Archon Books, 1968). Michael H. Hunt, *Frontier Defense and the Open Door: Manchuria in Chinese-American Relations, 1895-1911* (New Haven: Yale University Press, 1973). Michael H. Hunt, *The*

航和第一次世界大戰的爆發，這兩件事對20世紀初的中美關係影響至大。由於美國最初並未加入戰爭，使得美國有機會拓展其海外市場，包括打破原歐洲帝國主義國家在遠東的優勢；而巴拿馬運河的通航，則讓美國預期中國和遠東做為商業市場的重要性。在此雙重背景之下，一次大戰前後美國總統威爾遜（Woodrow Wilson,1856-1924)得以道德主義的理想，擎起門戶開放政策的大纛，破除列強在中國的勢力範圍，實現其遠東政策[17]。因而，本書討論的投資個案主要為一次大戰爆發前後，此亦是過去研究成果較為不足的主題；下限時間主要止於1921年關乎遠東秩序重整的華盛頓會議，外人在中國的若干條約權益得以在華會中討論之際，而這些個案在1920年代初期的餘波蕩漾亦在討論範圍之列。

（續）─────────────

Making of a Special Relationship: the United States and China to 1914(New York: Columbia University Press, 1983), pp. 189-298；研究國際銀行團和日俄關係的經典之作，則有Warren I. Cohen, *Roger S. Greene, Thomas W. Lamont, George E. Sokolsky and American-East Asian Relations*(New York: Columbia University Press, 1978.)中文著作亦不少，例如：吳心伯，《金元外交與列強在中國，1909-1913》（上海：復旦大學出版社，1997），全書評析塔虎脫(William H. Taft)總統時期美國在華投資活動與外交關係。汪熙、吳心伯，〈司戴德與美國對華金元外交〉（上、下），《復旦學報》（社會科學版），上海：1990:6；1991:1，頁90-97，80-85。王綱領，《民初列強對華貸款之聯合控制》（台北：私立東吳大學中國學術著作獎助委員會，1982）。王綱領，《歐戰時期的美國對華政策》（台北：臺灣學生書局，1988）。

17 有關威爾遜總統與遠東的關係，最具評價的著作仍為Roy W. Curry, *Woodrow Wilson and Far Eastern Policy, 1913-1921*(New York: Bookman Associates, 1957).較新的研究見：John Milton Cooper, Jr. *Reconsidering Woodrow Wilson: Progressivism, Internationalism, War, and Peace*(Woodrow Wilson Center Press, 2008).

　　不同於經濟史對於跨國大公司的海外研究著重資金流動、直接投資(direct investment)、組合投資(portfolio management)、市場網絡和企業管理等層面的考察，本書主要檢視近代美國企業在中國的投資活動中的政治性因素，將商業活動置於政府政治、中美關係和國際化(internationalization)的脈絡中來考察。這樣的研究取徑，受益於前輩學者在經濟史和外交史上的研究視野，所不同的是：作者處理的雖是美國企業的個案，但最後的關懷點仍是以中國為主體，希望理解中國近代化過程中，美國企業與美國政府所參與的角色，以及通過這些實業投資所帶動的國際化意義。

　　以研究跨國企業享譽的威爾金斯(Mira Wilkins)，在其有關美國海外投資和外人在美國投資的系列著作中，相當重視海外投資行為中的政府決策因素，亦即政府的公共政策怎樣影響海外投資，並認為不同個案有其特殊性質[18]。最新威爾金斯與其他經濟史學家合著的《全球

18　美國學界研究美國海外投資，主要以經濟史學者為主，其成果斐然，非本文所能討論。其中獲得美國經濟史學會頒贈終身成就獎的Mira Wilkins在哈佛大學出版社有四本學術專著，這四本學術專書如下：*The Emergence of Multinational Enterprise: American Business Abroad from the Colonial Era to 1914*(1970)，*The Maturing of Multinational Enterprise: American Business Abroad from 1914 to 1970*(1974)，*The History of Foreign Investment in the United States to 1914*(1989)，and *The History of Foreign Investment in the United States, 1914-1945*(2004).在威爾金斯有關美國海外投資的系列著作中，顯然中國市場的研究並非其側重點。據筆者所見，僅早期一篇論文完整討論中美經貿關係。 Mira Wilkins, "The Impact of American Multinational Enterprise on American-Chinese Economic Relations," 1786-1949. in Ernest R May & John K. Fairbank eds., *America's China Trade in Historical Respective, the Chinese and American Performance*(Cambridge, Mass.: Harvard University Press, 1986), pp. 259-292.

電力化——電力史中的跨國企業和國際資金》(*Global Electrification: Multinational Enterprise and International Finance in the History of Light and Power, 1878-2007*)一書,則是從國際史的視野探討全球電力發展史,亦再次強調公共設施中政治性介入的滲透力和影響力[19]。羅生寶 (Emily S. Rosenberg)在1982年的成名著作《美國夢的擴張,1898-1945》(*Spread the American Dream: American Economic and Cultural Expansion, 1898-1945*),從新的視野論述美國自19世紀末到第二次世界大戰期間美國的向外擴張之路,本書從經濟、宗教、文化、政府與私人企業的合作和限制,以及美國人對自由市場的追尋,探討不同時期「美國夢」的擴張,對本書處理美國與中國市場的關聯性之研究觸角有所啓發[20]。

---

19 威爾金斯在其所著的章節中,強調公共設施(public utilities)中特有的政治面向,由中央到地方各層級的政治性介入,使得跨國大企業在推動全球電力化過程中得以壟斷電力市場。然而,定義中「讓渡權」(concession)或「特許權」(franchises)係來自政府,但它所牽涉的政治面向卻是更爲廣泛,從國家的(National)、區域的(regional)和市政政治(municipal politics)對國內企業產生巨大的衝擊,而國內資金又嚴重衝擊到跨國企業和國際金融的運作,因此我們不可低估這種衝擊。William J. Hausman, Peter Hertner, Mira Wilkins, *Global Electrification: Multinational Enterprise and International Finance in the History of Light and Power, 1878-2007*(Cambridge University Press, 2008), pp. 67-71.

20 Emily S. Rosenberg, *Spread the American Dream: American Economic and Cultural Expansion, 1890-1945*(New York: Hill and Wang, 1982). 該書作者於1999年的著作,則探討美國的宗教性格、政治文化、私人企業和公共政治等因素,論述美國從19世紀末金元外交政策的起源,到1927-1930年間經歷經濟大恐慌之後的沒落。詳見:*Financial Missionaries to the World: the Politics and Culture of Dollar Diplomacy, 1900-1930*(Cambridge, Mass.: Harvard University Press, 1999).

　　過去有關清末民初外國企業在中國活動的研究，比較偏重外人在中國經濟投資的整體面向及其與中國民族資本企業間的關係。近年來的研究趨勢，不論是外資企業或中西合資企業或華資企業史的研究，都愈來愈偏重個案考察，並將個案研究置於整體歷史脈絡發展之中，且已有相當豐碩的成果[21]。以研究跨國企業為主的高家龍，其代表著作探討時間多為1930年代以前。高家龍(Sherman Cochran)最早成名著作為1980年研究英美煙公司(British American Tobacco Company, BAT)在華的商業競爭，奠定其研究外資在華企業的學術地位。高家龍在〈企業、政府與中日戰爭〉一文中，處理以下三個個案：（一）中國大

21　例如：高家龍(Sherman Cochran)選擇英美、日本與中國共六家著名的代表企業，分析19世紀後期至20世紀前期，西方、日本和中國大公司在中國市場遭遇「關係網」的經歷。他針對申新紡織企業與大中華火柴公司的個案研究，更進一步顯示榮宗敬與劉鴻生在企業擴張過程中，靈活運用西式的管理科層與中國的傳統社會網絡。Sherman Cochran, *Encountering Chinese Networks: Western, Japanese and Chinese Corporations in China, 1880-1937*(University of California Press, 2000). 2006年高家龍轉向消費文化的研究，他以北京同仁堂、上海中法藥局、上海五洲藥房、上海新亞製藥廠以及以東亞為基地的虎永安堂五個個案，分析近代中國的藥房消費及隨之形成的消費文化。Sherman Cochran, *Chinese Medicine Men: Consumer Culture in China and Southeast Asia*(Cambridge, Mass.: Harvard University Press, 2006). 另與David Strand合編有 *Cities in Motion: Interior, Coast and Diaspora in Transnational China*(Berkeley: University of California Institute of East Asian Studies, 2007). 中央研究院近代史研究所所長張寧對於中國冷凍蛋品工業的研究。張寧，〈跨國公司與中國民族資本企業的互動：以兩次世界大戰之間在華冷凍蛋品工業的發展為例〉，《近代史研究所集刊》，37(2002:6)，頁187-227。國內有關中美經貿關係的研究成果，羅志平的專書《清末民初美國在華的企業投資，1818-1937》（台北：國史館，1996），主要為探討近代美國在華企業發展的整體論述，非以實業投資的個案分析為主體。

企業——申新紡織廠(榮宗敬)與國民黨政府的衝突，1931-45。(二)日本大企業——南滿鐵道株式會社與日本軍方的競爭。(三)美國大企業——美孚石油公司與美國國務院在中國的合作。高家龍的論著對於戰時中、日、美三國的大企業及其政府政策的關係，擴大了企業史和政治史的研究視野[22]。

近二十年來傳統政治外交史的研究，在西方學界幾已宣告窮途末路。以研究美國政治外交的韓德(Michael H. Hunt)，從經濟活動與外交關係的視野，探討1890年代以來美商在中國市場的發展。他舉出美孚公司、英美煙公司和美國棉織品的個案，認爲中國市場的開發，的確存在著一些困難，包括交通落後、陌生的商業環境和行銷方式、民族主義的排外因素等等。但美孚公司和英美煙公司分別克服了這些困難，找到發展的契機。此外，韓德認爲美國政府對於私人企業的發展，所扮演的作用相當有限。美國官方在19世紀末20世紀初，大力指導出口企業，但實質影響不大。然而，美國政府從未放棄從經濟面影響中國的外交政策，美國決策者始終對中國的長期改造抱持極大的興趣，並寄望美國的資本家來實現此一夢想。韓德在《一種特殊關係的形成——1914年前的美國與中國》第五章，〈美國政策與私人利益，1860-1899〉，就私人／公共的；官方／非官方的因素，探討私人企業與美國決策者之間的互動，結合政治史與企業史的視角，拓展了傳統

22　Sherman Cochran, *Big Business in China, Sino-foreign Rivalry in the Cigarette Industry, 1890-1930*(Cambridge, Mass.: Harvard University Press, 1980). 高家龍，〈企業、政府與中國戰爭〉，中文版見：入江昭、孔華潤編，《巨大的轉變：美國與東亞(1931-1949)》，收入汪熙主編，中美關係研究叢書第7(上海：復旦大學出版社，1987)，頁110-136。

外交史的研究[23]。韓德於1991年發表〈美國外交史的國際化〉
（Internationalizing of U. S. Diplomatic History），強調外交史研究應朝向
多元化和國際關係史的模式。此後他的研究轉向當代美國國際史和全
球史議題，例如著名的《美國的崛起：美國如何成爲世界霸主》（*The
American Ascendancy: How the United States Gained and Wielded Global
Dominance*），從全球化的脈絡中宏觀百餘年來美國經濟和文化的發
展，論析美國霸權的形成及其結果[24]。

23　Michael H. Hunt, "American in the China Market: Economic Opportunities
　　and Economic Nationalism, 1890s-1931," in *Business History Review*, 51:
　　3(Autumn 1977), pp. 277-307.韓德的兩本專書《一種特殊關係的形成
　　──1914年前的美國與中國》（*The Making of a Special Relationship, the
　　United states and China to 1914*. New York: Columbia University Press,
　　1983)以及《意識型態與美國外交政策》（*Ideology and U.S. Foreign
　　Policy*, Yale University Press, 1987)在學界評價甚高。另著有*Frontier
　　Defense and the Open Door: Manchuria in Chinese-American Relations,
　　1895-1911*(New Haven: Yale University Press, 1973), 《中國共產黨外交
　　政策的起源》（*The Genesis of Chinese Communist Foreign Policy,* New
　　York: Columbia University Press, 1996)。吳翎君，〈評Michael H. Hunt
　　著，*The Genesis of Chinese Communist Foreign Policy*〉,《國史館館刊》
　　復刊第24期(1998年6月)，頁209-218。

24　Michael Hunt, "Internationalizing U.S. Diplomatic History: A Practical
　　Agenda," Diplomatic History, No. 15(Winter 1991), pp. 1-11. 此文爲韓德於
　　外交史家協會主席的演說論文。*The American Ascendancy: How the
　　United States Gained and Wielded Global Dominance*(UNC Press, 2007)，
　　認爲美國霸權的源起可溯自美國開拓者的殖民意識、經濟生產力及被激
　　發的國家主義，而1920年代的快速起飛，奠定了1940年代的全球優勢。
　　冷戰時代與蘇聯的對立，使得「美國圖像」的形塑愈來愈清晰，並且從
　　經濟和文化上對第三世界進行支配。但美國霸權於1980年代以後，在國
　　內外都面臨一連串的挑戰，令美國決策者失去判斷力，特別是恐怖主義
　　的盛行以後，造成美國新自由主義的興起。

　　國際史大家入江昭(Akira Iriye)的論著中，以國際史和文化史視野探討美國、遠東與中國的關係，爲傳統政治外交史注入新的活力。入江昭指出國際史是一種全方位的歷史研究法，它超越了傳統外交史一味強調政府之間的通訊、談判等限制，把文化、社會思潮變遷、個人情感等因素引入考察之列。國際史與傳統政治史的主要區別在於它超越國界，側重多層次對話，運用多國檔案和多元檔案，並以整個國際體系作爲參照，強調國家間的政治、文化等多重交流、對話及互動。入江昭近來的論著亦環繞著全球化之間的多層次交往關係，例如以全球化觀點探討近代以來中日兩國在權力、文化和經濟上的互動和消長，或是後冷戰時代的來臨，世界由兩極走向多極，在全球化趨勢下文化交流、市民社會、經濟共同體的相繼出現，以及政府角色的相對減弱[25]。

　　入江昭和韓德的國際史方法和視野，重點仍爲美國對外關係或遠東世界的多層面和國際取向的研究。柯偉林(William C. Kirby)從《德國與中華民國》一書出版以來，即著重「外國模式與中國的現代化」，其思路是以中德關係爲例來研究中國的現代化，而不限於僅是兩國的政治關係。他將民國時期中國的商業、經濟和政治發展放在國際化發展脈絡中，探索國民政府時期的中外合資企業、技術轉讓與技

25　Akira Iriye, "The internationalization of History," *American Historical Review*, Vol. 94, No. 1(1989, Feb.), pp. 2-9. Akira Iriye, "Culture and Power: International Relations as Intercultural Relations," *Diplomatic History*, 3, No. 3(1970), p. 115, Akira Iriye, *China and Japan in the Global Setting*(Harvard University Press, 1992). Akira Iriye, *Global Community: The Role of International Organizations in the Making of the Contemporary World*(University of California Press, 2002).

術組織[26]。其後他對中國公司法的研究，針對1904年中國首部制定的公司法(「欽定大清商律‧公司律」)到戰後1946年公司法的制定演變過程中，中國內部對西方技術、企業組織和投資概念的相應關係，從條約、制度和文化層面，論述對外關係中內外因素的連結[27]。1997年，柯偉林在〈中國的國際化：民國時代的對外關係〉一文中，論析以國際化視野看待中國近現代歷史的發展，強調近代以來中國與更廣泛的世界的交互作用。他認為柯文(Paul Cohen)側重中國內部面向(more interior approach)的研究，雖對近代中國史的研究有所貢獻，但我們絕不可以忽略國際因素的面向，特別是1912年和1949年二個「新中國」階段，國際因素的影響無所不在。他逐一考察民國時期的政治、軍事、文化、經濟、商業和教育等方面的國際化脈動，總結民國時期對外關係的影響是徹底穿透於中國社會的各個層面，可說是「從國際發現中國歷史」。他指出「全球化」概念的預設是世界上國家之間的相互模式的不斷趨同，但它沒有考慮文化及政治的變化不如交通、通訊、貿易方面的革命所產生的變化迅速，而「國際化」指的便

26　William C. Kirby, *Germany and Republican China* (Stanford, Calif. : Stanford University Press, 1984). 柯偉林著、程麟蓀譯〈國民政府時期的中外合資企業、技術轉讓與技術組織，1928-1949〉，《中國近代經濟史研究資料》，第9輯，頁122-142.

27　William C. Kirby, "China Unincorporated: Company Law and Business Enterprise in Twentieth-Century China," *The Journal of Asian Studies* 54:1 (Feb., 1995), pp. 43-63. 對於「1946年公司法」的研究，他指出戰後美國期待中國市場自由化的想法，適與傾向建立計畫經濟的國民黨政府背道而馳；對美國而言，在放棄治外法權之後，一種新的中國與世界經濟交往的基礎，必須在條約關係中加以解決，對中國而言，它反映國民黨政府如何想有效利用外資，幫助完成其國家政策的特定目標。

是這種變化過程中彼此相互聯繫又相互衝突的過程[28]。誠如柯偉林所言，近代中國歷史的發展無一不受到國際化作用的影響，因此，有必要從國際化視野看待民國以來的對外關係。他近年的著作一再強調中國對外關係中的國際化(internationalization)、內化(internalization)和外化(externalization)等因素的通觀考察，提出具啓發性的論點，但很可惜並未有較具體個案的深入研究。

從國際史或全球史的角度釐清個案研究，是近年西方學界的研究趨勢。雖然未來「國際史」的研究前景仍有待觀察。但不可否認的，二十年來美國史學界試圖在傳統外交史的研究中，一再嘗試新的研究方法和趨勢，爲傳統政治外交史注入了新的活力。

近幾年徐國琦(Xu Guoqi)撰述近代中國的國際化三部曲專書中，更加展現「中國中心」(China-centered)與國際化(internationalization)的雙重軌跡。他以中國參與一次大戰、非政府組織(體育活動)、中國派赴歐洲戰場修築防禦工事的華工爲主題，通過多國檔案的比較和全球視野，探索中國式的國際主義的興起，以及中國人尋找新的國家認

28　William C. Kirby, "The Internationalization of China: Foreign Relations at Home and Abroad in the Republican Era," *China Quarterly*, Special Issue: Reappraising Republic China(Jun., 1997), 150:2, pp. 433-458. 這篇文章的延伸研究便是〈中華民國建國初期的國際化——建立社會主義經濟體系的夢想〉("China's Internationalization in the Early People's Republic: Dreams of a Socialist World," *China Quarterly*(December 2006), pp. 870-890. 認爲「中國是世界史上最大的一次有計畫技術轉讓的受益者，讓幫助中華人民共和國國家工業建立了一個新核心，之於人民共和國，猶如之於它之前的國民黨政權，工業化就是國際化」。柯偉林、牛大勇編，《中國與世界的互動：國際化、內化和外化》(鄭州：河南人民出版社，2007)，該書爲一會議論文集。

同的歷史軌跡。他將上述中國對外關係的議題，置於中國化
（internalization，或譯內化）和國際化（internationalization）脈絡之中，
從一手史料的探究，提出具有原創性的研究。徐國琦關注的國際化，
指的是中國人積極參與國際體系，而國際化的過程，亦促進中國與外
部世界和國際體系的交互作用，中國化的推動力則來自中國與世界在
社會、思想、經濟、意識型態與文化資源等的接觸與互動，因此，中
國化是國際化過程的最後目標[29]。在《西方前線的陌生人：一次大戰
的華工》一書中，作者更進一步論述「中國化」和「國際化」兩個概
念。他認爲從甲午戰敗後到一次大戰間，中國的政治與文化主要爲雙
重歷程所形塑：亦即激烈的中國化與國際化。「中國化」是中國在西
方衝擊下的自我更新，並爲國際化所準備的一個過程和狀態。國際化
係爲中國的內部改革和對外關係的橋樑，而這一過程對中國的內部或
對外關係的巨變是史無前例的。國際化包括消極被動（passive）與積極
主動（progressive）兩種形式，前者伴隨著外國的侵略中國所帶來的一
些政治和經濟和文化的影響，而後者——中國人自身採取的積極國際
化作爲，包括擁抱西學、政治理論和外國政治模本，以及積極提升中
國在國際舞台的地位[30]。徐國琦通過具體個案的深入研究，將近代中

---

29 Xu Guoqi, *China and the Great War: China's Pursuit of a New National Identity and Internationalization*(Cambridge, UK and New York: Cambridge University Press, February 2005); *Olympic Dreams: China and Sports, 1895-2008*(Cambridge, Mass.: Harvard University Press, April 2008); *Strangers on the Western Front: Chinese Workers in the Great War*(Cambridge, Mass.: Harvard University Press, 2011).

30 Xu Guoqi, *Strangers on the Western Front: Chinese Workers in the Great War*, p.12. 關於該書採用的國際史研究法和書寫特色，詳見：吳翎君，〈從徐國琦新著：Strangers on the Western Front: Chinese Workers in the

國的命題納入國際史的一部分，但最後的關懷仍是中國的主體性，強調未來中國更應尋求中國自己的國際化認同，不再以西方做為參照。

上述學者的研究從一些新議題的探討獲致秀異的成果，且從研究視野上拓展了中美關係或中外關係史的領域，對於作者在架構本書的觸角和視野啟發甚大。作者回顧了近年西方學界有關企業史的「全球化」研究趨勢，或國際政治史有關「國際化」之研究，受惠於前輩學者對於中國市場或遠東國際關係之研究視野，然而過去的研究並未深入本書所探討的清末至華盛頓會議前後，美國在中國投資所遭遇的重大議題和代表個案。而此一時期正是近代中國遭逢巨變，企求借由外力(外資)改變中國，追尋富強方案，並借由修約外交或參與國際會議，試圖改變中國自身地位的一段重要歷程。自清末以來即和中國逐漸形成「特殊關係」的美國，無疑扮演了重要角色，而美國的參與中國及遠東事務又不可避免的，與清末以來列強在中國錯綜複雜的勢力產生聯繫。本書不採用「全球化」為題，亦即在於全球化一詞所意含的邁向全球共通現象的歷程，例如全球暖化、全球電力化的現象，無法呈現近代中國對外關係中的既和諧又衝突的國際化作用。

本書主要運用的國內外原始檔案和文獻資料，散見於台北中央研究院近代史研究所檔案館、上海市檔案館、上海社會科學院、香港大學、美國弗蒙特大學圖書館特藏室、哥倫比亞大學、哈佛大學、史丹佛大學胡佛研究所、美國國家檔案館等單位。作者在十年間，利用上述各大圖書館庋藏的中英文資料的參照，逐步爬梳出美國在華的大型

(續)─────────────

　　Great War談國際史的研究方法〉，《新史學》，22卷第4期(2011年12月)，頁183-215。

投資個案與近代中國的關聯。本書題為「美國大企業與近代中國的國際化」，旨在探討清末民初美國在中國的投資活動與中國國際化的歷程，希望藉由重要個案的實證，釐清中國實業開展過程中的內外因素，探討美國企業與中國工業化之關聯，並通過此一中美交往的歷程，審視近代中國與世界的接軌。

第一章

條約制度與清末美國在華商務的開展

一、前言

自鴉片戰爭以來，中外關係的運作，大抵建立在不同階段的條約關係上，學者亦有稱之為「條約體系」或「條約制度」(Treaty System)[1]。然而不同階段的條約，對美國在華商務發展究竟產生哪些

---

[1] 條約制度或條約體系一詞，主要以費正清(John King Fairbank)的專書《中國沿海的貿易與外交》(*Trade and Diplomacy on the China Coast : the Opening of Treaty Ports*, 1842-1854. Stanford: Stanford University Press, 1953; Harvard University Press, 1964)提出傳統中國「朝貢貿易體系」(Tribute Systme)、廣州貿易時期的「廣州體系」(Canton System)到南京條約簽訂後形成的「條約體系」(Treaty System)；不少學者乃以「條約體系」統稱鴉片戰後西方國家通過建立條約口岸和條約內容所形成的外人在華特權與利益的一套關係。然而這套關係是否能稱之為「體系」或「制度」，甚或其實質的運作內容，在學界則有不同持論。見：濱下武志，《中國近代經濟史研究：清末海關財政與通商口岸市場圈》(南京：江蘇人民出版社，2006)。本章係探討個案研究在此一過程中的演變，作者仍以「條約制度」為題，但在行文中有時採用「條約關係」。至於對「朝貢貿易體系」的質疑及重新釐清清末中國與鄰近亞洲國家的互市

影響，或者說條約制度在實際的商務交涉中具有怎樣的功能，乃至於條約制度的實際運作在個別的商務個案中呈現怎樣的形貌？

　　過去研究中國近代條約的論著，可謂汗牛充棟，由於條約關係的形成，係伴隨著帝國主義的侵略中國，因而不少觀點指出帝國主義國家依賴不平等條約進入中國市場，而條約關係所保護的利益則是進一步妨礙了中國民族工業的發展[2]。究竟條約與外人在華商務活動的實

（續）─────

　　關係的較新研究，則可參看：廖敏淑的博士論文〈互市から見た 清朝の通商秩序〉，日本北海道大學大學院法學研究科博士論文，2006。廖敏淑，〈清代對外通商制度〉，王建朗、樂景河主編，《近代中國、東亞與世界》（北京：社會科學文獻出版社，2008年7月）。

2　晚近較完整有關條約制度的通論著作，例如：李育民，《近代中國的條約制度》（長沙：湖南師範大學出版社，1995）。李育民，《中國廢約史》（北京：中華書局，2005）；郭衛東，《不平等條約與近代中國》（北京：高等教育出版社，1993）。郭衛東，〈近代中國利權喪失的另一種因由〉，《近代史研究》，1997年第2期。郭衛東，《轉折──以早期中英關係和南京條約為考察中心》，第18章〈近代中國不平等條約體系概觀〉（河北人民出版社，2003年8月），頁703-809。王建朗，《中國廢除不平等條約的歷程》（南昌：江西人民出版社，2000）。中國學者的著作除強調帝國主義壓迫論外，且普遍指出中國由於無國際法的概念，以致喪失利權而不自知，例如領事裁判權的喪失即是昏聵無知所致；上述著作對於中國近代條約體系的形成與國際秩序的建構亦有相當完整的綜論。晚近亦有不少討論指出，由於受到1920年代以後中國民族主義的高漲，使得國人誇大了條約制度的不平等作用，而清末外交主事者固然對於國際法的認知有所不足，然對於國權維護亦不遺餘力，在外交折衝上的表現不弱。唐啟華的最新論著，則全面檢討近代中國的修約外交，特別是北洋外交的重要性過去在革命史觀下被掩蓋不清，該書從清末保和會到北洋政府時期所簽訂的各項條約論述修約外交的一貫脈絡，提出對北洋修約史的全面詮釋。詳見：唐啟華，《被「廢除不平等條約」遮蔽的北洋修約史(1912-1928)》（北京：社會科學文獻出版社，2010年9月）。

質關係如何？條約關係所建構的商業利益究竟有多大[3]？過去有關條約制度的研究角度較偏重政治外交層面，而較少從中外經貿關係和條約內容的運作來考察其意義。本章主要希望以個案來呈現條約關係如何落實於近代中美經貿發展關係中，藉此釐清條約利益在商務發展中的實質面向。

　　五口通商以後各國陸續派有領事官進駐中國口岸。口岸領事爲各國對華政策的執行者，並負有保護本國僑民在華利益的職責。早期美國駐外領事的奉派，往往商業功能大於政治意味，1896年美國國務院出版的領事規範手冊，揭示領事的任務是「使每個國家的貿易情景盡可能完整而正確」[4]。美國商人形容領事制度是「對外貿易的偵察者，我們製廠產商的眼和耳[5]。」領事與美國海外貿易之拓展可謂息息相關。

　　由於美國旅華商人和對華貿易在19世紀末以前的重要性不大，在中國口岸陸續開放後，有不少口岸往往不派任領事或委任其他國家之口岸領事兼代；美國政府即使派任駐華領事又往往具商人身分[6]。另

3　劉廣京，〈中英輪船航運競爭，1872-1885〉，一文曾提到外商企業在條約制度下享有特權，但與外商競爭的中國企業可受政府扶持，中國商人是否沒有足夠的資金或不願投資於現代企業，才是問題的中心。因而，條約制度對外商權益的保障，不可被過度放大。見：劉廣京，《經世思想與新興企業》（台北：聯經出版公司，1990），頁525-565。

4　"To make the trade picture of each country as complete and accurate as possible." Department of States, *Regulations Prescribed for Use of the Consular Service of the United States* (Washington, 1896), p. 254.

5　"The scout of our foreign trade, the eyes and ears of our producers." in Albion W. Tourgee, "Our Consular System," *Independent*, LIV (Jan. 23, 1902), p. 208.

6　美國獨立後首艘懸掛美國國旗於1784年來華的「中國皇后號」商船經理

一方面,清政府方面對於「有領事方准通商」及「領事不得兼任商人」持以向來之定制,而美方則否定此一規定曾明載於中外條約之中,中美雙方針對天津條約中有關領事規範數度辯論。由於美國在海外拓展的起步較晚,領事制度不及歐陸國家;更與在中國最大利益的英國駐華領事制度殊為不同[7],此係清末中美關係中值得注意的現象。

在早期中美關係中,另一值得注意的現象是,對於條約所規範的商業利益,往往因認知不同,時起爭議。根據1858年中美天津條約第12款:「大合眾國民人在通商各港口貿易,或久居或暫居,均准其居賃民房,或租地自行建樓,並設立醫館、禮拜堂、及殯葬之處,聽大合眾國人與內民公平議定租息……」[8]。據此美國取得貿易和租地權利;但條約所列租地自行建樓,並未提到紡織工廠或機器進口的事

(續)————————————

蕭善明(Major Samuel Shaw),於1786年再度赴廣州經商時,受美國政府之授任,兼任駐廣州領事,成立美國在華第一個領事館。蕭氏擔任之駐粵領事,並未支給薪資及辦公室費用,僅以所得之規費支應館務開銷,職權亦極有限。此後至1844年中美簽訂五口貿易章程期間,斷續接任之領事亦係美國商人。黃剛,《中美使領關係建制史,1786-1994》(台北:台灣商務印書館,1995),頁3。

7　英國在1877年正式禁止領事具商人身分。在此之前,英國領事分為「支薪」與「不支薪」,支薪領事不得從事商業活動,所有領事館開支由國庫支付;不支薪領事得以收得之規費支應館務開支。1880年代以後對於外交領事需以蒐集商業情報為職責之一,但不得為個人及特定企業謀圖利益的規範愈趨明朗化。據文獻所載至少在1859年英國開始有固定薪資(fixed salaries)的領事,並朝向薪資化的改革。有關英國領事制度及其海外貿易關係,詳見:D.C. Platt, "The Role of the British Consular Service in Overseas Trade, 1825-1914." *The Economic History Review*, New Series, Vol, 15, No. 3(1963), pp. 506-507.

8　外交部編,《中外條約彙編》(台北:文海出版社,1964),頁127。

項。因此，在1880年代以後歐美國家在中國市場的開拓從茶、絲、棉花貿易，逐漸擴充到原料的加工和機器進口，且為爭取清廷批准或合作時，外人在通商口岸設廠的合法性便浮出檯面，引起爭議[9]。

過去對於外國公司在華活動的普遍看法，似乎認為帝國主義挾船堅砲利之優勢和條約關係的保障，在中國隨意設棧和設廠，可謂無往不利。然而，通過個案交涉，所呈現的具體面向，應更可以釐清此一問題的複雜性。筆者認為帝國主義挾制船堅砲利存在於中國是不爭的事實，但條約的簽訂其所規範的內涵，不論如何為解決過去中外糾紛的結果，並且是開展和規範新關係的基礎，而第一線的美國駐華領事——中國各口岸政治和商情的偵察者，同時也是維護己國在華利益的保護者，其重要性自不待言；理解美國駐華口岸領事制度的演進，係掌握清末中美政治與商務發展關係的重要背景因素，但對於此一議題的探討，過去相關研究並不充分[10]。

由於早期的中外條約多包含政治、法律、外交和商務的綜合性內容，一直到1903年，一個純粹以商務發展作為經貿往來的條約依據，

9　事實上，許多外國公司在半曖昧的情況下，早在1860年代初期登陸通商口岸設廠，像1862年英國的怡和洋行（Jardine, Matheson & Co.）就已在上海創建規模百部絲車的機械繅絲工廠。但這樣的小工廠基本上都是未經清廷許可，1880年代怡和洋行嘗試在上海正式開設紡織廠，同樣遭到清政府的反對。陳慈玉，《近代中國的機械繅絲工業(1860~1945)》（台北：中央研究院近代史研究所，1989），頁12。

10　關於1844年望廈條約簽訂以前廣州美國領事制度的形成，仇華飛，《早期中美關係研究，1784-1844》（北京：人民出版社，2005），頁250-260，已有詳細的討論，但該書並未討論1844年以後美國獲得領事裁判權後的議題。黃剛，《中美使領關係建制史，1786-1994》，針對美國駐華公使與領事制度有整體的探討，然與本書放在清末中美政治與商務交涉的視野與個案的探討，亦有所不同。

才在清政府和英、美、日等國家分別訂立，顯現中外關係的發展在當時已迫切到需要一清晰明白的商務條文之規範。以中美經貿發展而言，1903年中美商約亦深具指標性意義(參見本書第二章)。1903年商約訂定以前，中美之間對於有關商業活動的條約內容之解讀爭議頗大，因此本章討論時間下限大抵止於1903年。本章探討以下議題和案例：一、從「有領事方准通商」至「領事不得兼任商人」的交涉，探討清末美國駐華領事制度的專業化過程。二、美商韋特摩耳(W.S. Wetmore)設置紡織公司與機器進口案。以此考察條約制度在清末中美經貿外交中的適用程度，以及美國在華商業利益的具體面貌。

二、美國在華領事制度的專業化

(一)「有領事方准通商」與「領事不得兼任商人」的爭論

據統計1900年以前，美國對華貿易在其外貿中的比重微小，1841-1845年為1.6%，1861-1865年為2.5%，以後逐年下降，1872-1876年為最低0.2%；1880年代以後逐漸上升，1897-1901年始達到1.0%[11]。以在華行號和旅居人數而言，美國亦遠落於英國之後。1872年美國居華人數只有538人，行號42個，遠落於英國居華人數1,780人，行號221個。

11　Peter Schran, "The Minor Significance of Commercial Relations between the United States and China, 1850-1931," in Ernest R. May & John K. Fairbank, eds., *America's China Trade in Historical Respective, the Chinese and American Performance*(Cambridge, Mass.: Harvard University Press, 1986), pp. 239-240.

1882年美國居華人數約410人，行號不增反降到24個。1888年美國居華人數始破千名(1,020人)，行號為29個，英國則有297個行號，居華人數有3,682人[12]。

中美經貿關係展開之初，美國居華人數不多。由於商業利益微小，駐華領事的奉派不受到美國政府的重視，且因領事薪資微薄，無法吸引外交人員來華，因此多由商人兼任；即使是駐華公使的位階，也一直要到1858年(咸豐8年)，美國才派出第一位特命全權公使(Minister Plenipotentiary)列威廉(William B. Reed)[13]。列威廉抵華後，深感美國駐中國各口岸領事業務繁重與其微薄薪資不能相應，且領事館館舍簡陋，而一再向美國務院請求加薪和改善館舍，及至第二任全權公使蒲安臣(Anson Burlingame)於1861年抵華後，此一情況仍未見改善。

由於清政府要求各國如欲在通商口岸貿易，須設有領事官方准通商，蒲安臣抵華後便遭遇九江口岸的領事交涉案件。此案起於咸豐11(1861)年5月28日，美商瓊記洋行(Augustine Heard and Company)於九江戡定琵琶亭空地數十畝，因地勢低窪，即興工用土填高。瓊記洋

12　楊端六、侯厚培等，《六十五年來中國國際貿易統計》(中央研究院社會科學研究所專刊，第4號，1931)，頁143-148。

13　1845年1月22日，美國泰勒總統(John Tyler, 1841-45)向國會致送咨文，簡報中美簽訂五口貿易章程經過，並提議派遣「常設公使或且有外交功能之專使」(a permanent minister or commissioner with diplomatic function)駐紮中國，以增進雙邊之友好及商務關係。次年才有首任常駐中華使節義華業(Alexander H. Everett)抵粵，但此為「專使」(commissioner)身分；一直要到列威廉的職權才是「特命全權公使」(Minister Plenipotentiary)。詳見：黃剛，《中美使領關係建制史，1786-1994》，頁15-18。

行表示由於美國領事官尚未定人，法國領事官亦無來九江之打算，但美國通商事件，該國商人向來均自行專主，惟租地換約各事宜，須等候領事官抵九江，方可會辦。總理衙門給江西巡撫毓科的諭令：「**查各國通商口岸，必須設立領事官，方准通商，庶有責成，而示限制。**今法、美兩國，尚無領事到潯，該商等已經戡定地界，雖經聲稱租地換約各事宜，須俟領事官抵潯，方可會辦，惟現在竟自專主，先行興工填土，此端究不可開，所有通商各口岸，如領事官未到，曉諭該商人等，一概不得與地方官商辦」[14]。

　　針對有領事官方准通商一事，美駐廣州領事裨治文(E.C. Bridgman)據1858年中美天津條約第19款內載：「遇有領事等官不在港內，應准美國船主商人託友國領事代為料理，否則逕付海關呈明，設法妥辦」[15]。因此，從美方對條約的解釋而言，清政府毫無理由提出無領事官不准通商的規定。「既各港遇有領事等官不在，凡地方官職守，皆當遵照定章，**所有新港未有領事官，凡地方官亦應一律辦理，是別國領事官無論肯不肯代辦，本國商人皆可得到新港貿易**」[16]。

14　總理衙門行江西巡撫毓科文，咸豐11年5月28日(1861年7月5日)《中美關係史料》，嘉慶、道光、咸豐(以下簡稱嘉道咸)，頁377-378。

15　據中美天津條約第19款，「大合眾國商船進口、或船主、或貨主、或代辦商人，限二日之內，將船牌貨單等件呈遞本國領事等官收存，該領事即將船名、人數及所載噸數貨色，詳細開明照會海關，方准領取牌照開艙起貨……倘進口貨船已逾二日之限，即須輸納船鈔，遇有領事等官不在港內，應准大合眾國船主商人託友國理事代為料理，否則逕赴海關呈明，設法妥辦」。外交部編，《中外條約彙編》(台北：文海出版社，1964)，頁127-128。

16　總署收兩廣總督勞崇光文，咸豐11年7月21日(1861年8月26日)，《中美關係史料》，嘉道咸，頁380-381。

　　中美之間對於「有領事方准通商」的爭議未休之際，接著引發對
於領事官身分的討論，包括是否具商人身分、是否通曉漢語[17]。1862
年4月初，清政府查出牛莊領事鼐德(Francis P. Knight)係商人充任，
要求新任駐華公使蒲安臣撤換鼐德。中美之間開始展開針對「領事不
得兼作買賣事」的辯論。恭親王奕訢表示「中英法天津條約中均明載
領事不得兼任商人，中美之間也一體適用」[18]蒲安臣則反擊說牛莊領
事的派遣，係來自中英條約第11款牛莊開港，美國緣最惠國條款一體
適用；但遍查中英、中法和中美天津條約均無「商人不得奉派領事」
的規定[19]。另外，蒲安臣辯稱之前列威廉公使與總理衙門公文往返

17　不通漢語，往往導致誤解，或通事弄權。例如：1862年11月初，瓊記洋
　　商率同工匠，於西門外前要地內，砌牆築垣，被當地居民阻止，該洋商
　　亦即停工。由於美國九江新領事別列子(William Breck)初到任，又不通
　　漢語。瓊記洋行的同僚唐定緯傳言，該行前要之地，只能照英國之價給
　　發，急等起造房屋。巡撫毓科認為瓊記洋商擅自起工，殊於條約不符。
　　且瓊記行所要之地係大街熱鬧之區，與英國偏僻有水者不同，價值自應
　　公議。後來別領事竟宣稱地基前係會同九江巡撫毓科堪驗立界的結果。
　　毓科乃上奏別列子「意圖短價抑勒，日後獲利可知，情殊可惡，且恐將
　　來因此細故，別生枝節」且別列子不通漢語，請照會美方另派領事來九
　　江。William Breck中文又名柏賴克，1862年8月正式呈遞國書到任。
　　見：中國第一歷史檔案館、福建師範大學歷史系合編，《清季中外使領
　　年表》(北京：中華書局，1997，2刷)，頁185。總署收江西巡撫毓科
　　文，咸豐11年12月29日(1862年1月28日)，《中美關係史料》，嘉道
　　咸，頁392-393。總署收江西巡撫毓科文，咸豐十一年十二月二十九日
　　(1862年1月28日)，《中美關係史料》，嘉道咸，頁390。
18　Prince Kung to Anson Burlingame, Oct. 31, 1862. in Jules Davids, ed.,
　　*American Diplomatic and Public Papers, The United and China, Series II,
　　The United States, China, and Imperial Rivalries, 1861-1893*(Wilmington,
　　Del.: Scholarly Resources, 1981), Vol. 18, p. 3.
19　Burlingame to Kung, 日期不詳，研判應於同治元年9月2日(1862年10
　　月)。

中，清政府所限定的「開行之人不能領事說」，係指五口通商的領事，「今新開天津、漢口、牛莊等處，國家尚未設官頒祿，倘不選舉至誠之人暫作領事，則天津、漢口、牛莊各口，美國船隻往來之多，將委何人而理事乎」[20]。

恭親王的回覆針對二點，一、有關「開行之人不得領事說」，不僅止於五口。緣於訂定中美天津條約時無載明此項，後來李鴻章在議定善後章程時曾照會列威廉申明此禁，因此善後章程中有此一附件。二、如果美國執意要以條約為據，則條約內並無准令美國商民到牛莊貿易明文，現今美國商民與英、法各國一體在牛莊通商，而英、法條約俱載明，不准商人充當領事，則美國亦應一體照辦。恭親王要求美使「即速行文回國，趕緊派眞正領事官前赴牛莊接管，不宜久以商人代理。貴國係在大國之列，自必不致無員可派，此後貴國商民所到通商各口岸貿易，所有各該處領事，應照此次議定辦理，不得再以商人充補，致滋辯論」[21]。恭親王給通商大臣崇厚的函件中提到經此次辯論：「條約雖未載明，而有前次列大臣照會，確鑿可據，與之反覆辯論，該使尚未照覆，想已理屈詞窮，不能狡展矣」[22]。

就在和恭親王辯論的同時，蒲安臣請示國務卿西華德(William H. Seward)有關清政府對於商人不得兼任駐華領事的堅持態度，國務卿西華德表示必須通過美國國會修法，因適逢國會即將休會，需待下一會

---

20 美使蒲安臣致總署照會，同治元年9月初2(1862年10月24日)，《中美關係史料》，同治朝，頁32。

21 總署給美國大臣使照會，同治元年9月9日(1862年10月31日)，《中美關係史料》，同治朝，頁34。

22 總署致三口通商大臣崇厚函，同治元年9月13日(1862年11月4日)。《中美關係史料》，同治朝，頁36。

期才能討論[23]。蒲安臣給總理衙門的照會說：「各國通商口岸，領事官甚多，凡奉本國特旨食俸之領事官，照例不准兼作買賣，買賣人未曾食俸，署理領事官，向來可行，此是本國一定之例」。他也坦承買賣人作領事官，恐有不便之處，已請示美國政府派遣食俸領事官前來，將未食俸領事官替回，以便辦事。蒲氏照會用語甚為恭順：「至現在各處買賣人兼攝領事官者，雖未食俸，照本國定例，實是真正官員，希貴親王飭諭貴國地方官，須要一體重待，如有輕慢之處，似屬不情，實非兩國和好之道。」針對恭親王所言英、法條約載有領事官不得兼作商人的文字，蒲安臣仍認為係恭親王誤記：「本大臣將英、法兩國條約詳細查看，並無此條，是知英、法兩國不令商人作領事官，乃係恐自己不便，並非謂條約內載明此款，此事恐係貴親王誤記。本大臣並查知俄法兩國，現在中國地方，亦有以買賣人兼作領事者。若本國以後特派食俸領事官前來，亦係恐有不便，非拘定條約也」[24]。由這件交涉案可看出蒲安臣對華交涉態度頗為誠懇平和，在其抵華初期對華外交手段即為柔軟，此為奠定中美友好關係的基礎；也說明後來為何1867年蒲安臣能以卸任駐華公使的身分，率領清政府所派遣第一支使團赴歐美考察的端倪[25]。

---

23 Seward to Burlingame, March 3, 1863, *American Diplomatic and Public Papers, The United and China, Series II, 1861-1893.* Vol. 18, p. 5.

24 總署收美使照會，同治元年9月19日（1862年11月10日），《中美關係史料》，同治朝，頁38。這份公函原文影本亦收於：美國政府解密檔案（中國關係），《中美往來照會集》第2輯（桂林：廣西師範大學出版社，2006），頁318-320。

25 關於「蒲安臣使團」的研究，最早完成的傳記類專書有：Frederick Wells Williams, *Anson Burlingame and the First Chinese Mission to Foreign Powers* (New York : Scribner's, 1912). 論文有S. S. Kim, "Burlingame and

　　就在辯論中外條約是否規範領事不得兼買賣案的同時，美國方面由上海領事西華（George Seward，又譯秀華）和蒲安臣公使聯手展開要求改善美國駐華領事制度和待遇的請求。鑑於美國駐華領事待遇過低，且領事裁判制度使得原已簡陋的領事館由於必須設置關閉美國人犯的監獄，不論人力、空間和設施都嚴重不足，希望國會通過一系列改善駐華領事制度和待遇的法案[26]。

　　西華於1862年4月奉派上海領事之際，清政府亦對其是否具商人身分詳加調查，調查結果證實其非商人，於次年9月始接受其任命。「據代辦總稅務司費士來覆稱，查西領事係美國管理各國事務大臣之姪，向未做過買賣，亦不通曉漢語，到中國之日尚淺，其人年紀尚未及三十歲」[27]。駐華領事不通漢語是普遍現象，美國傳教士兼漢學家衛三畏（Samuel Wells Williams, 1812-1884）[28]於1860年代初期就表示據其旅華長達三十二年的觀察，僅有一位領事通曉漢語，即廈

（續）————————————————

　　the Inauguration of Cooperation Policy," *Modern Asia Studies*, Vol. 5. No. 4（1971）, pp. 337-354. David Anderson. *Imperialism and Idealism, American Diplomats in China, 1861-1898*（Bloomington: Indiana University Press, 1985）, pp. 16-38.

26　George Seward to William H. Seward, Feb. 2, 1864. *American Diplomatic and Public Papers, The United and China, Series II, 1861-1893*. Vol. 18, p. 6.

27　總署行江蘇巡撫薛煥文，同治元年3月13日（1862年4月11日）。總署收通商大臣薛煥文，同治元年5月29日（1862年6月25日）。《中美關係史料》，同治朝，頁11、16。

28　衛三畏於1833年抵廣州傳教，曾參加《中國叢報》（*Chinese Repository* 1832-1851）的編輯，有時兼任領事館翻譯。1848年出版《中國總論》（*The Middle Kingdom*）一書，爲美國民間最早關於中國歷史文物的著作，1870年代回到美國擔任耶魯大學漢學研究之教授，堪稱美國第一代漢學家。

門口岸領事海雅多(T.H. Hyatt)[29]，他一方面聲援西華要求國會改善駐華領事制度，同時也建議美國政府應訓練通曉華語的外交人才，特別是翻譯官[30]。

西華後來於1875年奉派駐北京公使，在他任內(1875-1880)一方面由於清政府嚴加調查各口岸美國領事身分是否為「善良且可靠之人」(good and reliable man)始接受派任，一方面美國領事待遇確充斥不少問題，此兩道壓力促使西華努力向美國國務院爭取改善駐華領事制度[31]。

究竟美國駐華領事的待遇有多微薄？由表1-1〈1861年美國駐上海領事與駐歐洲貿易口岸領事薪水比較表〉，歐洲船隻入港數目為1861年9月以前的統計，上海船隻數為該年6月底以前的統計(不含7月至9月)，相較之下，若以美國船隻入港次數而言，上海口岸還遠勝於倫敦和里約熱內盧(巴西：Rio de Janeiro)，然而美國駐上海領事的年薪僅4,000美元，與該國駐歐洲口岸領事的年薪相距懸殊。

29　海雅多(T.H. Hyatt)於1854年出任廈門領事。

30　Dr. Williams to Mr. Seward, Peking, Oct. 24, 1865. *American Diplomatic and Public Papers, The United and China, Series II,1861-1893*. Vol. 18, p. 62.

31　George Seward to William H. Seward, July 31, 1867. George Seward to William H. Seward, April 17, 1869. *American Diplomatic and Public Papers, The United and China, Series II, 1861-1893.* Vol. 18, pp.14; 87. 西華於1875年奉派駐北京公使，1878年6月曾短暫由何天爵(Chester Holocombe)署理約半月餘，接著西華又回任，直到1880年8月16日卸任。中國第一歷史檔案館、福建師範大學歷史系合編，《清季中外使領年表》，頁60。

表1-1　1861年美國駐上海領事與駐歐洲貿易口岸領事薪水比較表

口岸	美國船隻入港數目	領事薪水(年薪)
利物浦(Liverpood)	1,000	7,500
哈瓦那(Havanna)	1,070	6,000
里約熱內盧(Rio de Janeiro)	320	6,000
倫敦(London)	255	7,500
上海	973	4,000

資料來源：*American Diplomatic and Public Papers, The United and China, Series II, 1861-1893.* Vol. 18. p. 55.

　　美國駐中國各口岸領事館職員的待遇和經費編列則更是微薄或闕如，表1-2所示，1867年支領政府年薪的口岸領事有：上海、福州、廣州、鎮江、汕頭、廈門等六個，年薪在3,000-4,000美元之間不等。不支領政府薪資的有：漢口、寧波、九江、天津、牛莊、芝罘(煙台)等六個。辦事員為全不支薪，而只有上海和廈門兩處的翻譯官支薪。武官支薪者僅有上海、漢口、福州和廣州。上述不支薪者普遍兼有商人身分，而管理人犯和館舍開支的經費更是不成比例：

表1-2　1867年美國駐中國各口岸領事館人員年薪和經費開支表

口岸	領事(consul)	辦事員(clerk)	翻譯官(interpreter)	武官(Marshal)	管理人犯之開支	領事館館舍租金	總數
上海	4,000	...	1,500	1,000	1,400	400	8,300
漢口	...	...	...	1,000	1,400	...	2,400
福州	3,500	...	...	1,000	...	350	4,850
廣州	4,000	...	1,500	1,000	1,400	400	8,300
寧波	...	...	...	...	...	...	...
汕頭	3,500	...	...	...	...	350	3,850
鎮江	3,000	...	...	...	...	300	3,300
廈門	3,000	...	1,500	...	1,400	300	6,200

九江	...	...	...	...	...	...	...
天津	...	...	...	...	...	...	...
牛莊	...	...	...	...	...	...	...
芝罘	...	...	...	...	...	...	...
總數	21,000	...	4,500	4,000	5,600	2,100	37,200

說明：符號「...」為不支薪或無編列經費。

資料來源：*American Diplomatic and Public Papers, The United and China, Series II, 1861-1893.* Vol. 18. p. 76.

　　由上述兩表可看出美國駐華領事館的待遇和規格應屬低等，以美國在華貿易商人和行號數目僅次於英國而言，的確不成比例。至於領事館迫切解決的問題尚不僅於此，由於領事裁判權的行使，增加領事館的司法工作負荷，而領事館附設監獄的不敷使用問題卻頗為嚴重。1856年甚至發生被借關在寧波英國領事館監獄中的二名美國囚犯脫逃的糗事。約1860年開始，不少美國駐華領事館都出現人犯暴滿，無處可監禁，甚至必須借用英國領事館的窘境[32]。由於部分口岸甚至無編列武警或無設置監獄，造成一些美國無賴之徒擾騷中國老百姓的惡行劣迹，就算犯了法也不會被判刑。衛三畏不諱言的說：「領事裁判權現在已成了美國惡棍擋住中國法律的盾牌了，中國不能管，而美國無法管制這些卑劣行徑，結果造成犯罪問題的氾濫」[33]。早期美國居華人數尚少時，大抵和中國老百姓相處平安，但自美國內戰(1861-1865)前後，美國國內動盪不安，使得一些冒險鬥狠的人到中國來放

32　*American Diplomatic and Public Papers, The United and China, Series II, 1861-1893.* Vol. 18, p. 43.

33　*American Diplomatic and Public Papers, The United and China, Series II, 1861-1893.* Vol. 18, p. 52.

手一搏[34]。美國駐華領事館的不合理待遇和擾民問題也使得美國駐華商人無法坐視不管，而強烈要求美國政府改善駐華領事館的薪俸、加強武警、譯員和改善設施等等[35]。此一呼聲逐漸獲得美國政府的重視。

(二)領事身分之調查與具體規範

美國領事兼商人的情況在同治初年普遍嚴重，1862年9月(同治元年8月初)總理衙門乃通告美國公使嚴禁各口岸領事不能再作買賣[36]。不久天津美領事佛弼師(Frank B. Forbes)因兼具商人身分，但他不願為官而棄職，該職務交由伯默勒章力思(S.W. Pomeroy)署理[37]。但商人兼代領事的情況一時無法改善，而且隨著中國新開口岸的增加，情況愈趨嚴重。舉例而言，任職旗昌洋行且不通曉漢語的畢理格(William Breck，此人即前譯別列子或柏賴克)，於1863年出任漢口領事[38]，清

---

34 *American Diplomatic and Public Papers, The United and China, Series II, 1861-1893*. Vol. 18, p. 64.

35 Merchants at Shanghai to Mr. Seward, Aug. 1, 1863. *American Diplomatic and Public Papers, The United and China, Series II,1861-1893*. Vol. 18, p. 54.

36 總署給美使照會，同治元年8月10日(1862年9月3日)，中央研究院近代史研究所編，《中美關係史料》，同治朝，頁24。

37 總署收美國大臣照會，同治元年9月9日(1862年10月31日)，《中美關係史料》，同治朝，頁34。伯默勒章力思後來正式接任天津領事，見：總署行三口通商大臣崇厚文，同治元年9月13日(1862年11月4日)，《中美關係史料》，同治朝，頁35。

38 同治元年10月18日(1862年12月9日)，總署收江西巡撫沈葆楨文。《中美關係史料》，同治朝，頁52。又據：總署致美使蒲安臣照會，同治3年4月13日。「畢理格前在九江，以商人充當領事，不顧體面，並敢自行走私，已屬不稱其職。今畢理格仍復在漢口充當領事，又復種種謬妄，不惟稅務商情均有關阻，且實與美國定制不符」。畢理格因翻譯之故，中文照會有譯為「柏賴克」。

政府乃要求撤退畢理格[39]，並令上海通商大臣江蘇巡撫李鴻章謂畢理格「既係商人兼充又復恃強妄爲，即不必與之來往」[40]。美國後來改派沙德接任漢口領事[41]。九江領事巴時都理查亦被查出係商人兼充[42]。清政府對於領事不得兼商人的規定，不惟針對美國而已，對待其他國家亦然，例如瑞、瑙二國駐寧波領事係商人，總理衙門亦下令不得與之往來[43]。

1866年(同治5年)以後領事兼充商人情況大有改善，包括廈門美領事陳士威廉(B.P. Chenoweth，又名榮威林)並非商人兼充[44]、鎮江美領事吉南(James L. Kiernan 又名其男)並非商人兼充[45]、後來的鎮江領事散查厘(Eli T. Sheppard)亦非商人兼充[46]。接著廈門領事李眞得(Le

39 總署致美使蒲安臣照會，同治3年4月13日(1864年5月18日)，《中美關係史料》，同治朝，頁167。

40 總署行上海通商大臣江蘇巡撫李鴻章等文，同治3年6月12日(1864年7月15日)，《中美關係史料》，同治朝，頁182。

41 總署行湖廣總督官文文，同治3年11月26日(1864年12月24日)，《中美關係史料》，同治朝，頁218。

42 總署收江西巡撫劉坤一文，同治4年10月10日(1865年11月27日)，《中美關係史料》，同治朝，頁290。

43 總署行上海通商大臣李鴻章文，同治4年8月6日(1865年9月26日)，《中美關係史料》，同治朝，頁282。

44 總署收福州將軍英桂文，同治5年3月24日(1866年5月8日)，《中美關係史料》，同治朝，頁282。陳士威廉後來轉任廣州領事，清政府再次調查其身分，確認非商人才予接受。總署行上海通商大臣曾國藩文，同治6年6月12日(1867年7月3日)，《中美關係史料》，同治朝，頁454。

45 總署收上海通商大臣李鴻章文，同治5年7月7日(1866年8月16日)，《中美關係史料》，同治朝，頁353。

46 總署行上海通商大臣曾國藩等文，同治6年2月18日(1867年3月23日)，《中美關係史料》，同治朝，頁425。

Gendre, 李讓禮)據查「係眞正領事，商人代理」[47]、潮州溫領事[48]、廣州美領事趙羅伯(R.G. W. Tindall)，均經調查後呈報非商人兼充[49]。此後整個同治時期美國相當配合清政府對於領事不得兼任商人的規範，少數情況像福州副領事由滬尾口岸寶順洋行商人突來德兼充[50]。其中最惡名昭彰者當屬1873(同治12年)鎮江美副領事易美利(D.A. Emery)，其不僅爲商人身分，且開設泰昌、順利兩間洋行違約滋事，在當時喧騰一時[51]。易美利以副領事兼順利行商人，任性妄爲，曾一度直赴海關要求更改稅單，使得總稅務司赫德(Robert Hart)提出

---

47 總署收閩浙總督吳棠文，同治6年6月5日(1867年7月6日)，《中美關係史料》，同治朝，頁449-450。此處純就清政府的調查報告結果，不見得反映眞正事實。因爲李讓禮擔任廈門領事任內(1867-1873)甚爲重視台灣的樟腦和油礦等經濟利益，其與台灣商民之間有所接觸，可能亦兼有生意往來。此外，李讓禮因處理美船「羅妹號」遇害事件，對台灣的政治軍事地位亦甚爲重視，甚至做出逾越領事職權的助日征台行爲。詳見：黃嘉謨，《美國與台灣》(台北：中央研究院近代史研究所，1979，2版)，專刊第14，第6、7章。

48 總署收兩廣總督瑞麟文，同治8年2月30日(1869年4月11日)，《中美關係史料》，同治朝，頁595。

49 總署收兩廣總督瑞麟文，同治10年5月3日(1871年6月27日)，《中美關係史料》，同治朝，頁775。

50 總署行福州將軍文，同治7年10月18日。

51 易美利開設洋行滋事震動朝野的事，據檔案所記，至少有三宗。茲舉其中一件爲例：泰昌行有賣出之土，運行途中因無捐單，被人捉住二客，正擬送局，經過泰昌門前，該洋行人員上前奪回，將捉私之人拉進行內吊在樑上，聽易美利問供，用藤條亂打多傷，走私人亦幫同動手，關道派人查驗，肩背均有傷痕。從法理而言，該洋行本無可擅自奪回捉貨之理，副領事更無可以刑訊華人之權力，種種作爲俱出情理之外。詳見：總署致美署使節衛廉士函，同治12年6月18日(1873年8月10日)。《中美關係史料》，同治朝，頁1025-1026。

「請改定商人兼充領事不准謁見地方官洽公以利稅務」的要求[52]，但是總理衙門和李鴻章考量地方公務交涉的整體便利，不惟稅務而已，要求按照舊章切實整頓領事身分的調查才是根本[53]。上述易美利事件確實讓清政府對於領事、副領事不得兼任商人的身分更加重視。

據光緒初年，上海口岸美國領事身分調查結果，不論領事與副領事均非商人兼充。但是各口岸領事異動頻率過高，大多不到一年即離職，以薪資最高且最具代表意義的上海和廣州口岸的更動即可知(附錄1-1、1-2)，顯現美駐華領事的地位無法吸引專職外交官。

由於清政府的態度堅定，徹底調查口岸領事的身分，同時也由於美國駐華使領亦感受到其領事制度的種種不合理，強烈向美國國務院爭取改善駐華領事制度，並表達清政府要求專職領事的立場。為爭取國會修法通過領事制度的改革，西華甚至在1869年要求自費回到美國向國會議員說明[54]。一直到1875年他仍持續向國會遞出說帖，要求駐華領事的任命必須有受人尊敬的禮遇位階[55]。1876年西華給國務院信函，甚至表達中國現行關於外交與領事的種種規範，其實近似於美國

52　總署收總稅務司赫德申，同治12年7月28日(1873年9月19日)。《中美關係史料》，同治朝，頁1030。

53　總署收北洋通商大臣李鴻章函，同治12年8月25日(1873年10月16日)。《中美關係史料》，同治朝，頁1049。總署收南洋通商大臣李宗羲函，同治12年9月11日(1873年10月31日)，內宮亦景「商人兼充領事似仍舊章為愈」。

54　George F. Seward to W. H. Seward, Apr. 17, 1869. *American Diplomatic and Public Papers, The United and China, Series II,1861-1893.* Vol. 18, p. 87.

55　George F. Seward to John L. Cadwalader, June 15, 1875. *American Diplomatic and Public Papers, The United and China, Series II,1861-1893.* Vol. 18, p. 111.

要求各國駐美使節的規定，一點也不過分。當1879年美國決定在汕頭重新開設領事館時，他強烈反對派遣不支薪的領事前來，充分表達清政府三申五令不接受商人領事的立場[56]。

　　光緒年間多數口岸均為專職領事，極少數例外的有：九江美領事官郭寧誠查係商人兼充[57]。副領事或知事由商人兼充的情況，仍無法避免。例如鎮江副領事紹得係商人兼充[58]、煙臺知事官包賚德、廣州美副總領事襧結理，查係醫生、商人兼充[59]。此外，清政府亦不允許教士兼理領務，如天津美副領事李安德係教士兼充，清廷要求撤換。[60]同時，清政府不允許華人辦理外國領務[61]。

　　光緒16年6月24日（1890年8月9日），總理衙門行北洋大臣李鴻章文，要求查明各口岸各國領事姓名及洋商行號，並按季咨報。此一政策更宣告清政府徹底清查各國領事必須為真正之專職領事，且有意掌

56　George F. Seward to William M. Evarts, Sep. 17, 1879. *American Diplomatic and Public Papers, The United and China, Series II, 1861-1893*. Vol. 18, p. 117.

57　總署收署南洋大臣劉坤一文，光緒元年9月22日（1875年10月20日），《中美關係史料》光緒朝，頁73。

58　總署收南洋大臣沈葆楨文，光緒2年正月22日（1876年2月16日），《中美關係史料》光緒朝，頁99。

59　總署收總稅務司赫德呈，光緒8年5月4日（1882年6月19日），《中美關係史料》，光緒朝二，頁879。

60　總署收總稅務司赫德呈，光緒8年5月21日（1882年7月6），《中美關係史料》，光緒朝二，頁890。

61　光緒18年（1892年）美派陳佩瑚為駐廣州委領事官，由於陳係華人，清廷要求撤換。總署收美使田貝照會，光緒18年9月13日（1892年11月2日），《中美關係史料》，光緒朝三，頁1716。總署發兩廣總督李瀚章電，光緒18年10月15日（1892年12月3日），《中美關係史料》，光緒朝三，頁1725。

握各口岸洋商行號之數目和人數[62]。因此，各口岸於該年開始呈報領事與洋行商號，而有關領事兼商人的討論，已不復見[63]。1892年中國各口岸中尚有營口及牛莊領事，不支領薪資，但可以收得之領務規費津貼之，且可以經商。1901年3月始，美國派米勒爾(Henry B. Miller)出任駐牛莊領事並支給年薪3,000美元，此後，美國所派駐華各領事中已無商人兼充之事例[64]。

由上述總理衙門規範「有領事方准貿易」，而不理會1858年中美天津條約第19款內載：「遇有領事等官不在港內，應准美國船主商人託友國領事代為料理，否則逕付海關呈明，設法妥辦」，乃至後來規範「領事不得兼任商人」且搬出有利於己方的善後條約附件的說法，均呈現總理衙門在條約運作的主導力量。雖然美方不承認清廷的說法，且查中英、中法條約中亦無此項規定。然而，美國駐華公使和商人團體因感受在華商業利益的重要性，比諸美國在其他國家的領事館建置情況確有必要改善美國駐華領事制度，而展開向美國政府的陳請和努力。因此，我們看到清政府為捍衛自我立場的努力，也促使美國駐華領事制度的改善，其結果則有助於清末中美關係在制度面上的推展[65]。

62　總署行北洋大臣李鴻章文，光緒16年6月24日(1890年8月9日)。《中美關係史料》，光緒朝二，頁1463。

63　光緒16年開始，先有宜昌口各國領事姓名及洋商行號，此後光緒朝檔案中每年均收有各口岸領事姓名、洋行商號及數目。

64　Register of the Department of States(Corrected to Feb. 28), p. 23. 轉引自：黃剛，《中美使領關係建制史，1786-1994》，頁56。

65　除了本章所提1870年代以後美國在華商人要求駐華領事制度的專責化，1890年代另有一波由「全美製造商協會」(The National Association of Manufacture，1895年建立)要求美國國會對美國駐外領事制度的改革，

1903年中美商約第二款對於領事官的派遣：「美國可按本國利益情形之所宜，酌派領事官員前往駐紮中國已開或日後開為外國人民居住及通商各地方」，「酌派」一詞，已不受限於清廷所謂「有領事方可通商」的制約。第二款條文對於領事職權、優例及豁免利益等都有更明確的規定，且強調美國領事官應與中國地方官以「平行之禮，互敬之道」相待[66]。顯現中美雙方對於美國駐華領事制度的運作已有進一步的諒解。

三、美商韋特摩耳設置紡織公司與機器進口案例

(一)韋特摩耳案

1882年9月，上海美商韋特摩耳(W. S. Wetmore)欲於上海租界內設立紡織公司，韋特摩耳預計以30萬兩的資金開辦棉織工廠，原料來自中國產地棉花，這是美商在中國第一次嘗試用軋棉機器來織布。韋特摩耳為Frazar & Co. 和V. Grant公司的老闆，1861年起即在上海經商[67]。根據上海外商總會的報告(Shanghai General Chamber

(續)———————————————

　　包括需通曉語言、良好教育，以及建立績效制度和升遷管道，俾助於美國拓展海外貿易。Thomas G. Paterson, "American Businessmen and Consular Service Reform, 1890's to 1906," *The Business History Review*. Vol. 40. No. 1(Spring, 1966), pp. 77-97.

66　于能模編，《中外條約彙編》(上海：商務印書館，1936)，頁134-135。第一款針對中美雙方互派使節，使節位階、優例和豁免利益的規定。

67　Mr. Sheshire to Mr. Young, Sep. 1, 1882, *FRUS, 1883*, Vol. 1, p. 132.據韋特

of Commerce)，該總會於1869年成立時，Frazar & Co. 爲創會會員。1876年美國共有三家公司爲商會會員，其中一家就是Frazar & Co.其他二家爲同孚(Olyphant& Co.)和旗昌洋行(Russell and Company)。1881年上海外商總會會員大會時美國亦有三家公司出席，除韋特摩耳的Frazar & Co.外，其他二家爲旗昌洋行和新加入的Fearon Low& Co.(同孚洋行已於1878年倒閉)[68]。另據資料顯示，1882年5月韋特摩耳亦曾投資上海電氣公司，但是由於機械及電機上的故障甚多，且由於中國人對於電氣的認識不足，上海道台甚至認爲此係妖術，禁止華

(續)─────────────

摩耳自己的説法，他於1861年抵達中國。見：FRUS, 1883,vol. 1, p. 156.此外，另據上海工部局簡要傳記亦有一人：Wetmore, William Shepherd(未註明生卒日)，從1852年9月1日起即爲Wetmore & Co 的合夥人，1857年5月29日該公司更名爲Wetmore, Williams & Co.而此人爲NCBRAS(North China Branch of the Royal Asiatic Society，成員爲英美商人)之成員直到1882年，1890年仍居住在上海，同時擔任Frazar & Co. 的合夥人。見：*Shanghai Municipal Council, 1850-1865.* some biography note by J.H. Hann. 可於以下網址下載：
http://sunzi.lib.hku.hk/hkjo/view/44/4401556.pdf(下載日期2011年1月14)
再者，*American Diplomatic and Public Papers, The United and China, Series I, The Treaty System and the Taiping Rebellion, 1842-1860,* Vol. 19, pp. 431-460. 載有"Wetmore, Williams & Co. Case." 內容爲1860年韋特摩耳公司因運銷大量米進口中國後，適逢太平軍動亂，致使這批米滯銷，於是該公司要求將米重行載運出口，但中國地方官不准，「因外國米一旦入口後，即視爲等同中國米不准出口」。1860年的韋特摩耳公司案與1882年機器進口案的當事人因上述來華時間的記載不同，應係不同人。而這二件案子的當事人，或亦可能和早期從事對華貿易(所謂"Old China Trade"時期，專指廣州貿易時期到1844年望廈條約簽訂之間)致富的巨商韋特摩耳(William Shepherd Wetmore, 1801-1862)的家族事業有關。

68　Shanghai General Chamber of Commerce, *Annual Meeting and Report,* 1876-79, W1-OA-359；1880-82, W1-OA-360.上海市檔案館藏。

人使用，致使電氣公司的業務難以發展[69]。總之，以美國在華經商公司而言，當時除旗昌洋行外，韋特摩耳的Frazar & Co.算是規模不小的公司了。

　　韋特摩耳的投資紡織廠案始於前一任上海領事德尼(Owen N. Denny)任內。德尼當時告知清廷沒有理由反對外人開設紡織廠，於是韋特摩耳投注十萬兩資金，並集股購置機器；但是即將開工之際，上海關道禁阻美商設立紡織公司[70]。理由是上海現有華商織布公司，早經北洋大臣李鴻章擬定，不准他人另行設立等因。上海總領事數次請求關道開禁未果，案子轉由美國公使楊約翰(John Russell Young)直接向總理衙門提出交涉，雙方一來一往，對條約解釋各有堅持。楊約翰最初提出的理由如下：

　　據想上海關道如此辦法，不惟於貴國利益有未宜，且各國與貴國所立約內，泰西各商民所應得利之意明有違背。在法、比及別國之條款，明准西國商民在各通商口岸一切貿易工作，地方官不能阻撓。……[71]

69　1882年5月韋特摩耳與羅姆(E.G. Lom)等人集資10萬1,000兩，創立上海電氣公司，並邀上海工部局總董李脫(R.W. Little)爲秘書，負責推銷美國白勒許電氣公司(Brush Co. of Clevland)的產品，建電廠於乍浦路，於該年7月正式營業並接受用戶。見：羅志平，《清末民初美國在華的企業投資，1818-1937》（台北：國史館，1996），頁171-172。該書提到韋特摩耳爲英商，顯係筆誤。陳眞、姚洛合編，《中國近代工業史資料》第2輯，338-339。

70　Mr. Wetmore to Mr. Cheshire, Sep. 8 1882. *FRUS, 1883*, Vol. 1, p. 133.

71　總署收美使楊約翰照會，光緒8年9月3日(1882年10月4日)，《中美關係史料》，光緒朝二（台北：中央研究院近代史研究所，1988），頁907。

　　此處條約美使指的是1858年中法天津條約第七款、1861年中德條約六款和1865年中比條約第十一款，均有載明各國人民既准貿易，並准工作公平無礙等字樣。於是引發總理衙門和美國公使對於「工作」二字的立場辯論。

　　在同一照會中，美使並要恭親王詳閱「萬國公法」所列一節「兩國設立條約，約內各款，在兩國即為定而不移之法，兩國國主及地方官不能另設章使條約所允者為無用，及或於所允者有所限制。據所載此節，是允此人創設公司，不允他人另設公司，其所出之章即應歸於無用，因其與條約所允者甚有未合」[72]。

　　總理衙門對於「貿易」或「工作」的解釋是：「所謂貿易者，如販運洋土貨進出口各款，所謂工作者，如彼此雇用華洋人等勤執工藝力作，均可各隨其便。遍查各條約內，並無准令洋商在中國各口改造土貨之條」。而事實根本原因在於清廷憂懼外人一旦順利開辦紡織公司，將盡奪華民生機。「今洋商在上海股購辦機器，設立紡線公司，是將出口之絲斤改造為別樣貨物，既奪華民之生機，亦損中國之稅課」。至於李鴻章給予華商織布公司的專利權，清廷的解釋則是：「北洋大臣前因華商購買機器，湊集織布公司，即已批示十年之內只准華商附股，不准另設立公司等因，業經奏明奉旨允准在案。誠以華商既經湊集公司，紡織布疋，是屬創舉，自應酌定年限，保護維持，使之利源漸開。若准華商另行設局，則公司受其排擠，必不能踴躍試

（續）───

　　　　Mr. Young to Mr. Frelinghuysen, Oct. 18, 1882. *FRUS, 1883*,Vol. 1, pp. 129-131.

72　總署收美使楊約翰照會，光緒8年9月3日（1882年10月4日），《中美關係史料》，光緒朝二，頁908。

行。夫華商尚不准另行設局，豈洋商轉可另設此項公司乎」[73]。

　　從光緒8年8月至次年3月（1882年9月-1883年4月），美使和總理衙門針對「工作」一詞展開冗長的公文往返。美使甚至搬出康熙字典「工作」一詞，謂不與總理衙門所論「工作」相符。又由於中法條約第三款和中德條約第五款曾議定若有文詞辯論處，當以法文版本爲正義。美使再以法文條約強調「工作」兩字，「實謂准法、德兩國之於通商各口，自行設立各色匠藝營生，其有約各國自應均沾此益。此法文一定之意，不能照貴署所云強解」。美使又隱指中國政府不以民致富，且官商勾結情形嚴重：「至華民工商各事，貴國不欲暢興。遇有官吏阻勒，不思保護，即有新藝新張，不以爲民可致富，反或增重稅項，或禁止營生，或但准官商數人包攬，此皆係本大臣等所爲拊膺腕腕者，然係貴國之事，不便僭言擾越於絲毫耳」[74]。接著，總理衙門答覆「工作」二字，意義極廣闊，然總括係專指人力而言，不能將貨物牽混在內。「倘絲綢各貨均准洋商用機器在中國口岸製造，不但於稅餉有虧，凡華人之專業絲綢，藉微利以養身家者，斷難以工力相敵，勢必致毫無生理，舍業而荒」[75]。

　　中美雙方經過冗長的辯論，至光緒9年3月，總理衙門再答以「礙難允辦」，且語氣不悅。「若援工作二字講解，不但漢文無此解說，即洋文亦並無確認。且似此關係重大之事，若允照行，約內並詳細辦

73　總署致美使楊約翰照會，光緒8年9月7日（1882年10月18日），《中美關係史料》，光緒朝二，頁910。

74　總署收美使楊約翰照會，光緒8年10月8日（1882年10月18日），《中美關係史料》，光緒朝二，頁923。

75　總署致美使楊約翰照會，光緒8年12月14日（1883年1月22日），《中美關係史料》，光緒朝二，頁936。

法，豈能以二字渾渾言之。」至於美使曾提到上海等口原有改造土貨作坊數處，中國政府並無禁止一事，總理衙門更是駁斥此言不當，因為「洋商販運土貨，遍查條約，實無將土貨任便在口改造後售賣明文。誠以在口購買，即在口改造銷售，非惟奪華民生業，亦於稅課有虧」[76]。

對於如果准洋商有機器在中國口岸製造，不但虧稅，並礙華民生業。這點楊約翰至為不滿，甚至直指：「既以用機器製辦有損於華民生業，何以貴親王向允華商於上海以機器製辦耶」。楊約翰認為這是「地方官與本國意有不和，以致違約禁阻本國商民按約應得之益」[77]。

就在中美雙方一來一往辯論的同時，南洋大臣左宗棠為阻止美商設廠，竟指控韋特摩耳公司的一個買辦(王克明)曾和太平天國叛軍貿易，要求逮捕這名買辦。由於這名買辦在紡線公司內搭有股份，左宗棠有意以撤銷逮捕罪名，逼取該商退還股份，停息所立公司[78]。楊約翰給總署的照會說：

76　總署致美使楊約翰照會，光緒9年3月13日(1883年4月19日)，《中美關係史料》，光緒朝二，頁959。

77　總署總署收美使楊約翰照會，光緒9年正月28(1883年3月7日)，《中美關係史料》，光緒朝二，頁944。

78　該名買辦名字見於張玉法，《近代中國工業發展史》(台北：桂冠書局，1992)，頁35，提到兩江總督左宗棠欲阻美商設廠，藉口替美商招股之華商王克明曾勾通太平軍，命王克明到案受審一事。另據孫毓棠編，《中國近代工業史資料》第一輯(1840-1895)，上冊(北京：科學出版社，1957)，頁164，引用《左文襄公書牘》左宗棠致總理衙門函，亦提到上海紡紗公司由王克明、俞少山代為招股，以及王克明遠年舊案，如王克明到案投審可從輕了解等後續事宜。

忽聞南洋左大臣有暗檄地方官訪拏該商管事人解省之事，託
言其人前曾從髮逆云云。如其人實有此罪，貴國官員按律辦
理，本國官員斷不能或有所阻，而據該商所稟則異⋯⋯據想
該管事既係該商任用二十餘年，朝夕相處，素行良善，何至
有從賊之事，故不能必信貴國係爲其實犯此罪而查拏。左大
臣係中國最有名望之人，亦難信其必係因該管事於公司搭股
而入之大罪。[79]

事態演變至此，延伸出該名買辦涉及判亂罪的懲處。楊約翰質疑
說：該名買辦如確實有罪，自難原宥，應按法律懲辦，然而若只讓他
撤股即可免除極大之罪，實爲將國家律例看輕[80]。因此在楊約翰看來
清廷在意的是這名買辦不論如何必須撤股，參與太平軍的罪名只是威
迫的手段罷了。

當時美國公使楊約翰初抵華即遇到此一棘手問題[81]。在給美國國

---

79 總署收美使楊約翰照會，光緒9年正月28日（1883年3月7日），《中美關係史料》，光緒朝二，頁944。*FRUS, 1883*, Vol. 1, pp. 156-157. 根據韋特摩耳的說法，他於1861年初抵中國時即認識這名買辦，雙方已有多年的合作情誼。據他所知根本沒有證據說這名買辦和太平天國軍會有什麼瓜葛，他是個誠懇愛國、扶貧濟弱、慷慨又慈悲的人。楊約翰給總署的照會也引用此一說法：「據稱該管事已在該行二十餘年，其人素行謹原，周濟貧窮，處事端方，心常向國，從前並無賊之事」。Mr. Young to Mr. Frelinghuysen, Dec. 6, 1882. *FRUS, 1883*, Vol. 1, p. 156.

80 總署收美使楊約翰照會，光緒9年正月28日（1883年3月7日）《中美關係史料》，光緒朝二，頁945。

81 楊約翰生於1840年，曾擔任*New York Herald*記者，於1882-1885年任駐華公使。由於記者出身的政治敏感度，使華期間他特別關注中國內政的演變，對華政策也以溫和穩健爲主。詳見：Victoria Siu, "Sino-American

務院的照會中，楊約翰擔心逮捕買辦的正當性與否，不僅在於韋特摩耳公司的權益，更會引起中國商人投資外國公司的恐慌。楊約翰認為逮捕中國買辦這件事當然是清廷的詭計，因為該買辦被指控和太平軍貿易早已是十七年前的舊事，楊約翰要這名買辦暫且待在上海租界靜待實際負責此事的左宗棠如何處理。孰知當時美國駐上海領事哲士(F.D. Cheshire)急於保護韋特摩耳公司的權利，親赴南京拜見地方官府，地方官府抬出該名買辦涉及中國法律的叛亂罪名，哲士為快速解決問題，竟建議這名買辦的懲處可交由上海公共租界法庭來處理。然而，這個舉動卻令楊約翰頗為不悅，因為這樣的處理方式反而使得事情的焦點變得模糊[82]。

楊約翰希望這件案子仍回到條約制度面來討論，才能確實保障美國在中國的整體商業利益，而不應交給上海公共租界處理。因為按照公共法庭的審理，這件陳年舊案必定會被撤銷控訴，這樣楊約翰藉這件事所發揮的外交作用便被削弱了。從楊約翰的觀點來看，韋特摩耳案牽涉到總理衙門和外國使節對中外條約的解釋，如果將焦點轉移到買辦問題，全然不討論條約所保障的外人利益，那麼以後清廷仍可以藉故威嚇或撤銷外人在華開設工廠。無獨有偶，1882年上海關道頒佈禁點煤油燈，使得從事煤油進口的美商受損不少，接著上海的旗昌洋行也被要求停辦設置繅絲廠，這些事讓楊約翰覺得有一股反對外人

（續）————————————

Relations, 1882-1885. The Mission of John Russell Young." (PH.D. dissertation, Georgetown University, 1975. Ann Arbor, Mich.: University Microfilms International)

82　Mr. Young to Mr. Frelinghuysen, Dec. 6, 1882. *FRUS, 1883*, Vol. 1, pp. 157-159.

在通商口岸設廠的勢力正在醞釀；因此討論條約內容才是釜底抽薪之
計[83]。

事實也如同楊約翰的政治敏感度，1882年李鴻章正是成立上海機
器織布局的推手，該年李鴻章正式奏請將上海機器織布局的建立置於
他的保護之下，並向未來的股東們保證給予該局製造棉紗和棉布的十
年專利[84]。李鴻章從保護華商的立場為織布局謀求專利，他向朝廷建
言：

> 查泰西通例，凡新創一業，為本國未有者，例得界以若干年
> 限。該局用機器織布，事屬創舉，自應酌定十年以內，只准
> 華商附股搭辦，不准另行設局。其應完稅厘一書，該局甫經
> 倡辦，銷路能否暢旺尚難預計，自應酌輕成本，俾得踴躍試
> 行，免被洋商排擠。[85]

當此之際在上海的《申報》也出現有關「議禁繰絲」的辯論，不
少言論支持保護中國民族工業，免得中國棉紡織市場被外國企業所吞
噬；但也有人擔心中國尚無法獨立發展繰絲工業，一旦禁止外人開
辦，將使「上海繁盛之區一變而為窮陋之俗也」。《申報》同時報導
上海之旗昌洋行及公平繰絲局開設之機器繰絲公司，遭到上海關道下

---

83 Mr. Young to Mr. Frelinghuysen, Dec. 6, 1882. *FRUS, 1883*,Vol. 1, pp. 159-
160.

84 費維愷(Albert Feuerwerker)著、虞和平譯，《中國早期工業化》（北
京：中國社會科學出版社, 1990），頁269-271。

85 《李文忠公全集・奏稿》（台北縣：文海出版社，1962），卷43，頁43-
44。

令關閉[86]。由此，在李鴻章的佈局下，上海機器織布局所標識的民族新興工業，和韋特摩耳設廠案發生直接的利害衝突便是可以想見的事了。

韋特摩耳數度向上海領事哲士陳情，表達絕不妥協的意願，內容主要有三：一、從他的認知而言，根本無任何的條約可以限制外人不可以在中國成立這樣一個紡織廠。二、清廷所謂的「專利」（patent），似乎意含著中國國內已實施專利權，但是中國根本缺乏專利權的條件。在他看來這件事「根本不是專利，而是秘密。如此機密使得美國領事完全不預聞此事，我敢斷言沒有任何一個駐華領事知道這件事」。三、就算是中國朝廷的當權派宣稱他們有開設紡織的壟斷權利，他也不承認。他將支持他自己的權利到底，這件事如失敗將造成他莫大的損失[87]。除了向上海領事陳情外，最後他更直接向美國駐華公使楊約翰陳情，表達這件事不僅是他個人，且牽涉到所有與中國有條約關係的國家之權益，甚至表達如有必要，他個人也願意到北京向駐華公使報告這件事的原委[88]。

86　《申報》，光緒8年10月5日（1883年1月18日）。

87　Mr. Wetmore to Mr. Cheshire, Sep. 9, 1882. *FRUS, 1883*, Vol. 1, p. 134. "It has no been patent, but secret-so secret that the United States Consul–general knew nothing of it, and I venture to say no foreign consul in China knew of it."

88　Mr. Wetmore to Mr. Young, Sep. 13, 1882. *FRUS, 1883*, Vol. 1, pp. 138-139. 在韋特摩耳給楊約翰的另封信中，提到清廷有意設立一個華資棉織廠，並且用壟斷的方式排擠外國企業的想法，大概在五年前（1877）。一個姓彭的候補道（Peng Chi-Chih）籌資成立紡織廠，李鴻章答應給予這間公司專利，但不料這間公司後來因籌設資金的問題倒閉。而目前和韋特摩耳公司打對台的上海機器織造局約二年前（1880年）開始著手，其中的一個主要股東是Cheng Tao-chai。Peng Chi-Chih讓渡了原公司的財產；但是

楊約翰考慮到這件事的嚴重性,於是和正在日本的美國亞洲艦隊(American Asiatic Squadron)司令克羅斯比(Admiral Pierce Crosby)聯繫,他最初的想法並非要亞洲艦隊專程派艦隊前來,而是希望美國海軍能在此一複雜情勢中,以溫和的方式表示對維護美國在華利益的支持,讓美國駐使館和清廷談判時更有後援,例如冬季時沿著中國海岸到上海來巡弋[89]。就在楊約翰交涉韋特摩耳案的同時,在廈門和汕頭口岸的德國鐵工廠也被地方官下令關閉。針對總理衙門未及時允諾保護外人一事,德國公使勃蘭特(Von Brandt)乃派遣德國海軍配上刺刀登陸保護鐵工廠,結果清政府很快就下令兩處地方官停止干預德國事務。這件事令楊約翰頗感懊惱,雖然他也認為德國的處理方式不符合美國的傳統外交。但他給國務院的信件中提到:「當韋特摩耳案仍在懸宕當中,無法有滿意的解決方式時,德國的海軍恫嚇很快得到清廷的讓步」[90]。

由於韋特摩耳案牽涉到條約關係的基本內涵,楊約翰認為只有兩條路,一是要求清政府順從條約規定保護外人在華設廠。二是體察到清政府對外人設廠的憂懼,同意壓縮外來工業的生存;也就是說美國要不就和西方合作共同對清政府施壓,要不就是和中國政府合作。他

(續)───

否讓渡了原來李鴻章所應允的專利權,他就不得而知了。然而,不論如何,他認為清政府都沒有任何條約依據,來限制外國公司到中國開設紡織廠的權利。Mr. Wetmore to Mr. Young, Sep. 18, 1882. *FRUS, 1883*, Vol. 1, p. 140. Mr. Young to Mr. Cheshire, Sep. 23, 1882. *FRUS, 1883*, Vol. 1, p. 141.

89 David Anderson. *Imperialism and Idealism, American Diplomats in China, 1861-1898*(Bloomington: Indiana University Press, 1985), pp. 130-131.

90 *Imperialism and Idealism, American Diplomats in China, 1861-1898*, pp. 131-132.

同時也要國務院做出兩擇一的出路。國務卿Frederick T. Frelinghuysen
基本上反對用武力解決，希望中美雙方仍能坦誠解決此一爭論；國務
院給予道德上的支持，但不期待以海軍恫嚇來解決問題。此時，國務
院更關心清政府是否會在商業上採取保守反動的抵制政策，因為美國
剛通過限制華工法案(The Chinese Exclusion Act，1882)，美國國務院
似不願在此時再對中國政府施加壓力，因而要求所有美國駐華領事館
確實掌握中國各地的商業情報[91]。

　　經過長達年餘的討論，1883年4月總理衙門不准韋特耳設廠案的立
場仍堅定不移。對於逮捕買辦之事，亦從中國法律自主權的解釋振振
有詞。最後因該商「悔悟退股停歇，其從前有無罪犯即免再行追究，
此又中國權由自主，即來文所不與自主之國有所辯論也」。至於土貨
改造一事，「條約本無確指明文，現各國皆停議辦，實難准貴國商人
設立公司，用機器改造絲紬，致啓爭論。若再往復辯論，終覺徒費筆
牘，難以允行」[92]。清廷仍堅持不准以洋機器改造土貨，理由仍是條
約未有載明，更指稱外商皆已停止議辦，只有美國政府對此事吵嚷不
休。

91　Frederick T. Frelinghuysen to John Russell Young, March 19, 1883.
　　Washington, Diplomatic Instruction, China. *American Diplomatic and Public
　　Papers, The United and China, Series II, 1861-1893.* Vol. 18, p. 130. 1882年
　　的限制華工法案，可謂結束了華工自由移美時期，該法案有以下兩要點
　　點：一、十年內禁止華工入美；二、所謂華工，包括礦工，技術及非技
　　術工人；三、華工離美者需在海關登記領證，以為回美之據；四、依約
　　得赴美之華人，須憑美國駐華使領簽署之護照入境。此事引起清廷駐美
　　公使的強烈抗議，詳見：張武存《中美工約風潮》，頁314。

92　總署致美使楊約翰照會，光緒9年2月10日。《中美關係史料》，光緒朝
　　二，頁948。

經過和國務院的討論後，楊約翰也意識到美國對華貿易主要仍以茶、絲、煤油等交易為主，設置工廠的投資畢竟是少數，盱衡美國在中國的市場畢竟有限，且中國持續升溫的仇外情緒更引起美國國務院的重視；因此，他決定對恭親王的抗議表達緘默，讓設廠爭議案劃下句點[93]。這場韋特摩耳的案子，在楊約翰公使任內最後成了雷聲大雨點小，美國政府「靜待設廠案的後續演變」而告終。

與前一任駐華公使蒲安臣有所不同，蒲氏的「合作政策」(cooperation Policy)係和中國政府合作友好，楊約翰則是主張和列強採取合作政策，對華外交政策盡可能求取一致。楊約翰在韋特摩耳案件上要求列強共同對清廷施壓，擔心整體外國人在華權益受損，希望各國聯手要求清廷撤銷外人不得設紡織廠的規定，即是一例。

(二)機器進口案

中美關於韋特摩耳案的交涉雖告一段落，但是否能以進口機器改造土貨之事的爭議，並未就此結束，而且因韋特摩耳案的發展，引起洋商的重視，究竟機器進口一事是否為條約所保障？如無，則需要在新的條約關係中加以確立。

事實上，伴隨著韋特摩耳設廠案被否決，外商共同關注的是洋人應否有權在通商口岸以機器改造土貨。1883年4月，包括韋特摩耳等人的外交使團聯合給總署的照會，聯名要求清廷承認中外條約中已應允洋人在通商口岸有此權利。但清廷的回覆仍是如同韋特摩耳案中，再

93　*Imperialism and Idealism, American Diplomats in China, 1861-1898*, p. 134.

三否認外人有此一權利[94]。1883年，怡和洋行欲籌設紡織廠同樣遭到
上海地方官的拒絕，上海領事團再次表達不認為地方政府有權禁止外
人設廠，堅持必須由總署和各國領事團討論才能定奪，這件事當然最
後遭到總署的拒絕。但怡和洋商也清楚中外條約中並未明載有此一條
款，進而要求英國政府的支持。然而英國政府同樣考量到中國本土升
高的仇外情緒，對於英商要求設廠可能介入中國正興起的「官督商
辦」企業的中外競爭中。為避免激起華商的反彈，英國政府態度保
守，認為直接訴諸簽訂新條約的風險似乎過大[95]。

　　1893年4月間，日本公司輪船由日本載來軋花機器三十六箱，欲過
載招商局輪船運往寧波，然而稅務司不准，更要求該機器須載回日
本。理由是上海關道之前曾行知稅務司，有關軋花機器及其他仿造土
貨機器進口時，只可發給中國人起貨單，不發給他國人。此項規定係
接奉北洋三大臣之限令，除官局可用升火機器置辦進口，其他則不
准。此件日本機器進口案遭清廷所阻，引起美國公使田貝（Charles
Denby）的同聲抗議[96]。清政府限令除官府可用升火機器置辦進口或只

94　Foreign representation to Prince Kung and the Tusng-Li yamen, April 3, 1883.
　　Prince Kung to foreign representative, April 19, 1883. *FRUS, 1883*, Vol. 1, pp.
　　206-207.

95　1883年的英國正是自由黨領袖格萊斯頓（William Glaston, 1809-1898）主
　　導的富有理想色彩的自由主義全盛期，他所領導的對外政策，雖不是拋
　　棄帝國主義權益，但相對於英國的海外擴張主義則持以比較保守和道德
　　主義的主張，因此在遠東和中國問題上也相對緩和。R.P.T. Davenport-
　　Hines and Geoffrey Jones eds, *British Business in Asia Since
　　1860*(Cambridge; New York: Cambridge University Press, 2002), pp. 1-31.

96　「顯與約內所載與各國人以應得利益之言不符，其不符之處論於後，且
　　此不准外國人將機器進口，似與將各等貿易事與人包攬者無異。想此包
　　攬之事，貴王大臣亦應以為與條約不符。以上所論升火機器，只准官局

發給中國人起貨單的規定，顯然是外人機器「可爲我用」，但絕不可讓外國企業任聽其便，將機器隨意引進中國。

　　田貝公使要求總理衙門轉飭上海關道，將日本案例即行撤銷，並援引1858及1865年中法條約所保障的外人權益，申論這批日本機器當然可以進口：「按條約所載，凡外國人之在通商口岸者，無論用何升火機器置造土貨，均爲約內允行，故於1858年法約第7款內載，有法人家眷可在通商各口市埠地方居住貿易工作，平安無礙，長川不輟等語。按工作二字之意，即係指仿造等事而言。又1865年此約第11條內，亦有此貿易工作字樣，意亦相同」。[97] 總理衙門的答覆是：「機器原爲條約所不載，嗣因有販運機器到口者，查係有益於民用，故值百抽五徵稅。若其器關繫華民生計及地方利害，則不在此例」。但究竟是否准許進口，則當由中國自行酌度，不能與尋常稅則所載貨物相提並論[98]。接著美國公使田貝辯論說，機器進口問題縱然未曾載於稅則之內，然而按條約之意，不能說稅則不載，即不能准其進口。而外國機器進口已行之多年，突然禁止進口；這項新出辦法，不僅與條約

（續）────────

　　置用者進口，其餘中外人均不准之辦法，實爲意想不到，且與約內於中外人均有利益之原意將有敗壞也」。總署收美使田貝照會，光緒19年6月10日（1893年7月22日），《中美關係史料》，光緒朝三，頁1768。

97　總署收美使田貝照會，光緒19年6月10日（1893年7月22日），《中美關係史料》，光緒朝三，頁1768。「再查1858年所議定稅則內載，不准進口之貨，並未列有機器一端，惟第1款內載有凡貨物如於進出口稅則均未賅載，又不在免稅之列者，應照值百抽5例徵稅。即按此節而論，足見機器亦准進口」。

98　總署致美使田貝照會，光緒19年10月11日（1893年11月18日），《中美關係史料》，光緒朝三，頁1797。

不符，在外人看來實爲保護上海機器織布局的專利[99]。清政府的立場很明確，機器進口不僅在中外條約中未曾明載，因此可否進口當然係中國官府的裁量權。

由於韋特摩耳案的爆發，接著旗昌洋行、怡和洋行等同被禁止蓋繰絲廠，而德國鐵工廠亦被下令關閉，以及日本公司載運機器到口岸的討論，一連串有關洋人在口岸設廠和土貨改造之事，引起外商及其政府的重視，他們已期待著通過新的條約方式來獲得和保障在華利益。因此，中日甲午戰後，1895年馬關條約清楚規範外人可在中國通商口岸設廠，以及機器進口的事，據馬關條約第6款：「日本臣民在中國通商口岸城邑，任便從事各項工藝製造，又得將各機器任便裝運進口，只交所定進口稅」。基於一體均霑的權利，美國也免除了本章所舉的韋特摩耳設廠案以來的困擾。

在馬關條約明定保障外人在中國通商口岸「任便從事」各項工藝製造和和機器進口後，外國商人感受設廠投資和機器進口所帶來的不小利益，在1896年上海外商總會（Shanghai General Chamber of Commerce）曾縷列一份要求將修定稅則納入中外條約的意見，除了希望清政府解決不重複課稅的問題之外，在這項意見書中，他們曾提出機器進口免稅的主張（但不堅持）。所持的理由堂皇：希望以最快的速

99　總署收美使田貝照會，光緒19年11月4日（1893年12月11日），《中美關係史料》，光緒朝三，頁1809。當時有言論指機器進口有礙民生發展，美國公使田貝最後不得不挑明：「茲就上海一處言之，民之因用機器而實獲利者，確有其據，苟有礙於民生，何以兩湖張制軍、北洋李大臣、及他省各大憲猶設立機器局，而行用織布機與自來火、繰絲、軋花、製茶、及各別樣之機器乎。各大臣等以不准機器進口，實爲不符條約，且以貴王大臣所論之意，實有未合。」

度使中國躋身為世界國家的製造業中心，至少當前先解決已設工廠或正建置的工廠，有權購買產品和通行中國各地而只需支付轉口稅的要求[100]。從這份意見書可知外商希望機器進口免稅，但如果清政府無法給予免稅優惠，則退而求其次，至少對於機器進口或機器製成品的通行稅應予以修訂。

無論如何，伴隨清末中國近代工業的發軔，與機器進口的相關各項利益必須於條約明定，及至1903年簽訂的中美商約，雖未獲得機器進口免稅的權益，然在該約第四款對於機器製成品及其相關稅則，則有以下規定：

> 凡用機器紡成之棉紗及織成之棉布，無論係洋商在通商口岸，或係華商在中國各處紡織成，所應抽稅項均須一律無異。惟各該機器廠製成之貨物，於完稅時所用之棉花，若係外洋運來者，應將已完進口正稅全數及進口加稅三分之二發還。所用者若係土產棉花，須將已徵之各項稅銀全數一併發還。其出口正稅、出口加稅、復進口半稅，概行豁免。別項貨物與洋貨相同。在中國用機器造成者，亦須按照以上章程辦法辦理。（附錄2-4：1903年《中美續議通商行船條約》）

---

100 Shanghai General Chamber of Commerce to Denby, Sep. 17, 1896, Jules Davids, ed., *American Diplomatic and Public Papers-the United States and China. Series III: The Sino-Japanese War to the Russo-Japanese War, 1894-1905*, Vol. 13, p.17.

上述針對棉布或棉紗的紡織成品，不論在洋商或華商手中的納稅問題，應求取一致的條約規定，以及製成品完稅時的相關規定，更有助於美商運銷機器來華和設置工廠，且已於清末中美商約中加以保護，殆無疑義。

四、小結

過去對於近代中外條約的一般論述，強調中國政府對現代國際法的無知，以至於喪失利權而不自知；或說「條約制度」是帝國主義宰制下的產物，這些說法固然成立。但可能忽略了另一個面向，亦即在此一中外條約關係中，條約所建立的種種規範和原則，中國在各個不同個案裡究竟採取怎樣的回應？

在中美經貿往來的實際個案中，往往可發現清政府不同意或抵制中外條約所賦予的權利或規定；有些係來自條約本身的模糊性質，導致中外各自表述的情況；有些則來自清政府單方面的規範和禁令。本章所舉例的1882年美商韋特摩耳設置紡織公司案，由於內中隱情涉及上海機器織布局的籌措與華洋競爭，清政府因禁阻不成，藉口逮捕韋特摩耳公司中的一個中國買辦，這件個案的交涉過程充滿戲劇化的發展，頗引起中外矚目。在韋特摩耳設廠案的交涉中，我們可以看到中國政府對於條約利權相當在意，且主動爭取對條約的解釋權，此不僅涉及實際的利害關係，更可看到民族主義所起的作用。在1880年代當中國民族工業初發軔之際，承攬上海機器織布局的李鴻章，透過自己所能發揮的影響力，和左宗棠等人從條約制度的解釋和頒佈相關禁令，設法保護中國民族工業，在和外國使團的公文往返中清廷可謂步步為營、寸步不讓。一直到甲午戰爭戰敗，才通過馬關條約的簽訂，

給予外人來華設廠和機器准予進口的權利。因此，作者認為條約制度
對外商權益的保障，不可被過度放大。

此外，依據五口通商善後章程和天津條約，外人取得在中國口岸
貿易等權利，但為了進一步規範外商在中國的行動，且防止官商勾
結，清政府相應頒佈了不少規定和禁令。其中以設置領事官方准貿
易，引起相當大的爭論。其後又有對領事身分之調查，規定有：「領
事不得兼任商人」，總理衙門檔案中載有對於各口岸的新任領事身分
均詳加調查，其非身兼商人才予以接受其領事職務，即或是低於領事
之知事(counselor，一般譯為參事)亦然。而在美國方面則援引相關條
約，不承認清政府所言「有領事方准通商」、「領事不得兼任商人」
的規範。美國駐華公使雖不贊同清政府單方面的規範，然而美國駐華
領事制度的確也暴露出諸多不合理現象，此一現象促使蒲安臣和西華
公使，爭取改善美國駐華領事制度，堪稱此一時期中美關係交互作用
下的推力和助力，對我們了解早期中美關係提供另一側影。

除了有關領事不得兼商人的限令外，1864年(同治3年)的檔案中亦
曾令「各使團領事除辦商務交涉外，不得干預地方交涉」[101]。對於通
商的限定，則有「洋商不准到非通商口岸」之禁令。而對於內地走
私問題，請政府也一再向美商致達「洋商運貨入內地請按條約辦
理」[102]。對於洋商懸掛招牌營運，清政府亦曾頒布禁令緝捕，禁止洋

101　中央研究院近代史研究所藏，外交檔案，01-15／9-8-4，各國駐各口領
　　事及稅務司姓名；各使團領事官除辦商務交涉外不得干預地方公事。

102　總署美使田貝照會，光緒18年2月28日(1892年3月26日)，《中美關係史
　　料》(三)，頁1666。

商私立行棧[103]。準此以觀，在清末商務交涉中，條約制度下所保障的外國在華商務的實際利益並非可漫天要價般地不受限制，相反地，清政府的弱國外交在「開眼看世界」的同時，亦展現其維護國家主權和對民族工業的堅持，儘管中國對外關係雖屬弱勢，但對外交涉上仍展現其強烈維護主權國家的企圖，而主導中外條約在實施層面上的具體規範。

在本章討論的案例中，中美雙方政府多從己方利益各自表述對條約的解釋。就中國政府而言，力求擺脫條約中的美國利益，並找出有利己方的解釋，針對帝國主義掠奪中國市場，堅持紡織廠設置和機器進口並未明列於條約中，因此可否設置與進口係為中國官府的裁量權限。在韋特摩耳案中李鴻章等人清楚意識到運用洋人機器來發展上海機布局，但並不願開放外人在中國設廠的權利，以免盡奪華人生機。在中美交涉的商務個案，顯現清政府抗拒或抵制外國企業在中國的發展，以爭取中國民族工業的發展空間，姑不論其結果是否確有裨益於中國本身的工業化；但卻反映了外資企業對中國傳統手工市場所帶來的衝擊，以及中國在面對西方技術時欲迎還拒的矛盾心態。

就美國而言，條約利益為對華政策的基礎，而此又與美商對華投資及商務拓展息息相關。在韋特摩耳案的交涉中，韋特摩耳以其在華經商二十餘年的經歷，為維護自身利益而四處陳情，美駐上海領事和駐華公使亦有意藉由韋特摩耳案宣示美國政府對於維護條約權利的立場，然而中國市場利益畢竟不大，且國務院感受到中國似有一股升高

---

103 中央研究院近代史研究所藏，外交檔案，01-31（禁令緝捕），禁止洋商私立行棧，禁止洋船私到非通商口岸等等。

的仇外情緒正在醞釀，對華政策擬採取溫和穩健的態度。觀諸清末列強在中國的活動，美國對華政策的確也較為溫和，相較於德國領事為保護鋼鐵廠而以軍力恫嚇，美國國務院仍不輕易以亞洲艦隊的巡弋威脅來達致其目標。不論如何，面對清末洋務運動開展後，振興實業的市場需求，機器進口的相關利益必須在條約中加以規範，而通過馬關條約的一體均霑及1903年中美商約中，有關機器進口和納稅問題的規範，也徹底解決了韋特摩耳案中機器不准進口的疑慮，更進一步有助於美商來華設廠和投資。

在美國方面尚需留意的是，雖然早期美國在華領事制度的建立並不周全，但美國政府對於在華僑民的人身安全和權利保障仍極為重視。不僅僅是因為美國是在清末中外交涉中通過望廈條約最早提出領事裁判權的國家[104]，美國政府對於美商在中國遊歷的安危維護更是不遺餘力，此可由魯意密克斯令(Louis McCaslin)案件說明之。此事發生

---

104 因受特倫諾瓦號事件(Francis Terranova Incident)之刺激，美國在1844年中美簽訂望廈條約中，尤重視領事裁判權的規定。1821年美國商船「艾米立號」(Emily)上的義大利水手特倫諾瓦，用水果瓶擊傷中國小販艇婦頭部，致該婦落水而死，中國水手要求交出兇手，「艾米立號」船長認為此係過失傷人，拒不交出兇手。經清吏以停止對美貿易威迫，要求將兇手交出，雙方仍堅持不下。經多日僵持後，始由行商上船將犯人帶走。清吏判處特倫諾瓦絞刑，屍體交還「艾米立號」，始恢復對美貿易。史家一般認為美國對領事裁判權的重視，主要是受到「特倫諾瓦」案判權的影響。美國派顧盛(Cabeb Cushing)來華交涉望廈條約期間，又發生美國人槍殺華民徐亞滿事件，由於事關美國人在華犯罪的審判，此事更加確立美國要求領事裁判權的原則。Tyler Dennett, *Americans in Eastern Asia*, *A Critical Study of the Policy of the United States with Reference to China*, *Japan and Korea in 19th Century*(New York: Branes & Noble, 1941), pp. 86-90. 仇華飛，《早期中美關係研究，1784-1844》，頁284-292。

於1888年4月29日，美商魯意密克斯令同其友人及妻子乘其自有之船遊歷江南，在寧波老江橋遭浮橋夾傷，該案竟纏訟十五年之久，至光緒29年(1903)始由清政府外務部致美使康格照會中，提到已交給浙江巡撫「酌覈辦理」。魯意密克斯令在寧波老江橋被夾傷，致「兩頰戳傷，上嘴及右手大指，並兩肩重受傷殘」，美使認為是管橋之橋夫有意傷人，而「該江橋管橋者係地方官所用之人，應惟地方官是問」，因而向清政府索賠養傷銀10,357兩[105]。一件看似不大的案子，歷經多位美國公使和領事鍥而不捨的接力交涉才告終結，顯現美國政府對於美國商民在中國遊歷的人身安全之重視。

---

105 此案在光緒朝有大量相關奏摺和往來函件，美使據外國人證口供，稱老江橋之橋夫見該船為外國人，因而不願打開浮橋，以致洋商船搖過，適與排角碰撞，洋商因出於船頭，幫同推撐，反被夾傷。而寧紹台道則據老江橋管橋之橋夫證詞，認為美商自己冒險以致受傷，遂妄存希冀養傷費。至於替美商搖船之中國船夫的證詞則反覆不明，以致中美各據一詞。此案兩造答辯和會審過程頗具戲劇情節。本案第一份文件為：總署收美使田貝照會，光緒14年10月14日(1888年11月17日)，《中美關係史料》，光緒朝二，頁1292。至光緒29年4月5日(1903年5月1日)，外務部致美使康格照會，此案才告終，《中美關係史料》(五)，頁3505. 美國方面的調查，則見於：*FRUS, 1890-91*, pp. 147; 180-193.

第二章

中美商務關係的里程碑——
清末中美商約

一、前言

　　1903年10月8日(光緒29年8月18日)「中美續議通商行船條約」(以下簡稱「中美商約」，附錄2-4)簽訂，此一條約係根據八國聯軍攻占北京後的「辛丑和約」而來，在帝國主義的侵華論述下，此一商約的重要性長期以來被忽略[1]。清末中美商約是一個純粹以商業性質為主，規範兩國之間通商貿易的條約，有別於過去割地賠款為主的政治條約[2]。

　　對於晚清商約的重要性及清政府在外交談判桌的表現，首先予以

1　過去研究中國近代條約的論著，可謂汗牛充棟。相關討論見本書第一章。過去有關條約史的研究，大多著重政治外交層面的討論，而較少從中國市場，世界體系和條約的內容，來考察近代中國條約中的意義。

2　自五口通商以後，列強在中國所訂立的條約，當然包括通商和航海條款，但因條約本身的模糊造成中外之間頗多爭議。中美天津條約中的通商租地建屋條款亦多有模糊之處，而中英天津條約關於外國輪船航行長江漢口以下的規定，亦無法滿足外商需求。此亦是後來馬關條約(1895)中對於外人在華設廠及內河航行權的規定有較明確的規範，或是清末商務中更進一步規範相關通商條款。相關討論可參見本書第一章。

高度評價者，爲王爾敏教授之專著《晚清商約外交》。該書對於辛丑和約以後，中國與英、美、日、葡、德等國簽訂之通商行船條約之議約過程，有詳盡的剖析，並肯定清政府在談判桌上的表現成就[3]。大陸學者吳機鵬針對中美商約中有關與開放東北口岸問題的研究，亦特別強調清政府在外交上的覺醒和主動。他認爲清政府在談判後接受了美國的要求，承諾在商約批准互換後，將開放奉天和安東兩地，但是特別堅持係由中國自行開埠通商，以別於條約口岸之規定[4]。崔志海對於中美商約內容的仔細分析，亦肯定晚清國權意識的增強，使得此一條約的簽訂，在「主要方面並沒有爲美國開放中國的門戶提供切實的保障，也不一定對中國的利益構成危害。」[5]上述相關論述著重於清政府對外交涉的政治層面，尤肯定清政府在外交折衝上的努力，對於外

3　王爾敏，《晚清商約外交》（香港：中文大學出版社，1998），頁147，有言：「在中國近代史上一個重大而艱鉅的外交活動，前後持續長達十二年之久，抑且關係中國之國脈維繫與賠款負擔，相信無過於晚清中外商約之交涉。然而史乘專書，以至學術論著，較少全面論列，傳示後世。……單就此次之商約交涉，從事研探，亦足可見中國人在八國聯軍戰劫潰敗之後，已開始小心恢復，並不得不被動的在列強侵迫之下，努力與之交手周旋」。該書頁196-217，探討中英、中美、中日、中葡、中德等商約交涉和簽訂過程。其中〈中日續議通商行船條約〉（中日商約)與中美商約同日簽訂，該書仔細考證出日本得知美約即將達致協議時，即趕在與中美商約同日簽字，所以中日簽約上的呂海寰、盛宣懷爲現場簽署，而伍廷芳在北京，其所簽字爲日後補簽，此事顯現日本欲與美國爭鋒，因而有意留下美、日兩約同日簽訂的紀錄。

4　吳機鵬，〈「約開」還是「自開」？——1903年中美商約關於開放口岸問題〉，收入顧雲深、石源華、金光耀等著，《鑑往知來——百年來中美經濟關係的回顧與前瞻》（上海：復旦大學出版社，1999），頁253-263。

5　崔志海，〈試論1903年中美《通商行船續訂條約》〉，《近代史研究》，2001年第5期，頁144-176。

交談判之探討縷細而完備，本書則在前人研究基礎上，將中美商約的討論置於清末中美經貿關係的脈絡中，在問題論述、取徑方法和研究視野上均有所不同。

中美商約談判之際，「中英續議通商行船條約」(以下簡稱「中英商約」)已先於1902年9月5日簽訂，兩份商約內容略有出入。依過去外交常例，中英商約在前，列國援例照章辦理；但美國在商約交涉中別有考量，不全然與英國同調，甚至出現與英國爭鋒的情況，反映美國對華外交的自主需求。

由於1900年以前，美國在中國的貿易利益相當有限，學者對於此一時期中國市場的經濟利益與美國政府所扮演的功能，也有所爭論[6]。筆者認為儘管中國市場占美國海外投資的利益不大，但美國政府與民間企業對於中國市場仍有所期待。本章擬從中國市場、條約利益與近代化等面向，論析清末中美商約在中美經貿發展關係上的意義。至於中美商約的交涉與簽訂過程，由於前人研究已詳，並非本文所重。

6　關於門戶開放政策——作為1900年以後美國對華政策的指導原則或長期醞釀的思維，相關研究相當豐富。對於中美經貿關係而言，大抵有兩種看法，一種是認為中國及亞洲市場對於吸收美國過剩的物資有不可取代的地位，因此強調外交政策和經濟擴張的關係。Thomas J. McCormick, *China Market, America's Quest for Informal Empire, 1893-1901*(Chicago: Elephant Paperbacks, Ivan R. Dee, Publisher, 1967)另一派則認為中國市場對美國的利益並不直接重要，但它激發了門戶開放政策的主張，而深植美國決策者心中。Hunt, H. Michael. *The Making of a Special Relationship: the United States and China to 1914*(New York: Columbia University Press, 1983)近年來不少學者強調以大型企業的個案研究呈現此一主題，因為對中國造成衝擊的是這些成功的企業，例如Michael Hunt以美國煤油、菸草、棉織品在中國市場的個案考察及高家龍(Sherman Cochran)等人的相關研究，詳見本書緒論的討論。

二、美國對修訂商約的期待

　　1900年以前，美國對華貿易在其外貿中的比重微少，據統計1841-1845年為1.6%，1861-1865年為2.5%，以後逐年下降，1872-1876年為最低0.2%；1880年代以後逐漸上升，1897-1901年達到1.0%。1902-1906年為2.0%[7]。

表2-1　中美直接往來貿易對照圖表，1864-1903年

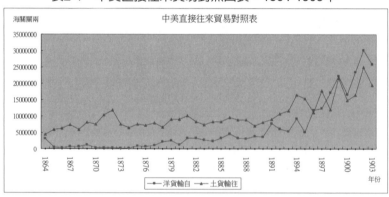

資料來源：楊端六、侯厚培等，《六十五年來中國國際貿易統計》，頁118。

　　從表2-1〈中美直接往來貿易對照圖表〉，可以看出不論就「洋貨

7　Peter Schran, "The Minor Significance of Commercial Relations between the United States and China, 1850-1931," in Ernest R. May & John K. Fairbank, eds., *America's China Trade in Historical Respective, the Chinese and American Performance*(Cambridge, Mass.: Harvard University Press, 1986), pp. 239-240.

輸自（美國）」或「土貨輸往（美國）」的價值，在1903年以前數量均不
大。值得重視的是，1898年以前土貨（華貨）輸往美國的價值均高於美
貨輸華的價值，1898年以後才逆轉為美貨輸華價值較高，這也顯示美
國對華貿易逐漸有起色。

　　以1864-1903年中國口岸英美船隻載運噸數出入統計而言，美國船
隻在1870年代期初頗與英國並駕齊驅，其後每況愈下，在1890年代則遙
遙落於英國之後（表2-2）。到第一次世界大戰爆發時，美國出入中國口
岸船隻約只占英國船隻的10%，而載運噸數約只有英國船隻的2.6%[8]。

表2-2　中國口岸英美船隻載運噸數出入統計圖表，1864-1903年

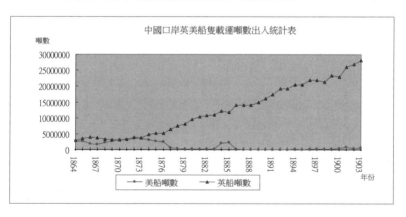

資料來源：楊端六、侯厚培等，《六十五年來中國國際貿易統計》，頁
　　　　　134、137-138。

8　據海關資料，1914年中國口岸英美船隻出入隻數為美國3,133，載運噸
　　數1,047,422；英國隻數為32,951，載運噸數為39,266,765。參見：楊端
　　六、侯厚培等，《六十五年來中國國際貿易統計》，國立中央研究院社
　　會科學研究所專刊（出版地不詳，1931），第4號，頁134、137-138。

　　美國在華航運事業拓展相當早，但卻在1880年代不敵英國的競爭，到1890年代更是一蹶不振。以1862年由旗昌洋行(Russell and Company)成立的旗昌輪船公司而言，這是美國資本在華設立的第一家輪船公司，在1860年代末期稱霸於中國水域。1867年該公司有12艘船，1869年成長為15艘船；到了1872年有18艘船，該年帳面載明的股本是225萬兩，此外共有現金儲備100萬兩。旗昌輪船公司在1870年代中期，開始遭受英國集股的企業——太古輪船公司(The China Navigation Co. Ltd.)以及英商怡和洋行和華商合股企業，名為華海輪船公司(The China Coast Steam Navigation Company)的激烈競爭，三方不惜削價競爭。最後英系輪船公司不僅打破美商旗昌輪船公司在長江流域的壟斷，旗昌輪船公司亦因虧損過鉅而於1876年倒閉，1891年旗昌洋行結束在中國的所有營業[9]。

　　以在華行號和旅居人數而言，美國亦遠落於英國之後。1872年美國居華人數只有538人，行號42個，遠落於英國居華人數1,780人，行號221個。1888年美國居華人數始破千名(1,020人)，行號為29個，英國則有297個行號，居華人數有3,682人。1895年以後，美國旅華各國人民和行號的數目，快速增加，1900年美國居華人數逼近2,000人，而英國則有5,471人。到了1902年中美商約簽訂前一年，美國在華行號已破百，人數逼近2,500人[10]。(詳見附錄2-3：〈旅華各國人民和行號統計表〉，1872-1928)

　　因此，就美國在華與其他國家相較，美國在華的市場利益在1903

9　劉廣京，〈中英輪船航運競爭，1872-1885〉，收入氏著，《經世思想與新興企業》(台北：聯經出版公司，1990)，頁525-565。

10　楊端六、侯厚培等，《六十五年來中國國際貿易統計》，頁143-148。

年以前，不僅總值不高，且在華經營的人數和洋行數量，均不如其他國家，更難以望英國之項背。然而，儘管如此，中國市場的潛在價值和利益，仍吸引來自美國的投資，尤其是大型企業。如就美國本身的在華投資而言，美國在華投資在1890年代以後的確有長足的發展，而美國在華行號和人數的發展，在1890年代後期更是大幅增加。

1875年美國在華投資約值600萬美元，到了1900年增長到2,100萬美元。1895年馬關條約給予外人在中國開辦工廠的權利，根據這項條約帶動外人在華投資的第一批高潮[11]。以美國而言，其中較大的資本額是1897年設立的上海鴻源紗廠(資本額1,096,000銀元)、上海美國菸草公司(資本額105,000銀元)、上海美昌機器碾米廠(140,000銀元)[12]。

1890年代以後，由於通商貿易的快速增加，一個以促進美國在華利益的商業團體——「美國在華利益委員會」(Committee on American Interest in China)於1898年1月6日成立，意在促使美國政府對中國的商業利益採取更積極的政策。6月，擴大改組為「美國亞洲協會」(American Asiatic Association)，並於上海、香港和日本橫濱、神戶設

11　據統計，1840-1870年外國在華設立的主要工廠有7家，設立時的資本額是2,802,000元。1871至1894年有16家，設立時的資本額是4,829,000元，1895-1913年有136家，設立時的資本額達到103,153,000元。見汪敬虞編，《中國近代工業史資料》(北京：科學出版社，1957)，第1輯，頁1。

12　汪敬虞編，《中國近代工業史資料》，第2輯，頁7。其中最大的投資——鴻源紗廠開辦時有紗錠40,000枚，但只部分開工。公司組成之初，經理權係操在茂生洋行手中，自1899年1月1日起，改由股東公推的董事經理，但最後美國資本家將產權脫售給日本和中國股東。見該書，頁181-193。第一批美國在華直接投資則是1892年在上海創辦的乾康繰絲廠。詳見：孫毓棠，《中國近代工業史資料》(北京：科學出版社，1957)，第1輯，頁148-152。

立分會。初期約有68個企業團體，成員多爲以紐約爲基地的出口商，至1900年快速成長到100名企業會員。《紐約商業時報》(*Journal of Commerce*)的特約編輯富爾德(John Foord)，擔任首任秘書和發言人，並透過媒體公關刊登文章，一再呼籲美國政府重視遠東商機。美國亞洲協會代表美國商人在亞洲的利益，是一個典型的壓力團體，對美國國會以及國務院的遠東事務具有相當影響力[13]。例如亞洲協會曾就裁釐問題邀宴清政府駐美大臣梁誠，梁誠形容：「該會實爲東方商務一大中點，外部遇有事件恆向取決，誠當與其在事諸人婉切商磋，得其一言相助，則事機可得八九分。」[14]

大抵而言，美國在華商人在1903年商約修訂前最關注的議題有三：一、進出口稅、子口稅、復進口稅及洋貨各項稅捐等；[15]二、通商口岸的開放和通商權利；三、礦業開採與修築鐵路問題。這些議題也成爲商約談判中最爲棘手的項目。細究之如下：

13　James John Lorence, "The American Asiatic Association, 1898-1925: Organized Business and the Myth of the China Market,"(Ph.D. dissertation, University of Wisconsin, 1970), pp. 35-36, 108-147. 美國亞洲協會在1901-1904年間，鑑於俄國在中國東北的擴張，嚴重威脅美商在華利益，乃採取一連串的行動，要求美國政府阻止俄國勢力的擴散，甚至在日俄戰爭爆發時傾向支持日本的立場。該書頁156-182，爲分析該團體對1903年修約的回應。

14　〈外務部收駐美大使梁誠函〉(光緒29年5月10日)，中央研究院近代史研究所編，《中美關係史料・光緒朝五》(台北：中央研究院近代史研究所，1968)，頁3542。

15　子口稅是指進口洋貨運銷中國內地或出土土貨從內地運銷國外，除在口岸繳納進口稅、出口稅以外，另繳2.5%內地國境稅，以替代沿途所經各地關卡應繳的稅。當時稱海關口岸「母口」，內地常關和釐卡所在地爲「子口」，一次性繳納的過境稅稱「子口稅」，又因其稅率爲進口稅率的一半，故又稱「子口半稅」。

　　一、進出口稅、子口稅、復進口稅及洋貨各項稅捐等問題：如同其他在華的外國企業，美商必須向中國政府繳納各項稅捐，除了「值百抽五」的海關稅外，另有釐金、落地稅、各項洋貨稅捐等等。在華外商長期對中國逢卡抽釐及各項雜稅，頗多抱怨，也引發不少商務糾紛[16]。其中又以釐金最受詬病，早在1870年代上海外商總會(Shanghai General Chamber of Commerce)的年度報告中，即強烈要求廢除釐金[17]。美國駐華各地領事館也常收到對釐金制度不滿的控訴。根據1880年中美友好條約中附立條款第三款：「中國允美國船隻在中國通商各口，無論該船載美國貨物與別國貨物，其進口出口，及由此口進彼口之稅，與其所納之鈔，均照中國船隻一律繳納，並不額外加徵，亦不另徵他項稅款。」因此，在一些稅務糾紛中，例如1891年廣州口岸和1895年漢口口岸的釐金糾紛，美國駐華公使田貝(Charles Denby)即援引此款抗繳[18]。

　　至於「裁釐加稅」，在中美商約談判前即已醞釀。1896年清政府因財政困難，曾提出調高進口稅由值百抽五(5%)到值百抽八(8%)。

16　吳翎君，《美孚石油公司在中國》(台北：稻鄉出版社，2001)，頁79-91。有關美商對釐金問題的反感，外交檔案中有相當多的個案，大抵而言，美商在中國各地雖不情願，然為便利貿易，仍配合釐卡徵收，另一方面則是向美國政府的申訴和請願，始終不間斷。

17　Shanghai General Chamber of Commerce, *Annual Meeting and Report, 1876-79*, p. 3.W1-OA-359. 上海市檔案館藏。據1877年會員名錄共有英國41家公司，美國3家：豐泰洋行(Frazar & Co.)、同孚洋行(Olyphant& Co.)和旗昌洋行(Russell & CO.)。年度報告中即一再要求更改不合理的稅制。

18　Denby to Blain, Mar. 22; Mar. 29, 1891. *Foreign Relations of the United States, 1892-93*,(以下簡稱*FRUS*)pp. 97, 101. 中央研究院近代史研究所藏，《外交檔案》，《總理各國事務衙門》，01-20/38-38-5，〈漢口撤銷美商火油釐金及箱油准照池棧辦理完稅另立章程案〉。

上海外商總會針對清政府有意提高進口稅的回應是，此事需和中國所有稅則一併考量。1896年9月該會曾列一份修定稅則的意見，例如不重複課進出口稅、子口稅、復進口稅和地方稅等問題，甚至要求機器進口免稅（理由是有助於中國振興實業），假使中國政府在上述特定項目的稅率上讓步，他們可同意清政府提高進口關稅[19]。美國公使田貝亦強烈要求中國政府：如提高海關進口稅，則必須一併考量調整各地的釐金和各項洋貨稅捐[20]。美國在華企業以美孚公司（Standard Oil Co.）代表致電田貝表達，一旦調高進口關稅，將使得中國人民不願購買價格昂貴的煤油，轉而使用茱油，將對其業務帶來極大的衝擊[21]。辛丑和約交涉時，美國亞洲協會一面向參議院外交委員會陳情，切盼「裁撤釐金」，甚至要求寫入條約內文，另一方面透過《紐約商業時報》，要求美國政府應堅持裁釐要和加稅問題一併考量[22]。駐華公使柔克義也建議國務院將廢除釐金和修訂合理的關稅列入辛丑和約的談判議程[23]。在和約交涉過程中，法、俄有意提高進口稅至值百抽十，以備清政府償付賠款之擔保。美國則認為進口稅的增加，非但損害對

19　Shanghai General Chamber of Commerce to Denby, Sep. 17, 1896, Jules Davids, ed., *American Diplomatic and Public Papers-the United States and China*. Series Ⅲ: *The Sino-Japanese War to the Russo-Japanese War, 1894-1905*（Wilmington, Del.: Scholarly Resources, 1981）, Vol. 13, p. 17.

20　Denby to Olney, Jan. 2, 1897. The Sino-Japanese War to the Russo-Japanese War, 1894-1905, Vol. 13, pp. 37-42.

21　Enclosure in Denby to Sherman, Mar. 4, 1897. *The Sino-Japanese War to the Russo-Japanese War, 1894-1905*, Vol. 13, pp. 45-48.

22　James John Lorence, "The American Asiatic Association, 1898-1925: Organized Business and the Myth of the China Market," pp. 112-113.

23　Rockhill to Hay, Apr. 13, 1901, *The Sino-Japanese War to the Russo-Japanese War, 1894-1905*, Vol. 13, p. 110.

華貿易，且無異拿自己的錢來換取辛丑賠款；倘若各國同意將進口稅率增至值百抽十，建議參與談判的外交使團，必須從中國政府中得到以下的補償：修訂關稅稅則、廢除一切釐金(包括子口稅及對所有進口的外國貨課徵的各種內地稅)。這項裁釐加稅的主張在辛丑和約中因各國之間頗有歧見而未能解決[24]，遂成為後來中美商約討論的焦點。

二、關於通商口岸的開放和權利的問題：首先是對開闢新口岸的期待，由此又衍生出中美方面對「自開口岸」和「條約口岸」的不同認知。先是華北貿易因大沽口岸的結冰期長達二、三個月，美國早對開闢華北新口岸有所期待。1900年美國領事向國務院報告清政府準備開放秦皇島為口岸的訊息中，縷述秦皇島港冬季不結冰的優點、港口吞吐量、地理位置和地圖，並預估碼頭工程可在一年內完工[25]。在中國而言，秦皇島為首批自開口岸，代表晚清政府有意擺脫口岸條約的束縛，將通商口岸的各項管理權收歸自主[26]。但這項認知顯然與美方

---

24 Rockhill to Hay, June 11, 1901, *FRUS, Affairs in China, 1901*, pp. 227-229. 對華最大宗的英國而言，英國反對美國的提議，僅同意廢除部分的釐金，理由是有些釐金早已劃作其他借款的擔保等問題。英國傾向清政府所提出的從鹽稅收入獲得賠款財源，至於提高到值百抽十的補償，則包括通向上海和天津的河道連同長江航道的改善、商標的保護等。最後1901年9月(光緒27)《辛丑和約》的內容，則是中國賠償4億5,000萬兩海關銀，平均每年支付2,200萬兩，以中國的海關稅、常關稅、鹽稅做為抵押，而後續的相關問題則成為各國商約中討論的議題。

25 Enclosure in Conger to Hay, Apr. 19, 1900. *The Sino-Japanese War to the Russo-Japanese War, 1894-1905*, Vol. 13, pp. 99-104. 這份情報的提供者為「中華工程和礦業公司」的美籍工程師胡佛(Herbert C. Hoover)，即後來的第31屆美國總統(1929-1933)。

26 大陸學者楊天宏研究清末首批自開商埠，對於秦皇島的開埠時間，據《總稅務司通禮》所記為1902年，而南京第二歷史檔案館編之〈中國自開商埠年月表〉，定為1901年12月15日，推之秦皇島開港時間應為1901

有所不同。稍早清政府於新開口岸三都澳（自開口岸），除徵收海關稅外，再課以碼頭稅，包括美國在內的列強群起反對，美駐華公使康格（Edwin H. Conger）即認為此事違反條約規定。後來北京外交領事團同意另課以2%，附加稅做爲新開口岸修築棧房和公共設施之用[27]。美方與中國對於「條約口岸」與「自開口岸」的認知不同，在後來中美商約談判中再次出現。

圍繞外人在通商口岸的權利問題，1896年中日《通商行船條約》第四款，日本臣民可在中國已開及日後約開各口岸之城鎮來往居住，從事工商業活動[28]。美國雖享有一體均霑的條約利益，但在當時新開的蘇州口岸和杭州口岸發生二起商務糾紛，使得美國政府對於通商口岸的權利，愈覺得有必要另訂更明確的商約條款。當時蘇州口岸的地方官府禁止美國人購買「界外」一處土地，由於中日《通商行船條約》第四款載有：無論現在已定及將來所定「外國人居住地界之內」，均准賃買房屋、租地、起造禮拜堂、醫院、墳塋等等規定。然而何謂「外國人居住地界之內」，往往是各執一詞。美國公使即援引

（續）————————————
　　與1902年之交。楊天宏，〈清季首批自開商埠考〉，《歷史研究》，1998年第2期，頁149-154。另可參見張建俅，〈清末自開商埠之研究，1898-1911〉（台北：台灣師範大學歷史研究所碩士論文，1991）。

27　Enclosure in Conger to Hay, June 26; Dec. 29, 1899, *The Sino-Japanese War to the Russo-Japanese War, 1894-1905*, Vol. 13, pp. 92-94, 97-99.

28　1896年中日《通商行船條約》第四款：「日本臣民准帶家屬、員役、僕婢等，在中國已開及日後約開各口岸城鎮來往居住，從事商業、工藝製作及別項合例事業。又准其於通商各口任意往返，隨帶貨物、家具。凡通商各口岸城鎮，無論現在已定及將來所定外國人居住地界之內，均准賃買房屋，租地起造禮拜堂、醫院、墳塋，其一切優例，豁除利益，均照現在及將來給予最優待之國臣民，一律無異。」《清末對外交涉條約輯要：光緒朝二》（台北：國風出版社印行，出版年不詳），頁338。

1858年天津條約第十二款，美國人民有在中國通商口岸居住和租地的權利[29]。另外有一美商人壽公司欲在杭州口岸設置分公司，但遭到杭州官府的驅離[30]。在1890年代有關通商口岸的租地、買屋和設立分行的糾紛不少；其中美孚公司在通商口岸建造油池地的土地取得問題和案例，亦是商務糾紛的大宗[31]。這也是爲何1903年商約交涉中，美國政府之所以一定要將通商口岸的權利問題載入條約的原因。

此外，俄國在東北的擴張，亦導致美國對東北市場的重視。1898年美國領事報告，即反映英美商人對東北口岸貿易的不安：「牛莊(營口)看來像俄國的保護地。」[32]特別是棉紡織出口商相當緊張，因爲向中國出口棉紡織品的百分之九十主要銷往東北。這些商人通過美國「亞洲協會」要求美國政府重視此一問題。當時美國在牛莊並沒有像英、俄、日國家有設置正式的領事館，而是由一位辦事員(Bandinel J.J. Frederick，英國人)處理簡單的行政事務。在亞洲協會的積極呼籲下，美國終於派出梅拉(Henry B. Miller)擔任領事[33]。由於美國商人看重東北市場，才有美國政府後來在中美商約交涉中提出開闢東北商埠

29　《天津條約》第12款：「大合眾國民人在通商各港口貿易，或久居或暫住，均准其租賃民房或租地自行建樓，並設立醫院、禮拜堂及殯葬之處，聽大合眾國人與內民公平議定租息……。」外交部編，《中外條約彙編》(台北：文海出版社，1964)，頁127。

30　Denby to Mr. Jernigan(Consul-General in Shanghai), July 30, 1897, *FRUS, 1897*, pp. 71-75.

31　詳見吳翎君，《美孚石油公司在中國》，頁66-78。

32　Enclosure in Conger to Hay, Dec. 22, 1898, *The Sino-Japanese War to the Russo-Japanese War, 1894-1905*, Vol. 13, pp. 84-85.

33　James John Lorence, "The American Asiatic Association, 1898-1925: Organized Business and the Myth of the China Market," pp. 110-111. Henry B. Miller於1904年升牛莊總領事。

奉天(瀋陽)和安東的要求,並成為談判中的棘手問題。美國還一度要求開放哈爾濱,但哈爾濱在俄國的勢力範圍內,實為不可能之事。最後清政府同意將奉天和安東由中國自行開埠通商[34]。

　　三、採礦與鐵路問題:甲午戰後美國投資者成立華美合興公司(American China Development Company),該公司首腦是活躍紐約金融界的前俄亥俄州參議員和鐵路律師布萊斯(Calvin Brice),股東則包括了鐵路大王哈里曼(Edward H. Harriman)、花旗銀行和大通銀行的行長、美國前副總統莫頓(Levi Morton)、摩根公司(J.P. Morgan & Company)的一個合夥人及卡內基鋼鐵公司(Carnegie Steel Corporation)等。美華合興公司於1898年獲得粵漢鐵路的築路權,其後該公司將大部分股權讓給比利時資本,惟此舉違約,清政府遂於1905年將築路權收回,而該公司更早在1896年向俄國提出合作投資東北鐵路,但遭拒絕[35]。此皆由於美國在中國沒有勢力範圍,以致美國資本在中國的競

34　美方最初提出將北京和東北的奉天、大弧山兩處闢為商埠,後經調查,發現大弧山並不是一個理想的通商口岸,便將大弧山改為大東溝,最後又改為安東,但中方堅持反對將北京京城開為通商口岸。Mr. Conger to Mr. Hay, March. 31, 1903, *FRUS, 1903*, pp. 51-52, Mr. Conger to Mr. Hay, Sep. 12, 1903, *RRUS*, pp. 76-77. 中美商約第12款(附錄2-4):「中國政府應允俟此約批准互換後,將盛京省之奉天府,又盛京省之安東縣二處地方,由中國自行開埠通商。」

35　關於華美合興公司的研究,中英文著作已相當完整。李恩涵,〈中美收回粵漢路權交涉〉,《中央研究院近史所集刊》,期1(1969),頁149-215。William R. Braisted, The United States and the American China Development Company. *Far Eastern Quarterly*, Vol. 11, No. 2(Feb. 1952), pp. 147-165.早在1896年3月,華美合興公司代表巴升(A.W. Bash)就曾向俄國方面提議,希望在東北的鐵路投資中合作。該公司的計畫是:以遼東半島上某一海港為起點,向北經牛莊、奉天、吉林和齊齊哈爾,與西伯利亞鐵路某站相接;從奉天往南向朝鮮邊境建一支路。此一計畫遭到

爭中處於不利的地位。1901年以後清政府展開新政改革，獎勵實業和
採礦，從而修訂了礦務和修築鐵路法規。美公使康格認爲法規中種種
限制條款將不利於投資礦業開採[36]。轉而高度期望中美商約談判，以
利招徠外資採礦。

在美國而言，貿易的增長、鐵路修築權和參與礦務開採的競爭，
在美國人當中激起了信念，認爲他們在中國未來幾十年的經濟發展中
將占一席之位。而不幸的是，此時中國正面臨列強勢力範圍的瓜分危
機，於是促使了一批支持門戶開放政策的企業家和商人要求美國政府
給予支持。他們包括進出口商行，諸如棉紡、石油和鐵路設備這類出
口工業，以及華爾街的一些領導人物諸如各類投機客和企業精英。這
些不同的團體利用一批貿易壓力團體，其中包括1815年組成的全國製
造商協會、地區商會及工商協會、亞洲協會等等，以政治活動來貫徹
他們的目標[37]。

1901年初，美國特派全權委員凱森(John A. Kasson)向國務院提交
了關於中國賦稅、賠款問題，以及修改中國通商條約的說帖和報告，
強調通過修改商約以促進美國在華貿易和投資的重要性。該文呼應亞
洲協會對釐金的強烈不滿，措詞強硬地表示：「爲了使國際貿易獲得

(續)──────────────

　　俄方的拒絕；就在同年6月，李鴻章與俄國簽訂中俄密約，允許俄國在
　　東北建中東鐵路。1905年美國鐵路大王哈里曼提出和日本共同經營南滿
　　鐵路的計畫，後來亦因日本反對而失敗。日俄戰爭後，只有美駐奉天總
　　領事司戴德(Willard D. Straight)於1906年上任之初，繼續推動東北鐵路
　　計畫和東三省銀行。參見：本書第四章。

36　Enclosure in Conger to Hay, Apr. 3, 1902. *The Sino-Japanese War to the
　　Russo-Japanese War, 1894-1905*, Vol. 13, p. 274.

37　Michael H. Hunt, *The Making of a Special Relationship: the United States and
　　China to 1914*(New York: Columbia University Press, 1983), pp. 151-152.

保證，必須在擬議的條約中規定，取消除正規稅收以外的變化不定和使人惱火的苛捐雜稅。」[38]在中英商約談判之際，亞洲協會對於中英商約中提高關稅和進口附加稅的批評甚烈，質疑清政府是否能徹底執行裁撤釐金。他們強烈表示只有裁撤釐金，才願意採納中英商約的談判模式。10月初，亞洲協會中國分會進一步表示，美國要用自己的方式和中國談判，反對依照英國方式。《紐約商業時報》甚至評論中英商約必定失敗。國務卿海約翰(John Hay)針對美商不滿英約的情緒，要求富爾德謀思修補之道，亞洲協會在中美商約談判中的角色頓形重要。富爾德更親赴華府遊說，遞交亞洲協會的請願書，具體要求：廢除內地關常、裁撤土藥稅所和稽查私鹽走私的報驗公所、拒絕內地的轉口稅、限定進口稅值百抽十等等[39]。駐華公使康格也對於英國有意以提高進口稅至百分之十五(後改為值百抽十二‧五)，讓海關統一徵收後，再撥出部分款項交給中國各省，以換取廢除釐金和內地稅的主張，表示不滿。他認為將此事交由控制海關的英國來執行是不切實際，且干擾中國的行政主權[40]。上述這些主張得到國務院的回應，並成為中美商約交涉的重要議程，同時也看出美國有意以自己的方式和

---

38 Hay to Rockhill, April 11, 1901, *FRUS, Affairs in China, 1901*, pp. 208-211, 為特派全權委員凱森詳細的報告。此外並有四個附件。附件1，為凱森蒐集駐華各地領事、海關稅務司及亞洲協會的相關意見及個人的結論。附件2和附件3，為海關英籍稅務司賀璧理(Alfred Edward Hippisley)對中國財政問題的報告及其致國務卿函件。附件4，為美國亞洲協會秘書富爾德所擬〈關於修改同中國通商條約的說帖〉。

39 James John Lorence, "The American Asiatic Association, 1898-1925: Organized Business and the Myth of the China Market," pp. 160-163.

40 Conger to the Secretary of State, *The Sino-Japanese War to the Russo-Japanese War, 1894-1905*, Vol. 13, p. 73.

中國談判。

三、面向世界──條約內容的分析與考察

中美商約係由《辛丑和約》而來。根據《辛丑和約》第十一條：「大清國國家允定，將通商行船各條約內諸國視爲應行商改之處，及有關通商各地事宜，均行商議，以期妥善簡易。」[41]這一條款是經由英國提出，獲美國、日本等國支持而列入。清政府曾建議舉行圓桌會議，與各國共同籌商改約，列強因各有盤算，因此傾向分別與清政府談判訂約。清末商約的簽訂，顯現一個純粹規範在華商務活動的條約已是各國共同的需求，同時條約的交涉和結果，顯現清政府在國勢蹙迫下，主動或被動地對外開放中國市場，逐步走向國際市場的交易規範，特別是貨幣金準和國際匯率問題的研擬。

1901年9月28日，《辛丑和約》簽訂後僅三個星期，英國便率先派遣「總理印度事務大臣政務堂副堂」馬凱（James Lyle Mackay）爲全權代表，來華談判新的通商行船條約和新稅則，因而中英商約又稱爲「馬凱條約」。1902年1月10日，中英商約談判在上海舉行。6月27日，中美商約談判也在上海展開。美國政府任命的談判代表爲駐華公使康格、駐上海總領事古納（John Goodnow）和上海美商代表希孟（John F. Seamam）。

對於這次商約談判，美國政府寄予很大的希望。當列強在討論辛丑和約將焦點集中於賠款問題上時，美國政府已在爲修改商約預做準

41　王鐵崖編，《中日舊約章彙編》，第1冊，頁1007。

備。1901年4月11日，國務卿海約翰又致函來華專使柔克義，專門就修改商約問題做出以下具體指示，包括：一、取消釐金、重新制訂關稅，以促進對華貿易。二、重申門戶開放政策，防止任何國家以互惠、領土占領或勢力範圍為藉口，獲取特殊的權利。三、改善中國的財政和稅務機構，建立一個可靠和統一的帝國財政制，並建議中央稅務機關應當有主要通商國家的諮詢代表[42]。

1902年6月27日，中美雙方就修改商約問題在上海舉行第一次會談。美方最初有意就1858年的《天津條約》全面增減改定，因而會議一開始便向中方遞交了一份商約草案印本，就是以《天津條約》為底本，「將擬予刪除的字句，用標號標出；新增的條款字句，用斜體字標明」，內容長達四十款，涉及政治、經濟、文化各個方面[43]。

對中國而言，從此次商約談判的投入和重視，可以看出清政府在《辛丑和約》後對外交利權的努力爭取。為了應付這次商約談判，清政府特任命兩江總督劉坤一、湖廣總督張之洞為督辦商務大臣，劉坤一去世後改以直隸總督兼北洋大臣袁世凱代之，實際主持談判事務的為工部尚書呂海寰、左侍郎盛宣懷。盛宣懷丁父憂後，又調派駐美公使伍廷芳為會議商務大臣，回國參加談判，此外還任命海關英籍副總稅務司裴氏楷（Robert Edward Bredon）為幫辦，海關英籍稅務司戴樂爾（Francis Edward Taylor）、賀璧理（Alfred Edward Hippisley）二人「隨同辦理」。

經過十六個月的交涉，〈中美續議通商行船條約〉終於在1903年

42　Hay to Rockhill, April 11, 1901, *FRUS, Affairs in China, 1901*, p. 368.

43　海關總署研究室編譯，《辛丑和約訂立以後的商約談判》（北京：中華書局，1994），頁147。

10月8日於上海簽署。全文共十七款，除了上述裁釐加稅與開放商埠的規定，以及在通商口岸設立保稅關棧、擴大美船在中國內河航行的權益、修改礦務章程，以利招徠外資興辦礦業等擴大美國在華權益的條款外，還包含以下幾點：第一，改革律法與取消治外法權（第十五款）；第二，設立統一的國家貨幣（第十三款）；第三，保護商標、版權和專利（第九、十、十一款）。由於內容牽涉廣泛，以下僅就美國所關注的擴大在華經貿利益的主要議題進行分析。此外，中美商約中另有關於保護傳教（十四款）、禁止嗎啡注射問題（第十六款），由於與本文較無涉，將不做討論[44]。（附錄2-4：1903年〈中美續議通商行船條約〉）

（一）裁釐加稅

裁釐加稅同為中英、中美商約中費時最久、細節討論最多的條款，反映出這正是中外商務往來中最實際、最亟待解決的問題。

首先在加稅上，美國初始即反對中英商約將進口稅增至值百抽十二‧五，只同意增至值百抽十。並指出清政府從前所抽的進口稅實際上不過值百抽四‧五，若照英國辦法等於較前增收三倍，豈止抵償庚子賠款而已[45]。美方之所以提出比英國嚴苛的條件，在於盤算中國「必須將內地常關撤去」，方能加至值百抽十二‧五[46]。這也充分反

44　1903年〈中美續議通商行船條約〉，全文見于能模編，《中外條約彙編》（上海：商務印書館，1936），頁134-137。詳見附錄2-4。以下提到中美商約條款不另加註。

45　海關總署研究室編譯，《辛丑和約訂立以後的商約談判》，頁170-171。

46　〈外務部收商約大臣呂海寰、伍廷芳電〉，中央研究院近代史研究所

映出美商對各項繁複苛徵的不耐。

由於中方已先於中英商約中應允裁撤釐金[47]，因而中美對於裁撤釐金並無太大的分歧，雙方的爭議也就集中於釐金之外，其他徵收貨物稅捐的局卡是否能一併裁撤。就中國而言，常關並非口岸海關。清政府要求保留內地常關，其理由是：此次加稅係為裁釐，自與內地常關無涉；常關係抽內地稅，與洋貨也沒有關係，實屬中國內政。美國既為中國的友善之邦，即不應干預。如果裁撤內地常關，則各省稅款無著，抽收之法必至亂而無章，偷漏稅餉必自此始；中國財政損失太巨，中國政府和各省督撫絕不會答應，結果加稅免釐也不能辦成。[48]而美方的意圖是，設立常關的地點只及於沿海、沿陸、沿邊和設有新關的地方。他們不能同意在內地設常關，因為這些常關可能干涉轉運並據以勒派。美方代表聲言，除非把所有的常關(除了上述規定的以外)、徵收鴉片稅的土藥稅所，以及稽查私鹽走私的鹽報驗公所一併裁減，否則美國不能同意加稅。

由於美方態度堅決，清政府最後被迫放棄保留內地常關，亦即同意裁去內地常關(但北京崇文門等處例外)，這是美國所提草案與中英商約的最大不同。中英商約允許中國保留和設立徵收鴉片煙稅的土藥

(續)————————

　　編，《中美關係史料‧光緒朝五》，頁3579。

47　中英商約第八款第一節「中國允將十八省及東三省陸路鐵路及水道向設各釐卡及抽類似釐捐之關卡予以裁撤，於約款照行之時，不得復設。惟在沿江沿海通商口岸並內地之水道陸路或邊界現有各常關不在此列。」見于能模編，《中外條約彙編》，頁26。

48　王爾敏，《晚清商約外交》，頁183；崔志海，〈試論1903年中美《通商行船續訂條約》〉，頁154。

稅所、徵收鹽稅的鹽卡，以及稽查私鹽走私的報驗公所。[49]中美商約中則不提在內地徵抽鴉片鹽斤稅捐之事，及保全稅捐防範走漏之法，而係以附件方式言明此二者「均任由中國政府自行辦理。但不得與本約第四款所載別項事物轉運時，不得阻滯各節有所干礙。」此一作法，一方面顧及中國主權；另一方面也顧及美國在華商務利益的需求，且不必亦步亦趨於英國之後。

中美商約第四款，中國不僅允諾廢除釐金，且將各項行貨稅捐一概裁去，「並將向有徵收此項行貨稅捐之局卡一併裁撤，不得另行設立局卡，以徵抽行貨稅捐。」約文更有「中國認悉，現在於轉運時，紛紛徵抽貨物之稅捐。其中以釐金為甚，難免阻滯貨物不能流通，勢必傷害貿易之利……」的說明文字。第四款亦明白規定，「美國允許美商運進之洋貨及運出外洋或運往通商他口之土貨，除照當地稅則應納正稅外，加完一稅，以為補償。」「此項進口正稅及加添之稅，一經完清，其洋貨無論在華人之手，或洋商之手，亦無論原件或分裝，均得全免重徵各項稅捐以及查驗或留難情事。」

然而，裁撤釐金和「全免重徵各項稅捐」的規定，畢竟事關財政收入，中國地方官府並未徹底執行，直到1929年國民政府才正式裁撤釐金[50]。在此之前中國各地釐卡依然盛行，地方政府要求外商繳納釐金的情況相當普遍，而外商又往往以「與條約不符」為由，要求撤

49　海關總署研究室編譯，《辛丑和約訂立以後的商約談判》，頁176。

50　1929年1月1日，國民政府正式廢除釐金。對於釐金的廢除與進出口稅的相關問題，詳見李恩涵，《北伐前後的「革命外交」》（台北：中央研究院近代史研究所，1993），頁85-146。

銷，造成不少商務糾紛[51]。

(二)口岸開放和航行通商等權利

　　在開放通商口岸的問題上，中美雙方爭議最大的是「約開口岸」與「自開口岸」問題。從一開始，中方代表即主張將美方所要求的兩處地方，由中國政府自行宣佈開放，後又以俄國反對在東三省開放通商口岸和俄軍占據東三省爲由，堅持俟俄兵全行撤退後，由中國政府自行將美國所請的奉天和大東溝(安東)兩地闢爲通商口岸[52]。中方代表指出，自開商埠的目的就是要與條約口岸區別，擺脫條約口岸的束縛，將通商口岸的各項管理權收歸自主，仿照岳州定例，其一切章程由中國政府自定，工部局及巡捕等事由中國政府節制，巡捕捐亦由中國政府徵收。但美方代表開始時顯然沒有意識到自開口岸與約開口岸的重大區別和意義，不但接受了中方「自開商埠」的提議，而且還同意有關這個問題可以不列入約章，只以互換照會方式解決。但後來這一方案被美國國務院否決，美國政府堅持要將這個問題寫入商約內，使之成爲約開口岸[53]。在明確清政府的「自開商埠」的涵義後，美國

51　在稅務糾紛中，釐金的糾紛最爲普遍。中國地方官府認爲洋貨運入內地未經繳納子口半稅者，應「逢關納稅‧遇卡抽釐」，而美國在華領事及美商公司爲逃漏中國地方官府巧立名目之稅捐，也有重複使用繳納收據之事，或是在報關時壓低貨價，以減少稅賦。此亦造成中國地方官府認定洋商虛報入關價格，成爲合理化徵收各地關卡的釐金和地方捐的藉口。此外，對「洋貨」的認定，「無論在華人之手，或洋商之手」均免重徵各項稅務，也使一些華商假冒洋貨稅單，類似商務糾紛可謂層出不窮。吳翎君，《美孚石油公司在中國》，頁81-91。

52　海關總署研究室編譯，《辛丑和約訂立以後的商約談判》，頁184。

53　《中美商約談判紀錄》，四月初二與美使密議問答紀錄。轉引自崔志

政府更堅決反對將他們所請之地按自開口岸的方式辦理，堅持按條約口岸辦理，認為工部局和巡捕章程由中國自行制定和管理「是沒有道理的」，美國「一定不能同意」；美國政府所理解的「自開商埠」的涵意，只是指「這些地方當然要中國自己開，因為誰也不能代中國開，但是還是按照條約開的通商口岸。」[54]美方又建議依照中英商約第十二款第二節增加一段：「凡各國人在各該通商口岸居住者，須遵守該處工部局及巡捕章程，與居住各該處之華民無異，非得華官允准，不能在該通商口之界內自設工部局及巡捕」，遭到中方代表拒絕[55]。中美間有關「自開口岸」的爭論，一直到會談結束前夕才達成妥協，約定東北的奉天府和安東縣由中國自行開埠通商，此兩處外國人公共居住地界及一切章程，將來由中美兩國政府會同商定。

　　至於通商口岸的權利問題，主要集中於第三款。如和1858年《天津條約》比較，條約內文更加明確，對於美國公民在華商務交涉和生命財產有更多的保障。例如：第三款(**黑體**為筆者所加)

　　美國人民准在**中國已開或日後所開**為外國人民居住通商各口岸，或通商地方，往來居住，辦理商工各業製造等事，以及他項合例事業。且在各該處已定及將來所定為外國人民居住**合宜地界之內，均准賃買房屋行棧等，並租賃或永租地基，自行建造**。美國人民身家財產所享一切利益，應與現在或日後給予最優待之國之人民無異。

(續)
　　　海，〈試論1903年中美《通商行船續訂條約》〉，頁158。
54　海關總署研究室編譯，《辛丑和約訂立以後的商約談判》，頁206。
55　海關總署研究室編譯，《辛丑和約訂立以後的商約談判》，頁206。

　　中美商約對於通商口岸有較明確的延伸界定，天津條約舊款為：
「在中華議定所開之通商口岸」。而在中英商約中亦僅言「通商口
岸」，未有「在中國已開或日後所開」之文字。此外，天津條約中有
關外人之權利「均准其租賃民房，或租地自行建樓」的詞句，中美商
約更改為：「合宜地界之內，均准貰買房屋行棧等，並租賃或永租地
基，自行建造。」

　　再者，美方曾一度堅持要將1901年清政府頒布的並已載入《辛丑
和約》的保護外人的上諭，重新載入中美商約第三款第二節中，以免
再次發生義和團排外事件。中方則堅決反對將保護外人的上諭寫入商
約，因為有傷中國顏面，而且和約已經列入，沒有重複的必要[56]。由
於中方的堅決反對，最後並未將保護外人上諭的內容寫入條約。

　　此外，據中日馬關條約第六款「准許日輪從宜昌至重慶，及從上
海至吳淞江及運河，以至於蘇州、杭州航行之權，並可搭客載貨」。
美國依此亦取得航行中國內河一體均霑權利。清政府於1898年「將船
艘可以行駛之內港，開為特行註冊之一切華洋輪船行駛貿易」，商約
第十二款，美方再次宣稱美國人民、行鋪、公司均可經營此項貿易，
其所享利益，應與給予他國人民者相同。將來如有修改內港行輪條款
之必要，「則由中國政府應允和平採酌辦理」[57]。

56　海關總署研究室編譯，《辛丑和約訂立以後的商約談判》，頁179。

57　事實上，如從實際個案的考察，可以發現即使到1920年代外人在中國內
　　河航行的權利問題仍頗多爭執，清政府仍不承認外人能自由往來未開放
　　之通商內港從事貿易的權利。詳見：應俊豪，《砲艦與外交的迷思──
　　1920年代前期長江上遊航安全問題列強的因應之道》（台北：臺灣學生
　　書局，2010），頁15-34。

(三)礦務開採與鐵路修築

　　由於中英商約第九款已有振興礦務的規定，中方希望美國援英約條款辦理；加以中國已頒佈相關礦務章程，將來各國如何開辦，美國亦必可照辦，不必載入商約。美方代表則認為英約有關礦務的條款內容過於空泛，不夠具體。美方代表認為從政治上或財政上而言，礦務問題是商約中最重要的一款，並就有利於中國的立場指陳：「現在讓各國在指定地區從事開發的辦法是失策的，因為有利害關係的國家就把指定由它開發的地區看成是自己的勢力範圍。訂立這一款，就可以防止任何國家在東三省有包攬採礦的特權。」[58]此一說法反映美國門戶開放政策的理念。

　　然中方代表反對在條款內寫明可以租買礦地，指出礦地問題係礦務章程中的內容，可根據中國政府所訂章程，與各國一律對待，不便入約。張之洞於此對美方尤為不滿，指出：「英約雖有礦務一條，但只訂明中國採取各國礦章自定章程，今美約則許美人各處租買礦地，漫無限制，直是遍地通商」；且對草案中「有遵照中美兩國該官員日後所定稅捐數目輸納一語，尤為可駭，中國礦務美國焉得有該管官，日後酌定稅捐，乃中國自主之權，何須與美員會定。此句不刪，中國從此失自定礦稅主權矣。」[59]

　　美國曾提出將鐵路項目納入條約的要求，以期保障美國在華興

58　海關總署研究室編譯，《辛丑和約訂立以後的商約談判》，頁182。

59　《外務部收廣東總督張之洞函》，中央研究院近代史研究所編，《中美關係史料・光緒朝五》，頁3582。

造鐵路的條件不次於其他國家之人民[60]。中方反對這一條款，希望鐵路僅限於「礦務內之事」[61]。主要是美方草約內容過於廣泛，擔心外人據此索求要挾，張之洞即言「如山西某公司先僅訂明開礦，後逐添索造路以運礦，失權最甚。前車可鑑，能否勸美使照中英商約不再增添枝葉，以免議約他國效尤，愈增愈繁，將來擬議礦章，致滋窒礙。」[62]最後修改為「按請領執照內載明礦務所應辦之事。」張之洞贊賞這一修改將「礦務應辦之事已限制於執照之中，甚為輕妙。」[63]

中美商約第七款文字如下：「中國……於一年內自行將美國連他國現行礦務章程迅速認真考究，採擇其中所有與中國相宜者，將中國現行之礦務章程重新修改妥定，以期一面振興中國人民之利益，於中國主權毫無妨礙；一面於招致外洋資財無礙，且比較諸國通行章程，於礦商亦不致有污。」內容和英約條款雷同。

與英約不同的是，美約中另加入以下文字：「美國人民，若遵守中國國家所定為中外人民之開礦及租礦地輸納稅項各規條章程，並按照請願執照內載明礦務所應辦之事，可照准美國人民，在中國地方開

60　海關總署研究室編譯，《辛丑和約訂立以後的商約談判》，頁189。美方原擬的文字為：「……倘美國商民願意在華建造鐵路時，經照章申請並經有關當局審查後，中國照本款予以核准，條件不得次於其他國家之人民；中國並保證在全國鐵路運費及其他便利上，對美國人民不加歧視。」

61　海關總署研究室編譯，《辛丑和約訂立以後的商約談判》，頁200。

62　〈外務部收湖廣總督張之洞〉（致尚書瞿鴻禨）函，中央研究院近代史研究所編，《中美關係史料・光緒朝五》，頁3606-3607。

63　見〈外務部收湖廣總督張之洞致商約大臣等電稿〉，中央研究院近代史研究所編，《中美關係史料・光緒朝五》，頁3653。

辦礦務及礦務內所應辦之事。至美國人民因辦理礦務居住之事，應遵守中美彼此會定之章程辦理。凡於此項礦務新章頒行後始准開礦者，均須照新章辦理。」作為保障美國在華採礦之權利。商約交涉的同時，清政府於1903年9月7日設立商部，倡導官商創辦工商企業。接著，頒布了一系列工商業規章和獎勵實業辦法，例如：商會章程、鐵路簡明章程、獎勵華商公司章程、礦務章程等等。中美商約簽訂後，美國對於商部所頒的礦務章程仍感不滿，認為未能落實中美商約招徠外資以振興中國實業的精神[64]。

(四)商標、版權和專利

對於知識產權問題的討論，在中美商約談判中遠不如裁釐加稅等議題來得重要，主要係涉及商標、圖書版權和專利問題三項內容。值得重視的是版權和專利問題為中英商約所無，由美國新提出，清政府原本希望中英商約成為其他各國援例的模本，而美國政府不願受中英商約模本之約束，亦由此可見[65]。

在商標方面，由於當時跨國企業尚未普遍，主要是由兩大公司──美孚石油公司和英美煙公司(British American Tobacco Company，簡稱BAT)向美國駐華領事申訴公司商標被冒用的情況嚴

64　Enclosure in Conger to Hay, May 14, 1904. *The Sino-Japanese War to the Russo-Japanese War, 1894-1905*, Vol. 13, p. 296.

65　除了中美商約中有專利和保護條款，同日簽字的中日商約亦有條文。中國民間輿論反對與日本簽訂版權和專利的互保條文，如梁啓超、蔡元培等人均有專文反對。詳見：李明山主編，《中國近代版權史》(鄭州：河南大學出版社)，頁89-97。

重[66]。商標問題首先見諸於中英商約第七款，由「南北洋大臣在各管轄境內設立牌號注冊局所一處，派歸海關管理其事。」[67]清政府隨即開始籌議商標注冊試辦章程。1903年9月初，清政府設立商部後，商標掛號一律由天津和上海兩處海關稅務司代辦。因此，商標問題在中美商約交涉過程中雙方歧見不大。

事實上，就在1902年8、9月間商約交涉之際，美孚公司破天荒地獲得三起控告中國商人侵犯該公司商標的勝訴案，華商被判繳納罰金，並允諾絕不再仿冒該公司之錫罐商標，美國駐廣州領事默為德(R.M. McWade，1903年授總領事)興奮地報告這項空前的勝利。這三起案件共牽涉十二家華商，美孚公司的勝訴或亦說明清政府有誠意解決部分保護商標問題[68]。中美商約第九款商標保護的條文，係

---

66 吳翎君，《美孚石油公司在中國》，頁91-98，有關仿冒問題的討論。英美煙公司成立於1902年，總部位於英國倫敦，但主要為美國資本。1902年成立當年即收購原花旗煙公司的上海浦東煙廠，在華製造和銷售香菸。在一次大戰前後和美孚石油公司已在中國建立層層分銷系統，由總公司控管，可說是第一波在中國的跨國企業。英美煙公司的仿冒個案時間較晚，主要在1903中美商約簽訂之後，參見：上海社會科學院經濟所編，《英美煙公司在華企業資料匯編》，第2冊(北京：中華書局，1983)，頁663-674。

67 于能模編，《中外條約彙編》，頁27。〈中英續議通商行船條約〉(中英商約)，於1902年9月5日簽訂，次年7月28日換文。第七款，為有關商標問題：
英國本有保護華商貿易牌號，以防英國人民違犯幾近假冒之弊，中國現亦應允保護華商貿易牌號以防中國人民違犯踪幾假冒之弊。由南北洋大臣在各管轄境內設立牌號註冊局所一處，派歸海關管理其事。各商到局輸納秉公規費即將貿易牌號呈明註冊不得借給他人使用致生假冒等弊。

68 Consular of United States in Canton(R. M. McWade)to the Department of States, Sep. 5, 1902. U.S. National Archive ed. *Despatches from United States Consuls in Canton, 1790-1906.* M 101. 廣西師範大學出版社將原文影印發

雙方相互給予商標保護之規範，條約內容明白要求「禁止中國通商人民犯用，或冒用，或射用，或故意行銷冒仿照標之貨物。所出禁示，應作爲律例」，亦即美國要求中國應即訂立商標保護法。1904年4月和8月，清政府陸續頒佈「商牌掛號章程」（13條）、「商標試辦章程」（28條），中國才有第一部商標法，爲中國近代商標法邁出第一大步[69]。

　　對於保護版權和專利問題，中國內部的反應較爲強烈。張之洞給清廷的奏稿中最堅持的就是「美人租買礦地」、「保護創制專利」兩款，必須力阻，理由是「此時中（國）人豈有能創制新機在美國設廠者，不過藉此餌我保護美人專利耳，直愚我也。所謂保護者，即禁我仿效之謂也」[70]。管學大臣張百熙代表中國最高學府京師大學堂特致

（續）————————————————————

行，書名《美國駐中國廣州領事館領事報告，1790-1906》。此三起案例見於第19輯，頁406、448-452。此處爲新發現之材料，未見於筆者過去有關美孚石油之專書中。

69　左旭初，《中國近代商標簡史》（上海：學林出版社，2003），頁23-24。該書作者認爲中美商約的商標法只針對中國冒用美國商標做出處置條款，但並未規範一旦美國人冒用中國商標該如何處置。筆者認爲由於美國當時國內已有商標法，所以第九款文字「中國今欲中國人民在美國境內得獲保護商標之利益，是以允在中國境內美國人民行鋪及公司有合例商標。」此即是美國允諾依照美國商標法保護中國人民在美國之合法商標，只是條約所給予的相互承諾是否能確實執行。而在中國方面，自清政府頒佈了第一部商標法後，商標仿冒問題仍層出不窮，非訂立法案就可解決。

70　〈張之洞致商約大臣電稿〉，中央研究院近代史研究所編，《中美關係史料·光緒朝五》，頁3582。文中對保護創制批評尤多，認爲「保護專利一條，既云俟將來設有專衙門及定專律後，始允保護，則此時何必入約，其起首數語，美國允許中國人將其創制之物在美國領取專利牌照云云，此時中人豈有能創制新機在美國設廠者，不過藉此餌我保護美人專利耳，直愚我也。所謂保護者，即禁我仿效之謂也。現中國各省局廠仿

書商約大臣呂海寰和盛宣懷函電，萬勿允許美國於商約中索取洋文版權，因各國必將援請利益均霑，如此則各國書籍，中國譯印種種爲難，其結果勢必阻滯國人譯印及探究西學。「現在中國振興教育，研究學問，勢必廣譯東西書，方足以開民智，……似此甫見開通，遽生阻滯，久之將讀西書者，日見其少，各國雖定版權，究有何益。」[71]對於原文書的版權部分，美方最後做了極大的讓步。例如第十款載有：「彼此明言，不論美國人所著何項書籍地圖，可聽華人任便自行翻譯華文，刊印售賣」。

中方認爲「保護專利」條款不利於中國發展實業，尤其是仿製外國軍械將受到極大的限制，堅不接受。美方曾一度讓步，建議將享受專利物品以「合例」進口物品爲限，這樣便可把軍火排除在外，中國便可以仿造[72]。但中方仍不退讓，督辦商務大臣張之洞堅持要求取消專利保護條款，「若洋人專利取出新機，我皆不仿照，是自柱中國利

(續)

　　用外洋新機、仿造專利機件不少，且正欲各處推廣製造，以挽利權，此款一經允許，各國無不援照，此款一經批准之後，各國洋人紛紛赴南北洋掛號，我不能拒，則不獨中國將來不能仿效新機新法，永遠不能振興製造，即現有各省製造各局之槍砲彈藥，各廠仿效外洋新法新機者立須停，中國受害實非淺鮮。」

71 〈外務部(代大學堂)發商約大臣呂海寰、盛宣懷電〉，中央研究院近代史研究所編，《中美關係史料‧光緒朝五》，頁3271。張百熙是晚清政府中思想較開明的官員，他在中美商約中反對予美國版權互保的條約，係站在中國科技文化相對落伍，無法履行國際版權條約的立場，但對於國內他卻主張中國應訂立版權辦法，嚴禁翻印，以鼓勵苦心編譯者。曾在大公報發表〈管學大臣批答廉惠卿部郎呈請明定版權由〉，《大公報》，1903年6月4日。

72 海關總署研究室編譯，《辛丑和約訂立以後的商約談判》，頁183。

源，自蹙國民生計。」[73]美方乃強烈表示在版權問題上已做很大讓步，在專利保護問題上不能再做讓步；否則，美國就不贊同關於中國收回治外法權的條款[74]。

在專利問題上，中美最後達成如下的共識：第十款，美國獲得中國允諾設立專管創制衙門。「俟該專管衙門既設，並定有創制專律之後，凡有在中國合例售賣創制各物已經美國給以執照者，若不犯中國人民所先出之創制，可由人民繳納規費後，即給以專照保護；並以所定年數與所給中國人民之專照一律無異。」全文未特意標誌機器和軍火之專利，留下不小解釋空間，可謂美方之妥協。

第十一款，針對書籍、地圖、譯本之版權保護，「中國政府今欲中國人民在美國境內得獲版權之利益，是以允許凡專備中國人民所用之書籍、地圖、印件、鐫件者或譯成華文之書籍，係經美國人所著作或為美國人民之物業者，由中國政府援照所允保護商標之辦法及章程，極力保護十年。以註冊之日為始，俾其在中國境內，有印售此等書籍、地圖、鐫件或譯本之專利。除以上所指明各書籍、地圖等件，不准照樣翻印外，其餘均不得享此版權之利益。又，彼此明言，不論美國人所著何項書籍地圖，可聽華人任便自行翻譯華文，刊印售賣。」也就是說對於未在中國申請商標保護和版權專利的美國人著作或物業，可聽任華人自行翻譯印刷，不加以設限，而且必須是「專備中國人民所用」才在中國有版權，受中國政府保護十年：「專備」兩

73　〈外務部收廣東總督張之洞函〉，中央研究院近代史研究所編，《中美關係史料・光緒朝五》，頁3605-3606。

74　《中美商約談判紀錄》，第10、12、20、21次紀錄，轉引崔志海，〈試論1903年中美《通商行船續訂條約》〉，頁163。

字至關重要,在此後中美著作權的交涉過程中影響最大,也爭議最多。清政府為維護正在起步的興辦西學,力圖保護國人的譯印權,在版權問題上等於取得可任意自行翻譯美國人著作的優勢[75]。

(五)整頓金融和改革律法

1.設立統一的國家貨幣及擬議金銀匯兌之準價

從美方資料看來,早於商約簽訂之前的1903年10月美國政府內部的「國際匯兌委員會」(Commission on International Exchange)曾提交美國國務院一份《國際匯兌的穩定性:引介黃金匯兌標準至中國及其他用銀國家報告書》(*Stability of International Exchange: Report on the Introduction of the Gold-Exchange Standard into China and other Silver-using Countries*),首先說明美國在1903年1月受中國政府之邀,為矯治中國與國際貨幣匯兌的問題而代為籌議此事。該份報告書開宗明義即說中國長期使用墨西哥銀元,但與國際貨幣的匯兌至為混亂,導致與西方國家在通商貿易上的種種困難,和引進

75　「專備中國人民所用」至關重要。例如1923年,美商米林公司(G.&C. Merriam Company)控告商務印書館譯印《韋氏大學字典》(Websters Collegiate Dictionary)版權案。由於《韋氏大學字典》並非「專備」中國人民教育之用,非專為中國人而寫,所以不在版權保護之列。然而,美林公司的《韋氏大學字典》版權案雖是敗訴,但由於商務印書館的封面設計仍借用該公司的商標,因此被判定侵犯商標權,而被罰銀兩1,500。United States National Archives, *Records of Department of State Relating to Internal Affairs of China, 1910-1929*(MF), No. 893.543M55/-893.543 M55/7 有詳細的報告。可參見:吳翎君,〈清末民初中美版權之爭〉,「中國與周邊國家的關係」國際學術研討會,台北中央研究院代代史研究所,2011年11月24-25日。

近代工業及商業管理上的延宕。基於中美長期的友好關係，美國願與英、法、荷、德和俄國等歐洲國家協商籌議固定的金銀匯兌標準，以促進中國的國際貿易[76]。

中美商約第十三款，「中國允願設法立國家一律之國幣，即以此定為合例之國幣。」美方在進行商約談判的同時，即積極展開代擬中國圜法並訂定金準，並與各國展開磋商。其最要旨在設法使中國及其他用銀各國，金銀匯兌永有準價。中國政府宜定一桌幣本位，如英之金鎊、法之佛朗、德之馬克，約用若干重金鑄成其所值約合華銀一兩，或稍過於墨西哥銀圓之值；易金之準約以三十二換為率[77]。但美國代擬中國圜法之條文內有「中國須派外人為鑄局總辦」、「鑄局帳目，宜許應得賠款各國之公使以時核閱」等內容，關係中國財政權利，引起朝野疑慮而未有具體的結果。美方之提議雖有利於美墨兩國產銀甚多的國家，但商約中纍列此一條款和其後代籌中國圜法的奔

---

76 United States Commission on International Exchange, *Stability of International Exchange: Report on the Introduction of the Gold-Exchange Standard into China and other Silver-using Countries.* Submitted to the Secretary of State, October 1, 1903, by the Commission on International Exchange. Hugh H. Hanna, Charles A. Conant, Jeremial W. Jenks, Commissioners(Washington: Govt. Print .Off., 1903), pp. 1-5; 34. 台北：中央研究院近代史研究所藏。

77 例如，中央研究院近代史研究所編，《中美關係史料‧光緒朝五》，頁3637，收有〈外務部收駐法大臣孫寶琦函〉，附件：〈美國代擬中國法條陳〉、〈美墨匯價會員管見〉、〈美國會員上法國政府書〉等，均為美國設法溝通使中國及其他用銀各國金銀匯兌永有準價之意見。另見中央研究院近代史研究所藏，《外交部檔》，03-22/1-1-1至1-1-4，〈墨美會商幣制〉。

走,點出中國市場終必得進入國際體系[78]。

2.改革中國律法和治外法權問題

中美商約第十五款,「中國政府深欲整頓本國律例,以期與各西國律例改同一律。美國允願盡力協助,以成此舉。一俟查悉中國律例情形及其審斷辦法,並一切相關事宜皆臻妥善,美國即允棄其治外法權。」這一條款和中英商約第十二款相同,均為向中國表示善意。雖然對中國收回治外法權的要求附加了條件,規定須視中國法律制度的改進而定,但它仍為中國廢除治外法權提供了一定的依據[79]。

---

78 〈美國會員上法國政府書〉,中央研究院近代史研究所編,《中美關係史料·光緒朝五》,頁3635。內容有言:「金銀相易既無準價,各商運貨往用銀各國,自無從估畫其所售之值,以此之故,眾商懷疑觀望,不敢冒險甚多;而所有商業從而不振……故美政府自以為分內之事,敬請各國之出口貨運往用銀之國最多者協同會籌維持之策,以保文明國應有利益。」

79 治外法權(Extraterritoriality)——通常指外國人(來訪的外國元首、正式外交官及聯合國官員等),由於國際法的原則或經由當事國之間的條約或協定,彼此授予特權,包括住所的不可侵犯、不受當地司法行政的管轄、免除捐稅和服役等等。領事裁判權(Consular Jurisdiction)——外僑在居留國犯罪或成為民事訴訟的被告時,只由其本國在居留國的領事或法庭,依其本國法律審理。兩者依國際法的定義和適用對象均有所不同,然由於近代以來帝國主義國家擴大解釋治外法權在中國的範圍和定義,因此這兩詞往往互用且混淆。清末中美商約的原文用的是「治外法權」,但實則談的是中美望廈條約簽訂以來美方在華領事裁判問題。民國初年和南京國民政府成立後,曾試圖與美國交涉撤銷領事裁判權;然而,美國仍以中國法律不健全、獄政制度不公等理由,拒絕放棄此一權利。一直到1943年中美平等新約的簽訂,美國才徹底放棄在華領事裁判權。可參見:吳孟雪,《美國在華領事裁判權百年史》(北京:社會科學文獻出版社,1992),頁175-214;244-251。李育民,《中國廢約史》(北京:中華書局,2005),頁505-543。

四、小結

　　從1890年代後期以來，由於美國對華貿易和投資的增加、馬關條約開放在中國口岸設廠，加上清末實業建設的開展，以及列強爭逐中國的築路和採礦權等問題，使得介入中國市場的條約規範和相關利益的保護，愈來愈受到美國政府的重視。這些商務談判原本應在辛丑和約中解決，尤其是裁撤釐金問題，但由於內容牽涉過廣，加以列強又各有盤算，才由各國政府分別與中國訂立商約。也就是說一個純以商務交涉為原則的條約，如何有效落實於當時中國市場的運作，已是各國共同的迫切需求。從商約交涉更可反映出列強各有不同的利益和偏重。

　　清末中美商約談判，適逢美國宣布門戶開放政策，自具宣示意義。對美國商業團體而言，更代表對中國市場的進一步期待。談判內容係以「裁釐加稅」問題為中心，另有開放商埠、內河航行、修改礦務章程以利外人投資、改革律法、取消治外法權、統一貨幣、保護商標、版權和專利等等，均反映長期以來美商在華拓展經貿所面臨的實務性問題。即使中國市場占美國海外貿易和投資的比重偏低，但在中美商約交涉過程中，美國政府還是相當重視代表美商利益團體亞洲協會的意見，商約問題也被視為美國政府兌現門戶開放政策的敲門磚，因而亞洲協會和國務院之間的互動相當微妙且密切。商約本為美方主動，中國純為被動，條約簽訂的結果，雖然仍有執行面的困境，但至少滿足了美方部分的需求。

　　過去的商務條約主要針對的是商務（commercial）和貿易（trade），較不涉及美國在中國的投資（investment）。此一條約進一步將商務貿

易條款明確化,更有利於對華貿易的條件,並且開始有了名義爲振興中國實業,實際上亦有助於美國拓展在中國的實業投資。在清末中美所簽訂的條約中,就經貿面及其所涉及到的現代制度和觀念而言,應以1903年中美商約最具特殊意義。然而該約除反映美商在華長期的利益之外,還包含以下幾點具近代性意義的條款:第一,改革律法與取消治外法權;第二,設立統一的國家貨幣;第三,保護商標、版權和專利。對照過去中美之間的條約,此約也較有善意。例如第十五款,美國首次允諾願盡力協助中國法律之改革。條約本身所牽涉的內容,例如版權、定國幣金準、金銀匯兌之準價、振興中國實業和治外法權等內容,雖亦呈現美方維護本身利益的動機,但條約字句亦有協助中國改革和進入現代化的意涵,與過去割地賠款的政治性條約自不相侔。

就中國而言,此次商務性條約交涉過程,中方代表嘗試以「平等互惠」力爭權益。例如,交涉之初中方代表曾就有關最惠國條款的草案,主動提出美國應根據互惠原則,給中國以最惠國待遇(如華工移民美國問題),美方乃允諾修正文句,接著中方又堅持反對條款草約中有關輪船和鐵路運費的最惠國待遇的文字,美方最後放棄將此一條款列入條約[80]。再如,第九、十和十一有關商標、版權與專利條款,所體現的平等互惠精神,可謂一大進步。此外,中方對於第十一款中國

---

80 海關總署研究室編譯,《辛丑和約訂立以後的商約談判》,頁169、184。該條款之草案爲:「中國政府同意,凡中國已給予或日後給予別國駐華官員商民關於人身、財產、分位、職權之特權、優例及豁免利益,美國官員商民得一體享受。……中國政府建成、管理、經營或讓與之鐵路及輪船航線上運輸費率,美國及其人民應享平等待遇。」

「自行開埠」的堅持，誠如學者所言，係爲擺脫「條約口岸」的桎
梏，應可視爲中方外交上之勝利[81]。

依過去外交常例，中英商約在前，列國援例照章辦理；但美國
在商約交涉中，另有考慮重點，不全然與英國同調，甚至出現與英
國爭鋒的情況，反映美國對華外交的自主需求。例如美國要求中國
海關洋稅務司須由各國洋人匀派，此一要求爲明顯不滿英國長期包
攬中國海關稅務，而要求公平派任各國代表擔任中國海關稅務司之
職務[82]。

商約交涉過程中，中方曾有意將「華民入洋籍一事，按照條約公
法酌議防範限制章程，以維治權而杜流弊。」主要是「洋人只准在通
商口岸居住，不能在內地置產及開設行棧。卻有不少洋籍華民，一方
面仿照洋人優待保護之特別利益，並且居內地經商置產應試納官，有
事則掛名洋籍，希圖藐法抗官，似此不洋不華，非特有違條約，抑且
大背公理。」[83]這一情況同時涉及外人來華遊歷通商、設置行棧或經
理處的問題。由於牽涉較廣，並未在條約中明確化，以致成爲日後中
美商務交涉中常見的議題。

對清政府而言，辛丑以後的新政改革和實業投資正待展開，中美
商約所牽涉的條約內容，影響及於當時中國初發軔的礦務實業，第七
款文字中：「招徠華洋資本興辦礦業」、「於中國主權毫無妨礙」、

81　吳機鵬，〈「約開」還是「自開」？──1903年中美商約關於開放口岸
　　問題〉，頁253-263。

82　王爾敏、陳善偉合編，《清末議訂中外商約交涉》（香港：香港中文大
　　學出版社，1993），下冊，頁371-372。

83　〈外務部收署兩廣總督德壽文〉，中央研究院近代史研究所編，《中美
　　關係史料‧光緒朝五》，頁3583-3584。

「於(外國)礦商亦不致有污」,具平等互惠精神。而從更宏觀的角度
而言,條約本身所牽涉的內容,例如版權、定國幣金準、實業開採,
亦帶有中國進入世界體系的現代化意義。因此,中美商約之簽訂,一
方面代表門戶開放政策以來,美國對於中國事務的積極參與。另一方
面,對清政府而言,亦是晚清實業開展的一大里程碑。

從中美商約交涉過程,也可看出中國對於外人在通商口岸的商務
活動、外資進入中國市場,甚有疑懼;而對於外人「協助」中國開採
實業、整頓律法和金融等企圖,在有求於西方科學文明的協助之下,
又不免存有防範之心。此一問題反映長期以來近代中外關係史中一個
不能忽視的弔詭現象,即一方面中國被納入近代國際體系的過程中,
既是國家主權被侵犯的過程;然而在另一方面卻是近代中國「睜眼看
世界」、破除「華夏中心」的過程,同時也是近代西方觀念、制度傳
入中國並在中國發展的過程。

從條約爭執焦點而言,1903年版與1946年版的中美商約,最具歷
史內在聯繫和現實觀照意義的是智慧財產權。1946年中美商約談判中
關於版權、專利問題,美方最為不滿;並在該約互換批准議定書中聲
明:「……關於文學及藝術作品禁止翻譯之保護之規定,在未就翻譯
事項另有談判及協定前,將依1903年中美商約之規定解釋之。」由
此可見清末中美商約與1946年商約相較之下,美國認為後者並未在
智慧財產權上有多大進步意義,只得暫行沿用清末中美商約的解釋
條款[84]。此外,在1920年代出現日益頻繁的仿冒美國商標、盜版書籍

84　Julia Fukuda Cosgrove, *United Foreign Economic Policy toward China,*
　　1943-1946: From the End of Extraterritoriality to the Sino-American
　　Commercial Treaty of 1946(New York & London: Garland Publishing Inc.,

和專利問題，在中美交涉中一再提到中國曾於1903年商約允諾給予美
國保護上述相關權利[85]。清末中美商約在近代中美關係史上的重大意
義更由此可見。

1987), p. 193. 吳翎君，〈1946年中美商約的歷史意義〉，《國立政治大
學歷史學報》，第21期(2004年5月)，頁41-66。

85　例如，1920年代著名的兜安氏(Fost-McClellan)藥品，棕欖香皂等商標
被仿冒案。1923年，美商米林公司(G. & C. Merriam Company)控告商務
印書館譯印《韋氏大學字典》(Websters Collegiate Dictionary)版權案。
1931年美商卡彭公司(National Carton Company)控告廣州華商廣泰電器
行侵權案。上述案例均引用1903年中美商約的保護條款。商標案例見
於：United States National Archives, *Records of Department of State
Relating to Internal Affairs of China, 1910-1929*(MF), Roll.179-181.實業部
檔案，17-22-081-01，美商卡彭公司專利權被華商廣泰電器行侵害權，
1931年。中央研究院近代史研究所藏。

第三章

跨國大企業的實業投資案——
美孚石油公司與陝北延長礦區

一、前言

19、20世紀跨世紀之交，美國實業家對開發中國興趣盎然，而早在1870年代即將煤油運銷來華的紐約美孚石油公司(Standard Oil Co. of New York)也試圖在中國尋找原油市場，希望藉由開發中國油礦而拓展其事業版圖，及至1914年，紐約美孚公司終於與袁世凱政府簽訂「中美合辦煤油礦合同」。這件事受到美國工商界的關注，由於在此之前不久美國總統威爾遜(Woodrow Wilson)才宣佈退出六國銀行團，因而此一合同的簽訂，被視爲美國大企業與中國政府合作的另一項嘗試，亦是美國在中國及遠東地位的展現[1]。

1　美國於塔虎脫(William H. Taft)總統任內，加入六國銀行團投資中國計畫，但威爾遜(Woodrow Wilson)總統於1913年上任不久，便以道德主義的立場，退出國際銀行團，直至一次大戰後期又積極策劃重返國際銀行團。詳見：Roy W. Curry, Woodrow Wilson and Far Eastern Policy, 1913-1921(N.Y.: Bookman Associates, 1957), pp. 311-322；認爲威爾遜的遠東外交政策，帶有激烈的宗教色彩與「改造中國」的正義性質，威爾遜有意遏止日本的野心，但是遠東事務無論如何不能與歐洲事務相比，強權

在中國方面，清末以來即傳聞新疆天山南北麓及陝西有石油礦藏，洋油大量進口後，不少人要求政府盡速開採或由民間集資開採，但中國沒有開採的條件和技術。因此，早期中國近代石油工業的發軔，則有待外人的技術支援[2]。1914年美孚公司與中國政府合辦石油工業，純從技術而言，是借重外資與合作開發。然而由於交涉過程延伸出的相關議題，使得此一中美實業合作計畫轉趨複雜，本章探索此一投資案的交涉及其意義，釐清美孚公司做為最早一波的美國跨國公司在中國的投資活動，與其國家利益和遠東政治的關聯，並理解其與中國近代石油工業興起的淵源。

過去研究1914年中美合作開採油礦之研究論文，曾有Noel H. Pugach, Michael H. Hunt(韓德)兩人的論文，均為二、三十年前之舊作。前者的研究與本文較為相近，但該文主要從經濟民族主義的觀點論析中國反對外資的因素，於中美交涉過程中各方勢力的介入，則少有著墨；兩篇論文均指出中國經濟民族主義的排外性質，卻缺乏中文資料的支持，仍有相當不足之處[3]。

(續)————————————————————

　　政治的現實，最後戰勝理想主義。

2　近代中國的探採石油，最初於台灣苗栗，從美國購進鑽井設備。申力生主編，《中國石油工業發展》，第2卷《近代石油工業》(北京：石油工業出版社，1984年1月)，頁326-327。

3　Noel H. Pugach, "Standard Oil and Petroleum Development in Early Republican China, *Business History Review,* 45(1971:Winter).pp. 453-473; Michael H. Hunt, "American in the China Market: Economic Opportunities and Economic Nationalism, 1890s-1931," in *Business History Review*, 71: 3(1977:Autumn), pp. 277-306. 此外，James Thomas Gillams, Jr.的博士論文〈美孚石油公司在中國1863-1930〉，The Ohio States University Press, PH. D. Dissertation, 1987. 並未探討此一中美合作事宜。Irvine H. Anderson, Jr.的名著《美孚石油公司和美國遠東政策》(*The Standard-*

二、「中美合辦煤油礦合同」的緣起與簽訂

　　1870年美國石油鉅子老洛克菲勒（John Davison Rockefeller, 1839-1937）和其他四人在俄亥俄州（Ohio）聯手創辦美孚公司（American Standard Oil Co.），在短短數年內橫掃美國國內市場，並形成壟斷美國石油工業的托拉斯組織。而早在老洛克菲勒剛起步創建石油工業時，就已將市場伸向太平洋彼岸的中國[4]。從1876年開始到1920年，石油

（續）────────────────

Vacuum Oil Company and United States East Asian Policy, 1933-1941, New Jersey: Princeton University Press, 1975），為探討太平洋戰爭前夕美孚石油公司與美國政府遠東政策之關聯性。高家龍（Sherman Cochran）的〈企業、政府與中國戰爭〉一文，與本章亦不相涉。Sherman Cochran, "Business, Governments, and War in China," in Akira Iriye & Warren I. Cohen eds., *The Great Transformation, The United States and East Asia*(Scholarly Resources Inc., 1987).，探討九一八事變後，日本在「滿洲國」實施石油壟斷政策，美孚石油公司如何與美國外交官合作對抗日本，從而間接影響美國政府對華及對日關係。中文版見：入江昭、孔華潤編，《巨大的轉變：美國與東亞(1931-1949)》，收入汪熙主編，中美關係研究叢書第7(上海：復旦大學出版社，1987)，頁110-136。

4　創立美孚石油公司，除老洛克菲勒外，其他四人是 Henry Flagler, William Andrews, William Rockefeller , Daniel Harkness.美孚石油公司歷史，該公司的官方文獻有三大卷本：Ralph W. Hidy and Muriel E. Hidy, *Pioneering in Big Business 1882-1911,* Volume I in *History of Standard Oil Company*(New York: Harper& Brothers, 1955); George S. Gibb, and Ecelyn H. Knowlton, *The Resurgent Years, 1911-1927.* Volume II in *History of Standard Oil Company*(New York: Harper & Brothers, 1956).Henrietta. M. Larson, Evelyn H. Knowlton and Charles S. Popple, *New Horizons, 1927-1950, Volume III* in *History of Standard Oil Company*(New York: Harper & Row, 1971). 關於美孚公司在中國的活動，詳見吳翎君，《美孚石油公司在中國(1870-1933)》（台北：稻鄉出版社，2001）。

產品(煤油為主)已在美國輸華貨物量中居領先地位。據統計，從1876年微不足道的3萬加侖，到1887年年總量1,200萬加侖，而到第一次世界大戰前夕，已高達一億多加侖[5]。在1913年德士谷石油公司(Texco Petroleum Co.)於上海設置遠東代表拓展中國商務以前，美孚公司壟斷了美國對華石油產品貿易長達近40年的時間[6]。

美孚公司在中國市場的優勢，到廿世紀初面臨激烈的挑戰，其中亞細亞石油公司(Asiatic Petroleum Company,屬皇家荷蘭殼牌石油公司[the Royal Dutch-shell Company])與之競爭尤烈。當時英荷殼牌公司獲有尼德蘭印度群島的石油開採權，美孚公司亦曾一度爭取緬甸油礦的

5　Chu-Yuan Cheng, "The United States Petroleum Trade with China, 1876-1949," in Ernest R. May & John K. Fairbank, *America's China Trade in Historical Perspective, the Chinese and American Performance*(Cambridge, Mass.: Harvard University Press, 1986), p. 206 .該文作者提到一次大戰前夕，美國輸華煤油有「二億加侖」之多。但據筆者逐年查閱中國海關年度資料，應是一億多。詳見：吳翎君，《美孚公司在中國(1870-1933)》，附錄1-4，〈進口美國煤油總量、總值、市場占有率，與進口外國煤油總淨量、總淨值，1910-1933〉，頁284。

6　德士谷公司於1902年由喬瑟‧柯利南(Joseph Cullinan)創辦，在創立之初，美孚石油公司以托拉斯的企業手段，壟斷了美國80%以上的石油市場，德士谷公司以獨立公司的經營方式卻能脫穎而出，此一部分得歸功於該公司的「經營之神」──阿諾德‧史萊特(Arnold Schlaet)在財務管理和投資上的傑出表現。德士谷公司輸入中國時間晚於英商亞細亞石油公司，於1913年(一說1915年)在上海設立遠東代表處，自行經銷。阿諾德‧史萊特，1859年生於德國，1875年來美發展。在德士谷公司長達18年的經歷，對該公司創建之初極有貢獻，於1946年逝世。喬瑟‧柯利南，1860年生於美國賓州，原為美孚賓州石油公司的員工，1895年於賓州自組石油設備公司。人稱「鹿皮喬」(Buckskin Joe)，以形容其幹練積極，1937年逝世。Marquis James, *The Texaco Story: the First Fifty Years, 1902-1952*(the Texas Company), pp. 1-8.

開採，但遭到英國政府的反對而未果；這件事的挫敗，反而燃起美孚公司在遠東開採原油並建造石油工業的意圖。此一構想的提出，正如同它積極爭取奧匈帝國境內和羅馬尼亞的油源，以維持歐洲市場的優勢一樣[7]。

二十世紀初，美孚已在中國建立起一套銷售網及經銷制度，並且在中國主要城市設置有油棧、油池及輸油管等設施。約在大戰前夕，美孚公司開始設置直銷網由紐約總部直接控制，除了中國上海總部外，香港公司為第二層領導，區域公司則設於天津、漢口、東北等處，並且在各中國條約港口和河岸設立分公司[8]。因此，美孚公司如能在中國取得探勘和開採權，由生產、煉製、供應、運輸、銷售各個環節，將可採行一貫經營制，如此將大有助於中國及遠東市場的擴充。

美方與中國合作開發中國油田之事，可溯至1911年海軍大臣親王銜貝勒載洵與周自齊訪美，美孚公司提出五千萬借款予清政府，以換取壟斷中國石油市場的銷售權，清政府以為不合理而拒絕此一要求[9]。1913年春，袁世凱政府首度與美孚接觸，當時共和出現危機，國民黨公開醞釀發動反袁運動。袁政府需款孔急，因美國已退出

7　Ralph W. Hidy and Muriel E. Hidy, *Pioneering in Big Business, 1882-1911,* pp. 497-498, 515.

8　到了1919年，美孚公司有六個區域公司，二十家分公司，和五百名經銷商遍布全中國。關於美孚公司在中國銷售網的建立，參見：吳翎君，《美孚石油公司在中國》，頁26-27。

9　*Peking Daily News*, Feb. 24, 1914. 另據張謇接見五省旅京代表時，曾表示清政府與美方之最初交涉，即希望中美合辦煤油開採，而非予一國壟斷。《申報》，1914年2月27日。中央研究院近代史研究所藏，《外交部檔》，編號03-03（礦務），函號3、宗號4，冊號1，（以下簡寫03-03-3-4-1），國務院公函，1914年3月6日。

六國銀行團，袁政府不想受制於五國銀行團的財政控制，而有意另闢借款來源。1913年10月18日，外長熊希齡向美國駐北京代辦威廉斯（Edward Thomas Williams）[10]提出，美孚如能提供1,500萬美元的貸款支持中國金融改革，將可獨家取得陝西石油開採權[11]。因此，這次中美合作開採石油事業，最初動機確有政治借款的考量，但亦是袁政府藉由外資改革中國財政與振興實業的方案之一，同時促進了中國近代石油工業的發軔。

1913年12月初，雙方開始展開正式磋商，美孚由派駐華北分公司代表艾文瀾（Henry J. Everall）和運輸暨財政主管考特曼（Dr. Robert Cotman, Jr.）出面與中國政府洽談，雙方談判很快就陷入了僵局。美孚公司頗以開發中國石油資源的商業考量為主，而較不願承擔政治借款的風險；除了政治借款的因素外，日本的強烈抗議中國政府給予美國這項特許開採協定，美孚公司意識到，中國政府似乎正設法拉抬美孚做為抵擋日本要求的一顆棋子，一度猶豫是否有必要捲入這樣的外交

10　Edward Thomas Williams(1854-1944)，曾是美以美教士，1887年來華，在南京傳教。1896年辭教會職，任上海領事館翻譯，開始展開外交官生涯，1901-1908年任北京使館參贊，1908年奉調美駐天津總領事。次年回國出任美國遠東事務司副司長。1911-1913任駐華使館參贊，在此期間兩次代理館務。1914-1918年任美國國務院遠東司長。1918-27年任加利福尼亞大學東方語言及文學(University of California)教授。著有《中國的昨天和今天》(*China Yesterday and Today,* 1923年出版)、《中國簡史等書》(*A Short History of China,*1928年出版)。參考：中國社會科學院近代史研究所翻譯室，《近代來華外國人名辭典》(北京：中國社會科學出版社，1978)，頁512。

11　Williams to Bryan, Oct. 21, 1913, in United States National Archives, *Records of Department of State Relating to Internal Affairs of China, 1910-1929*(hereafter cited as NA.)No. 893.51/1477.

風波[12]。

　　另一方面，日本的激烈反應，亦可能使美孚公司重新評估遠東市場的整體利益而有所遲疑。據統計，從1899-1911年美孚公司在遠東市場的所獲淨利，占北美市場以外的35.3%，僅次於歐洲市場的53.3%[13]。1901年-1911年間，美孚公司在日本市場的獲利大幅上升。1900年初美孚公司在日本的經營，並不順遂，直到美孚派駐橫濱的經理考普曼恩(J. W. Copmann)，以八年的時間經營和開發市場，才使銷售倍增。美孚公司在日俄戰爭時期，引進次等煤油(Petrolite)名為「勝利牌」，吸引了不少消費者。到了1911年，美孚已在日本設置油棧，並建立了經銷系統[14]。因此，1914年美孚與北京政府簽訂合辦油礦合同必須考量，即便與中國合辦油田的開採可能獲利更多，但也可能因日本的態度，反而對遠東市場的整體利益投下新的變數，這使得美孚公司猶豫不決。

　　後來透過芮恩施(Paul S. Reinsch)公使的協調，極力說服美孚公司，表明這是美國首次在中國開採最具潛力的油田的機會，並達成

12　Reinsch to the Secretary of State, February 16, 1914, NA, 893.6363/1.

13　Ralph W. Hidy and Muriel E. Hidy, *Pioneering in Big Business 1882-1911*, p. 553.

14　Ralph W. Hidy and Muriel E. Hidy, *Pioneering in Big Business 1882-1911*, pp. 498-499, 548-551. 考普曼恩在日本市場的經營，參考美孚經理商在中國市場的經銷經驗。此外，引進火爐和廚房用具等方法，以次等煤油打開行銷，設立油棧等設施。亦曾一度投資煉油廠，後來因不敷成本而將設施賣給日本Nippon Company(日本鋼鐵公司的前身)。1907年接替考普曼恩者，係曾對中國市場的開發甚有貢獻的市場專家柯爾(E. H. Cole)。有關柯爾對中國石油市場的開發，可參閱：吳翎君，《美孚石油公司在中國》，頁17-20。

1,500萬美元的政治借款非由美孚公司承擔，但由美孚允諾協助中國借款的共識[15]。北京政府與紐約美孚公司，終於在1914年2月10日簽訂「中美合辦煤油礦合同」（附錄3-1）。

「中美合辦煤油礦合同」，由代表中國政府的國務院總理熊希齡、農商總長張謇、財政總長周自齊、交通總長朱啓鈐，以及代表紐約美孚公司的艾文瀾共同訂立，考特曼爲見證人。就合同前三款而言，說明雙方的合作關係，由美孚公司提供技術專家，於探查完竣後六個月內組成「中美合資公司」，此公司在美國領照，並在中國註冊。持股比例：美國占55%，中國占45%，此45%內有37.5%，係由美孚公司贈與做爲取得中國政府所給特權之代價，其餘7.5%由中國政府於公司成立之日起兩年內照原價購買，如過期不買仍做爲美孚之股本。此三條款說明了中美雙方的合作關係。至少在探勘及開發石油資源方面，中國無疑地同意給予美方獲取較多股份的機會。

三、輿論反應

比起其他西方國家，美國在中國人民的印象中，是相對具有善意的帝國主義國家，此亦由於美國在退出六國銀行團一事所表現對中國的善意。然而，仍有一些不利於美國企業的風評，例如美國「合興公司」（American China Development Company）與清政府所訂的「粵漢鐵路借款合同」，明顯違反了合約中關於該公司所享權益不得「轉與他國及他國之人」的規定，美方私下將股票的三分之二轉售給比利時銀

15　Reinsch to the Secretary of State, February 16, 1914, NA, 893.6363/1.

行團，引起湘、鄂、粵三省民眾的抗議[16]。而美孚公司介入政治活動的傳聞亦時有所聞，如謠傳美孚公司曾介入推翻墨西哥戴茲(Porfirio Diaz)將軍政權；並且美孚曾以壟斷在華石油權益，秘密支持孫中山的臨時政府，這些以商機交換政治利益的傳聞，雖經該公司一再否認，仍不免啓人疑竇，亦使得美孚公司與財政窘迫的袁世凱政府的交涉，被貼上秘密外交及政治權謀的標籤[17]。

　　「中美合辦煤油礦合同」簽訂之後，北京政府最初除公佈一般條款外，未公開合同全文，並且對合同細節內容，均迴避不答。例如第

16　早在1898年4月，美國合興公司與中國駐美公使伍廷芳，在華盛頓簽署《粵漢鐵路借款合同》，這是美國資本在華獲得的第一條鐵路投資權、建築權和經營管理權。合同簽訂後兩年，美國方面提出原借款不敷需要，於1900年7月與清政府再訂《粵漢鐵路借款續約》。此後，合興公司發生明顯違約情形，引起了湘、鄂、粵三省民眾的強烈不滿，發起收回路權運動。李恩涵，〈中美收回粵漢路權交涉〉，《中央研究院近史所集刊》，期1(1969)，頁149-215。另見：本書第四章第一節的討論。

17　Noel H. Pugach, "Standard Oil and Petroleum Development in Early Republican China," p. 457. 墨西哥在20世紀初政權極不穩定，1911年統治墨西哥27年的戴茲獨裁政權被革命派推翻，馬德羅(Francisco Madero)上台；1913年馬德羅被推翻，接著韋爾塔(Victoriano Huerta)上台，後者又於次年7月被推翻。此後革命派領袖爭權不休，一直到1915年10月美國予卡蘭薩(Venustiano Carranza)政權事實承認(de facto)，此一政權標誌改革，卻是一片混亂、腐敗和血腥，於1920年卡蘭薩被謀殺而告終。在這一連串的政局動亂中，墨西哥的革命領袖不少打著社會經濟改造者的旗號，試圖爭取國外的支持，而墨國的豐富油田，使得列國石油公司爭相和革命領袖有所接觸。其中新澤西美孚公司(Jersey Standard)從1911年即和革命派有所接觸。1914年澤西美孚公司在Tampico設有一座小煉油廠。1917年底至1918年底該公司在墨國的投資額從730,000美元跳升至5,230,000美元。詳見：George S. Gibb and Ecelyn H. Knowlton, *The Resurgent Years, 1911-1927*(New York: Harper & Brothers, 1956), pp. 83-89.

八款所言：「如中國政府欲在美國辦理債項，美孚公司應允暗中幫助」，其中究竟是否有秘密借款的問題，引起民族主義者進一步質疑北京政府出賣國家利權。第六款規定，「中國政府允與各地業主或租戶或在上開地方現開油井之人議定辦法，將所有應用產油場所均歸公司開採，別人不得開採。所有因讓地之一切費用由中國政府商定並歸公司支給」，亦使得反對者藉以合理化此一合同侵犯了陝西省民權利的說辭。

　　有關此次合同中，主要牽涉陝西延長油礦之開採。清末以來，朝野輿論對於開發延長油礦十分注意，但當時主要討論為究竟應為官辦或商辦的問題，陝省人士與清政府各有主張。由於陝省紳民無能力籌集龐大資金探油及築路，官府也無法投入更多資本，以致延長油礦只能以有限資本從事小規模的開採。此次中美簽約，並將油礦收歸國有，影響陝民利益自是最大[18]。

　　當時各報所載條款內容各有不同，但均集矢於清政府以密約視之，以致輿論繪聲繪影，別生疑懼，其間還夾雜了日資和英資主持的報紙各為其主，美國駐華公使芮恩施更主張公開合約內容以釋群疑。如《申報》即云：「合同條件仍守無謂之秘密，故眾意以為其中必有不便宣布者」[19]。芮恩施亦云：「美孚石油公司的合同簽訂之後，除一般條款外，其餘未經公開宣布。敵對方面開始把這個合同，說成是

18　陝西延長的石油礦藏，從光緒末年即受到德國和日本的注意，並派員前來探勘。有關延長油田究竟採商辦或官辦之爭論，詳見：張力，〈陝甘地區的石油工業，1903-1949〉，中央研究院近代史研究所編，《中國近代化論文集》（台北：中央研究院近代史研究所，1991年3月），頁482-487。

19　《申報》，1914年2月25日。

含有侵犯中國人民，特別是陝西省和直隸省人民權利的條款。報上刊載著許多公然行賄的傳聞。在北京結束的談判當中，因輕忽地方輿論，引起了一些省分人民的懷疑，隨即激起彼等強烈的反對」[20]。

各家報紙於二月中旬以後，陸續刊出這則消息。《盛京時報》於2月15日率先刊出美孚與中國政府合辦陝油開採之新聞。但是這項新聞與標題均誤將美孚公司說成「英商」，內容錯誤不全[21]。2月18日，再刊出：「美商美孚洋行意欲讓出利益百分之三十五又二分之一以獲得監理權，北京政府則要求得百分之四十五，兩方面之意見迄未浹洽，並聞該行現已獲得煤油礦擴張暨煤油精製販賣權」[22]。3月1日才刊出較接近條約內容的文字，時距2月12日中美正式簽約已有半月之多[23]。其中2月27日刊出近半版的評論〈美孚洋行借款探聞錄〉，以強烈措辭抨擊此次簽約牽涉之秘密借款。

〈美孚洋行借款探聞錄〉一文，稱「此項股份絕非中國所自辦，即由該借款下擺佈而成，以持名目之權利股份。就實際論，中國政府因訂借美款，舉爲抵押，不過眩惑借款餘利，甘心斷喪最有利之油權」[24]。《盛京時報》一向被視爲日本政府的機關報，代表維護日本

20　芮恩施著、李抱宏、盛震溯譯，《一個美國外交官使華記》（北京：商務印書館，1982），頁72。

21　《盛京時報》，1914（大正3年），2月15日。全文是：「英商美孚公司擬在陝西及北省各地開採煤油礦，現與北京政府訂結合同，聞其內容係由中英兩國組織合辦會社股份，由兩國按半負擔，但該會社監理權則由美孚公司操之」。

22　《盛京時報》，1914年2月18日。

23　《盛京時報》，1914年3月1日。

24　《盛京時報》，1914年2月27日。

在東北利權的媒體[25]，反對此次合同的文字嚴苛辛辣：

> 蓋美孚洋行訂約借款預知必遭斯障礙，故先預備鉅金在乎反
> 對運動者，間施其懷柔政策，其款比初次借款額數相讓無
> 多，據稔個中消息者之所談笑云，黃金威力可翻，山可覆，
> 既挾數千萬阿堵物，昏暮無人，陰施其萬能政策，該借款之
> 難於破棄，在當事者方面極爲樂觀云。

　　該報所云，民間反對秘密借款，亦是實情。北京政府因財政窘
迫，各項秘密外交之傳聞本非空穴來風。「借款讓權無日無之，每訂
借款必有鉅額餘利歸秘密收入，此項收入通算去歲一年間已有巧歷難
算之譜。繼此以往，每有機會相競參與借款圖肥私，一切秘密收入，
洵有源泉不盡之妙云」。該報說明立場，並非無意識之拒債，亦了解
實業借款係出於不得已，但此種政策關係甚大，不能以一、二人之秘
密私見，斷送國家無數之利權。建議必須將借款實際情形宣布於國
民，組織關係各省聯合會，詳加討論，以定最後方針[26]。

　　這筆秘密借款數額，《盛京時報》、《申報》均披露了1,500萬美
元借款[27]。據美國國務院檔案，最初北京政府與美孚公司之談判，的
確涉及一筆1,500萬美元借款。如上所云，美孚公司並不願意擔保這項

25　《盛京時報》爲日人在瀋陽出版的中文報刊，1906年創刊。該報與日本
　　政府官方往來密切，被視爲日本官方在東北的主要喉舌。參見：郭衛東
　　主編，《近代外國在華文化機構綜錄》（上海：上海人民出版社，
　　1993），頁349-350。

26　《盛京時報》，1914年2月27日。

27　《申報》，1914年2月22日。《盛京時報》，1914年2月27日。

借款，使得談判一度觸礁[28]。《申報》後來亦引用紐約外電說明這筆1,500萬美元借款已經紐約美孚總公司副總裁班米斯（W. E. Bemis）公然宣稱作罷[29]。

《盛京時報》指責擔任全國煤油督辦的前國務總理熊希齡，指熊「官興索然，掛冠在即，是以注意礦山如彼建昌油礦（按：即延長油礦），不厭奪去民產，號為國有，此次與全國油權和盤托出讓與美國公司之手，熊氏實為張本」[30]。熊於2月12日辭國務總理，職缺由孫寶琦兼代，3月4日被任命為督辦全國煤油礦事宜[31]。熊於接任全國督辦後於3月中旬赴美，洽談「中美合資公司」之成立[32]。該報又稱；「此次簽約首動地位不在於農商部，農商總長張謇未得其情」。此說與實情不符，依相關資料看來，不論芮恩施或美孚的談話對象，除熊希齡和周自齊外，張謇亦有參與，並非全無與聞。張謇曾於1913年撰寫〈籌畫利用外資振興實業辦法呈〉一文，提出利用外資可採取合資、借貸和代辦三種形式。張謇在民初農商總長任內，先後簽署了美國導淮借款、和開採延長建昌油礦，並與法國簽訂中法勸業銀行合同[33]。當時

28　Reinsch to the Secretary of State, Feb. 16, 1914, NA, 893.6363/1.

29　《申報》，1914年2月26日。

30　《盛京時報》，1914年2月27日。

31　郭廷以，《中華民國史事日誌》，第1冊（台北：中央研究院近代史研究所，1979），頁133；135。

32　《盛京時報》，1914年3月24日。

33　張謇(1853-1926)，早年從民族主義觀點力主依靠本國資金興辦實業，反對外資直接設廠或合資。但於1910年左右思想大變，轉向利用外資。1910-11年間他與美商往來頻繁，開始籌畫「中美實業合作」。這可以說他由抵制外資設廠或合資到提倡「開放門戶」，利用外資的轉折點。參考：陳有清，《張謇》（南京市：江蘇古籍出版社, 1988）。中井英基，《張謇》（日本札幌市：北海道大學圖書刊行會，1996）。曹均偉，《近

如何運用外資合作開採中國實業，財經部長間實頗有共識。

大抵而言，《申報》的言論較爲公允，且在五省聯合會與農商部陳情後，該報的言論，轉爲和緩，認爲此次簽約不論成敗，中國政府並無損失。

《申報》於2月18、19二日呼應英文《北京日報》（*Peking Daily News*)所言，「中國礦產一部從此發展固可喜，惟所慮者，即不幸此特權歸一殘忍之美國托辣斯之手」，認爲此次合同中國喪失產油權之管理，中國所占股本實質上遠低於美國，而所獲得的僅是購買中美公司的股份權。由於該報得知的訊息有誤，以爲美孚享有在中國陝西礦務的永久開採權，因此建議要求在合同上增加「有年限之特權」字句[34]。《申報》2月22日又有一文〈山西煤油礦條約之研究〉，稱陝西礦區「足以起寰球石油界之革命」，其自前清以來即由官商合作開採，因武昌革命爆發才中止，以此證實中國非無獨力辦煤油礦之實力。該報通稱此次合約爲「山西煤油礦條約」，其實含陝西油礦[35]。

（續）————————————

代中國利用外資》(上海：上海社會科學院，1991)，頁257-268。

34　*Peking Daily News*, Feb. 18, 1914.《申報》，1914年2月18、19日。原文爲：「中國誠然在經濟困難之秋，然也，地藏發展何患不富，地藏發展何患不富，殆所謂短見政策者。中國欲利用外資或與外人合辦以發展礦產莫如以附有年限之特權給與外人，年限既滿，即須還中國或由中國購還。如是則中國可得外資流入之益，亦不致永棄其礦產」。

35　《申報》，1914年2月22日，提到「山西煤油礦條約，並不以山西爲限，其以由山西名者，以該省煤油礦最爲著名」。該文介紹陝礦歷史如下：「……陝西煤油礦之豐富可想，外人所謂陝西礦區，足以起寰球石油界之革命者即此也，在前清時期陝人自行開採，開有油井四處，均得良好之成績。爾時陝撫議助商以官款四萬元以資擴充，議未果，改議增加資本爲六千萬元，收歸官辦，亦未果。最後議爲官商合辦，由公家撥款六百萬元，由民間出款四百萬元共合一千萬元，併擬在該處創設貯油槽，

《北京日報》，基本上反映英國利益，尤其是與美孚公司激烈競爭的英國亞細亞石油公司。該報雖則肯定「今美孚公司既與中國結約，中國礦產之一部從此有發展之希望」，但憂心美孚托拉斯公司，將限制中國產油區之產量，以確保其在他處之油利；換言之，新創之「中美合資公司」不過是美孚公司之附屬，而美孚公司決不任陝西之產油區有巨額生產，致使與其在他處之油區相競爭[36]。

2月23、24日，湘鄂贛晉陝五省聯合會[37]推代表湯化龍、劉景烈等人，晤訪農商總長張謇表達抗議，張謇斷然否認有押借外債之事。代表們指出傳聞中延長建昌油礦係熊希齡主持，約成前以極密資本一萬萬圓定額作百成，中國得紅股三十七分半，只實出七分半，即做為占有全體資本之四五，其餘之四六(按：應為五五)由美孚出，故美爭占管理權，中外以此非議；亦有人稱中國政府擬向美孚另借3,000萬[38]。至於油礦國營，張謇答覆係因「前總理與海、商兩部均以將來軍艦須改用煤油，故油礦宜歸國家專辦」。代表們表示合同限制他國不能再與中國合辦油礦太嚴，張謇答稱：「此指延長油礦未開時而言，僅限一年」[39]。五省聯合會代表聯名另上書袁世凱，極言美孚公司開採油礦合同失當。堅請政府須與美孚公司均分出資本，俾董事人數得以相坳，管理權得以平等。上書者強調非反對礦權許以外人，惟中國

(續)————————————

兼在地下埋設鐵管通至二河以利連轉。議旋定矣。武昌起事，遂以中止，此則我國囊時關於陝西煤油礦之籌畫，述之以足以證明我國非無獨力辦煤油礦之實力也」。

36　*Peking Daily News*, Feb. 18, 1914.
37　此次抗議內容，亦包括中日合辦漢冶萍公司，因而有五省旅京代表。
38　《申報》，1914年2月24日。
39　《申報》，1914年2月27日。*Peking Daily News*, Feb. 24, 1914.

土地權無論如何必須保全[40]。

面對中國民間的反彈，居間促成此事的美國公使芮恩施建議：美孚公司現今最重要的是，應注意當地居民的反對聲浪，這可能嚴重妨礙這項極富意義的合作計畫。俾勸使當地的人民了解這項合作將使該地區及中國獲利，從而有效弭平反對聲浪；他敦促北京政府公佈合同條款以祛除疑慮[41]。當時美孚談判代表艾文瀾已離北京，芮使極力要求美孚另派專人和反對人士會面。後來美孚荆江辦事處經理孫明甫（Roy S. Anderson）[42]出面與五省聯合會代表溝通。孫明甫向反對代表們澄清探勘石油合約實無謠傳賄賂情事，並指出直隸、陝西發展大規模工業對該兩省的益處。據芮使回憶，數日之後，反對合同最烈的團體向農商總長表示慶賀之意，表示省民必定協助此一合同的實施[43]。

2月25日《申報》〈山西石油礦合同之別報〉一文，已非一味反對，並且駁斥其前此曾贊同的《北京日報》的說法：

> 有一說謂美孚公司之求得建昌延長油礦，其志惟在阻止落於
> 他國之手以興競爭油業耳，故一時不致興工云云。然余聞合

40　《申報》，1914年3月7日

41　Reinsch to the Secretary of State, Feb. 24, 1914, NA, 893.6363/3.

42　孫明甫參與民初中美合作事宜甚深，包括合擬建造1,500英里鐵路、導淮工作、濬理運河、興辦墾植水利的美國合興工作。其父為傳教士曾任上海東吳大學校長孫樂文（D.L. Anderson）。參見：胡光麃，《影響中國近代化的一百洋客》，頁355-356；本書第四、五章。

43　芮恩施著，《一個美國外交官使華記》，頁73。據中文報載，此次會面之後，孫武、湯化龍答稱「中美合辦油礦合同」與漢冶萍條約不同，因為該約曾經批准，五省同鄉會抗議在於合資不均，尚欠公允。《申報》，1914年3月7日。

同間中已將關於開採煉製輸運各事訂定辦法，故前說似不足
信，且美孚公司近三年來無日不在上稱之礦地從事調查，耗
費金錢爲數不貲。……今已有工隊司煉油司一隊啓程來華，
此可見其汲汲不遑稍遑之意志，不甯惟是，煤油一物，全球
銷用日廣，大有供給不暇之勢，美孚公司今方急欲闢一新
源，故必盡力經營中國之油礦。[44]

　　該文澄清所謂資本定額一萬萬元，實爲無稽：「外間又謂新公司
之資本定額一萬萬圓，此亦模糊影響之談。合同中並未載定此數，資
本總額至今未定，此自須俟續行調查油礦情狀之後始能決定。一經決
定則公司即將成立，而須向股東源源收款，以興工程矣」；該文並分
析此一合同對中國政府的利益，「中國政府可謂一無所費而得全體股
份百分之三十七分半」、「中國無論成敗一無所失，故其利實遠勝於
美人也」、「於中國經濟上大有助益矣」[45]。
　　最後該文將焦點放置日本對華外交。由於日本對中美合同反應最

44　《申報》，1914年2月25日。
45　「在中國政府而言，此合同堪稱滿意，蓋中國一無所費而得全體股份百
　　分之三十七分半，將來所獲之紅利，亦將按此分配如願。續購股份七分
　　半則應分之紅利，尚可照增。各礦之開採，果能得手，美孚公司固有大
　　利，然須知所需開採之費，數甚巨，均須由該公司出之，且常有失敗之
　　虞。而中國無論成敗一無所失，故其利實遠勝於美人也。路礦開採之
　　後，中政府可因以分得小利固屬重要，而事之更重要者，則國民亦可獲
　　利是也。蓋開採之初，即須輸運材料，繼須築造導油管及輕便鐵路，未
　　至大興工作之際，所需工人爲數甚眾，加以本國開採之油其價自廉於舶
　　來之品，而内地因運輸不便，無從得此之處，從此亦可普及矣。故二礦
　　之開採，於中國經濟上大有助益矣。」《申報》，1914年2月25日。

為激烈,致使中美間的實業開採計畫被捲入外交事務之爭執,美孚公司對此頗為猶豫,亦使得中美油礦事務之推展,增加不少波折。該文預言,此後與日本交涉將更為棘手:「日本某大公司近亦嘗從事調查上稱之油礦,且嘗向中政府提出許讓經營之請求,……余敢決日本對此舉必不甘心,中國將來如與日本交涉事務恐將更難辦理」[46]。

大抵而言,2月底國內風潮漸平,而外論漸張。第五條為應允中美合資公司運油,建築保衛使用此等路線。這項條款牽涉延安府至承德府之路權。又與俄、日勢力範圍相衝突。俄、日分別向北京政府抗議[47]。其中又以日本為烈,且從合約消息走漏之初,即是如此。

四、日本的抗議

「中美合辦煤油礦合同」簽訂之後,日本最不滿意的厥為第三款:「此合同日期內所有中國股本,不得售與非中國人或為非中國人所有」;第四款:「中國政府……應允無論何項外國人不給以產油場所專利之權,並允如中美合資公司所辦開採之事未得中國政府及美孚滿意,中國政府不將中國境內產油場所給與其他外國人辦理。……此合同自簽字之日起實行六十年為滿,在此期內中國政府應允不准其他外國人或外國團體在上開採方出取石油及其副產品」。蓋此兩款條文意含的特許專利權,已將日本或其他國家排除。

日本方面從3月初開始對「中美合辦煤油礦合同」大肆抨擊,英文

---

46 《申報》,1914年2月25日。

47 《申報》,1914年2月28日。

《日本時報》（*The Japan Times*）刊出標題「石油壟斷在中國」
（Petroleum Monopoly in China），將此事與美國政府對華門戶開放政策
聯繫起來：

> 這是最令人震驚的事，即美國政府曾是這樣堅持在中國的門
> 戶開放政策和機會均等原則，但卻以政府的立場協助其本國
> 最令公眾責難的托辣斯公司之一，來推翻自己的主張。[48]

　　日本宣稱早在美孚與北京政府訂約前，北京政府曾允諾日人開
採，因此中美合辦煤油礦的簽訂，使得美國壟斷在華石油開採權，直
接威脅日人利益[49]。

　　日本駐華公使山座圓次郎[50]，則以極強悍的詞令向北京外交總長
表達日本政府對此事的嚴重不滿。山座指責中國政府此舉違背利益均
霑，有損中日條約，並要求如以延長礦務許予美國，應以承德、建昌
歸日本開採，方符合公平原則。更指出日本在美孚簽約之前，即曾與
北京交涉，日本原有中日合辦之希望「今突然如此，本國政府殊不愉
快」。故訓令中有云「中國政府不顧友誼深為可恨，應再以一處與日

48　*The Japan Times*, March 1, 1914, enclosure in Ambassador(Tokyo)to the
　　Secretary of State, March 14, 1914, NA, 893.6363/5.

49　Ambassador(Tokyo)to the Secretary of State, March 14, 1914, NA,
　　893.6363/5.

50　山座圓次郎(1866-1914)，1908-1913年曾任駐英使館參事，於1913年7月
　　出任駐華公使，就在抗議中美油礦合同交涉的這一年逝於北京。見：中
　　國社會科學院近代史研究所翻譯室，《近代來華外國人名辭典》，頁
　　529。

本開辦是所希望云云」[51]。山座公使在與熊希齡的談話中，曾提到過去一個時期日本工程師曾在陝西省油田工作，因此，日本應取得在中國開採油礦的優先權。熊即指出：漢冶萍公司以前也曾聘請過德國和美國的工程師，但是該公司當時卻和日本銀行訂立借款合同，美國和德國並未表示反對。熊的談話在於提醒日使，如與正進行中的中日合辦漢冶萍公司做一比較[52]；美國、德國並未以條約利益均霑原則向日本抗議。

山座圓次郎另向美駐華公使芮恩施抗議，山座所持理由亦是日本人曾在陝西和直隸兩省從事油田開採，因此日本對陝西的油田應享有優先開採權。芮恩施的回憶錄提到山座的談話頗多不滿：「這次談話說明了日本常常企圖取得關於在中國建立企業的優先權，其辦法是提出優先要求，或要求優先聘用日籍職員——在其他任何國家是絕不會任憑這些企圖就可以取得特惠權或初步選擇權的」[53]。相較於日本媒體對此事的抨擊，芮恩施特別提到上海《字林西報》(*North China Daily News*)，對此次中美合約表示極大的肯定，且將這次簽約的成

---

51 中央研究院近代史研究所藏，《外交部檔》，03-03-3-4-1。外交部收日本館問答，1914年3月13日。芮恩施亦報告山座與熊會面問答情形，見：Reinsch to the Secretary of State, March 1, 1914, NA, 893.6363/4. 經查《日本外交文書》，則未記載此一會談，但卻記載當時北京政府所頒新礦業條例，日本政府的反對和修正意見。日本外務省編，《日本外交文書》，大正三年(東京：日本外務省，1965年8月)，頁351-355。

52 1914年2、3月間，就在中美合辦油礦合同簽約交涉之際，中日亦正洽談合資漢冶萍公司。由於事涉清末以來官督商辦之爭議、回顧湖北業主權益，以及向日本正金銀行的龐大借款，引起湖北仕紳反對，發起請願風潮。詳見：全漢昇，《漢冶萍公司史略》(香港：香港中文大學出版社，1972)，頁167-171。

53 芮恩施著，《一個美國外交官使華記》，頁74。

功，歸因於美國在華企業長期對中國的和平與善意[54]。

在日本反對聲浪中，中美依約進行探勘事宜。日本仍私下和北京政府接觸油礦事宜，到了1917年中美取消合辦油礦開採合同以後，日本石油公司（Japan Petroleum Company）終於在1922年派員到陝西探勘，但無進一步開採結果[55]。

五、探勘礦區與「中美合資公司」之談判

1914年2月，中美合辦油礦合同簽約後，隨即展開礦區探勘。6月，派往直隸之美孚礦師及委員報告，直隸油礦不甚佳，應暫行緩辦。接著遴派華洋技師履勘陝西延長油礦，派出美國技師馬棟臣（F. G. Clapp）、何世德等，及華員吳娃靈、何焱森、何永亨、黃振華、薛啓昌等七人赴陝北勘查。由於陝省礦區遼闊，延長等處礦山又分散各地，且白狼之亂飄忽不定，中國除依約沿途派兵保護外，熊希齡要求政府派出就近礦山軍隊一、二營常川駐紮[56]。6月7日查勘人員行至澠池，緣於白狼回竄豫境，軍隊車輛多被徵用於平亂，唯開礦機器鉅重，大雨時道路難行，不易運送，卻找不到車輛可用；如以工作時程

54　芮恩施著，《一個美國外交官使華記》，頁74-75，另提及德國方面認爲此次中美合約是公平的，中國亦可能得到好處，並且反對日本的干預態度。而法俄半官方報紙，則對美國企業吹毛求疵。《字林西報》爲普遍代表上海英美人士觀點的一份報紙，經常以中外關係、中國政局及時事爲社論，見：郭立東編，《近代外國在華文化機構綜錄》，頁205。

55　Schurman（American minister in Peking）to the Secretary of State, July 6, 1922, NA, 893.6363/40.

56　中央研究院近代史研究所藏，《外交部檔》，03-03-3-4-1。外交部收實業科函，1914年6月5日。

計，勢必延誤合同所載一年內完成探勘的期限[57]。由於合同第一條載明中國政府有派用護導翻譯及保衛兵隊之責，美孚於8月初要求予以展期。

中美雙方乃針對究竟應展期多久再度談判，美方以爲延誤時期難以估算，不如展期一年，較爲寬裕。北京政府以展期一年爲時太長，傾向切實結算延誤時日而展期若干，雙方看法不同還牽涉到中國當時的外交處境：

> 當本年二月與美孚行初訂合同之時，英法德各國商人紛紛請求，並有預請一年後之開礦權者，均經照約拒絕，而英日公使因此事屢開談判，希齡約以在此一年期限內之內不能與該公使談及礦事爲詞，此可見美孚以外之各國富商虎視眈眈而欲競逐者無不急盼一年之期滿。今查自二月十日合同簽字之日起，至今甫經歷六個月有零，後此尚有不足六個月之時期，若於此時預先展期一年，實不免貽外人之口實，而生他國外交之困難。[58]

中美雙方經近三個月反覆交涉，始達成以兩月零四日做爲展限期，即以1915年4月15日爲滿。爲使美方接受難予展期一年的對策，北京政府對展期的計算方式可謂用盡心機[59]。

57　Reinsch to the Secretary of State, July 2, 1914, NA, 893.6363/9.

58　中央研究院近代史研究所藏，《外交部檔》，03-03-3-4-1。外交部收實業科函，1914年8月26日。

59　中央研究院近代史研究所藏，《外交部檔》，03-03-3-4-1。外交部收實

在此期間，袁世凱政府因需款頗急，而美孚於中美合同所允諾協助北京政府向美銀行家借款卻遲遲沒有著落，北京政府幾乎快失去耐心。6月間，英美外交圈中即盛傳北京與比利時組織開採油礦公司，由比國備款一千萬洋元，設立華比公司開採晉北部之油礦，以五百萬元作為中國政府之資本合同。美孚因向袁政府表達嚴重抗議，北京只得暫時擱置華比合同[60]。7月初，北京政府財長向芮使表達了北京政府熱切寄望美孚實現「中美合辦煤油礦合同」中助北京借款的允諾，芮使以為此是中美合資公司能否順利產生的關鍵[61]。

1915年2月，美孚公司來函要求再次展期，理由是欲勘查的礦區甚廣，自開採九個月以來急切進行，仍有鳳翔、漢中等處未能勘竣，而延長一井石質堅硬鑽頭屢折，目前僅鑿至八百餘尺。若至四五千尺愈深愈難為，為時亦非數月不可。而統計用款已至一百數十萬元；倘試鑿之後陝省油礦或不滿意而期限已屆，該公司無向他省覓採佳礦之權利，勢必造成該公司極大的損失[62]。

熊希齡認為是否展期的權力係操縱在中國外交部，如不與變通，恐失議事伸縮之效。但對於中美合辦油礦已進行近一年，而合同所載的「中美合資公司」將來如何運作、管理等問題，尚未有進一步的討

（續）————

業科函，1914年11月10日。計算方式：以第一批機件運到澠池之日為本年6月7日，全數運到延長之日為本年10月22日，共歷137，其間因車輛難雇，自6月7日各技師機器停留澠池64日，直到8月11日始行起運，自此後由澠池以至延長沿途行程共需73日，今應以此73日為扣算機器轉運之期，其停留澠池之64日則為例外延遲扣算兩個月零四日。

60　《申報》，1914年6月10日。

61　Reinsch to the Secretary of State, July 2, 1914, NA, 893.6363/9.

62　中央研究院近代史研究所藏，《外交部檔》，03-03-3-4-1。外交部收實業科函，1915年2月9日。附有美孚公司來函全文。

論。美孚談判代表艾文瀾因權力不足，會議三次，均無具體成果。熊乃要求美孚特派全權專員來華商議。袁世凱於4月13日批准展期二個月（至6月16日）[63]。值得注意的是美國國務卿藍辛（Robert Lansing）於4月6日致函紐約美孚公司，要求其派出充分授權的談判代表赴北京洽談「中美合資公司」[64]。是以有紐約美孚總公司副總裁班米斯（W. E. Bemis）的中國之行。

　　班米斯此行達成油礦合同的兩次展期，第一次延至1915年7月15日[65]，第二次再延至8月15日[66]。北京外交部和班米斯的談判，在極機密的情況下進行，外間未曾與聞。中央研究院近代史研究所藏《外交部檔》，收錄有「展期」的部分。但對於班米斯此行所關注的「中美合資公司」內部細節，民國《外交部檔》並未收錄，經查農商部實業科檔案亦未見相關資料；而在美方則以「機密」（confidential）字樣文件，往返駐華使館和國務院之間。鑑於此前日本的抗議風波，中美雙方自始即以極機密方式進行，但合資公司之談判交涉過程，北洋政府資料竟付之闕如，不免引人猜測[67]。

63　中央研究院近代史研究所藏，《外交部檔》，03-03-3-4-1。照抄上大總統呈文，1915年4月。

64　Robert Lansing to the Standard Oil Co. of New York, April 6, 1915. NA, 893.6363/12.

65　中央研究院近代史研究所藏，《外交部檔》，03-03-3-4-1。外交部收實業科函，1915年6月12日。

66　中央研究院近代史研究所藏，《外交部檔》，03-03-3-4-1。外交部收實業科函，1915年7月19日。

67　北洋政府資料之闕如，一方面反映秘密外交之可能。但是否因外交部本身在過濾檔案保存時，認為此事非關重要而不收錄；或者中國方面交涉人員基於私心或為免引發爭議，交涉事件告一段落後，未予歸檔或銷毀。所幸，美國國務院所保存的資料，能補北京政府資料之闕如。

　　北京方面由原本對此一實業開採及借款合作計畫，寄予高度期望，但與美孚交涉年餘，徒勞無獲，已趨態度消極，甚有另尋石油公司合作的盤算。由美方資料顯示，北京方面亦有人放話其他石油公司正躍躍欲試。

　　北京與美孚公司，對「中美合資公司」的成立各有期望。對美孚而言，能在中國找到油源最爲重要，因此定位「中美合資公司」爲生產和舖設油管，供給美孚公司來提煉原油，並透過美孚本身的行銷網銷售。美孚希望合資公司採小型資本；果眞如此，美孚既可在中國享有開發油礦特權，進軍遠東油源市場，以最小的資本獲得遠東市場的利益和優勢。對中國而言，如何利用外資，又可避免民間請願風潮所指責的美孚公司操縱「中美合資公司」的股票及管理權，並且能獲得美孚財政上的援助，才是重點。

　　班米斯於1915年6月7日來華，芮恩施正準備返國述職，因寫就一備忘錄供班米斯參考。芮使對「中美合資公司」的建議如下：(一)最公平的妥協方式是美孚公司在中國市場的銷售，須有50%來自中美合資公司的油品。此種妥協可能令中國滿意，因而同意開放更大的區域供公司開採。此舉並無損於美孚公司在華的銷售網組織；(二)展期。此一部分能爭取的極爲有限。頂多能說服北京讓美孚公司以兩年的時間申請、調查在此兩省內其他礦區；(三)全國煤油督辦的設置。他認爲中國必不能接受名實不副的督辦；(四)協助中國借款．美孚迄今未曾依合同辦理，應更積極協助中國借款[68]。但班米斯不接受芮使的建議方案，於6月19日向北京提出另份草案：中美合資公司擁有一億元資

68　Reinsch's memorandum of June 14, 1915, enclosure in NA, 893.6363/20.

本，但開始時以700萬元爲資本，其餘不足之數由美孚公司以六分息的
方式借款給北京。美孚有55%的股票，中國有45%的股票。合資公司
有權開採中國境內所有省分的油田(不排除其他公司亦可)，但境內油
礦的探測和擇定，需由中美合資公司獨占[69]。這一提議背離了「中美
合辦煤油礦合同」的最初協定。周自齊向代理公使馬慕瑞(John V. A.
MacMurray)表示：油田歸中國政府所有後，成立「中美合資公司」即
不希望予他國壟斷中國的煉油事業，外國資本除非是以出資者的身分
才能擁有監管財務的權利，而將來該公司的產油能取代進口洋油，
中國即不必再仰賴進口洋油。這樣一來，北京希望以借款的方式占
有較高的股權，拒絕小額投資。班米斯對此強烈不滿，談判乃陷入
僵局[70]。代理公使馬慕瑞傾向美孚最好能接受北京政府的條件，因爲
如果中國不答應，他相信美孚的最大競爭對手英荷石油公司(按：指皇
家荷蘭殼油公司，其遠東分部爲亞細亞石油公司)將會接手，爲顧及美
國在華利益，美孚不妨同意[71]。

　　7月下旬，談判仍陷入僵局。由於美孚已投資不少心力、資金開採
直隸、陝西油礦，但探勘隊多次報告直隸無油可採，班米斯乃提議以
湖南取代直隸，而其條件則比照1914年2月10日之合同[72]。此給予陷入

69　Bemis'letter of June 19 to the Chinese negotiators, 1915, enclosure in NA,
　　893.6363/20.

70　MacMurray's memorandum of July 22, 1915, enclosure in NA, 893.6363/20.
　　MacMurray to the Secretary of State, July 24, 1915, NA, 893.6363/14.

71　MacMurray to the Secretary of State, Aug. 12, 1915, NA, 893.6363/15.美國
　　駐華使館的機密文件提到5月初，英使朱爾典曾就四川礦務和熊希齡交
　　涉。

72　MacMurray's memorandum of July 22, 1915, enclosure in NA, 893.6363/20.

談判僵局的情況投下新的機會與變數。結果北京政府認爲湖南油田不能比照舊合同，而且提出與美孚各占50%的市場利潤。班米斯一時意氣，在未知會駐華使館的情況下，逕自宣告取消談判。就美孚公司而言，直隸、延長各礦開採結果均不理想，而該公司已投注相當多的財力、物力，既然直隸無油可採，據1914年合同所定，開採其他礦區並無不妥。可是北京政府此時以爲一年期限已過，並利用皇家荷蘭殼油公司等洋油公司的壓力抬高自身價碼，這讓班米斯有意決裂[73]。

馬慕瑞隨即將情況呈報國務院，表示事態嚴重，並再次建議，如果美孚放棄與北京政府的善意溝通，那麼中國必和英荷石油公司商談，此將嚴重影響美國在華的商業利益。他相信熊、周等人有再開談判的誠意[74]。美國國務院於此時積極介入，8月12日，國務卿藍辛要求班米斯留在北京，靜待芮恩施公使(時返回華府述職)和美孚紐約總公司會晤後的進一步決定[75]。芮恩施於8月19日拜訪美孚紐約總公司，而在北京的代理公使馬慕瑞亦試圖做最大的努力，他在北京政府與班米斯間遊說促談，但班米斯卻於8月14日離京赴上海，不久即離開中國[76]。

對於談判破裂，馬慕瑞曾分析除雙方期望不同之外，班米斯的個性固執高傲，難以勸說，也是原因之一：「很遺憾班米斯是如此沒腦筋的人，以至於幾乎忽略芮恩施所提供的每一項對他有利的訊息和建

73　MacMurray's memorandum of Aug. 4, 1915, enclosure in NA, 893.6363/20. Bemis to Hsiung His Ling& Chow Tez Chi, July 29 , 1915, enclosure in NA, 893.6363/20.

74　MacMurray to Lansing, Aug. 12, 1915, NA, 893.6363/15.

75　Lansing to Standard Oil Co. of N. Y., Aug. 14, 1915, NA, 893.6363/17.

76　MacMurray to Lansing, Aug. 23, 1915, NA, 893.6363/19.

議」。當班米斯發現「中美合資公司」的內部行政完全是由艾文瀾和
考特曼所掌控,他且須接受這兩人的指指點點——但他卻是因這兩人
的失敗任務,必須親自前來北京。基於這種心態,班米斯在談判態勢
上即犯了許多根本錯誤。第一,他將雙方談判視爲和競爭者的談判,
提案目標過高,使他無法取信於北京政府;第二,芮使曾勸他在談判
時應多和周自齊聯繫,由於周自齊是最早建議雙方簽約的提議人,但
班米斯和熊希齡的關係顯然較親善。這使得周在北京政府裡失盡顏
面,和班米斯心生嫌隙。而據他了解,熊並未對班米斯有同等的信
任,當北京政府有意和解重新協商時,熊卻是反對最力的人;三,班
米斯缺乏和公使館的熱絡聯繫。他認爲他所做的代表美孚利益,不應
有美國政府利益的介入,在和談過程中,公使館往往是事後才知道結
果。在8月中旬和談破裂後,美孚在華法律顧問杰尼根(Thomas. R.
Jernigan)[77]亦試圖當調人,促再開談判大門,亦徒勞無功。

　　對於此次中美合作計畫的擱置,馬慕瑞以「艾麗絲漫遊」(Alice
in wonderland)的一次冒險,形容班米斯此次的商務之旅[78]。馬慕瑞甚
至說服北京農商部放寬談判底線,但都無法挽回班米斯回頭續談的

77　杰尼根(Thomas R. Jernigan, 1857-1920),曾任美國領事官,1885-1889
　　年,奉派駐日本神户總領事。又曾於1893-1897年間出任上海總領事,
　　後辭去領事職務,於上海執律師職務,爲當時在華著名的外國律師之
　　一,專研中國商法,著有《中國商務的規律與方針》(China's Business
　　Methods and Policy, 1904)、《中國的法律與商務》(China in Law and
　　Commerce, 1905),並經常爲上海《字林西報》撰稿,死於上海。參
　　考:中國社會科學院近代史研究所翻譯室,《近代來華外國人名辭
　　典》,頁241。

78　MacMurray to Lansing, Aug. 17, 1915, NA, 893.6363/20.此一卷宗收有芮使
　　抵華後磋商合同的備忘錄、書信等附錄,共有18封。

心意[79]。鑑於英荷石油公司已著手和北京政府比照中美油礦開採合同交涉，馬慕瑞敦促是否有其他美國石油公司願意接手，尤其是德士谷公司(Texas Oil Co.)[80]，但並沒有其他的石油公司有此意願[81]。此後袁世凱推行帝制，朝野焦點因之轉移。

美孚公司的廣告，《申報》，1929年11月17日，第3張。

　　1916年3、4月間陝礦勘鑿一事呈停工狀況，美孚技師以「該礦係一種淺苗，歷鑿七井，雖間有油均未達油泉而止，即行停辦」，籌辦全國煤油礦事宜處歷半年時間，將勘礦雙方各種費用結清，按照原約彼此分認。1917年3月5日，籌辦全國煤油礦事宜處收到紐約美孚總公

79　MacMurray to Lansing, Sep. 23, 1915, NA, 893.6363/21.

80　MacMurray to Lansing, Sep. 23, 1915, NA, 893.6363/23.

81　Reinch to Lansing, Nov.12, 1915, NA, 893.6363/24.June 19, 1916, NA, 893.6363/25. Apr. 5, 1917, NA, 893.6363/26.

司不再續辦之決議[82]，該公司給芮使的報告另提到據初步的調查四川和福建亦屬微量出油，僅能從事小規模開採[83]。4月，中美合辦煤油礦合同議決取消[84]。

據合同第一條規定，探勘費用由中國和美孚公司分擔，截至1916年7月31日止，中國政府對美孚公司負債銀元543,703.89元，但這筆龐大支出，當時財政左支右絀的北京政府根本無法償還。因此，次年2月5日又簽訂了中國政府應還美孚公司勘礦欠款合同，年周息6釐。由財政部發給國庫券六紙，以四個月一期，分期付還。後來美孚開送帳單，至1928年1月31日止，尚結欠銀元1,919.19元。最後欠款結清情況不詳[85]。

六、小結

民初「中美合辦煤油礦合同」之簽訂，為中美實業合作的一項嘗試。儘管清末以來陝人曾自行開採延長油田或由官商合作開採，但多為有限資本進行傳統開採方式，未曾利用西方先進科技的鑽井方式。因此，袁世凱政府與美孚公司的合作計畫，從技術引進而言，實為近

---

82 中央研究院近代史研究所藏，《外交部檔》，03-03-3-4-1。外交部照會美芮使，1917年3月31日。

83 Reinch to Lansing, April. 5, 1917, NA, 893.6363/26.

84 中央研究院近代史研究所藏，《外交部檔》，03-03-3-4-1。外交部照會美芮使，1917年4月5日。此份文件同時見於：《中美往來照會集，1846-1931》（桂林：廣西師範大學出版社，2006），第13輯，頁280。

85 南京中國第二歷史檔案館、財政科學研究所編，《民國外債檔案資料》，第5卷，頁41。

代中國石油工業之發軔。然而，從美孚合約揭露之後，即遭遇到許多困難和疑慮。首先陝省地方仕紳抨擊此事，並將它和十九世紀末以來帝國主義侵略中國，使得清政府展開收歸國家資源的一波運動，特別是和鐵路國有運動聯繫起來。為安撫中國民族主義者的不滿情緒，並維持給予外國投資者相同的機會，在美孚與北京政府簽約後一個月，袁世凱於1914年3月修訂礦業法。據新頒的礦業法規定，外人參與中國礦業投資，不得超過全數獲利之半，並要求外國投資者需遵守礦務局對中外爭議所做的仲裁[86]。由礦業法的頒佈，亦看出袁世凱政府銳意改革，在兼顧國家權益與利用外資的前提下，開發中國礦產的努力。

在「中美合資公司」的談判中，中國確曾寄望油田的開採可以抵制洋油的進口，並藉此開發實業，發達中國資本。此與美孚公司欲透過本身經銷系統掌握「中美合資公司」在中國市場的銷售網和管理權，產生正面牴牾。而由於探勘隊在直隸和陝西的進展不順，美孚乃提出據合同所訂，開放更多的礦區讓美孚開採，以湖南礦區取代毫無成果的直隸礦區。但中國以一年期限已過，不可比照1914年合同辦理。負責與中國政府交涉的紐約美孚總公司副總裁班米斯，即藉此逕自宣告談判破裂。

班米斯的決裂態度，一方面固如芮恩施所言性情急烈，一方面則是美孚公司已投入相當財力於探勘事宜，而陸續的調查報告均言無油可採；另一方面「中美合資公司」之談判卻遲緩無效率。美孚認為中國缺乏誠意，甚至有意借助其他洋油公司之競爭來抬高身價。待正式鑑定報告出爐後，美孚絕不再拖延，因而取消合同。

---

86 參見：曹均偉，《近代中國利用外資》，頁228。

在這次交涉過程，同時看出美國駐華公使對維護美國在華利益顯現的急迫感。不論是芮恩施或馬慕瑞都對合作破裂相當沮喪，甚至在和談失敗後還試圖努力挽回。芮使在「中美合辦煤油礦合同」取消後，仍積極運作美國其他石油公司加入開發中國家行列。例如1917年4月底，他仍催促國務院以極機密方式告知美國資本家，北京政府願意與美國任何一家石油公司洽談合作開採油礦事宜[87]。此後雖有其他石油公司有意與中國合作開採油礦，但結果都歸徒然。其中原因可能有：一、中國政局動盪不安，政權交替頻仍，軍閥與政客意圖從實業發展中取得不當利益，致使投資風險過大；二、美孚公司探勘隊的報告認為中國油苗過淺[88]；三、油礦開採，須有資金挹注，但中國財政困難，勢須仰賴對外借款，借款則涉及擔保問題。美國資本家不願冒政治及實業投資過高的雙重風險。

1920年初，新澤西美孚公司及其他公司，曾有意與北京洽談合作開採，但未達成實質協定[89]。1935年駐美大使顧維鈞與美孚石油公司洽談合作開採西北油礦，但僅止於調查與探勘，未曾實際開發[90]。太

---

87 Reinch to Lansing, April. 26, 1917, NA, 893.6363/27.

88 對於美孚的鑑定報告，中國學者頗不認同，地質學家李四光於1928年，在《現代評論》著文指出：「美孚的失敗，並不能證明中國無石油可辦」。地質學家謝家榮於1934年在其所著《石油》一書中亦說：「中國未曾鑽探之處尚多，倘能依據地質學原理，作更精密之探查，未必無獲得佳油之希望，故一隅之失敗，殊不能定全局之命運耳」。國民政府展開訓政時期建設以後，不少言論更指出美孚的調查報告有誤，甚至以為美孚擔心中國油礦開發後，將盡奪美國石油之市場。見：申力生，《中國石油工業發展》，第2卷，頁9；頁257-292。

89 William Warfield to Hughs, Sep. 7, 1921, NA, 893.6363/37.

90 美國於1936年派地質專家韋勒(Marvin Weller)和工程師蘇頓(F.W. Sutton)來中國西北調查。韋勒返美後，在其報告中指出，開採希望不

平洋戰爭爆發後，石油做為軍火燃料和運輸能源的功能愈為重要，加以戰時石油資源匱乏，且因日軍的封鎖，致使石油運輸困難，如何開採非日本占領區的油田以因應燃眉之需，成為中美共同關注的議題。在美國政府主導下，美孚與國民政府展開西北油田的開採和技術引進，雙方重啟合作之門。從這段歷程而言，民初美孚公司所做的探勘工作與技術引介，也對後來戰時的中美石油合作奠定了初步的基礎[91]。

(續)

　　大。因此，顧維鈞取得石油礦之專探專採權，但未實際開採。實業部檔案，17-24-06-4-3。張力，〈陝甘地區的石油工業，1903-1949〉，頁494。

91　張力，〈陝甘地區的石油工業，1903-1949〉，頁477-505。Lin-chun Wu(吳翎君), "Oil and War: Petroleum Problem in China and the America's Response, 1937-1945," *3rd International Conference on Oil History*, Feb. 11-12, 2010, Paris. *Journal of American-East Asian Relations* (accepted).

第四章

國際大財團投資案——
廣益投資公司與1,500英里鐵路計畫

一、前言

　　第一次大戰前後美國企業在中國實業市場的投資型態，或有像美孚石油公司和英美煙公司，他們在中國設有分區公司和經銷處，且層層受美國總公司指揮，堪稱初具跨國企業性質的公司；或有像總公司設於美國的大型企業，例如合眾電信公司，它在中國並無據點，試圖來華拓展業務；而較特別的則屬為開發海外市場，而特定成立的國際大財團，在中國最具代表性的應莫過於美國廣益公司（American International Corporation，簡稱A. I. C.）。

　　廣益公司成立於1915年11月，是一次大戰爆發後由一群美國銀行家和實業家，為促進美國在海外投資所成立的國際大財團。1916年，美國廣益公司授權美商裕中公司（The Siems-Carey Company，或譯「開瑞公司」），與北京政府簽訂一項合同，取得在中國勘定、建造和經營蒸氣鐵路共1,500英里的權利。這項工程由於牽涉清末以來列強在中國建造鐵路權的既得利益，隨即導致各國對於各自利權的維護和抗議。外人在中國的鐵路事業不僅關係外人在華的投資利益，且由於牽涉各國政治勢力和軍事安全，各國財團競相角逐之中，政府每每又為

之後盾，所引起之外交風波最爲棘手。

　　鐵路無疑關係一國之交通動脈，同時具軍事和經濟價值。一如法國的觀察家於清末指出京漢路(平漢路)的完工，使得華北和華中的軍事地理大爲改觀，例如如果利用京漢路和長江，近九萬人的軍隊能在40天內由北洋和華中地區集中到長江下游[1]。然而，中國由於資金、技術和人才均極度缺乏，不得不仰賴列強。列強勢力的介入中國鐵路，除了少數直接投資興築鐵路外，主要採取貸款形式投資興築鐵路。中國雖然由於舉借外債而得到本身缺乏的資金、技術和人才，但是也付出了相當大的代價[2]。

1　Ralph L. Powell, *The Rise of Chinese Military Power, 1895-1912*(Princeton: Princeton University Press, 1955), pp. 241-242.轉引自：張瑞德，《平漢鐵路與華北的經濟發展，1905-1937》(台北：中央研究院近代史研究所專刊，1987)，頁21。此亦是民國軍閥熱中於鐵路爭奪之因，況且地方軍人占領鐵路之後，又可截留路款及徵收各項鐵路稅捐。

2　張瑞德，《近代鐵路事業管理的研究——政治層面的分析，1876-1937》(台北：中央研究院近代史研究所專刊，1991)，第1章〈列強勢力的介入〉，頁3-32。過去對於近代中國鐵路事業的研究，以經濟史的研究最盛，但該書主要從政治層面的角度，分析此一事業的外在環境及組織運作(包含列強勢力的影響和國內秩序)、人事管理、組織目標等投入(inputs)面向，提出精闢的分析和論點。對列強勢力與近代中國鐵路事業的經營，作者予以正負面向的分析如下：首先對於修築鐵路所需資金大多來自外債，該書從相關數據提出在經濟上所受的剝削(如利息重、折扣大、先期還款貼費、還款期限過長)並未如前人所想像之大，借款的種種限制也使中國在政局不安的情勢下獲得利益，例如列強對借款用途及存款銀行的限制，使借款不至於流於不生產事業或內戰之用。但是另一方面，外債也使鐵路的經營權(如管理、用人、購料等)旁落，經濟權益(如礦產開採、森林採伐，農牧墾殖和郵電經營)受到損害。更重要的是，中國因而無法依照自己的鐵路發展計畫(無論計畫是否正確)，興築符合本身需要的鐵路網。

　　過去關於廣益公司的研究曾有Harry N. Scheiber的論文，但該文主要以探討一次大戰爆發後司戴德(Willard D. Straight, 1880-1918)以廣益公司副總裁身分參與美國國際財團在歐洲的金融活動與戰時外交，並未涉及本書1,500英里鐵路計畫[3]。迄今為止，尚未有學術專文探討過廣益公司參與的這項大型鐵路計畫[4]。本書主要運用中央研究院近代史研究所收藏之裕中與廣益公司對華交涉材料及美國國務院出版品，藉由上述中、英文檔案的爬梳，探討廣益公司與裕中公司參與之1,500英里鐵路計畫之交涉，希望釐清此專為開發海外市場而成立的國際財團，其在華投資所遭遇的課題。

　　當廣益公司交涉1,500英里鐵路計畫時，美國從上一世紀組織美華合興公司(American China Development Company)和國務卿諾克斯(Philander C. Knox, 1853-1921)推動「滿蒙鐵路中立化政策」(Neutralization Plan of Railways in Manchuria)的失敗經驗，也再次見諸於美國決策者的討論中，顯現美國政府對於跨世紀之交以來中國鐵路市場長期被其他列強所壟斷的不滿[5]。為使讀者清楚理解從清末到民

3　Harry N. Scheiber, "World War I as Entrepreneurial Opportunity: Willard Straight and the American International Corporation," *Political Science Quarterly*, 84(1969:09), pp. 486-511. 吳心伯，《金元外交與列強在中國，1909-1913》，時間下限亦未涉及本書的個案。

4　应沅成，《中華民國鐵路史資料，1912-1949》(北京：社會科學文獻出版社，2002)，頁188-208。標題為〈裕中公司承辦鐵路1100英里和俄法日英各國的反應〉，所收資料為《民國日報》、美國外交文件和芮恩施回憶錄等一般文件，非專文探討之性質。與本書直接運用廣益公司文件和外交檔案大不相同。由於廣益公司最早提出之計畫為1,500英里，因而本書稱之為1,500英里鐵路計畫。

5　此一旨題的相關研究成果，中英文著作均相當豐富，本書不擬細探。詳見：李恩涵，〈中美收回粵漢路權交涉〉，《中央研究院近史所集

初，美國在中國所從事的鐵路投資活動，本章第一節先綜述此一背
景。

　　廣益公司在華談判代表為裕中公司，兩者關係密切。這件案子交
涉過程之際，廣益公司同時授權裕中公司和北京政府交涉大運河整治
工程計畫，因此往往被冠以「裕中鐵路與運河公司」（Siems-Carey
Railway &Canal Co.），然而兩者的交涉係個別運作，並不相涉。由於
這兩個公共工程案的起源和性質，大不相同，因此本書將兩個子題分
開討論。

二、從華美合興公司到廣益公司的始末

（一）清末民初美國對中國的鐵路投資

　　早在廣益公司之前，美國實業界曾有一次參與建造中國鐵路的經
驗，亦即為獲取中國鐵路修築權目的，而於1895年組成的華美合興公

（續）───────────────

　　　刊》，期1(1969)，頁149-215。該文運用中英文檔案和報紙，對於張之
　　　洞等人和華美合興公司之交涉，及其與晚清收回路權運動的關聯，有相
　　　當完整精闢之論述。英文著作則有William R. Braisted,"The United States
　　　and the American China Development Company," *Far Eastern Quarterly*,
　　　Vol. 11, No. 2(Feb. 1952), pp. 147-165. Charles Vevier, *The United States
　　　and China, 1906-1913. A Study of Finance and Diplomacy*(New Brunswick,
　　　N. J.: Rutgers University Press, 1955). Lee, En-han, *China's Quest for
　　　Railway Autonomy, 1904-1911: A Study of Chinese Railway-Rights Recovery
　　　Movement*(Singapore: Singapore University Press, 1977). 關於錦璦鐵路和
　　　諾克斯計畫，詳見：Michael H. Hunt, *Frontier Defense and the Open
　　　Door: Manchuria in Chinese-American Relations, 1895-1911*, pp. 153-157.
　　　吳心伯，《金元外交與列強在中國》（上海：復旦大學出版社，1997）。

司，這是美國資本家在華獲得的第一條鐵路投資權、建築權和經營管理權。該公司於1895年12月於紐澤西州(New Jersey)註冊，由美國前俄亥俄州(Ohio)參議員布賴士(Calvin S. Brice)號召美國工商界人士，以獲取在中國建造鐵路、開礦和其他工業投資爲目標所創立；成立時的股東包括鐵路界和金融界的大亨，掌控美國鐵路創設和營運的「小拿破崙」哈里曼(Edward H. Harriman)、昆勒貝公司(Kuhn, Loeb and Company)的Jacob H. Schiff、前美國副總統(Levi P. Morton)、摩根(J.P. Morgan)企業的Charles Coster，以及卡內基鋼鐵公司(Carnegie Steel Company)、紐約花旗銀行和大通銀行(Chase National Bank)的總裁等人。創辦之初僅有55股，後來增至6,000股，每股100美元，共計60萬美元 [6]。

　　1898年，華美合興公司與中國駐美公使伍廷芳，在華盛頓簽署《粵漢鐵路借款合同》。粵漢鐵路合同簽訂後兩年，美國方面提出原借款不敷需要，於1900年7月與清政府再訂《粵漢鐵路借款續約》。兩次合同主要內容爲：借款總額美金4,000萬元，年息5釐，9折實付，償還期50年，以鐵路財產爲擔保；工程由華美合興公司承包，路成後每年給股分淨利五分之一：借款本利未還清前由美方代爲經理。然而，由於對中國財務擔保不具信心，合興公司私下將部分股票轉售給比利時銀行團，真正掌握在美國人手中的，僅有摩根企業持股較多。此一舉動明顯違反了合約中關於該公司所享權益不得「轉與他國及他國之人」的規定，引起湘、鄂、粵三省民眾的強烈抗爭，要求廢止合同。

6　William R. Braisted, "The United States and the American China Development Company," pp. 148-153.

在此一過程中，美國政府強烈勸說，希望摩根企業出面保住路權，以促進美國政府在東方的商業利益，因而鼓動摩根企業向比利時交涉收回被買去的股票。在美國政府強力介入，摩根企業收回比利時的部分持股，並讓美國人重新控制合興股份，但後來合興公司的董事會幾經評估，仍認爲繼續承辦的風險依舊過大，最後不顧美國政府的勸說，同意售讓路權交還中國。1905年合興公司和清政府簽訂《收回粵漢鐵路美國合興公司售讓合同》，讓中國以676萬美元的巨款贖回該路自辦[7]。

美國合興公司對粵漢鐵路的投資，牽引出湘、鄂、粵三省人民自辦鐵路風潮的問題，造成清末路權收回運動的高潮。清廷雖收回路權，保住自己的威信，卻付出巨款贖路，後續支付贖款和自力修築更是一大財政負擔，而美國合興公司在國內外的評價亦是毀譽參半。曾應邀來華協助中國改革幣制的精琦(Jeremiah W. Jenks)則指責合興公司是少數投機分子爲了少量利益，使美國政府與企業家的信用受到損失。美國中國協會(American Association of China)對美國人喪失此一投資機會感到惋惜。駐華公使柔克義(William Woodville Rockhill, 1854-1914)更堅信此事無論對美國在華威望、利益或影響力，均爲沉重的打擊[8]。亦有學者認爲合興公司的失敗案例，顯示當時美國資本

7　李恩涵，〈中美收回粵漢路權交涉〉，《中央研究院近史所集刊》，期1(1969)，頁149-215。王立新，〈中美關於粵漢路權交涉與中國民族主義運動的興起〉，收於顧雲深、石源華、金光耀主編，《鑒往知來——百年來中美經濟關係的回顧與前瞻》(上海：復旦大學出版社，1999)，頁233-252。

8　李恩涵，〈中美收回粵漢路權交涉〉，《中央研究院近史所集刊》，期1(1969)，頁192-194。

家不像歐洲資本富有競爭力，願承擔風險。或許是體認到此一事實，
使得接續的麥金萊總統（William McKinley, 1843-1901，任期1897-
1901）政府在中國所執行的門戶開放政策，係放棄在中國大規模的財政
投資風險，而轉向美國商品和商業如何進入中國市場，以商品擴張建
立美國在中國市場的非正式帝國。此一政策形成的另一淵源則為1893
年美國國內的經濟恐慌，使得美國決策者務實且理性地執行商業擴張
政策，以解決美國國內的經濟問題，並將美國帶往新一波的商業榮
景，而中國市場正是吸收美國「生產過剩」的關鍵[9]。

　1909年塔虎脫總統（William Howard Taft ,1857-1930，總統任期
1909-1913）上台，任內以推動金元外交政策聞名，對於提高美國在中
國的東北利益更為積極。1909年12月國務卿諾克斯（Philander C. Knox,
1853-1921）提出「滿蒙鐵路中立化政策」（Neutralization Plan of
Railways in Manchuria），又被稱為「諾克斯計畫」（Knox Plan），標榜
列強共同合作，希望列強開放在東北的鐵路投資，體現美國欲以經濟
擴張，打破列強在中國的勢力範圍。結果這個計畫不僅日、俄同表不
能配合，連英、法兩國出於保衛既有的長江流域利益亦不願加入，認
為假使日本從東北被擠出來，肯定要在上述地區尋求補償。「諾克斯
計畫」的理想目標顯然過大，美國政府退而求其次，以美國前駐奉天
總領事司戴德（Willard Straight, 1880-1918，詳後）提出的建造錦璦鐵路
計畫為目標，此時司戴德已成為美國摩根財團的代表負責交涉，然而
亦遭到俄國和日本的強烈反對，而英國亦不願表態支持。到了1910年

9　Thomas J. McCormick, *China Market, America's Quest for Informal Empire, 1893-1901* (Chicago: Elephant Paperbacks, Ivan R. Dee, Publisher, 1967), pp. 75-76; 135-136.

夏，美國推動的諾克斯計畫和錦璦鐵路方案宣告相繼失敗。雖然如此，美國對投資東北的興趣，引發長期在東北占有優勢的俄國、日本與美國的緊張關係[10]。而美國政府和企業界也伺機等待著下一波參與中國實業市場的投資機會。

曾任美國合興公司建造粵漢鐵路的工程師柏生士（William Barclay Parsons 1859-1932）於1900年出版《一位美國工程師在中國》（*An American Engineer in China*），輯有六十餘張照片，書中有不少關於大清帝國的道路和交通設施的介紹，為清末美國人對中國實業開採留下重要事蹟和文獻。柏生士於1879年和1882年獲哥倫比亞大學工程和採礦兩個學士學位，於1898年受合興公司之命，以總測量師（Chief Surveyor）的身分，率鐵路工程人員來華測量漢口到廣州的地形，為粵漢鐵路的建造做準備。柏生士在書中分別比較了日本和大清國的頭等和二等車廂，並附上實景拍攝的照片。當時中國的二等車廂為無頂蓋，遠比不上日本的先進設施，但柏生士認為日本礦產資源遠遠不如中國，將來中國鐵路的發展可望比日本更具潛力[11]。然而由於中日兩

10　Michael H. Hunt, *Frontier Defense and the Open Door: Manchuria in Chinese-American Relations, 1895-1911.* pp. 153-157. 吳心伯，《金元外交與列強在中國》，第三章〈錦璦鐵路和諾克斯中立計畫〉，頁40-85，日俄為保有東北利益及遠東現狀，進一步於1910年7月簽訂第二次日俄協約。（第一次為1907年），見該書頁76。此外，司戴德本人於1912年發表 "China's Loan Negotiations" 一文，見：*The Journal of Race Development,* Vol. 3, No. 4(Apr., 1913), pp. 369-411．

11　William B. Parsons, *An American Engineer in China*(New York: McClure, Phillips & Co., 1900；台北：成文出版社，1972年影本)，此外，另有廣西師範大學出版社影本，2009。這支考察團約有八人，包括一名醫師，另有士兵護衛安全和苦力挑夫。中國鐵路總督辦盛宣懷還派了顧問工程師(W.W. Rich)和他的兩名秘書——曾是留美幼童的吳應科(Woo Yung-

國工業化的內外條件不甚相同，事實的發展是柏生士對中國鐵路事業的樂觀期許不僅在清末未能達成，即使在未來的一段時期仍很遙遠。

(二)廣益公司的成立

1914年7月28日，奧匈帝國向塞爾維亞宣戰，8月，德、法、英、俄等歐洲主要國家紛紛捲入大戰。由於美國最初並未參戰，一些工商企業家認為此一情勢有利於美國拓展海外事業，乃組成一支資本強大的國際投資公司，名為「廣益公司」，而中國是他們亟待開拓的市場之一。在此一背景下，部分華美合興公司的成員捲土重來，再加上新的財團，重返中國投資鐵路。

1915年11月，一群紐約的銀行家宣佈成立廣益公司，資本額為五千萬美元。這家公司的旺盛企圖被喻為「有史以來最具企圖心，要將美國帶往全球商業和金融大國」。廣益公司也不諱言這家公司的成立，係受到歐洲戰事的影響，原挹注於英國、德國和法國的資金抽身回來，將這筆資金用於未開發國家，為美國謀取更大的財富。該公司的總裁史東(Charles A. Stone)為波士頓(Boston)「史東與韋伯斯特工

(續)————————————————————

fo)和羅國瑞(Lo Kwok-shui)擔任考察團的隨行翻譯。柏生士關於中、日兩國的鐵路比較，見該書頁279-285。中國二等車廂的圖片，見頁282。柏生十主要的工程成就為科德角運河(Cape Cod Canal)和紐約捷運系統的總工程師，同時為美國最大工程建設公司之一Parsons Brinckerhoff的創辦人。紐約市昆士區(Queens)有一條大街就冠以他的名字做為紀念，紐約地鐵站亦有一站為Parsons Boulevard(兩街之交口)，以紀念他的工程貢獻。他也曾任哥倫比亞大學董事會董事。在第一波參與中國鐵路建造的美國工程師中，另一赫赫有名之士為胡佛(Herbert C. Hoover, 1874-1964)於1899年出任英國開平礦務局工程師，後來擔任美國第31屆總統(1929-1933)。

程公司」(Stone and Webster Engineering Company)的創辦人，以從事大型電力設施起家。廣益公司的董事成員囊括美國最大財團和實業家，包括：摩根企業、美孚公司(Standard Oil C)、杜邦公司(F.I. DuPont)、美國電話電報公司(American Telephone and Telegraph)、通用電器公司(General Electric)、葛瑞斯輪船公司(Grace Shipping)、大北與聯合太平洋鐵路公司(The Great Northern and Union Pacific railway)、阿蒙肉品加工公司(Armour meatpacking)、麥克摩明克農機公司(The McMormick Farm Machinery Company)和紐約花旗銀行(National City Bank of New York)等等。這個以貿易和投資為主的集團，是以向全世界拓展為目標，特別著重包括中國在內的未開發地區[12]。紐約花旗銀行的范德里普(Frank A. Vanderlip, 1864-1937)對於此一國際大財團特別熱中，廣益公司的成立即來自他的構想，及招攬其他大企業加入，紐約花旗銀行並持有一半的股份。他曾直言廣益公司成立的宗旨即是：「帶著美國資金到海外，使世界市場向美國的礦業、電力技術、農品、製造和食品而大開」[13]。

廣益公司對華事務的靈魂人物是副總裁司戴德，在前一波美國參與中國鐵路計畫時，他曾是錦璦鐵路計畫的談判代表。他與遠東淵源頗深，1901年畢業自康乃爾大學(Cornell University)，於次年1月抵達

---

12 Harry N. Scheiber, "World War I as Entrepreneurial Opportunity: Willard Straight and the American International Corporation, "pp. 486-487. Wilkins, Mira. *The Maturing of Multinational Enterprise: American Business Abroad from 1914 to 1970*(Cambridge, Mass.: Harvard University Press, 1974), pp. 20-22.

13 Warren Austin, "The American International Corporation," *The Far Eastern Review, 13*(March 1917), pp. 370-371.

中國任職海關，直到1904年。日俄戰爭期間他曾在中國東北和朝鮮，擔任報社通訊員，最初他和多數美國人一樣比較同情日本，惟恐俄國在西伯利亞和庫頁島的勢力延伸至朝鮮與中國東北。1905年出任美國駐朝鮮漢城副總領事，在漢城時司戴德目睹朝鮮被日本逼亡的悲運，激起他對日本的憤怒，並對美國政府的袖手旁觀有所批評，轉而愈加關注中國事務。1906年-1908年出任美國駐奉天總領事，任內見證了日本在中國東北的大力擴張，令他擔心中國重演朝鮮覆亡的命運，堅信美國必須以門戶開放政策積極與日本抗爭，從商業與外交上積極參與中國和遠東事務。1908-1912年，他代表美國銀行團摩根企業接洽清政府錦璦鐵路貸款與幣制實業貸款的談判[14]。1915年廣益公司成立後，司戴德離開摩根企業，擔任廣益公司副總裁。一次大戰爆發後，司戴德曾發表〈歐戰與我們對外貿易的機會〉(The European War and our Opportunity in Foreign Trade)呼籲美國銀行家應藉此機會將資金轉向南美洲及遠東市場促進美國的海外貿易[15]。該年他和好友Herbert David Croly創辦一份政論性星期雜誌《新共和》(The New Republic)。當時美國陷入備戰(Preparedness Movement)論辯中，司戴德深深捲入這場論辯中，他於1917年4月美國參戰後加入美國陸軍，赴法擔任聯絡官，後獲頒傑出服務獎章(Distinguished Service Medal)，並被拔擢為上校。次年12月因感染西班牙流感(Spanish Flu)於巴黎去世，死時猶未

14　Herbert David Croly, *Willard Straight* (New York, Macmillan Company, 1924), pp. 168-170; 195.

15　"The European War and our opportunity in Foreign Trade"，為司戴德於1914年10月27日受芝加哥・伊利諾製造協會(Chicago, Illinois Manufacture Association)的邀請所發表的演講文，共15頁。

滿40歲[16]。很可惜的是司戴德盛年早逝，否則以他在遠東的豐富經歷、關注國際政治及活躍政商兩圈，當更有另番作為。

司戴德在中國和遠東的角色除了曾是海關職員、報社通訊員、外交官、商務代表，同時他對中國的政治、社會、中國人民和文化有深刻的關懷，1913年司戴德擔任美國亞洲協會（*American Asiatic Association*）主席，擴大和改組該協會。在他主導下1917年創辦《亞洲》（*Asia*）雜誌，這份刊務主要介紹中國及亞洲國家的文化，兼及美國對遠東政治和文化的看法[17]。司戴德由於有豐富的遠東資歷，使他

16　司戴德在清末從事錦璦鐵路計畫和銀行團在中國的活動，參見：Charles Vevier, *A Study of Finance and Diplomacy*, Ch3 & Ch 6. 吳心伯，《金元外交與列強在中國》，頁40-85。汪熙、吳心伯，〈司戴德與美國對華金元外交〉（上、下），《復旦學報》（社會科學版）（上海：1990:6；1991:1），頁90-97，80-85。其在廣益公司的事蹟，參閱 Harry N. Scheiber, "World War I as Entrepreneurial Opportunity: Willard Straight and the American International Corporation," pp. 486-511. 司戴德死後，其好友 Herbert David Croly 於1924年為其立傳出版，厚達569頁。Herbert David Croly, *Willard Straight* (New York, Macmillan Company, 1924).

17　1917年創辦的《亞洲》（*Asia*）這份刊務的前身為1898年由美國商業團體「亞洲協會」所創辦的《美國亞洲協會期刊》（*Journal of the American Asiatic Association*），最早主要為美國商人對遠東投資及美國政府政策的訊息報導和相關評論，到後來內容逐漸改為報導亞洲文化，褪掉一部分商業氣息。由於司戴德對中國文化的喜好，使他支持《亞洲》雜誌的創辦，並由商業性雜誌轉為介紹中國文化的刊務，他過世後該刊務從1920年9月號起連載Louis Graves所著《一個美國人在亞洲》（*An American in Asia*），共9期。文章記述了司戴德的生平、赴華淵源和在華見聞，包括對中國社會各階層的觀察，另也記載他在朝鮮和日本的見聞。該文主要選用司戴德的日記，並配有他親筆所繪的插圖和照片，看出他對中國人民的友善，內容止於1912年司戴德回到紐約。*Asia,* 1920 Sep. to 1921 May, collected by Harvard University. 後來Louis Graves將這9篇文章輯為專書，更名為：《司戴德在東方》（*Willard Straight in Orient：with*

被美國企業界視爲開發遠東市場的推手，因而在大戰爆發之初美國尚未參戰之際，被廣益公司延攬爲顧問和談判專家。隨著大戰的演變，歐洲的金融問題成爲焦點所在，他同時關注美國本土與全球資金的活動[18]。

可能是受到大戰爆發的影響，在廣益公司時期司戴德在對華事務上，轉向在門戶開放政策的大原則下，與歐洲國家和日本的國際合作來開發中國，與他在清末時期主張抵制日本的態度略有不同。他提到「對美國而言，往前走最實際的功課便是『和平滲透』（peaceful penetration），將它的資金投入（中國的）鐵路和其他改造工程，派遣工程師研發灌溉系統、整治運河和防治洪水等方案，派遣商業和貿易特使赴中國各口岸和內地大城鎮，而且通過現代企業的交往渠道活絡中國市場」[19]。

廣益公司授權的在華代表——「裕中公司」創辦人開瑞（William F. Carey, 1878-1951）於1915年來華投資，其爲人頗富政治手腕，「長袖善舞，教北京政要打橋牌、取人綽號、風趣幽默」，很快成爲美國在華商人中的活躍人物，而其後盾投資銀行團即爲廣益公司[20]。美國

（續）————

　　Illustrations from his Sketch Books）於1922年由紐約亞洲出版公司（New York: Asia Publishing Company）出版。司戴德生平文件主要存放於 Cornell University, the Division of Rarebooks and Manuscript Collection.

18　Harry N. Scheiber, "World War I as Entrepreneurial Opportunity: Willard Straight and the American International Corporation," pp. 486-511.

19　Louis Graves, "An American in Asia," *Asia*, vol. XXI, No. 2, May 1921, p. 436. collected by Harvard University. 司戴德在整治中國大運河一事上，後來同意與日本合作，因而遭致一些人的批評，顯然與他在清末主張與日本相頡抗的想法有所不同。詳見本書第五章。

20　開瑞被胡光麃喻爲「傳奇人物」，詳見胡光麃，《影響中國現代化的一

駐華公使芮恩施(Paul Samuel Reinsch, 1869-1923)對開瑞的形容如
下：

> 他從低級職員一步步靠個人奮鬥爬到現在的地位，他的愛爾
> 蘭人的特點，並沒因為理論上的討論而模糊不清。他很快就
> 與坦率的、懂人情的中國人融洽相處。他的住所經常有許多
> 中國客人，他們在那兒分享美國人對客人的真正殷勤款待，
> 分享了跳舞和玩撲克牌的樂趣。[21]

在1,500英里鐵路計畫交涉中，在中國擔任談判的代表主要為開瑞和
廣益公司委任律師奧斯敦(Warren Robinson Austin)等律師團，而美國
駐華公使芮恩施則扮演重要推手的任務。美國律師奧斯敦經手導淮和
大運河整治案的交涉尤深，故於本書第五章始介紹其生平經歷。

三、1,500英里鐵路計畫

1916年5月17日，廣益公司授權裕中公司與北京政府簽訂一項合
同，取得在中國勘定、建造和經營蒸氣鐵路共1,500英里的權利。包括
以下五段鐵路：一、湖南省衡府至廣西南寧(株欽)。二、自山西省至
甘肅省寧夏。三、甘肅省寧夏至甘肅省蘭州府。四、自廣東省瓊州至
廣東省樂會。五、自浙江省杭州至浙江省溫州。根據合同規定，如這

(續)────────────

　百洋客》(台北：傳記文學出版社，1983)，頁97-100。

21　芮恩施著，李抱宏、盛震溯譯，《一個美國外交官使華記》(北京：商
　　務印書館，1982)，頁161-162。

些鐵路線中有因故不宜建築之情形，中國政府應給予其他地點同等哩數的讓與權。由廣益公司發行中國鐵路金幣債券，每年100萬元至鐵路完成，債票年息五釐，每半年付息一次，於發行後50年內本利還清。此外美方可獲得用於建造鐵路材料的5%佣金(惟購置地產不在此列)，對一切其他建築開支款項得取佣金8%。再者，所餘淨利應以25%按年提交公司作為酬勞紅利至債款全數清償為止[22]。(合同內容，見附錄：4-1)

　　這項鐵路合同的外債條件如參照學者所研究的結果應不算嚴苛。民國以後國內公債利率歷年遞增，在廣益公司簽約之際內債有6-7釐，甚至更多。而戰前中國與各國的鐵路外債合同，利率以5釐居多，多者有6釐、6釐半、7釐半、墊款及短期借款最高至八釐[23]。因此，美國這項合同的5釐利息，比起國內公債或戰前其他各國的鐵路合同還要優惠。至於裕中公司可獲得25%之營運淨利，購料5%佣金，借款時間以50年居多，為各路常見之條件。這項借款的管理權係「讓中國政府應選派督辦一人為行政長官」。但部之下設置工程科、業務科和綜核科，「則由公司為之保證介紹於督辦」。這一條件與其他各國鐵路直接要求外人有管理權，略有尊重中國主權之意[24]。

22　鐵路借款合同，中央研究院近代史研究所藏，外交部檔案，03-05-067-001-034。〈抄送裕中公司造路合同及附件〉。以下所引外交部檔案皆同。英文合同參見：John V.A. MacMurray, *Treaties and Agreement with and Concerning China, 1844-1919*(New York, 1921), pp. 1313-1324.

23　張瑞德，《近代鐵路事業管理的研究——政治層面的分析，1876-1937》，頁9-10。該書頁11-12，亦提到民國以後公債利息逐年增加，除民國元年8厘軍需公債一種外，利率均為年息6釐，9年、10年間有增至年息7釐者，11年以後又提高為八釐。鐵路外債利率其實比國內低。

24　張瑞德，《近代鐵路事業管理的研究——政治層面的分析，1876-

此一協定簽訂後不久，中國政局發生大變化。6月初袁世凱病逝後，北洋政府派系林立，政局渾沌不明。據廣益公司內部文件顯示，該公司想獲得更大的合同利益，包括取得6%的利息（原為5%）。這項要求被北京政府所拒絕，北京政府要求鐵路的建造哩數限於1,000英里，並且降低美方在營運獲利的淨值為20%（原為25%）。由於處理這項合同的最後協議和另外一項有關整治運河的計畫同時發生，相當棘手，於是廣益公司副總裁司戴德乃派任律師奧斯敦前往中國，為該公司獲取最大利益[25]。

廣益公司在北京的談判團包括奧斯敦、開瑞、花旗銀行北京支部的經理格里葛瑞（Ernest T. Gregory），美孚公司派駐中國職員安德遜（Roy Anderson，1885-1925。中文名字孫明甫）有時亦參與談判。這支談判隊伍順利完成任務，由奧斯敦負責所有法律上的事務。1916年9月29日，北京政府和裕中公司簽訂增訂合同，將1,500英里改為1,100英里，該路營業所得之美方淨利降為20%，並可獲得免稅和影響鐵路建造和經營權的非歧視約定。對於債票問題為中美最在意的部分，增訂文字最多，較重要者應為第四條：

> ……如在所訂之時期內不能按照本合同所規定或雙方議定之條件發行債票，則中國政府與該經理人應議定雙方滿意之辦

（續）──────
1937》，頁13-14，有關各國鐵路借款和管理權的探討。
25 《奧斯敦文件》（*The Warren Robinson Austin Papers*），China files, Carton 4, Folder 7(Burlington: University of Vermont), Correspondence and Agreements between Siems-Carey and Warren R. Austin Rebuilding 1100 Mile Railroad, Including Agreements for Funding the Project and Some Warren R. Austin Notes, May 16, 1916 -January 11, 1917.

法，發行中國政府五年債券以資暫時墊辦，此項公債票之利
息及折扣另行議定。(詳見附錄4-2)

增訂合同對於廣益公司的各項權益、債票發售和鐵路經營等項
目，比最初合同的規定更為詳盡，此一結果係廣益公司法律顧問反覆
推敲下的結果(附錄4-2，美商裕中公司承造鐵路合同之增訂加詳及申
明附件)。這份增訂合約將鐵路長度減短，美方亦讓步同意降低淨利，
年釐利息則仍維持原議5%，可知廣益公司最在意者為如何確保承擔債
券的相關權利。

根據這一約定，曾給予該美國公司建造自湖南省株州至廣東省欽
州的株欽鐵路讓與權，以代替最初合同中五條鐵路中的一條。這一條
鐵路修成後約長七百英里，1917年2月7日中國交通部建議自河南省周
家口經南陽到湖北省襄陽建一條鐵路，長200英里，稱為周襄鐵路，作
為該公司有權建造的四百英里鐵路的一部分[26]。

根據芮恩施的說法，廣益公司談判的手法並不適用於中國的商業
情況。雖然這次所訂的合同比上次更為有利，他們把這次成功的談判
結果向總公司報告後，總公司仍然採取讓代表們放手爭取的態度，於
是公司代表們對於合同的各項規定重新仔細思考，最後得到的結論
是：在若干問題上可爭取更有利的安排，於是分公司的代表們奉命重
新展開談判，而國內總公司對合同的同意與否，將視中國方面是否接
受這些附加條件而定。芮使認為在中國要再一次使用這種辦法就行不

26　威羅貝(Westel W. Willoughby)著：王紹坊譯，《外人在華特權和利
　　益》，(北京：三聯書店，1957)，頁660-661。(原書為：*Foreign Rights
　　and Interests in China*, Baltimore: John Hopkins Press, 1927)

通了，「中國人期望，同北京的外國商業代表達成協議後，除非情況發生重大變化，協議就要得到遵守」[27]。往後數月間，廣益公司所雇用的法律顧問們對於草約內容，咬文嚼字，推敲細節，更提出一些瑣碎條件，致令中國方面起疑，反而不敢接受[28]。

1917年1月始，廣益公司交出第一次墊款50萬，並派出工程師測量路線。到了四月該筆款項即將用罄，而中國政府應依合同發行600萬美元用於工程之長期債票卻遲遲不發。6月初，芮恩施公使來函詰問北京政府交通部，表示：「該項借款銀行家按照市價發出，此次對於交通部所提出之意與該合同之款項皆相符合，且此實業借款發出之價值與歐洲各大國在美國所發出借款之價值比較相廉，故此本公使得請問貴總長及貴政府施行此振興及建設之合同爲何有此不能明解之延誤」[29]。由於芮使來信語氣強烈，交通部亦不甘示弱，澄清中國政府延誤之緣故，錯不在中國，而在裕中公司。

首先對於長期債票600萬美元，北京政府認爲此係芮使不查明事實，由於美國在1917年4月對德宣戰後，市面欠佳，因此，北京政府乃與裕中公司依照1916年9月25日所訂之增款附件第四條發行短期借款，而非長期債票。「美使竟指謂係按照合同本應迭次發出借款而湊集600萬元之第一次借款，是誤以短期借款爲照合同發行之第一次長期借款，根本上既已錯誤。」至於芮使來函所謂該項借款係按照市價發

27　芮恩施，《一個美國外交官使華記》，頁166。

28　胡光麃，《影響中國現代化的一百洋客》，頁98。筆者於弗蒙特大學特藏室查閱《奧斯敦文件》，見識到奧斯敦律師團往返函電，字字推敲，長篇累牘，往往只修正幾個看似改變不大的文字，美國律師對於法律文件的「精準」要求，確與中國人辦事風格大不相同。

29　外交部檔案，03-05-067-01-011，1917年6月7日。

出，此次對於交通部所提出之意與該合同之款項相符等語。北京政府
交通部不僅不以爲然，更表示此項合同中國與裕中公司「雙方均未滿
意」，理由是：

> 發行短期借款須有雙方滿意之辦法且短期借款期限原訂五
> 年，今該公司所提議之條件改期限五年爲三年已屬與合同不
> 符，況其他各條件在本部均認爲受損太鉅，而本部所提出之
> 意見，該公司代表復堅持不允，以致雙方均未滿意。是美使
> 所稱對於本部所提出之意見與合同附件之款項相符一節，按
> 諸事實皆不相符。[30]

　　至於芮使來函又稱此次實業借款發出之價值，與歐洲各大國所發
出之價值比較相廉等語，交通部亦不領情，如比起隴海鐵路，此項借
款利息實乃過重。而經交通部再三與裕中公司商議改長還期減少折
扣，而該公司僅允改實收九十爲九十一。由於裕中公司措詞堅決毫無
磋商餘地，交通部因感受損太鉅，且年限一層尤與合同附件不符，故
交通部不能遽予承認[31]。最後交通部措詞嚴厲，「乃美使不歸咎於裕

30　外交部檔案，03-05-067-01-012，1917年6月29日。交通部覆美國公使芮
　　恩施公函。

31　外交部檔案，03-05-067-01-012，1917年6月29日。函中提到：「隴海鐵
　　路去年十月以後在比京發行短期債券實收九五年息七釐期限五年利息勻
　　算亦不過八釐四二，今裕中要求以六釐計息九成實收償期三年勻計利息
　　實合一分零三七，較之美國及隴海借款毋乃過重。」這份公文同時見
　　於：《中美往來照會集，1846-1931》13輯（桂林：廣西師範大學出版
　　社，2006），頁295-297。

中之不肯守約，反責本部以不踐前言」：

> 惟裕中既不能履行原訂合同發行長期債要求，不肯依增訂件
> 墊發五年券。種種要挾之詞要求照彼條件即予承認，本部為
> 國家負擔鐵路成本計，勢不能認為滿意而有待於籌商此係本
> 部應有職責正當行為。……要之，本部對於此案只知根據合
> 同協商辦理，既不能任意要求致礙邦交，亦不能過為遷就，
> 徒損國幣，總期雙方得圓滿之結果，庶彼此互相遵守原訂合
> 同可以進行。[32]

　　據芮恩施的說法，交通部之所以遲不發行600萬美元的債券，係由
於日本的阻撓及北洋政府中親日派從中作梗。後經代理國務總理伍廷
芳、交通系元老向交通部疏通，交通部終於在1917年6月30日正式接受
讓裕中公司承建的鐵路先發行600萬美元的債券。此後，由於中國政局
的變化和動亂，發行債券的後續談判擱淺，而築路工程又引發列強的
反對聲浪[33]。

四、利益各國群起反對

　　除了鐵路借款上的不順遂，這項築路工程計畫分別遭到日、法、
俄、英等國的反對，亦遠出於中美雙方之意料，其中尤以英國態度最

32　外交部檔案，03-05-067-01-012，1917年6月19日。交通部覆美國公使芮
　　恩施公函。

33　芮恩施，《一個美國外交官使華記》，頁174-175。

為激烈。

　　當時中國已完成的鐵路幹線有京漢、京奉、津浦、京張、滬寧、隴海等線，除京張(北京至張家口)未借用外資外，其他幾路皆有外國貸款關係，因而涉及勢力範圍圈的國際政治問題，大致情況如下：

表4-1：各國在中國鐵路各段之利益相關國家表

鐵路段	利益相關國家
北京盧溝橋至漢口	比利時、法國
津浦鐵路	英國、德國
滬寧(上海至南京)	英國
隴海(徐州開封至洛陽西安)	比利時、法國
尚未完成的粵漢(廣州至漢口，又稱湖廣鐵路)	英、法、德、美

資料來源：宓汝成，《帝國主義與中國鐵路，1847-1949》(上海：上海人民出版社，1980)，頁227-249。筆者製表。

　　因此，裕中公司的鐵路合同，牽涉清末以來列強在中國競爭築路之借款問題。1916年11月，俄國強烈反對裕中公司的鐵路合約，俄國抗議之路段為豐鎮至甯夏一段(即包甯路線)，認為中國早先已將此項特許權利給予俄國。芮恩施認為1916年3月27日俄亞銀行(Russo-Asiatic Bank, 前身即華俄道勝銀行)簽訂的「濱黑鐵路借款合同」(由哈爾濱經墨爾根到黑龍江沿岸黑河府〔璦琿〕)，也與1909年錦璦協議有所牴牾，但當時美國並沒有提出抗議，然美國裕中公司的新合同卻招致俄國的反對，實甚不公允。因此要求美國國務院藉此一機會表達對美國利益的維護[34]。

34　Reinsch to the Secretary of State, Nov. 28, 1916, *FRUS, 1916*, p. 207.

　　日本宣稱其在東北具有「特殊地位」，抗議由美國單獨承攬，提出一項由美、日合作在南滿和東內蒙古的鐵路開發計畫，並表示此係1915年5月中日和約(即中國習稱「二十一條」)所獲致的一項權利。日本要求這項由廣益公司與中國所簽訂的鐵路借款協議，亦可納入與日本合作的可能性[35]。從美國方面而言，1909年10月中國與美國銀行團的初步協議「錦州－璦琿」鐵路草案在先，日本後來於1913年10月5日關於南滿鐵路的一項合同和1915年12月27日簽訂的「四平街——鄭家屯鐵路計畫」(簡稱四鄭路)，均與美國早先的利權相悖，但美國當時並沒有抗議。當時參與錦璦鐵路借款的美方代表也正就是司戴德(時任美國駐奉天總領事)，而此次裕中公司的鐵路合同交涉，日本卻一再宣稱日本在南滿的利益，要求美日合作。針對這點，芮恩施強調廣益公司正同時進行的整治大運河計畫，因日本宣稱大戰爆發後繼承德國在山東的條約權利，而大運河計畫流經山東省，日本便表示侵犯其權利；如果日本藉口維護其南滿利益、俄國維護其北滿利益，那麼美國的利益更不容忽略[36]。

　　國務卿藍辛表示美國在遠東無政治企圖，因此並不反對與任何利益集團的合作關係，但其前提是不干預中國的主權[37]。這封函電中，顯露美國國務院對日本立場並不堅定，而且似有意讓步。芮恩施顯然不滿，他向國務院陳述美國應藉此機會表達美國對於中國門戶開放政策的立場，澄清日本所宣稱在山東的「特殊利益」(special position)並

35　The Japanese Minister to Minster Reinsch, Jan. 20, 1917. *FRUS, 1917*, pp. 172-173.

36　Reinsch to the Secretary of State, Jan. 3, 1917, *FRUS, 1917*, pp. 161-162.

37　Department of State, Jan. 27, 1917, *FRUS, 1917*, p. 171.

不意味著美國同意特殊的特許和讓渡權；其次，如果美日之間可以合
作的話，應是在以日本為主導的合作協議中，而不是參與美國向中國
提出的合約計畫中[38]。

　　法國的反對來自湖南株州(為粵漢鐵路之一站)至廣西海邊之欽州
一段。由於1914年9月24日北京政府曾照會法國允諾「舉凡中國在廣
西境內如需款建設鐵路或開礦，均須盡先向法國商洽」為藉口而抗
議[39]。美國國務院的回函直接挑明說：中、法間的「秘密照會」
(secret note)有違美國門戶開放政策所宣稱的平等開放所有商業機會予
各國的精神[40]。法國方面又表明這項權益係來自1895年條約第5款和
1897年條約，因此法國保有廣西鐵路沿線的特殊權益[41]。

　　英國政府亦以裕中公司合同所擬溫州到杭州一段路線，與滬杭甬
鐵路借款合同及前湖廣總督與漢口英領事之照會不符，表示抗議[42]。
北京政府交通部致通商司的來往公函對於此事頗為慎重。首先外交部
先澄清溫杭路線既非滬杭甬路線之支線[43]，且英使稱前湖廣總督與漢

38　Reinsch to Secretary of State, Jan. 30, 1917. *FRUS, 1917*. pp. 171-172.

39　The French Ambassador to the Secretary of State, Apr. 21, 1917, *FRUS, 1917*.
　　pp. 187-188.

40　The Secretary of State to the French Ambassador, May 1, 1917, *FRUS, 1917*.
　　pp. 188-189.

41　The French Ambassador to the Secretary of State, Apr. 21, 1917, *FRUS, 1917*.
　　pp. 188-189.

42　外交部檔案，03-05-067-01-016，〈外交部收(英艾署使照會一件)政府
　　與裕中公司所定築路合同與英商利權有礙由〉，1917年7月31日。
　　Reinsch to Secretary of State, July 14, 1917. *FRUS, 1917*, p. 190.

43　外交部檔案，03-05-067-01-016。〈裕中公司款合同所擬路線與英使所
　　稱各節無礙希核覆由〉。1917年9月3日。「查滬杭甬借款合同第19款所
　　載係指修築枝路而言，溫杭路線則係中國幹線中之一長約四五百華里之

口英領事照會一節，「查香港政府借款合同第二項載明自本利全還之日後，此合同作爲廢紙云云，此項借款本利早已全還，合同亦早已作廢。合同既已作廢則此項照會，當然不生效力。」[44]然而交通部詳加查核之後，發現以該合同係有期限之契約而該照會並無明定期限，為使英國無法有任何抗議之理由，交通部乃尋求一套說詞，最後找到的論據是：

> 查該會與借款合同係同時發生，並同日簽字，是以本部上年(1917)十一月二十八日奉復一函，業經述明該會應認爲合同之條件現在借款既已清還合同因之消滅。此種附帶條件當然不生效力。再查該會所許英國借款之優先權係當日預期湖南湖北廣東三省建造鐵路需用洋款時而言，迨至漢粵川路借款成立，英國亦爲投資家之一，此即我國對於該照會之承諾已於期時履行，是該照會之效力即應消滅。[45]

　　針對英國的抗議，北京政府認爲當初漢粵川鐵路借款時，美、法、德諸國亦有參加在內，彼時英國並未提出抗議，則其已默認該照會之失效。「今於株欽鐵路借款合同議定之際，忽重行提出，理由殊

(續)—————————
　　遙，何得認爲滬杭甬之枝路。既非滬杭甬之枝路，則與該合同第19款無涉。」
44　外交部檔案，03-05-067-01-016。〈外交部收(英艾署使照會一件)政府與裕中公司所定築路合同與英商利權有礙由〉。1917年9月3日。
45　外交部檔案，03-05-067-01-022。交通部公函〈裕中公司所訂路線與粵漢附帶條件不符事特再申述意見請酌辦見覆由〉。1918年6月15日。

欠充足……」[46]。

　　對於各國一再宣稱清末以來在中國的特殊利益，美國國務院終於按捺不住，嚴正向英國宣告美國對於門戶開放政策的立場：

> 承認任何一個列強對於鐵路事業或其他工業企業在中國廣大地區的壟斷，必定導致其他列強在其他地區要求相似權力，如此將造成那個國家爲數更多的利益範圍，此將是對「門戶開放」政策的一種嘲弄，並破壞對於中國領土和行政的完整的保全，而此種保全曾是美國和英國所宣誓的。
>
> 美國與英國在中國的利益是相同的，因此對於門戶開放政策的解釋，將是同意於保護一項眞實的合約，並保全商業機會的平等。[47]

　　美國國務院給法國的照會中也重申上述門戶開放政策的主張，對法國的抗議表示遺憾[48]。

46　外交部檔案，03-05-067-01-022。交通部公函〈裕中公司所訂路線與粵漢附帶條件不符事特再申述意見請酌辦見覆由〉。1918年6月15日。交通部再次表示「溫杭路線長約四五百華里，且建築在中國重要地點，此本部於事實上不能不認其爲幹路之一。據英使照會稱合同既係雙方規定則此方不能決議該緯並非枯路等語。查該合同對於核定路線一層並無須雙方同意之規定，既無此種明文，則本部職長交通自有全權核定」。外交部檔案，003-05-067-01-024，交通部公函〈溫杭路線本部認爲幹路請酌覆英使由〉。1918年10月5日。

47　The Secretary of State to the British Ambassador, Aug. 24, 1917, *FRUS, 1917.* p. 191.

48　The Secretary of State to the French Ambassador, Aug. 24, 1917, *FRUS, 1917.* pp. 191-192.

　　1918年12月9日，英國公使朱爾典(John Newell Jordan)再次致函北京政府表示反對。理由竟是「**歐戰完結時，中國鐵路以外國資本推辦問題，大致必由英美及其他有關之各國政府通盤審查**，以故應提及溫杭、株欽鐵路之事或可從緩置議」。(黑體為作者所加)[49]外交部和交通部認為英使的答覆簡直是干涉中國內政，因此嚴予駁斥：「……謂中國鐵路以外國資本推辦問題，大致必由英美及其他有關之各國政府通盤審查，以至由我政府備案等因，若如所言不但有侵礙本部行政之權，且有干涉我國內政之嫌，非我政府所能承認」[50]。朱爾典對於北京政府所謂干涉中國內政一詞，亦不甚服氣，認為此事與外國利害相關[51]。中英雙方為此陷入唇舌之爭。

　　1919年7月10日，英使再次抗議，語氣更強硬，甚至有意將此事公開，訴諸各國公論：

49　外交部檔案，03-05-067-01-025，英朱使照會，〈溫杭株欽路線問題照請酌核備案由〉，1918年12月9日。本份文件附有外交部之英文原件如下：Since it is probable that the question of railway development in China with foreign capital will be comprehensively reviewed at the termination of the European war by the British, American and other Governments interested in the matter, I suggest for Your Excellency's consideration that further correspondence on this particular subject should be deferred.

50　外交部檔案，03-05-067-01-028，交通部公函，〈溫杭路線事請酌覆英使由〉。1919年1月29日。

51　外交部檔案，03-05-067-02-006，〈溫杭路線事請查照酌覆英使〉，1919年4月4日。另見：外交部檔案，03-05-067-01-027，〈裕中公司路線問題事准英使照覆函達查照由〉，1918年12月14日。英國公使朱爾典不滿交通部竟指其有干涉中國內政之嫌，於是再次澄清：「惟本國政府甚諒此項權利付與裕中公司之舉，係交通部甚知本國必有駁問故意所為，本大臣亦聞該部曾按同等方法將華北某路之建築權付與該公司，而其不能免卻之結果乃惹起他使館亦為與本使同等之駁問。」

該使照覆此事早經歷次照知貴代理總長，各項理由實無再加
辯論之餘地，是本國政府仍爲抗議，貴政府若竟置之不理，
則本國政府必將以此相責等因函達查照等國。[52]

對於英使之抗議，外交部仍視爲誤解。歷經二年餘向北京政府的交
涉，朱爾典最後放棄，認爲英國已將立場澄清，關於裕中公司路線問
題已將態度述明，無須再以公文往返[53]。

最後癥結仍回到資金問題。到了1922年8月，中美商定已測未竣之
路線，尚有株欽、周襄、信成三線均因五釐長期債券既未易發行，而
六釐短期債券進行亦甚困難，以致暫歸停頓[54]。1924年2月，美國國務
院來函詢問北京政府是否同意將1916年裕中公司合同案案件刊登於
《外交彙刊》（*Foreign Relations of The United States*）[55]。交通部不表同
意，理由即是此一合同訂立以來已有八年，卻遲未能實行，「將來於
事實上恐難免有變更之處，現在似可不必刊入」[56]。有異於交通部的
反對，外交部則同意刊載，認爲該合同將來事實上變更與否，則似與

52　外交部檔案，03-05-067-02-014，〈英使抗議溫杭路線殊難承認由〉，
　　1919年7月10日。

53　外交部檔案，03-05-067-02-016，外交部收英朱使照會，〈裕中公司路
　　線問題已將態度述明無須再往返文牘由〉，1919年8月1日。

54　外交部檔案，03-05-067-02-027，〈咨覆包寧鐵路前與裕中公司所訂公
　　條件至應否借用該公司款項現尚未定請查照由〉，1922年8月15日。由
　　於株欽、周襄、信成三線之勘測暫告停頓，因此，當時亦有人提議以包
　　頭至寧夏段，借用裕中公司該合同款項。

55　外交部檔案，03-05-067-02-027，美使館函（舒爾曼致顧維鈞），1924年2
　　月4日。

56　外交部檔案，03-05-067-02-031，1924年2月16日。

當時之公佈不相違背[57]。

這項建築鐵路的計畫最後失敗，使得民初美國參與中國鐵路計畫的夢想，如同清末錦璦鐵路計畫一樣再度落空。不僅由於鐵路債券乏人問津，且因為大戰結束後，影響大企業家海外投資的動向。最後，廣益公司的五條鐵路計畫僅止於探勘階段，未有任何一線完成[58]。

五、外一章——「統一中國鐵路說」

在裕中公司的交涉1,500英里鐵路案的後期，由於列強對於鐵路利權固守各自的勢力範圍，無法獲致滿意的解決，使得美國政府清楚理解中國鐵路問題的國際化紛爭，勢必通過各國的協調方能解決。因而對於倡議「統一中國鐵路」之說愈為熱中。

統一中國鐵路管理之說，有一說法是袁世凱時期即發生，由英國公使提議由該國設一總監督管理之，但中國不允[59]。1918年10月歐洲和議開始，英美兩國即有主張列強協同管理中國鐵路。美國欲打破列強在中國的勢力範圍問題，使美國資本能進入遠東，因而倡議列強協同管理中國鐵路，而英國因在華擁有不少鐵路權益，若以現狀言之，實權乃操之英國手中，因此英、美互為呼應此說。1918年，中英銀公司代表梅爾思(S.F. Mayers)發表〈統一鐵路管理條陳〉，正式遞交中

---

57 外交部同意的理由是：「查前次華府會議時議定將國際借款各契約均行登錄裕中公司合同，亦經本部轉送公布，茲准美使函詢前因不允其入，殊覺難於措詞」。外交部檔案，03-05-067-02-032，1924年2月21日。

58 威羅貝原著，王紹坊譯，《外人在華特權和利益》，頁661。「雖然測量了不少的路線，這些鐵路一條也沒有造起來」。

59 宓汝成，《中華民國鐵路史資料，1912-1949》，頁407。

國交通部[60]。中國交通部鐵路會計顧問美國人貝克(Karl Baker)發表〈美、日、英、法、中共同管理中國鐵路計畫書〉，並遊說一部分北京外交委員會委員，使其贊同其說。貝克共提出三種方案：萬國鐵路團、國際合資鐵路、萬國委員部，並有各項實施之細則[61]。此三種方案，如相關利益的國家願意通力合作，研擬出一套可行的方案，或可解決一部分各國在中國鐵路特權和勢力範圍的政治性問題，而中國亦可能獲得經濟和交通之利益。1920年4月，《中美新聞社》在分析統一鐵路之種種益處後，就提到美國商業報告云：「中國有數路，獲利甚豐，假使在一有力的中央統一管理之下，大可以將此等路之贏利，添造未開通區域為西南各中之鐵路，使其農業益得發展」[62]。

　　1919年1月《民國日報》轉譯的美國《大陸報》(The China Press)對統一鐵路管理的評述，可看出當時在華外人一部分的想法，希望歐戰結束後，在新國際秩序下，能有一改造中國的機會：

> 目下歐戰結束，世界入於重造時代，資本及一切人力之要求必大盛。關於中國鐵路，若仍沿用舊法，其結果恐較從前情形使人更不滿意。從前關於中國鐵路之政策，為無限制競爭之政策，所附借款條件適為華官所喜。又當時各使館為政治

60　葉遐庵口述，俞誠之筆錄，《太平洋會議前後中國外交內幕及其與梁士詒之關係》，收入：《近代中國史料叢刊續輯》第19輯(台北：文海出版社，1974)，頁24-33。

61　貝克計畫書，見：《太平洋會議前後中國外交內幕及其與梁士詒之關係》，頁33-55。《梁燕孫先生年譜》，頁497。

62　〈主張鐵路統一者之言〉，《民國日報》，1920年4月27日。譯自中美新聞社。

及割據種種理由，贊助對華借款，置中國利益於不顧。……
此後在華一切外人鐵路利益，當歸一鐵路管理委員會管理
之。此委員會如果設立，須將現在各路之投資辦法重行調
整，如此或須犧牲一部分之英國利益，而輸入美國利益；但
此計畫之要點，乃中國全部鐵路應用合資法，改為國際公有
也。[63]

這份報導的文末肯定地說：「按上述計畫若行，中國所受政治、
經濟上之束縛定可大為減輕；雖未必即享完全自由，去自由之路必已
不遠。」甚至自我吹噓美國人對中國的友好，如果此一計畫可行，中
國應給美國前國務卿諾克斯造一紀念銅像，「蓋諾氏乃首先倡議滿洲
鐵路歸各國共有之人云」[64]。如本章第一節所述1909年諾克斯於塔虎
脫總統任內來華，推動滿蒙鐵路中立化問題。該計畫的目的是東北鐵
路中立化，主權在中國，各國參與投資，共同管理，在某種意義上
又有促進中國的經濟發展；此一政策為延續門戶開放政策之精神，
藉此打破列強在中國的勢力範圍，然而由於日俄的聯手抵制，並未
成功[65]。顯然美國政府欲藉由「統一中國鐵路計畫」，做為戰後快速

63　〈各國將改革中國鐵路，改為國際公有〉，《民國日報》，1919年1月25
　　日。

64　〈各國將改革中國鐵路，改為國際公有〉，《民國日報》，1919年1月25
　　日。

65　Michael H. Hunt, *Frontier Defense and the Open Door: Manchuria in
　　Chinese-American Relations, 1895-1911.* pp. 153-157. 大陸學者仇華飛，
　　〈諾克斯計畫:美國與日俄在華利益的爭奪〉，《同濟大學學報》，
　　14(3), 2003。該文和大陸學者普遍指責美帝作為的論述略不相同，肯定
　　諾克斯計畫保全中國的企圖。

重返中國國際銀行團（American Group of the International Consortium）的途徑，並再一次嘗試打破列強在華勢力範圍[66]，其理念和作法，與清末美國在東北的諾克計畫可謂一脈相承。

這項「統一中國鐵路」主張，受到一次戰後中國日益激化的民族主義影響，中國人認為美國也和其他國家一樣欲從財政上控制中國，美國打算參與國際銀行團的作為，更被中國輿論抨擊為榨乾中國人民血汗錢的吸血鬼[67]。除無法平心討論之外，加上北洋派系的傾軋，使得鐵路統一問題成為派系政爭的出氣口，特別是親英美的研究系和親日的交通系暗中較勁，成為太平洋會議前後重大的政爭風潮。

反對者主要以交通系為主，宣稱統一鐵路即為（列強）共同管理。交通系大老梁士詒認為列強美其名曰統一中國鐵路，實將全數沒收中國鐵路，因而力排眾議，並發動組織「鐵路救亡會」反對之。梁士詒並宣稱美國欲藉鐵路共管之名，重返新國際銀行團，企圖甚明[68]。同屬交通系的葉恭綽和俞誠之大力聲援梁士詒，反對列強共同管理中國

66　美國於清末參與四國銀行團（美、德、英、法）在華活動，但因日、俄的聯手抵制，使得對華投資一再受阻，1911年4月清政府與四國銀行團簽訂〈幣制實業借款合同〉，但尚未執行，即發生辛亥革命，這份合同也在政權轉移的擾攘動盪中推遲下來（當時負責交涉之美方銀行代表亦為司戴德）。民國建立之初，四國銀行團擴大為六國銀行團（加入俄、日），但美國威爾遜總統於1913年甫上任不久，即以道德主義的立場退出國際銀行團，直至一次大戰後期美國又積極策劃重返國際銀行團。詳見：研究國際銀行團和遠東關係的經典之作，Warren I. Cohen, *Roger S. Greene, Thomas W. Lamont, George E. Sokolsky, and American-East Asian Relations*(New York: Columbia University Press, 1978).

67　John Winckworth Kingsnorth, "The Consortium and Mr. Stevens," *Millard's Review of the Far East Weekly*, Jan. 1, 1921.

68　《梁燕孫先生年譜》，頁491-498。

鐵路。葉恭綽發表「交通救國論」，認為中國如欲求建設不得不借外債，國際投資中國鐵路的前提是中國需有管理上的主權，反對列強共同管理中國鐵路，主張中國自行統一(如統一鐵路會計、技術和法規等等)，和「不可使單獨的勢力範圍，變成統合的勢力範圍」的主張[69]。鐵道司司長俞誠之亦為文支持梁士詒的意見，申論統一鐵路即共同管理[70]。

　　一向和英美人士相善的林長民、王寵惠等研究系，則主張統一鐵路，並在北京《晨報》為文，與交通系人馬暗批互斥[71]。究竟中國鐵路該如何統一和管理？如何解決中國鐵路長期被列強占有的勢力範圍問題？雙方派系人士未嘗沒有交鋒。當時梁啓超有段文字，認為英美之倡議統一鐵路外債，有助於破除勢力範圍，並防制日本，為一有價值的外交方案：

> ……和議初開，英美之為我謀者方盛倡統一鐵路外債之議，其是否另有用意，且勿深論。至其直接動機，確係破除勢力範圍，以防制日本。……要之不失為一有價值之外交方案，吾敢斷言也。[72]

69　葉恭綽(葉遐菴)，《遐菴彙編》，中編詩文，頁174-182。

70　葉恭綽(葉遐菴)口述，俞誠之筆錄，《太平洋會議前後中國外交內幕及其與梁士詒之關係》。該書係為交通系平反，反對列強共管中國鐵路而辯白之書。另見俞狷父，〈申論統一鐵路即共同管理〉，見：宓汝成，《中華民國鐵路史資料，1912-1949》，頁421-422。

71　葉恭綽(葉遐菴)口述，俞誠之筆錄，〈太平洋會議前後中國外交內幕及其與梁士詒之關係〉，頁92。

72　梁啓超，〈外交失敗之原因及今後國民之覺悟〉，上海《申報》，1921年7月5日。梁啓超的言論又招致俞誠之的反駁。俞誠之，〈外交失敗之

當時研究系和交通系兩派人馬，均主張鐵路主權不可盡失，雙方未必沒有共同焦點。交通系的葉恭綽〈在太平洋會議鐵路問題意見書〉，開宗名義即是「贊成國際投資」、「反對共同管理」、「主張自行統一」，並提出共同投資、自行統一、建立會計，整理鐵路舊債、公開借款條件和預防勢力範圍等具體辦法[73]。這些主張在當時由於交通系的親日背景和研究系的親美背景，雙方壁壘森嚴，使得此一重大議題被淹沒在派系政爭之中[74]。

<hr />

(續)——————

原因與鐵路統一案〉，見：《太平洋會議前後中國外交內幕及其與梁士詒之關係》，頁96。

73 〈在太平洋會議鐵路問題意見書〉，《遐菴彙稿》第1輯，頁396-410。

74 1923年臨城劫車案發生後，外人管理中國鐵路問題重又被提起。但此次交涉已由共管中國鐵路轉向「鐵路警備案」，主要是因涉及臨案善後及外國人在華安全問題，希望建立一套鐵路警察改良方案。此一交涉與廣益投資交涉中，同時討論的統一鐵路問題，情形略有不同。關於鐵路警備案的討論，詳見：應俊豪，《丘八爺與洋大人——國門內的北洋外交研究，1920-1925》(台北：國立政治大學歷史系，2009)，頁280-287。1923年5月6日，一列由上海北上的特快列車途經山東臨城時，遭到土匪劫持。26名外籍乘客中，有19名被擄，其中以美籍人士最多，包括上海《密勒氏評論》(China Weekly Review)的主筆鮑威爾(James B. Powell)在內，另有1名英國人被殺。英美等國強烈抗議，北京政府與匪方經長達一個多月的交涉，在以收編土匪為正式軍隊的條件下，於6月中旬，中外人質獲釋。美國政府與北京外交部關於臨城劫車案的交涉，詳見：Richard C. Deangelis, "Resisting Intervention: American Policy and The Lin Ch'eng Incident," 《中央研究院近代史研究所集刊》第10期(1981：7)，頁401-416。

六、小結

　　一次大戰後成立的廣益投資公司，展現了美國資本家對拓展海外投資的旺盛企圖心，在歐洲國家忙於大戰之際，美國有意藉1,500英里鐵路計畫打破列強在中國的勢力範圍，然而交涉過程遠不如廣益公司的期待與平順。

　　此案牽涉清末以來帝國主義在中國的勢力範圍的劃分，以及各國銀行團對於中國築路權的控制和借款的龐大利益，以致日、法、俄、英等國政府紛紛表示抗議，而英國態度尤為強硬。美國政府一再宣稱美國對於門戶開放政策的堅持，甚至舉出清末美國即簽有錦璦鐵路借款在先，但美國從未反對他國和中國政府簽訂其他鐵路合同，而此次美國提出的鐵路計畫卻遭致各國的阻擾，實甚為不公允。英國則以大戰即將結束，中國鐵路之建造牽涉外國資本的問題，應交由英、美等國家延後再議，顯現帝國主義國家「干涉中國內政」的強勢心態和作為。

　　美國銀行團在交涉裕中公司興造1,500英里鐵路案之際早已退出五國銀行團，如美商單獨投資，自無須理會他國抗議勢力範圍的問題。然美國政府僅一再宣稱門戶開放政策，並未強烈抵制他國的抗議行動，且美國國務院對美國企業在中國的活動基本上尊重企業本身之自主性，而不理會芮恩施公使的一再呼籲美國政府應強力介入。芮恩施雖沒有成功說服美國政府積極敦促廣益公司對華投資案，但卻使威爾遜相信，要以經濟手段保全中國的獨立是必要的；此亦是後來大戰近

尾聲之際，美國已開始籌畫重返國際銀行團的肇始之因，期望以更務實手段參與中國事務[75]。

　　然而，戰後美國重返國際銀行團，其結果亦不如美國政府的預期。1920年美國國際銀行團駐京代表史蒂文斯(F.W. Stevens)訪問上海，面對當時中國的各種傳聞指稱美國重返銀行團的野心和負面評價，他務實地指出國際銀行團係以現代財政的組織管理，在這種組織下，美國政府期待不涉及讓渡權和各項特權的政治交換，而是希望中國能以「誠實的借款」(honest loan)提出安全擔保，他並說美國絕對不會提供行政性借款(administrative loan)給中國。《密勒氏評論報》(*Millard's Review of the Far East Weekly*)記者的評論說北京的財政大佬們該好好學習如何研讀當代銀行和股票運作的知識，並好好管理中國本身，並直指民國政府的各種借款情形如同賭局，令人充滿疑慮，他不客氣地說以中國目前的地方分裂等政治亂象，安全性貸款實在堪慮。美國新國際銀行團在中國的任務，最後亦因中國持續的政治亂象，務實的美國銀行家紛紛抽手，而無所成就[76]。

75　Warren I. Cohen, *American's Response to China--A History of Sino-American Relations*(New York: Columbia University Press, 1990), p. 78. 1919年摩根集團股東兼美國政府財政顧問拉蒙特(Thomas W. Lamont)，以半官方身分受命到日本和中國討論美國國際銀行團投資事宜，特別是在日本的使命，主要為制止日本以借款等各項名目，擴大在中國的利益和特權，但其使命並未有所成。次年8月，摩根集團的F.W. Stevens出任美國國際銀行團駐京代表(Resident Representative at Peking, The American Group of the International Consortium for China)，隨即於10月赴中國就職。紐約時報也報導此項命令。*New York Times*, Aug. 5, 1920.可見得此事受到美國輿論的密切關注。

76　John Winckworth Kingsnorth, "The Consortium and Mr. Stevens," *Millard's Review of the Far East Weekly*, Jan. 1, 1921.

在本案交涉末期，一部分英美人士發起統一中國鐵路案，在當時頗受到中國朝野的矚目。由於巴黎和會以後中國民族主義風潮日益澎湃，統一中國鐵路的主張未經理性論辯，即被指為帝國主義共同接收和管理中國鐵路的大陰謀。究竟中國鐵路該如何統一、如何有效管理和如何保有自主權等重大議題，長期以來在革命史觀的建立之下，成為一部帝國主義侵略中國路權的控訴史，而無法平心析論之[77]。就中國而言，如能運用一次大戰後國際秩序重整的契機，破除列強在華勢力範圍，提出一既可保全中國主權又可統一中國鐵路的方案，或嘗試爭取統一中國鐵路方案的各種可能性，未嘗不能有益於中國，並加速中國的工業化和國際化進程。然此一議題最後竟淪為黨派政爭之工具，從近代中國欲借助外力以尋求實業化的歷程而言，實屬不幸！

---

[77] 宓汝成，《帝國主義與中國鐵路，1847-1949》，頁227-249。關於美國新國際銀行團在中國的活動，相關研究雖已不少。但過去的中文研究大多呈現帝國主義國家如何聯手控制中國的財政，而較少以中美兩方面材料的互證，探求雙方各自的立場，此一主題較具說服力的著作仍是：Warren I. Cohen, *Roger S. Greene, Thomas W. Lamont, George E. Sokolsky, and American-East Asian Relations.*

第五章

人道主義工程投資案——
美國參與導淮和整治大運河

一、前言

1914年8月15日，巴拿馬運河正式通航，這項工程不僅縮短美洲與東亞的距離，且對全球海洋貿易帶來革命性的改變，美國對於太平洋地區的影響也由此邁入新的階段。巴拿馬運河建造工程之艱鉅，被喻為人類工程之奇蹟，《東方雜誌》早於1911年以10頁篇幅詳細報導〈巴拿馬運河工程紀〉，並對大工程師哥索爾氏（George Washington Goethals, 1858-1928）推崇至極，「哥索爾氏及其所編列之工程團，歷萬險，排萬難，從事布置，有條不紊，駸駸乎以底於成功矣」[1]。為因

---

1 甘永龍，〈巴拿馬運河工程紀〉，《東方雜誌》8卷2號（1911年4月23日），頁21-32。文末對於美國在巴拿馬運河建築堡壘問題亦有短文（譯自美國報紙），由於美國是否能在該運河築壘，或以巡警海陸軍力以保全該運河的通行或保護來往船隻安全等一切附屬工程，此事牽涉美國與巴拿馬間簽訂的「海-布諾-瓦里拉條約」（Hay-Bunau-Varilla Treaty, Nov. 18, 1903）的認定和巴拿馬主權問題，引起歐洲列強的反對。當時中國報紙也注意到美國對巴拿馬主權的強勢作為，但似未見有指責美國霸權的看法。

應巴拿馬運河開通所帶來世界市場的大改變及對中國的影響，《東方雜誌》亦呼籲「巴拿馬運河開通後，世界船舶幅輳於黃海之沿岸，已不難逆睹，商業之興盛，自不待言。……我國民當此新時代發展之初，不可不迎機而起，如闢商港，經營煤礦，均為當務之急。蓋太平洋之潮流日急，我國民不乘此潮流而躍進，則必將捲入此潮流之中而淪胥以沒矣，可不懼歟」[2]。

就在巴拿馬運河即將竣工之時，太平洋彼端中國華北的水患問題引起美國紅十字會(American Red Cross, ARC)的人道關注，他們將目光投向即將從巴拿馬工程中光榮身退的工程師，希望借重他們在巴拿馬運河的豐富整治河流的經驗，轉移到中國大運河工程，以拯救華北農民免於水患之苦。此即是原擔任巴拿馬運河管理局的(Panama Canal board)賽伯特上校(William Luther Sibert,1860-1935)出任紅十字會的導淮工程案主席的由來。從本質上，美國對於整治中國淮河和大運河工程的動機是來自紅十字會的博愛精神，與美國政府和大財團關注巴拿馬運河的高度軍事和商業利益大為不同，但由紅十字會的居中牽線，讓這兩個大型工程產生經驗傳承的交會，寫下民國初年中國與國際世界接軌的另一篇章。

導淮工程計畫(Huai River Conservancy Project)，是民國初年的重大公共工程計畫，自清末即投入水利工程的張謇，在擔任農林兼工商總長後即以導淮為首要任務。但由於該工程之艱鉅和龐大財力，不得不期待外國技術和財力的支援。在此一情況之下，對中國一向較為友

2　高勞，〈巴拿馬運河之影響〉，《東方雜誌》8卷12號(1912年6月1日)，頁56-58。

善的美國，被列爲首要合作對象。在駐華公使芮恩施(Paul S. Reinsch, 1869-1923)的牽線之下，而有與美國紅十字會的合約。由於導淮工程和運河整治所需金額過於龐大，後來紅十字會不堪財力負荷，始由廣益投資公司(American International Corporation，簡稱A. I. C. 。或譯爲「美國國際公司」)接手。除了巴拿馬工程隊之外，美方先後派遣數位水利專家來到中國，可見此一工程之艱鉅，這段中美水利工程專家的合作，亦是民初中國水利史的一大盛事。

　　關於美國紅十字會在中國活動及其貢獻，KarenLynn Brewer的博士論文曾有整體的評述，該文主要以紅十字會的人道援助爲主軸探討導淮工程，並未觸及後續廣益公司的投資案[3]。Noel H. Pugach的專書，探討駐華公使芮恩施(Paul Samuel Reinsch, 1869-1923)在中國的活動，提到關於芮恩施對導淮工程的參與和期待，亦僅止於紅十字會階段[4]。迄今爲止，尚未有學術專文完整探討美國參與導淮與大運河整治案之過程，此案之交涉在民初美國所參與的中國公共工程中因其人道主義的精神，深獲美國朝野讚許，美國政府亦介入最深，特別是駐華公使芮恩施居間調和與奔走。本書著重此一工程案由紅十字會手中的人道主義工程案，繼而轉變爲國際大財團廣益公司的投資工程案，其雖仍具人道援助之精神，然交涉過程已非單純人道救援問題的考量。本章除運用中央研究院近代史研究所收藏之裕中與廣益公司對華

3　Karen Lynn Brewer, "From Philanthropy to Reform: the American Red Cross in China, 1906-1931." Ph.D. Thesis, Case Western Reserve University, 1983.

4　Noel H. Pugach, *Paul S. Reinsch, Open Door Diplomat in Action*(Millwood, N.Y.: KTO Press, 1979）, pp. 102-110.該書並未探討後續廣益公司所參與的導淮工程。

交涉材料、美國國務院出版之外交關係文件(FRUS)外，另利用美國弗蒙特大學(University of Vermont)特藏檔案中的「奧斯敦文件」(*The Warren Robinson Austin Papers*)。藉由上述中、英文檔案的爬梳，探討廣益公司與裕中公司對導淮和大運河整治案的交涉。

奧斯敦(Warren Robinson Austin，1877-1962)，於1916年受司戴德(Willard D. Straight, 1880-1918，見本書第四章)之推薦擔任美國廣益公司委任律師，其任務即是交涉本書所述的兩項重要投資案——鐵路和運河計畫，尤其是大運河整治計畫。奧斯敦於1917年被任命為美國在華領事裁判法庭律師團之成員(中文名「大美國按察使衙門」按察使)。回美後於1931-1946年擔任國會議員，1946-1953年出任美國駐聯合國安理會代表。1962年過世後，其日記和生平經歷資料悉數捐贈予美國弗蒙特大學[5]。

二、美國紅十字會參與階段

1906年(光緒32年)，淮河流域發生嚴重大水，蘇北災情慘重，美國紅十字會派員參與這次水患的賑災工作，展開對中國水利問題和人道救濟工作的關注。由於黃河時而改道，導致淮河流域屢屢氾濫成災，人、物損失極鉅。民國初建，首任農商部總長、水利局總裁張謇

5　奧斯敦為弗蒙特州選出之參議員(1931-1946)。詳見：美國國會人名傳記指南網址：http://bioguide.congress.gov/scripts/biodisplay.pl?index=A000342 (下載時間2010年5月2日)作者於2006年秋赴弗蒙特大學(University of Vermount, UVM)特藏室查閱The Warren Robinson *Austin Papers*，獲館長 Mr. Connell B. Gallagher 熱心協助，謹此致謝。

即以導淮為急務，為求防備未來災害起見，乃聘用專家初步探勘，並擬淮河流域防洪及濬治運河計畫[6]。惟此項計畫之能否實施，必須有款項來源。

根據美國駐華公使芮恩施的記載，時任工商總長的張謇親自拜訪芮使，希望他居中牽線，由美國資本家對華提供一筆水利借款，改進淮河流域和其他地區工程，並建議美國政府提供援助，派遣專家前來設計和指導這些計畫中的工程[7]。派遣工程師、進行排水和灌溉，即意味著與中國人的密切接觸，也可能意味著控制這些受到影響的地區內的資源。因為外國債權人為要取得借款的擔保，就會要求以水利工程所經過被改良的土地作為抵押品，包括在此一工程之內的一條可供航運的水道——運河，這樣無異對外國工程師和資本家提供一種直接穿過內地的手段。顯然，由於中美的特殊友好關係，使得中國主動向美方提出此一請求。如同芮恩施所言：「美國的政策一貫沒有侵略性質，我發現中國會給公正的美國人以別的國家沒有希望得到的特許權」[8]。

確如芮恩施所言，由於美國威爾遜總統(Woodrow Wilson, 1856-1924)於1913年上任不久，以道德主義的立場退出六國銀行團(英、法、德、美、日、俄)。中國政府擔心其餘五國家有覬覦中國土地之野心，而導淮貸款又涉及土地之提供保證，深恐危及中國領土主權，因

6　須景昌，〈張謇與淮河治理〉，《張謇與近代中國社會：第四屆張謇國際學術研討會論文集》，頁418-419。

7　芮恩施著，李抱宏、盛震溯譯，《一個美國外交官使華記》(北京：商務印書館，1982)，頁61-62。

8　芮恩施著，李抱宏、盛震溯譯，《一個美國外交官使華記》，頁69。

而有意以對華較友善的美國爲貸款國家。對於導淮工程，當時《東方雜誌》，曾盛讚美國政府及民間之義助中國，並稱此事爲美方所提議：

> 夫導淮之舉，及實行導淮之借款，此美人所提議者也。其所以爲此者，蓋純爲人道主義起見。蓋此種事業，除援救中國數百萬之生命及恢復中國大地區之財產外，固無利益之可得也。[9]

　　事實上，據北洋外交部及相關資料所見應是由中國政府率先主動，再由駐美公使芮恩施居中牽線而成。在芮恩施通過美國國務院向紅十字會的聯繫下，1914年1月30日，農商局長張謇（1853-1926）與美國紅十字會（由駐華公使芮恩施代表）共同簽訂「導淮借款草約」（the Contract of the Huai River Conservancy Loan），借款二千萬美元[10]。這項由美國紅十字會參與的合作可被視爲民間、非政府的外交活動，爲了達成進一步的合作，張謇組織一支實業考察團先行赴淮河水域及東

9　當時《東方雜誌》曾報導中國政府一度不願美國人承擔此事，因爲「與其受紅十字會之助，毋寧向比國借款」。因爲淮河流域經過地區主要爲比利時鐵路利權之所在，如能使此項借款有效，則其土地且抵押於比人，中國人頗顧願之。但該報又認爲，果眞如此，則中國恐爲比利時所欺。在該報文末編輯加註：該文撰竣後，已由紅十字會與中國締結而成。因此該報甚感慶幸，盛讚美國之義行。〈導淮借款〉，《東方雜誌》，10卷9號（1914年3月1日），頁42。

10　〈駐美使館保存檔案〉，中央研究院近代史研究所藏，北洋外交部檔案，03-12-009-05。

南各省考察[11]。

　　導淮合同簽訂後，美國紅十字會和懷特公司(J.G. White & Corporation)提供五萬美元，加上北京政府出資的微數金額(約2,500美元)，共同做爲探勘的資金。接著由曾任巴拿馬運河管理局的(Panama Canal board)賽伯特上校(William Luther Sibert，後升爲少將)出任這項導淮工程的主席。賽伯特當時係以軍事工程師的身分來華從事探勘，因而此項任命工作還經過美國國會的同意[12]。

　　由於巴拿馬運河即將完工，當時在中國參與整治遼河工程的英籍工程師休斯Hughes(全名不詳)乃向美國駐牛莊領事Albert W. Pentius提議，將巴拿馬運河工程的疏浚機以合理價格賣給中國，美國牛莊領事建議利用這一批先進的挖掘機器工具，使遼河和淮河整治工程同時受惠，並促使中國水利工程順利完成[13]。中國駐巴拿馬總領事馮祥光也轉來巴拿馬運河署出售物品經理人特魯特(譯名)之函電和機關車清單，說明取價極廉[14]。可惜的是，交通部審核清單中所開列之機關車原係用於五尺軌之路與中國4尺半8寸半之軌間未能符合，取價雖

11　Qian Jian(錢健), "Harnessing the Huai River planned by Zhang Jian and the American Red Cross,"《張謇與近代中國社會：第四屆張謇國際學術研討會論文集》，頁384。

12　芮恩施，《一個美國外交官使華記》，頁82。

13　Albert W. Pentius to Reinsch, Oct. 15, 1914. United States National Archives, *Records of Department of State Relating to Internal Affairs of China, 1910-1929*(hereafter cited as NA.)No. 893.811/159.

14　1914年12月2日，北洋政府外交部通商司咨稿，〈巴拿馬運河署出售機關車事咨行查核見覆由〉。中央研究院近代史研究所檔案館，03-05-070-05-002。

廉，亦礙難購用[15]。

在賽伯特上校的主持下，包括其他的工程師和中國助手等十三名成員，在中國從事三個多月的調查工作[16]。這支整治淮河探查隊起身之前，美國總統威爾遜特向美國紅十字會致意這項工程是中美友好的典範，「不凡的成就……證明一群無私的團體，奉獻於一個即將甦醒的大國的努力」。陸軍部部長蓋瑞森(Lindley Garrison)嘉許「這事不僅是對中國偉大、珍貴的一件事，且將是表達美國對中國友誼的里程碑，這件慈善工程，寫下美國對中國的具體援助」[17]。

不久，調查隊的報告出爐，結果令人憂慮，這項工程的艱鉅遠超出原來的評估，對工程委員會構成一大挑戰，同時原本預估的兩千萬美元顯然不足以達到整治的效益。根據美國國務院內部文件，張謇於1914年10月給芮恩施的信件，除了感謝美國政府和紅十字會長期對中國江蘇和安徽水患問題的援助之外，也表達這項整治工程必須從淮河支線的整治做起，要求芮恩施向美國政府提出一筆改善淮河和沂水的工程借款共五百萬美元[18]。

當時代表紅十字會簽約的駐華公使芮恩施表示此項工程的艱鉅更彰顯出人道救援的意義，呼籲美國政府積極介入。芮恩施說：

15　1914年12月10日，北洋政府外交部通商司，〈巴拿馬運河署出售機關車礙難購用由〉。03-05-070-05-004

16　Karen Lynn Brewer, "From Philanthropy to Reform: the American Red Cross in China, 1906-1931," pp.177-179. 錢健，"Harnessing the Huai River planned by Zhang Jian and the American Red Cross," p. 384.

17　Karen Lynn Brewer, "From Philanthropy to Reform: the American Red Cross in China, 1906-1931," p. 179.

18　A letter from H.E. Chang Chien and Husi Tun-Lin to the American Minister, received Oct. 18, 1914, NA, 893.811/166.

我認為這項工程將會大大提高美國的聲望。它不僅通過挽回
中國幾百萬英畝的肥沃土地，確保許多人的生計，而且將會
給中國提供一個生動的範例，說明採用科學的方法，確能改
善人們的生活條件。1914-1915年冬季，嚴重的飢荒使這個地
區再次荒蕪，數十萬農民受到死亡的威脅。[19]

　　一向希望通過協助中國現代化，增加對中國影響力的駐華公使芮
恩施，同時也擔心由於美國人的猶豫不決，加上中國的積弱，會讓北
京政府屈服於外國勢力，因證據顯示比利時、法國、俄國正有意接收
此項工程，以進一步獲得淮河流域經過的華中地區的鐵路讓渡權。更
有甚者，是未來如聯繫西伯利亞鐵路穿越華中至海，那麼這片沿線將
成為歐洲國家強大的勢力範圍[20]。

　　然而，這項工程的預算金額遠遠高出預期，紅十字會工程委員會
接著提出新的一筆3,000萬美元的預算工程計畫，這份報告副本同時送
交美國國務院和洛克菲勒基金會參考。不巧的時機是，當時一次大戰
席捲歐洲，洛克菲勒基金會表示該會在歐洲的救援工作和其他救援工
作的承諾，使得該會無法再承擔淮河計畫。最後，美國紅十字會和洛
克菲勒基金會對於籌措這項資金都同表困難重重[21]。可以理解的是，

19　芮恩施著，李抱宏、盛震溯譯，《一個美國外交官使華記》，頁128。

20　Noel H. Pugach, *Paul S. Reinsch, Open Door Diplomat in Action*, p. 105.

21　George W. Davis(American Red Cross, Chairman, Central Committee)to
　　Lansing, Dec. 25, 1914, NA, 893.811/ 167. 工程師和水利局的相關會議紀
　　錄，見 Vice consul of Newchwang to the Secretary of States, Fe. 5, 1915,
　　NA, 893.811/190, Enclosure. Noel H. Pugach, *Paul S. Reinsch, Open Door
　　Diplomat in Action*, p. 110.

一次大戰爆發後，資金來源的不穩定和搶救歐洲的難民潮，勢必分散
了紅十字會的救助資源[22]。

對紅十字會而言，這項疏浚工程和建造淮河新出海口的計畫，將
可改善中國數省居民飽受淮河水患之苦，工程本身具有的人道主義精
神，無疑為紅十字會所關懷，然而龐大的工程經費不可避免需仰賴美
國銀行團和實業界的支持。紅十字會的董事博德曼（Mabel T.
Boardman，1860-1946）負責籌備工程的資金和財務，隨即面臨其他投
資企業家提出的難題，這些企業主希望能確保淮河流域的土地價值被
利用和改善，因此要求以淮河流域的稅收做為借款的安全性擔保。在
此一困境之下，乃有後來廣益公司表示願意接手銀行貸款的風險，並
安排裕中公司負責淮河流域的測量和運河的實際建造工作[23]。因此，
美國紅十字會參與的階段主要仍在調查地質地形和評估各項經費的初
期階段，後續施工任務則是由廣益公司來籌劃。

三、廣益公司與裕中公司參與階段

1916年4月19日和5月15日，廣益公司和中國政府達成「導淮借款
與整治運河協議」草約（An Agreement of the Southern Canal Loan & the
Agreement of Releasing the Huai and the Canal Loan）[24]。美國駐華公使

22　Reinsch to Chang Chien and Hsu Tung-lin, Oct. 26, 1914. NA, 893.811/166.

23　E. T. Williams to Lansing, Apr. 1, 1914, *FRUS,1914*, p. 106; Lansing to
　　Reinsch, Dec. 28, 1915, *FRUS, 1915*, p. 215. Arthur Murray(Vice-
　　Chairman), American Red Cross to Lansing, Dec. 28, 1915, NA,
　　893.811/203, Murray to Lansing, Jan. 10, 1916, NA, 893.811/205.

24　1916年4月19日簽訂"Agreement for South Grand of Shantung Province

芮恩施致電藍辛(Robert Lansing)表示：「這是任何一家外國公司在中國所獲得的最優惠借款」，儘管芮恩施宣稱此一協議內容對中國過於嚴苛，但他也敦促美國銀行家盡快批准此一借款[25]。

1916年5月中旬，芮恩施給紐約花旗銀行在范德里普的信件中，強烈表達對這件事情的期待：

> 我可向您表明，如同我曾向國務院陳述在目前的中國沒有一件事的重要性和意義，可以和導淮計畫相提並論。它不僅使得數百萬畝中國最肥沃的土地得以開墾利用，且將保障二千萬人口之生計，然而它的特色更在於這項工程的本身將對中國的未來產生深遠的影響。……沒有一項工程能帶給中國人的心靈如此深刻地對「進步」一詞的真實意義，這項工程將是以現代科學方法與組織，改善中國人生活的一個典範。[26]

此一借款包含許多和鐵路借款雷同的項目，雖然借款的期限不同，分別是山東省三十年和江蘇省二十年，利息均為百分之七，兩項借款金額總數600萬，由廣益公司銷售有價證券。廣益公司獲得期待的

(續)────────────────

Improvement"草約內容見：*FRUS, 1916*, pp. 115-118. 1916年5月15日簽訂 "Agreement for Huai River Conservancy Grand Canal Improvement Loan"草約內容見：*FRUS, 1916*, pp.110-114.兩約通常被合併稱為"An Agreement of the Southern Canal Loan & the Agreement of Releasing the Huai and the Canal Loan."

25　Reinsch to Lansing, May 15, 1916, *FRUS, 1916*, pp. 109-110.

26　Letter of 17 May 1916 by Reinsch to Vandertip, Noel Pugach, "Making the Open Door Work: Paul Reinsch in China, 1913-1919," in *Pacific Review*, V. 38, 1969:5, pp. 152-175.

擔保，包括中國政府同意從各省預算的歲入中，來彌補不足之數做為安全性的借款擔保。裕中公司同時獲得百分之十的建造佣金，並且廣益公司的代表將控管這項借款和負責此一工程計畫的執行[27]。

然而，廣益公司在尋求運河工程的財務籌備過程中，又遭遇中國地方軍閥勢力盤據的特殊情況。由於整治淮河和運河工程歷經數個省區，廣益公司希望這項協議係由地方政府和北京政府共同承擔的契約，其意含對於北京中央政府統治各地方勢力的不信任。其次，對於這項工程的擔保金，裕中公司希望北京政府能有確切的擔保金，而最安全性的擔保金便是山東省與江蘇兩省的稅收。廣益公司要求北京政府能確切聲明以印花稅或其他稅收做為擔保。然而由於究竟由哪項稅收做為擔保，且該項稅收是否歸屬中央，牽涉中央與地方的財稅之爭，北京政府財政部遲遲不願對此事表態。

由於對於中國財政狀況不具信心，廣益公司律師奧斯敦希望通過附加條款進一步確保該公司的權益。1916年9月廣益公司正式致函山東省長，希望山東省長在合約的附加條款中，能確保這項借款的安全信用，限定由哪一項稅收擔保[28]。奧斯敦給廣益公司在北京的代表格里葛瑞(Ernest T. Gregory，亦為花旗銀行北京支部經理)的信件中透露，他個人非常希望在合約的附加條款中，補上需有山東省長的簽名同意。[29]後來奧斯敦給全國水利局副總裁潘復的信件中陳述附加條款的

27　Reinsch to Lansing, Apr. 17, 20, 27, 28 and May 15, 1916, *FRUS, 1916*, pp. 106-119.

28　AIC to the Governor of Shantung Province, Republic of China. Sep. 9, 1916. *The Warren Robinson Austin Papers*(以下簡稱*Austin Papers*),China File, Carton 3, Folder 4, Library of University of Vermont, Special Collections.

29　Austin to Ernest T. Gregory, Sep. 26, 1916, *Austin Papers*, China File, Carton

重要性：

一、山東和江蘇合約是同等的，因此必須由北京政府來主
　　掌，同時北京財政部長需分別在這兩者所發行公債的合
　　約上簽名及加印。

二、需同時獲得北京中央政府和山東政府的同意。

三、如果他國宣稱某項稅收已擔保為其他用途做為干預之藉
　　口，北京政府需表明做為中央政府整治運河計畫的立
　　場。

　　奧斯敦認為此一附加條件等於確保山東省在整治運河計畫中的地
位，即使沒有北京政府的批准[30]。

　　1916年9月至10月間，裕中公司積極和山東省長孫發緒、財政總長
陳錦濤、全國水利局副總裁潘復(署理總裁)等人聯繫，希望取得山東
省長簽字同意，以大運河流經的土地稅等稅收做為安全性擔保。然
而，山東省長卻不願背書，而北京財政部亦無法給予確切的擔保。法
律顧問奧斯敦乃求助於美國公使芮恩施，廣益公司代表里葛瑞且親
自去拜訪山東省長孫發緒，但都無法獲得孫的同意簽字。孫的理由是
這件運河借款合同的交涉從未找過他協商，現突冒出附加條件要他簽
字背書，他無法接受。其次，附加土地稅不可能做為第一優先的擔保

(續)

　　3. Folder 4. 這封文件提到包括芮恩施公使也同意在任何資金動向未明之
　　　前，這樣的附加條款是需要的。但筆者由芮恩施往來國務院文件或其回
　　　憶錄中，並未看到此一訊息。

30　Austin to Pan Fu, Sep. 25, 1916, *Austin Papers*, China File, Carton 3. Folder 4.

品，因每年土地稅已抵押給交通銀行，做爲改善黃河工程的一筆二百萬借款的擔保。所以，山東省已無法提供任何借款擔保。經芮恩施的調查後，的確如同孫發緒所言，該筆土地稅已被抵押。廣益公司格里葛瑞乃拜會北京財政部長和外交部長，北京政府同意以山東省徵收的印花稅(歸繳北京中央)來取代山東省附加土地稅[31]。

然而，格里葛瑞於10月6日再次拜會山東省長，表示希望以印花稅取代土地稅等問題時，山東省長孫發緒對這件合同的立場非常消極，他提到運河通行費的每年收入不會超過一萬美元，將不敷擔保金。而印花稅的所得差不多是20萬元，但無法保證究竟會有多少土地因工程計畫而受惠。再者，大運河無法與上海——天津——浦口的鐵路相比，因爲大運河的水量不足，船隻又小[32]。由於擔心山東省長拒絕簽字，廣益公司乃要求芮恩施出面保護該公司的合同利益。

不久，即傳出山東省議會反對徵收該省印花稅來擔保這項借款，且有意修改合同內容。1916年10月下旬，裕中公司派出私人代表安德森(Roy Anderson，又譯孫明甫，爲美孚公司在華經理)和潘復溝通，同時設法弭平山東省議會的反對聲浪，並敦促山東省長在合約上簽字。爲謀求安全性資金擔保，裕中公司顧問卡特爾博士(Dr. Thomas J. N. Gattrell)拜會財政部詢問稅務及外債事宜。對於中央與地方稅收的劃分，財政部稅務局明白表示關於大運河的通行稅和印花稅，無疑應是中央政府的，然而大運河支流的稅收則爲地方所徵收。究竟能否以

31　Austin to Reincsh, Oct. 9, 1916, pp. 1-2. *Austin Papers*, China File, Carton 3. Folder 4.

32　Austin to Reincsh, Oct. 9, 1916, pp. 3-5. *Austin Papers*, China File, Carton 3. Folder 4.

印花稅做爲擔保仍是裕中公司最感棘手之事[33]。

　　此時，芮恩施顯然比廣益公司更爲熱切，他10月19日致電北京政府，聲明廣益公司對開辦合同是「迫不及待」，又指出此事之延誤係來自山東省議會無理商改合同所致。

　　　　聲明整頓山東南運河工程廣益公司早已樂於開辦，其延誤緣
　　　　由山東省議會無理商改合同內數條，但該合同係在省議會未
　　　　開會以前簽訂，該會不宜過問，本公使今日函達貴部，係恐
　　　　反對此事之人，藉此期滿斥駁。並聲明該公司按照合同開辦
　　　　此項工程實有迫不及待之意。[34]

　　此案交涉之際，北京國會亦有動作。由於北京國會對於北洋軍閥與派系政治的不信任，以及輿論質疑秘密借款的壓力，當時北京國會正強烈反對段祺瑞向日本借款案(即西原借款)，傳聞美國借款案也會被要求提交北京國會通過。因此，裕中公司的代表開瑞(William F.

33　Memorandum Regarding Security of the South Grand Canal of Shantung Province Loan Agreement. Oct. 27, 1916. *Austin Papers*. China File, Carton 3. Folder 4.裕中公司的內部文件中透露這樣的憂慮：
　　一、北京政府歲入的印花稅中究竟能提撥多少做爲我們的第一優先擔保？
　　二、究竟可在哪一省徵收不足之數？
　　三、假如需徵收印花稅是否需要每一個省的同意？
　　四、除了印花稅之外，還有何種中央政府的稅可做爲替代性的擔保？
34　芮恩施致外交部，〈對山東南運河整治工程無法開展之責任聲明〉，1916年10月19日。《中美往來照會集，1846-1931》(桂林：廣西師範大學出版社，2006)，第13輯，頁189。

Carey)、安德森等人曾要求美國公使芮恩施遊說中國官員不要將此案提到北京國會，他們的理由是導淮借款爲袁世凱政府所批准，後續政府有繼承之責任。再者，美方認爲若將此一合同送交國會討論則是歧視美國的利益，因爲其他相似的合同，例如俄國的鐵路借款並未提交國會[35]。在多次交涉後，1917年2月廣益公司的副總裁司戴德已失去耐心，態度轉趨強硬，他以壓迫的手段威脅中國政府除非於一星期內簽字，否則廣益公司將保留修正合同的權利或拒絕這項投資。法律顧問奧斯敦也向芮使求援要北京政府盡速簽字[36]。

就在廣益公司對中國施加壓力的同時，另一外力介入的發展也正醞釀。日本政府向北京政府抗議，據《中日民四條約》（即一般所稱的「二十一條要求」）[37]宣稱在山東的整治運河計畫係牽涉一次戰後日本繼承德國在山東的權益，因此這一計畫中的借款應先向日本商定。日本此時的介入，使得司戴德擬採取對廣益公司較穩當的政策——轉向和各國在華企業的合作，而美日合作貸款予中國是一種可選擇的方式。他同時確信合作的序曲需由日本銀行界開展，且不牽涉政治擔保，但其前提要件是中國政府接受這種合作[38]。司戴德同意和日本合作的想法，也見諸其日記。他在日記中提到整件事仍由美國資金所主導，日本所參與的僅是一部分，將日本納入的合作會比排除日本來得

35　Austin to Straight, Sep. 19, 1916, China File, *Austin Papers*, Carton 5 Folder 5.

36　Straight to Gregory for press release, Feb. 5, 1917, *FRUS, 1917*, p. 210.

37　關於《中日民四條約》的法理問題，可參見：吳翎君，〈1923年北京政府廢除《中日民四條約》之法理訴求〉，《新史學》，19卷第3期（2008年9月），頁151-186。

38　Report of Interview, Feb. 23, 1917, between Roy Anderson, Warren R. Austin, and Pan-Fu. China File, *Austin Papers*, Carton 5. folder 6.

安全，而美國仍握有整個工程的主導權，也將發揮對中國福祉的最大
效益[39]。

　　2月下旬，奧斯敦、安德森和水利局副總裁潘復的會面中，正式轉
達廣益公司打算和日本銀行團合作的想法，並打算在新合同中加入與
日本合作的條款。潘復首先表示這項新合同的修正條文需提交國會，
其交涉程序須經由北京外交部和美國駐華公使轉交全國水利局和廣益
公司，具備正式的換文程序。其次，潘復仍傾向保留原始山東合同
的條款，希望未來任何新文件只是修訂；對於日本做為一個新的參
與者，潘復並未明言反對，但顯露出擔心日本加入後的合約恐有新
的紛擾[40]。

　　結果，廣益公司在未正式知會北京政府或美國國務院的情況下，

39　司戴德從早期任職中國海關，後擔任美國駐漢城和奉天外交官，目睹日
　　俄在遠東的擴張，尤其是日本在東北的勢力。他一直希望美國積極參與
　　中國事務擴大對中國的影響力(司戴德的中國經歷，詳見本書第四章)。
　　在整治大運河一事上，司戴德解釋他選擇與日本的合作係基於國際合作
　　的理由，將日本納入合作夥伴執行美國主導的門戶開放政策，會比將日
　　本排除來得安全，但此一作法在當時遭致一些人的批評。見：Louis
　　Graves, "An American in Asia," *Asia*, vol. XXI, No. 2, May 1921, p. 436.
　　collected by Harvard University.

40　Report of Interview, Feb. 23, 1917, between Roy Anderson, Warren R.
　　Austin, and Pan-Fu. China File, *Austin Papers*, Carton 5. folder 6. 在同一天
　　的會談，潘復同時也解釋認為印花稅係歸屬中央政府，因此若由印花稅
　　做為借款的安全擔保，經由國會程序將可促使中央政府需提撥相同資金
　　給這項大運河工程，當時國會的反對意見已疏通差不多了，如果簽訂新
　　合同將會有不少新的干擾問題。Interview held Feb. 23, 1917. between
　　Pan-Fu, Anderson and Austin, at the National Conservancy Bureau, Peking.
　　China File, *Austin Papers*, Carton 5. Folder 6.

和日本興業銀行(Industrial Bank of Japan)[41]展開合作的談判[42]。日本興業銀行副總裁小野英二郎(Yeijiro Ono, 1864-1927)和廣益公司總裁史東(Charles A. Stone)，經過數次換文後，於1917年3月9日有初步的結果。合同草約提到日本興業銀行將參與山東與江蘇大運河工程，雙方擬將向中國政府提出一紙新的合作契約，初步草議有五項條款，其中第二款關於債券的部分最受關注，重點如下：

一、全部發行債券爲600萬美金(約1,200萬日圓)，美國認股其中的350萬，日本興業銀行認股250萬。

二、雙方同意同時於紐約和東京證交所掛牌上市，關於債券之價格及其獲利彼此爲獨立且互無責任。

三、總值600萬美元的債券將於紐約和東京證交所同時上市，並符合該處證交所之規定。

四、廣益公司將設法使中國政府訂出美元和日圓固定交易匯率之轉換，假使新合約是由美、日雙方聯合向中國議定的話，日方可加入這項討論。

五、貸款之收益將視美國與日本個別發行之比例額度存入紐約(廣益公司)和東京(興業銀行)，而其移轉給中國則依建造工程經費之比例額度。經費如移轉給中國係由國際銀行公司(International Banking

---

41　日本興業銀行成立於1902年。http://en.wikipedia.org/wiki/Industrial_Bank_of_Japan(下載時間2010年5月1日)

42　根據芮恩施回憶錄的說法，廣益公司和日本興業銀行突然決定簽訂合作協議，連廣益公司的駐京代表們事先也未得知。芮恩施著，《一個美國外交官使華記》，頁168。然根據廣益公司的內部文件顯示其實不然，如本文所言駐京代表安德森爲此事和潘復有多次接觸，但不敢透露美日協議的具體內容。

Corporation)和日本一家即將組成的銀行在中國共同持有，直到這項經費因合約之用途被提領爲止[43]。

上述草約內容顯然和芮恩施希望由美國企業獨立投資的期待有所違背。就在1917年初，當芮恩施得知日本可能加入合作投資的行列時，就一再表達這件事將使北京政府喪失對美國銀行界的信心，芮恩施嚴加斥責：「沒有任何一件行動，會如傷害美國在中國的投資利益了，這件事隱含著承認日本繼承德國在山東的權利，而此無疑是美國政府拒絕讓步的，此一舉動等於強化了日本在中國的地位。他相信此舉將對美國在中國的道德角色帶來極大的傷害，更讓門戶開放政策的原則受到嚴重的損害」[44]。

美國國務院首先將此事定位爲日本銀行與美國銀行之間的投資問題，對美日合作投資整治運河工程表示無任何建議，但務必尊重中國政府的想法[45]。芮恩施即蒐集各方情報向美國國務院表達美日合作的不恰當，例如英國人辦的《字林西報》(*North China Daily News*)直接點明「中國人認爲美日在山東的合作是嚴重的誠信背叛」[46]。他更不諱言內閣總理向他無奈的表示：「我們能怎麼辦呢，(美國廣益)公司已經綁住我們的雙手了」，即中國人被廣益公司給出賣了[47]。中國興

43　Agreement Between the American International Corporation and the Industrial Bank of Japan. Mar 9, 1917. China File, *Austin Papers*, Carton 5. folder 6.

44　Reinsch to Lansing, Apr. 24, 1917, NA, 893.811/259; Reinsch to Lansing, Jan. 2, 1917, *FRUS, 1917,* p. 207. 1917年5月8日，芮使給國務院長達21頁的備忘錄，強烈抨擊同意日本的加入運河和鐵路合同，等於默許「二十一條要求」內容中的日本在山東的權利。這份備忘錄見：NA, 893.811/257.

45　Lansing to Reinsch Jan. 13, 1917, *FRUS, 1917,* p. 208.

46　Reinsch to Lansing, Feb. 13, 1917, *FRUS, 1917*, p. 211.

47　Reinsch to Lansing, Apr. 14, 1917, *FRUS, 1917,* p. 215. 芮恩施的剪報，另

論則批評美國的背信，日本的加入是剝奪美國人在華的信用，等於中國被美國銀行界上了腳鐐一般；中國輿論的批評令美國駐華公使的處境頗爲尷尬[48]。

廣益公司於4月初向美國國務院表達芮恩施和中國政府對於這項美、日合同的錯誤解讀。它指出這份合同草約是雙方銀行之間的文件，也清楚提到有關借款的部分，在沒有得到北京政府明確同意之前，不可能有其他任何關於借款合作的規畫和承諾。爲澄清絕無在文件中出賣中國政府，廣益公司遞交給國務院3月8日該公司和日本興業銀行的合同[49]。廣益公司的內部文件則認爲芮恩施做得太過火，對芮使強烈不滿：「雖然這一向是芮恩施個人在處理中國事務的特質，但如果芮恩施能稍從日本的觀點公允地看待遠東情勢，那麼就能睜大眼睛看清此一事實」。對於芮恩施指責廣益公司的作爲，副總裁司戴德除表示遺憾之外，也期待美國的「大陸與商業銀行」(Continental and Commercial Bank)不要接手此事，那會灌輸中國人一種觀念，亦即該銀行是廣益公司和裕中公司的競爭對手，而不同的是中國人可以從「大陸與商業銀行」籌到資金。他認爲美國銀行家也應睜眼理解廣益公司爲何不得不與日本人合作的事實[50]。

1917年8月30日，芮恩施拍給國務院一封密電，表示目前中國對於

<hr />

(續)—————————————

有《遠東時報》(Far Eastern Review)、《北京京報》(Peking Gazette)的意見，均對美、日合作持負面評價，認爲美國被日本操弄。詳見：Reinsch to Lansing, Feb. 14, 1917, NA, 893.811/251.

48　Reinsch to Lansing, Feb. 2, 1917, *FRUS, 1917*, p. 210.

49　Charles A. Stone to Robert Lansing, Apr. 5, 1917. *FRUS, 1917*, p. 211.

50　Willard Straight to Austin, May 15, 1917, China File, *Austin Papers*, Carton 5. Folder 3.

日本的合作已無從選擇了，日本的金融介入勢必接管整個工程計畫，導致美國利益的巨大傷害，要求國務院敦促廣益公司盡快和北京政府簽訂協議，更建議預付先期工程10萬美元[51]。這封由遠東司司長羅赫德(Frank P. Lockhart，1881-1949)批示的電報被以「極機密」的方式轉給廣益公司，而有了廣益公司總裁史東致電國務卿藍辛直接駁斥芮使所言。史東首先說明儘管在目前的情勢下這項工程本身的吸引力不是那麼大，然而廣益公司已準備締約，並確定這項行動係完全符合美國政府之政策，對於日本的參與，廣益公司早已通報美國務院了解，同時這項合作必定是在中國同意的必要條件下進行的[52]。廣益公司的內部文件揭露日本對於參與這項投資的積極性，並不在乎是否需由北京國會批准；而廣益公司則對於這項美日合作要做到合乎法律和政治形式的要件，的確是非常堅持[53]。

　　在此交涉之際，中國政局又經一次大波瀾，1917年6、7月，北京政局經府院之爭、國會被迫解散及張勳復辟事件一連串的餘波震盪，以段祺瑞復任國務總理而暫告落幕，但段自居「再造共和」之功，拒絕恢復國會。因此，廣益公司與北京政府所訂之合約是否能為新國會所批准，也被拿出來討論。在廣益公司看來，雖然北京政府歷經復辟動亂，但它僅是曇花一現，北京政府所簽訂的合約不論新、舊國會都

51　Copy of a message read to Mr. Dearing, by Mr. Lockhart from Department, Aug. 30, 1917. Strictly confidential, China File, *Austin Papers*, Carton 6. Folder 1.

52　Charles A. Stone to Robert Lansing, Sep. 10, 1917. China File, *Austin Papers*, Carton 6. Folder 1.

53　China Prospects and Plans, China File, *Austin Papers*, Carton 6. Folder 1. 日期不詳。

應批准[54]。顯然和以前廣益公司獨立承攬這項借款合約時對附加條款字句計較有所不同。在確定日本參與此項借款,且1917年8月北京財政部允諾將以每年全數印花稅做為向美方借款50萬銀元的優先擔保之後,廣益公司認為在程序上透過北京政府和美國使館正式確認給予日本執行和同意權,且應通知日本美方確信須有北京國會批准的合約之後,此約即實質生效[55]。

1917年10月下旬,芮使仍一再敦促廣益公司盡快和北京政府簽訂,切勿一再拖延,予人對美國不信任之感,同時仍堅持一旦日本興業銀行加入投資,極可能使得整治運河計畫偏向日本利益。10月底他再度強調廣益公司馬上預付十萬元的先期工程費,以使計畫順利完成[56]。為敦促導准計畫盡快簽約,他甚至認為是否經過北京國會的同意也無所謂了,因為此時北京政府已獲得國際承認其合法性,情勢已和8月份交涉時北京值府院鬥爭、國會空懸的情況有所不同[57]。

由於對整體遠東利益的考量,美國國務院並沒有支持芮恩施的立場。1917年4月初,美國對德宣戰,美、日同時成為一次大戰的反軸心國家。自美國加入第一次世界大戰後,在遠東的合作政策更顯得迫切。再者,日本和美國之間展開密切的外交談判,有1917年11月的藍

54　Memorandum Re. Canal Contract in China, Aug. 25, 1917. *Austin Papers*, Carton 6. Folder 1.

55　廣益公司總裁史東授權在北京的開瑞務必做到程序上的完整,並直接發電文給芮恩施公使,告知開瑞已被授權一旦北京國會同意後即行締結新合約之事。Charles A. Stone to W.F. Carey, Aug. 23, 1917. China File, *Austin Papers*, Carton 6. Folder 1. Charles A. Stone to Minister Reinsch, Sep. 10, 1917, *FRUS, 1917*, p. 221.

56　Reinsch to Lansing, Oct. 27, 1917, *FRUS, 1917*, p. 223.

57　Reinsch to Lansing, Oct. 30, 1917, *FRUS, 1917*, pp. 223-224.

辛石井協定（The Lansing-Ishii Agreement），美國對於日本在中國東北的最高利益達成某種妥協。最後關鍵因素，係由於威爾遜政府在遠東的政策的轉向，從四年前退出國際銀行團轉變為列強間的合作政策，而採取勸告美國銀行界加入國際銀行團在中國的活動，因此傾向廣益公司與日本的合作計畫[58]。

1917年11月20日，廣益公司代表開瑞和北京政府簽署「整治大運河借款合同」（The Chinese Government Grand Canal Improvement Seven percent(7%)Gold Loan of 1917），同時經國會批准生效。生效之日隨即取消1916年4月19日與山東省簽訂之協議。合約規定北京政府授權廣益公司為代理人發行六百萬美元之債券，年息為七釐。這項合約的最後有一背書（endorsement），亦即中國政府同意廣益公司和日本興業銀行合作整治山東和江蘇大運河計畫，但該計畫需在美國監管之下執行[59]。

這項美、日合約中有關發行債券的內容，係在1917年3月9日廣益與日本興業公司所簽協議的基礎上略做修正，法律顧問奧斯敦起草這

58　Harry N. Scheiber, "World War I as Entrepreneurial Opportunity: Willard Straight and the American International Corporation," pp. 486-501. 藍辛石井協定的內容可參見本書第6章。

59　Reinsch to Lansing, Nov. 28, 1917, *FRUS, 1917,* p. 225. 合約內容見：*FRUS, 1917,* pp. 225-230. 由北京政府河工督辦熊希齡簽署。另外，11月22日，日本興業銀行與中日合興公司（Sino-Japanese Industrial Company）代表日本11家銀行，包括興業銀行、橫濱銀行、台灣銀行、第一銀行等，也和北京政府簽訂一筆五百萬日圓的直隸省疏洪借款，Japan & China-Agreement for Loan for Flood Relief in Chihli, 合約內容見：John V.A. MacMurray, *Treaties and Agreements with and Concerning China, 1894-1919*(New York: Oxford University Press, 1921), Vol. Ⅱ, pp. 1397-1400.

份日本加入投資計畫後的新合約後，也表明他個人深信廣益公司副總
裁司戴德所持與日本合作的理論，並將整治運河計畫納入是深具遠
見的方案。這是維持美國在華門戶開放政策，並避免衝突的最務實
作法[60]。

四、中美工程師的合作與交鋒

導淮和運河整治工程，主其事者為曾任導淮督辦、全國水利局總
裁兼導淮總裁的張謇，他在治理導淮工程其間，與美方技術人員頗多
合作，但亦有所衝突。其中與詹美森（Charles Davis Jameson, 1855-
1927）的閒隙最為人所知。詹美森於1895年來華即擔任大清帝國的建築
工程顧問，後出任紅十字會導淮計畫總工程師，直到1918年離華，回
美後擔任麻省理工學院和愛荷華大學的教授，1927年在弗羅里達州的
Sarasota過世。他將在中國的治理水利經驗，寫成《北長江流域安徽和
江蘇區域的河湖整治》（*River, Lake and Conservancy in Portions of the
Provinces of Anhui and Kiangsu North of the Yangtze River*）一書[61]。張謇

60　Austine to Straight, March 24 & 29, 1917; Austin to W.S. Kies, April 10,
　　1917; Straight to Austin, May 15, 1917, all in China File, *Austin papers*,
　　Carton 5, Folder 6.

61　詹美森一生經歷甚廣，曾於加拿大的New Brunswick，美國田納西州
　　(Tennessee)Memphis市，南卡羅納州(South Carolina)的Charleston，墨西
　　哥(Mexico)和Isthmus of Panama等地擔任工程師。也曾任教於麻省里工
　　學院(MIT)和愛荷華州立大學(Iowa state University)。詹美森的畢生文
　　件收於美國布朗大學圖書館特藏室。著有*River, Lake and Conservancy in
　　Portions of the Provinces of Anhui and Kiangsu North of the Yangtze
　　River*(Shanghai, 1913); *C.D. Jameson Papers*, Brown University,

和詹美森的衝突始於紅十字會派員來華之初，張謇對於詹美森的人品和工程技術均頗有微詞。

在張謇與紅十字會簽約之前，即提出希望能主導工程師人選，對於紅十字會總工程師兼理款項——指「詹美森不惟訂有治理淮河手續，即對於應需款項亦有籌款辦法」，表示不妥。當時美國衛理（Edward T. Williams）公使轉呈紅十字會的看法：「查美國紅十字會實以詹美森所擬辦法為最完善」，因此繼續指派詹美森為經理之一職。至於「詹美森所提之合同籌用辦法已與美國資本團代表酌商，該代表曾以此辦法為可行，司帳一節，詹君不願兼顧，甚望工程早為開辦」。張謇或許出於對詹美森的顧慮，或另有其他原因，曾一度考慮向比利時借款。美國方面隨即表示：「忽聞導淮督辦張謇現正與比國銀行團商借數百萬兩，此款若能有效，恐須帶雇用比國工程師，美國人民實難協辦」。也就是說借款與工程協辦，不能分割[62]。由於當時紅十字會已在淮河一帶花費五十餘萬美元，不希望此項工程轉交比利時手上，所以一方面希望中國仍向美國借款，同時也仍主張聘用詹美森為導淮總工程師[63]。

1914年1月30日，張謇與紅十字會簽訂草約後，此案轉由中國駐美公使與美國紅十字會簽訂正式合同，此時張謇更要求正式合約中應限

（續）————

　　Providence, R.I.以上資料見：David Shavit, *The United States in Asia: a Historical Dictionary*, p. 265. google 學術圖書網可檢閱。

62　〈對詹美森所擬治理淮河工程計畫借款變故照會〉，1913年5月10日。《中美往來照會集，1846-1931》（桂林：廣西師範大學出版社，2006），12輯，頁41。

63　〈對農林兼工商總長改與比國借款建導淮工程提出異議〉，《中美往來照會集，1846-1931》12輯，頁117。

定工程師要有五年以上之河工經驗。張謇以全國水利局局長身分要求即將赴美的駐外財員陳錦濤(陳蘭生)就近向駐美公使夏偕復傳達，請其務必留意工程技術人員的專業條件。張謇給陳錦濤的信件中挑明對詹美森的不滿，說他「性情頗為狡點，其學術技術亦非上選」、「沾染我國惡習」(可能指司帳一事)：

> 美國紅十字會前曾以淮災委派美人詹美森來淮考察並加測勘，其人沾染我國舊習甚深，且察其性情頗為狡點，其學術技術亦非上選，在工程上本不合用，美使近復為之揄揚，現已函覆允俟開工時聘為顧問工程師，顧問二字中西理義廣狹不同，西文字義似尚在總工程師之上，中文字義則與西文所謂普通諮詢工程師一例，蓋美使之意以詹美森於淮河情狀尚知大概，而此次在美借導淮一款，凡投資者欲知淮將來之效果，以及現今之經營必詢問其人用定趨向，故有此請也。但工程事業所關甚鉅，如訂正式合同時，詹美森或要求運動為總工程師則礙難照准，即工程師以上之顧問亦難允許，最好則普通諮詢工程師或分段監督工程師也。草議第5條所云(願託美國紅十字會延聘在美國著名重要河工有五年以上之經驗於職業上負有最高尚名譽之工程師為導淮總工程師)。[64]

張謇要求草議中訂入需有五年以上水利工程師之經驗，即為抵制

64　中央研究院近代史研究所藏，外交部檔案，03-12-009-05-006。〈全國水利局致陳蘭生〉。本份卷宗共有100餘頁之多。

詹美森，不願再與此人共事，因詹美森在美國河工並無五年以上之經驗[65]。

在工程理念上，張謇的主張與詹美森亦不相同，詹美森主張入江和入海同時排除淮水，入海水道用廢黃河故道，入江水道由高寶湖排入長江。此與張謇主張「江海分疏」亦有所不同[66]。顯然張謇對詹美森的人品和河工專業均不信任。

在紅十字會參與階段，參與導淮工程案的另位美籍工程師賽伯特，於1884年畢業於美國西點軍校（West Point）。他是巴拿馬運河工程中的主要工程師之一。著有《建造巴拿馬運河》（*The Construction of the Panama Canal*）一書，記錄從1904到1914年美國接管巴拿馬運河建造工事後的工程設計、水閘、水壩、橋墩和各項費用等內容，並繪有各式工程圖樣，特別針對該工程的艱鉅工程詳加描述。賽伯特返美後，轉任美國政府為因應一次大戰變局成立於1918年6月的「化學戰勤務署」（The Chemical Warfare Service(CWS)首任署長[67]。除了賽伯特

65　中央研究院近代史研究所藏，外交部檔案，03-12-009-05-006。〈全國水利局致陳蘭生〉。

66　須景昌，〈張謇與淮河治理〉，頁423。

67　賽伯特在巴拿馬工程委員會中負責大西洋段工程，Gutun 水閘和水壩、開鑿從Gutun到大西洋七英里的運河、建造Colon Harbour 防坡堤等大西洋段的主要工程。不惟如此，1908年以前他還負責所有巴拿馬運河的閘壩（Locks and dam）工程和規章制定的工作。著名的鐵路專家史提文遜（John F. Stevens）自1906-1907年間由羅斯福總統（Theodore Roosevel）任命為總工程師，賽伯特為其重要副手。繼史提文遜之後，哥索爾氏（George Washington Goethals）克服工程與環境的重重障礙，終於完成建造巴拿馬運河的不可能任務。William Luther Sibert, *The Construction of the Panama Canal.* pp. 6-7. 全書可於Google 圖書下載。http://en.wikipedia.org/wiki/William_L._Sibert 下載時間2010年9月1日。

之外，另包括二位經驗豐富的專家：（一）亞瑟‧戴維斯（Arthur P. Davis），曾任美國墾殖局總工程師（Chief Engineer of the U. S., Reclamation Service）。（二）米德（Daniel Mead），威斯康新大學水利學教授（University of Wisconsin），曾是俄亥俄洪水整治委員會（Ohio Flood Commission）的成員。1914年8月，賽伯特在上海給美國紅十字中央執行委員會主席喬治‧戴維斯（George W. Davis）的私人信件中吐露剛考察淮河流域和大運河的心得，對工程還算樂觀，但停留時間尚短，仍有待日後進一步考察。他向張謇建議在淮河和沂水設置兩處的永久河川觀察站。同時也提到目前大運河大約有五到六個釐金站，而據美國兩家石油公司（指美孚公司和德士谷公司）給他的訊息是，這兩家公司一年花在大運河釐金的通行費用高達三萬美金。這項訊息是否暗示紅十字會可在工程改善後徵收通行費，以補償工程鉅費有所暗示，不得而知[68]。在芮恩施的回憶中，也提到賽伯特領導的工程委員會對於水利工程進行探勘後抱以推崇，但與裕中公司有聯繫的財界對於後續仍然猶豫不決，顯然財界關心的是有無實際利益可圖[69]。

賽伯特（一譯塞伯爾）主張「全量入海」，不要江海分流，主張導淮入江，只要經洪澤湖、高寶湖入江[70]。由於賽伯特在華時間停留不

---

68 這封信件事實上為私人信函，但美國紅十字中央執行委員會主席George W. Davis，認為有參考價值而轉給國務院遠東司司長（E.T. Williams）。William L. Sibert to George W. Davis, Aug. 26, 1914, NA, 893. 811/153.。.

69 芮恩施，《一個美國外交官使華記》，頁160。

70 賽伯特對中國水利的調查報告，可參見：George Burleigh Baird, "Famine Relief and Prevention in China," Chicago: M.A. thesis paper of Chicago University, 1915, p. 50.（感謝國家圖書館黃文德博士提供此份資訊）須景昌，〈張謇與淮河治理〉，頁423。

長，張謇給中國駐華府公使夏偕復的信中，一方面表達對美國工程隊的感謝之情，同時也希望駐美使館一旦收到紅十字會的調查報告後，盡快將副本寄給北京政府和導淮水利局，但他同時表達對美國工程隊採用導淮入江（長江）並不十分贊同的看法[71]。

在廣益公司參與階段，1919年，工程師費禮門（John Ripley Freeman, 1855-1932）來到中國。當時費禮門在美國工程界已略有聲名（另見本書第七章。費禮門於1921年曾參與黃河鐵橋投標案）。他早期在波士頓從事火險業，再從防火工程關注到水力，1899年受邀研究紐約市的水力供給問題，此後他長期擔任美國各大城市水力工程的顧問。1903年出任麻州查爾斯河水壩委員會（Charles River Dam Commission）首任工程師。之後，他曾參與美國數家公司的水利發電和水壩工程計畫，此後才到中國來。1917至1920年受北京政府聘任擔任中國大運河整治工程及疏導黃河、淮河工程計畫的諮詢工程師[72]。費禮門曾於1919年10月25日在北京海軍俱樂部演講〈中國的大運河〉（The Grand Canal of China），該文共有67頁。也曾受邀於美國土木工程協會（*American Society of Civil Engineers*, A. S. C. E.）發表〈中國的洪水問題〉（Flood Problems in China），提出他對黃河、淮河和大運河的

71　K.F. Shah to E.T. Williams, Oct. 21, 1914, NA. 893.811/154.

72　Vannevar Bush, "Biographic Memoir of John Ripley Freeman, 1855-1932." in *National Academy of Science of the United States of America Biographical Memoirs*, Vol. XVII- Eighth Memoir, present to the Academy at the Autumn Meetings, 1935, pp. 171-187.該文可於網路下載。
http://books.nap.edu/html/biomems/jfreeman.pdf 費禮門不僅在美國本土，陶德對歐洲水力問題亦有研究。他曾發表關於義大利波河（River Po）防治的專文，於1931年1月獲得James R. Croes Medal。費禮門生前文件和資料，於1980年由麻省理工學院（MIT）圖書館特藏室保存。

整治問題的看法[73]。

費禮門和張謇針對導淮工程的技術面展開多次研商，張謇提供歷次有關導淮工程的文件供其參考，次年費禮門出版導淮工程的報告，被稱之為費禮門計畫(Freeman Plan)，但這項計畫仍無法解決問題。費禮門計畫大致內容為：全量入河，入海路線自五河經洪澤湖北開挖一條貫徹蘇北筆直的入海通道，向東北穿運河、六塘河、鹽河至臨洪口入海[74]。

張謇曾公開對費禮門和賽伯特計畫的評論，認為兩人計畫都有缺失，他說費氏的想法是過時的，與他十二年前的失敗經驗相近，而賽伯特主張全量入海的計畫，其計算方式有問題。張謇總評這兩人的河工計畫在執行上都有無法克服的障礙：

> 費氏之說與三四千年前之大禹，十二年前之謇，先後暗合。惟因種種關係，謇不能持前說。……謇之主全入，其計算淮水之總量，不足五千立方公尺。今查五年淮河最大流量，數逾八千，十年則幾及一萬，與賽氏原計之數，相差甚遠。且五年大水，淮水入江每秒六千立方公尺，十年之水，大於五年，而入江流量小於五年幾倍。故十年之險，甚於五年亦幾倍。由是言之，費氏計畫，固節用而工捷，而實地之障礙，

---

73 "The Grand Canal of China." at the Navy Club, Peking, October 25, 1919. *Tientsin North China Star.* 1919. 67 pp.(in English and Chinese)"Flood Problems in China." in A.S.C.E., V. 85, May, 1922, pp. 1405-1460. 以上資料見： Vannevar Bush, "Biographic Memoir of John Ripley Freeman, 1855-1932," p. 185.

74 須景昌，〈張謇與淮河治理〉，頁423。

未易去除。賽氏(指：賽伯特)之工用，亦節而捷矣。但來水
之量數，與實際不符，根本上已不能適用。無已，非有仍取
江海分路之策。[75]

　　張謇經數年整治河工的經驗後，主張江海分路之策。曾於1913年
發表〈導淮計畫宣告書〉、〈治淮規劃之概要〉，提出「三分入江，
七分入海」和臨、沭、泗分治的原則。1918年主持江淮水利局時，彙
整研究多年的導淮資料，發表《江淮水利施工計畫書》，對「江海分
疏」作了修改與記述，把原規劃淮水「三分入江，七分入海」，改為
「七分入江，三分入海」的新觀點。在《江淮水利施工計畫書》中，
他提到導淮不外入江、入海或江海分疏三個方案，全部入海工程量太
太，難望成立。全部入江，如遇江淮並漲，仍要氾濫成災。因此，還
是以「江海分疏為宜」[76]。
　　在導淮工程案中，另有一件值得記述的事是號稱「河流馴師」
(River Tamer)美籍工程師陶德(Oliver J. Todd, 1880-1974)的作為。他
於1919年8月起跟隨費禮門受北京政府委託，進行大運河整治工程的田
野調查，擔任費禮門的助手，從此開展在中國治水和交通工程的淵
源。1921年起，陶德投入紅十字會在山東大飢荒的賑災工作，掌管山
東省的賑災和交通工程。陶德曾任「中美工程師協會」(Association
of Chinese and American Engineers)主席，其後亦擔任該協會的秘書

75　張謇，〈敬告導淮會議與會諸君意見書〉，1922年發表。
76　據計算，所需經費兼治運河及沂、沭河約需9,000萬元，分九年施工，
　　入海工程土方量為5,034 立方公尺。須景昌，〈張謇與淮河治理〉，頁
　　418-424。

多年[77]。陶德在 1923 年獲聘為「華洋義賑救災總會」(China International Famine Relief Commission)首任總工程師負責規劃大型工程與賑災計畫,直到1935年才光榮下台,1935-38年間仍擔任華洋義賑救災總會諮詢工程師(Consulting Engineer)、山東省黃河整治和黃河委員會顧問,並任紐約市友誼基金會(Friendship Fund of New York City)顧問,於1938年離華返美[78]。雖然他擔任華洋義賑救災總會的職務期間,與技術部門略有摩擦,但無論如何,以他在中國20年所投入的工程專業和心力,對中國現代化卓有貢獻[79]。

77　George Gorman, " Major O.J. Todd" ", in O.J. Todd, Two Decades in China(Peking: The Association of Chinese and American Engineers, 1938), pp. 1-6.

78　陶德於1880年出生於密西根,1974年於加州過世,得年94高壽。朋友間稱他為O.J., 全名為Oliver Julian Todd。他於1938年返美後定居為加州 Palo Alto。1940-42 年任美國墾拓局(U.S. Bureau of Reclamation)工程師,其後出任美國陸軍資深工程師於亞歷桑那(Arizona)等職。1973年出版 The China That I Knew. 陶德文件(O.J. Todd Papers, 1899-1973),收藏於史丹佛大學胡佛研究所(Hoover Institution Archives, Stanford University)以上資料見:http://socialarchive.iath.virginia.edu/xtf/view?docId=Todd+O+J+Oliver+Julian-cr.xml 下載日期2011年1月25日。

79　陶德在華洋義賑救災總會的事蹟及其與技術部門的摩擦,可參閱黃文德,《非政府組織與國際合作在中國:華洋義賑會之研究》(台北:秀威出版社,2004),頁134-139。

華洋義賑救災總會的〈救命〉呼籲，《密勒氏評論報》
（*The Weekly Review of Far East*）1920年12月4日。

　　究竟張謇的工程計畫或美方工程師計畫孰較爲高明，非本文重
點，亦非文所能考究。中華人民共和國成立後，有一說法，張謇的導
淮計畫書在理論與實踐上比較科學地解決淮水出路問題，於1950年
代，中國的治淮工程中證明是正確的[80]。張謇對近代中國的導淮水利
和實業教育的貢獻，學界早給予極高的評價，但對這批默默奉獻於中
國水利工程的外籍工程師所給予的肯定，相對顯然較不充分。費禮門
於1922年重新設計過的紅十字會導淮工程圖，於1930年代初爲國民
政府所選用[81]。費禮門同時是美國土木工程師協會（American Society

<hr />

80　須景昌，〈張謇與淮河治理〉，頁423-424。該文作者之堂兄須愷，是
　　張謇創辦河海工程專門學校首屆畢業生，曾在導淮委員會任總工程師，
　　於1950年出任中華人民共和國水利部技術委員會主任，延續張謇「蓄泄
　　兼籌」的基本構想，提出導淮整治計畫的改善方針。
81　黃文德，《非政府組織與國際合作在中國：華洋義賑會之研究》，頁
　　285。.

of Civil Engineers)的會員長達四十年，亦曾任主席，鼓吹美國應成立國家級的水力實驗室(National Hydraulic Laboratory)，並曾發表不少重要學術論文。晚年由於受到日本、加州等地大地震的激發，他關注怎樣的防震工程可以減少生命財產的損失。1932年費禮門過世，美國國家科學院有專文表彰其在工程界及工程教育上的貢獻[82]。而陶德在1945-47年間重返中國，擔任聯合國駐中國善後救濟總署(United Nations Relief and Rehabilitation Administration, UNRRA)的黃河整治計畫顧問。他在開封附近指揮20萬苦力在國民黨軍隊的支持下搶救該段黃河水道，由於工程進行需同獲國共兩黨的配合，但國共軍隊打打停停，使得工程進度時常中斷，備極艱苦，該計畫於1947年完工[83]。

詹美森、賽伯特、費禮門和張謇對於整治淮河意見的不同，更加說明此項工程的艱鉅。不論如何，民初導淮與運河整治工程中，中美工程師的合作與交鋒，是民初中美技術合作的一大盛事，雙方互為觀摩和學習，有助於提升中國水利發展的技術進程。

---

82 Vannevar Bush, "Biographic Memoir of John Ripley Freeman, 1855-1932," pp. 171-187.

83 Jonathan D. Spence(史景遷), *To Change China: Western Advisers in China*(New York: Penguin books,1980, reprinted in 2002), p. 210. 有關陶德的記載，見頁205-216。該書初版於1969年(Boston: Little, Brown and Company, 1969)，史景遷在書中敘述16位西方顧問在近代中國的傳奇故事。陶德文件集《中國二十年》(*Two Decades in China*)出版於1938年，有關其於1940年代重返中國的事蹟較少有記載，史景遷撰寫本書時與晚年的陶德有信件往來，補充了此一時期的記敘，該書提到陶德對參與聯合國戰後救濟總署(UNRRA)的黃河水利和救災工程甚為稱道，不僅因為該工程艱巨而重要，且因國共內戰不斷，以致工程時而被迫中斷，過程充滿驚險。

四、小結

本文所探討的美國紅十字會和廣益公司所參與的導淮工程和整治運河計畫，其轉折約可分為三階段。第一階段：1914年1月，美國紅十會懷著悲天憫人的宗教情懷簽訂導淮合同。美國政府和民間大為喝采。第二階段：1916年4月、5月廣益公司簽訂「導淮借款與整治運河協議」，美國銀行團對於中國貸款沒信心，廣益公司的律師團希望淮河水域流經的地方首長能在合約上簽字劃押，並提供安全擔保。第三階段：廣益公司不顧美國駐華公使芮恩施的強烈反對，在美國國務院的默許下，該公司於1917年11月轉而與日本合作，讓日本共同參與整治大運河借款。芮恩施也因對華政策的不同，而與美國國務院弄僵關係，歷經三年餘的交涉，此事終於告一段落。

這個投資案例中，在民初美國所參與的中國公共工程中為最具「人道資本主義」(Humanitarian Capitalism)的精神，與「物質的資本主義」(Materialistic Capitalism)個案——例如鐵路工程牽涉的龐大利益——有所不同，然在中國的最後下場並無二致，其理由主要仍在於中國特殊之政經情勢與美國銀行團的信心不足。首先，相較於鐵路借款，導淮借款由於人道關懷的精神，以及工程上的艱巨，最初並無外國抗議；然而工程的龐大經費，使得美國紅十字會無法負擔其巨額財力之籌措，於是有後來美國大財團廣益公司的介入，該公司希望中國能確保安全的信貸。更嚴重的是一戰爆發後，日本為顯示對華事務的強烈主導，特別是關係大運河工程在山東地段的利益，認為牽涉日本繼承德國在山東的權益，因而有日本興業銀行團的勢力進入。於是一項人道主義的救援工程，因而形成美、日銀行團和帝國主義國家的政

治外交案。以上亦可見一次大戰的爆發對中國內政與外交所帶來的衝擊。

美國政府在紅十字會參與時期，大加讚揚，並積極鼓動，紅十字會且任命巴拿馬運河工程顧問團隊協助中國，但不巧的是一次世界大戰的爆發，紅十字會的救援資金和心力移轉至歐洲難民營。導淮工程所需的龐大資金遠超出預算，也使得紅十字會無力承擔這項工程案。由於牽涉實際動工的龐大金額問題，美國政府無法以開鑿巴拿馬運河的決心，來爭取銀行界和企業界的金援貸款，當然美國從法國人手上接下巴拿馬運河的開鑿，主要為從航運上掌握世界經濟市場的流通，並建立美國在拉美地區軍事和霸權的影響，而遠在太平洋彼岸的中國，是否值得以美國政府的力量做這樣的經濟投資，仍有太多的不確定的變數，或者說是美國對中國的政治投資，其性質原本就有別於美國對於其「後院」拉丁美洲的占有企圖，兩者出發點有所不同。

最後，這件導淮與大運河整治案雖以和日本妥協，達成實業借款的目的而結束，然而實際撥款與工程的動工情形，在北京紛擾政局下，實業開發根本後繼乏力，後續的導淮工程在人力和財力上都陷於停頓。連負責導淮工程的農林總長兼水利局長張謇都掛冠而去，改以從事實業教育為職志。

這件與美方合作的導淮工程案，儘管功敗垂成，但也見證了早期中美工程師交鋒與合作的一頁。這些美籍工程師遠渡重洋，深入中國窮鄉僻壤，與惡劣的自然環境搏鬥，投注於中國的黃河、淮河、長江水患等整治工程的改善和研究，可謂中國水利和交通現代化工程的一大功臣。

由這項美方參與的導淮與大運河整治工程的交涉，可看到駐華公使芮恩施急切促成此事的心願，而未能奏功也成為他公使任內的一大

憾事。由於芮恩施與美國國務院的摩擦日深，特別是對日本的強硬作法不能贏得國務院的支持，使他最後不得不求去。芮恩施於1919年9月15日離任公使職，由於對中國的友善，北洋政府欲借重他在外交圈的人脈和影響力，促進對外友好關係。不久即出任北洋政府外籍顧問「在美國行使職務」，年薪高達二萬美金，其受到北京政府的禮遇頗似清末美國駐華公使蒲安臣（Anson Burlingame），於離任後擔任中國首任駐外使節之殊榮[84]。

84　芮恩施與中國政府於9月13日簽訂合同，受聘時間以三年為期。從1919年10月1日起至1922年9月30日。年薪2萬美金，分3、6、9、12月由中國駐美公使轉交；如欲回京，則由中國政府另允給美金1,000元為單程旅資，由京回美旅資亦然。但後來北京政府因財務困窘，曾發生付不出薪資的事情。見：外交部收國務院函，1919年9月15日。中央研究院近代史研究所外交檔案，03-01-001-13-001。芮恩施於1922年出版自傳式的回憶錄《一個美國外交官使華記》（*An American Diplomat in China*），1923年病逝。其駐華公使任內以執行門戶開放政策，抵制日本，希望以商業和政治手段協助中國走向現代化。關於芮恩施在華活動，最完整的傳記，仍屬Noel H. Pugach, *Paul S. Reinsch, Open Door Diplomat in Action.* 但該書所運用的北洋外交檔案並不夠充分。清末美國駐華公使蒲安臣因任內推動對華友善之政策，於1867年卸任後，受聘擔任清政府所派遣的第一支使團赴歐美考察。詳見：Frederick Wells Williams, *Anson Burlingame and the First Chinese Mission to Foreign Powers*（New York: Scribner's, 1912）.

第六章

從水線到無線電——
民初美國合眾電信公司投資案

一、前言

鐵路和電報的開展,是工業革命以後歐美國家現代化設施的重要標竿,不僅提供生活和交通的便捷,更是戰時重要的運輸工具和通訊設備。近代以來伴隨著西方帝國主義國家以工業化優勢在遠東拓展勢力,電報水線也在中國主要城市口岸架設起來。電報水線在中國的使用,曾被譽為同蘇彝士運河通航具有同等重要意義的大事[1],它縮短中國市場和世界貿易的通訊連結,對中國市場的活動方式產生巨大的變革。

19、20世紀的跨世紀之交,無線電訊的發明寫下科技史的新頁。1901年馬可尼(Guglielmo Marconi)試用跨海無線電系統的成功,以及

---

1 蘇彝士運河由英國歷經十年的工程開鑿,於1869年通航。這條連結地中海和紅海的水道,不必繞過非洲好望角,大大減短歐亞航程。當時被喻為「通往印度的高速公路」對英國的遠東貿易、歐洲的航海世代、物質文化的交流和中國市場都產生巨大的影響。
http://en.wikipedia.org/wiki/Suez_Canal下載日期2011年5月10日。

1904年德律風根(Telefunken)新火花式發報機的研發，帶動歐美國家
電報事業的躍進發展[2]。在無線電訊初展露全球性投資熱潮的階段，
美國工業資本家熱中於將此一新興商品向遠東和中南美洲地區輸出，
而中國廣大市場亦爲美國工業資本家的目標之一。第一次大戰結束
後，美國在遠東事務的影響力愈爲增加，而橫貫太平洋之海線，則僅
有太平洋商務電報公司之一線，比起大西洋海底共有十七條海線之差
遠甚，因而有必要加強太平洋電線的設施[3]。不論就美國在遠東的經
濟投資和軍事政治價值而言，對中國無線電訊事業的投資，其重要性
自不待言。

　　然而，自清末以來，中國電訊市場自始即和帝國主義國家在中國
所簽訂的各項條約和權利特許息息相關。在有線電報時代，外人在中
國的有線電報市場主要由英國大東公司、丹麥大北公司所瓜分；民國
以後無線電業興起，又有歐美國家和日本持續爭奪中國電信市場。一
次大戰的爆發，更使得歐美國家深刻體驗無線電訊在戰場的重要性，
電報的應用不僅在於謀商業上的便利，更能掌握隔海陸之遙、瞬息萬

2　1897年，義大利人馬克尼在英國成立了無線電報及信號公司(即後來的
　　馬可尼無線電公司)。1901年，馬可尼成功發射從加拿大的紐芬蘭
　　Newfoundland與英國昆沃爾(Cornwall)之間、橫跨大西洋2,100英里的越
　　洋無線電通訊，歐美電訊事業的發展因而躍升到新的里程碑。由於馬可
　　尼在無線電通信方面所做出的貢獻，使他獲得1909年的諾貝爾物理學
　　獎。德律風根式發報機爲德國西門子(Simens & Halske AG)和AEG公司
　　所研發。馬可尼公司和德律風根領導20世紀初無線電訊的研發，1920年
　　代在歐洲的進展結果，德律風根的重要性已超越馬可尼公司。詳見：
　　Alfred D. Chandler Jr., *Inventing the Electronic Century* (New York: the Free
　　Press, 2001), p. 4.

3　羅羅，〈美人增設太平洋海底電線之計畫〉，《東方雜誌》，16卷8號
　　(1917：8)，頁69-72。

變的軍情戰況。在「中美無線電合同」簽字之前，英、日等國家曾分別和北京政府簽有無線電合同，其中丹麥德律風根公司亦曾一度與北京政府簽有合約，後因故取消。因而當1921年1月，美國合眾電信公司（Federal Telegraph Company）和中國政府訂定「中美無線電合同」之訊息曝光，且由於設施規模超前巨大，立即成為各國矚目之焦點，並牽動上述各國在中國電訊事業的競爭。

從大戰時期到1920年代，中國知識圈熱烈討論無線電訊的重要性，《東方雜誌》有不少文章從學理和應用方面介紹無線電的功能、歐美各國無線電事業的發展及其便利性，並附有無線電話、無線電報機的各式圖片[4]。知識圈盛讚「無線電之在今日，可以說是世界上唯一最重要的交通利器了。一個國家如果要保全它的獨立，要使本國與他國在商業上和知識上交通的便利，便非有他不可」[5]。然而，中國並無製造國際無線電訊的技術和能力，無線電訊設施的高投資成本也絕非中國所能負擔，因此勢必藉助外國資金與先進技術。

過去對於中國電報的發展研究，較偏重於清末列強在中國建造有線電（含海底電線、水線、陸線）以及清末自辦電線及電報學堂之興設；對於一次大戰前後列強在華無線電訊事業之發展的研究並不充分，且引用原始檔案者既少，轉抄錄者多，以致無法查證[6]。本章運

4　例如，《東方雜誌》，12卷3號(1915年3月)，頁9-11，專文介紹無線電。15卷2期(1918年2月)，頁84，介紹美國海軍部無線電報。另有關於無線電話、無線電報機(附圖)種類介紹等等，不勝枚舉。曹仲淵，〈吾國無線電界情形〉，《東方雜誌》，18卷13號(1921：7)，頁116。

5　何作霖，〈各國對於無線電事業之競爭〉，《東方雜誌》，23卷10號(1926年5月25日)，頁42。

6　可參見：Westel W. Willoughby, *Foreign Rights and Interests in*

用相關中英文一手材料，分析民初中美無線電合同案的交涉，藉以了
解一次戰後美國大企業對中國無線電訊市場的期待、美國政府對此一
合作案的立場，以及中國無線電訊市場的國際競爭因素，藉以闡述企
業、政府與外交關係的環扣相連。

二、中國實業市場的新櫥窗——無線電訊事業

清末以來，外國在中國電信市場的投資主要掌控在三家電報公
司：（一）英國大東電報公司（The Eastern Extension Australasia and
China Telegraph，簡稱E.E.A.&C.）於1873年由創辦人潘德（John Pender）
合併三家電報公司（the British Indian Extension, The China Submarine
and British Australasia）而來，其主要業務在東南亞，並且以香港為根
據地向中國沿海各港口推進[7]。（二）丹麥大北電報公司（The Great
Northern Telegraph Company of Copenhagen），係由北歐一些水線公司
於1869年合併改組而成，總公司雖設於丹麥首都哥本哈根

（續）

China（Baltimore: the John Hopkins Press, 1927）; Feuerwerker, Albert, *Shen Hsuan-Huai and Madarin Enterprise*（Cambridge, Mass.: Harvard University Press, 1958）. 郵電史編輯室編，《中國近代郵電史》（人民郵電出版社，1984），該書述及民國外人在華無線電投資，但資料出處多為不詳。最新的研究有：Daqing Yang（楊大慶），*Technology of Empire: Telecommunications and Japanese Expansion in Asia*, 1883-1945（Harvard University Asia Center, 2011）則以詳實的資料，深入探討19世紀後期到二次大戰，日本在東亞如何以電訊事業進行政治和經濟的擴張，從而打造其東亞帝國的事業。

7　*China Year Book, 1923*, pp. 438-439.

（Copenhagen），但英國資本占有多數[8]。（三）太平洋商務電報公司（The Commercial Pacific Cable Co.）為美國公司，股份四分之三為其他國家海底電報業所掌有。大北和大東線因有不少英國資本，常互相合作和扶植，在遠東電信市場堪稱無可匹敵。1904年太平洋商務電報公司敷設太平洋線路，自舊金山經火奴魯魯（夏威夷）和中途島至關島、關島至小笠原群島（日本）、關島至馬尼拉，及馬尼拉至上海各敷設海底電線一條，成為北太平洋交通的唯一海底電線系統[9]；這條海底電線對於日益重要的太平洋交通顯然是不足的；因此美國國會中頗多倡導增設太平洋線路的必要。大戰期間，美國新聞界、金融界、外交家、法律家、資本家等組織一私人團體，定名「外交協會（Council of Foreign Relation）」，該會曾聯合請求美國政府增設太平洋海線，稱此事於商業上有莫大利益，較諸添造商船多艘尤為重要[10]。

20世紀初美國無線電信的發展已有突破性進展，對於已獲得菲律賓群島為遠東據點的美國而言，如能建立可與美國直接通訊之無線電訊塔台，一方面能滿足美國各界對發展太平洋電訊的需要，且能從技

8　據郵電史編輯室編，《中國近代郵電史》，頁44-45。大北電報公司除多數的英資本外，也有部分帝俄資本。帝俄政府與大北電報公司於1869年10月11日訂立合同，許給海線專營權利三十年。大北、大東和太平洋三家公司於清末在中國國際電報通信市場展開激烈競爭，此一部分可參閱該書，頁74-76。

9　Westel W. Willoughby, *Foreign Rights and Interests in China*（Baltimore: the John Hopkins Press, 1927）. 本文引用王紹坊譯，《外人在華特權和利益》（北京：三聯書店，1957），頁577-581。據該書頁582，由於1896年清政府曾和大北公司簽訂合同許以專利權，因此1904年大北公司與太平洋公司簽訂合同，許以北太平洋水線之設置。

10　羅羅，〈美人增設太平洋海底電線之計畫〉，《東方雜誌》，16卷8號（1917：8），頁69-72

術升級趕上或超越其他國家在中國電信市場的優勢；另一方面對美國在華商業與軍事外交的擴張有莫大之助益。

　　美國合眾電信公司為美國第一批設立的主要無線電訊公司之一，其歷史起源於1909年加州Palo Alto的「浦耳生無線電報公司」(Poulsen Wireless Corporation)。浦耳生(Valdemar Poulsen, 1869-1942)係丹麥工程師。他於1898年發明一種電磁留聲機(Telegraphone)，為20世紀錄音機、錄影機、電腦硬碟、磁卡的技術發明奠定基礎。1902年浦耳生發明弧光式無線發射(Poulsen's Arc Wireless Transmission)技術，但將這項技術用於商業應用的推手則為一名史丹佛大學(Stanford University)高材生——艾爾威爾(Cyril Frank Elwell, 1884-1963)。他說服浦耳生將其美國的專利權給他，於1909年和一群加州同好成立「浦耳生無線電報公司」。艾爾維爾的電報台設施引起加州資本家Beach Thompson的注意，次年「亞歷桑那浦耳生無線公司」(Poulsen Wireless Corporation of Arizona)成立，名為Arizona company, 事實上座落於舊金山的Ocean Beach，不久即更名為「合眾電信公司」。Beach Thompson為首任總裁，副總裁E.W. Hopkins，艾爾維爾出任首席工程師。1912年，合眾電信公司在靠近南舊金山的San Bruno Point 建造當時世界最高的天線塔台。美國政府意識到無線電報的軍事用途，1912年美國海軍徵用位於威吉尼亞州(Virginia)阿靈頓(Arlington)一家使用浦耳生弧光式發報機的電台。一次大戰時許多戰壕隨處可見浦耳生發報機。當美國軍艦華盛頓號(U.S.S. George Washington)載著威爾遜(Woodrow Wilson)總統抵達巴黎和會時，浦耳生發報機發回一次六百字的電訊，令美國人驚奇不已。由於大戰時合眾電信公司的浦耳生塔台為美國海軍徵用，戰後的1921年，合眾電信公司取回浦耳生無線電專利和塔台，在1921至1923年之間分別在舊金山、波特蘭(Portland)、洛杉磯(Los Angeles)

設立新發射台[11]。由此可見合眾電信公司在一次大戰期間堪稱頗具規模的美國新興企業，且與美國政府關係密切。

事實上，一次大戰前美國本土最大的無線電信公司為美國馬可尼公司(American Marconi Company)，但因該公司有不少英國股份，無法贏得美國政府的充分信任[12]。美國參戰後，無線電台由政府接管，並大力擴充發射基台。戰後美國海軍部主張無線電台應由政府永久專有，但美國國會反對，最後才又發還給私人企業。然而，大戰時期威爾遜總統體認到無線電在軍事、外交和「啟迪」人心的作用，特別是1918年1月8日他的「十四點和平計畫」演說同步發送到歐洲、遠東和拉丁美洲；同年7月新澤西州New Brunswick塔台——當時全世界最大

---

11 艾爾威爾在史丹佛大學教授的資助下，赴歐洲向發明家浦耳生學習數月，回國後創立「浦耳生無線電報公司」。艾爾維爾曾和浦耳生君子協定，此項技術不得移轉給當時已創立的無線電公司，因浦耳生擔心這些大資本家反而會扼殺這項發明。艾爾威爾於1913年因意見不合離開合眾電信公司，1923年出版*The Poulsen Arc Generator*一書。1927年8月合眾電信公司與麥金無線電公司(Mackay Radio Co.)進行合併；次年國際電話電報公司(International Telephone and Telegraph)買下該公司。但「合眾—浦耳生電台」(Federal-Poulsen Stations)公司仍生產發報裝置，並提供美國電話電報公司(AT&T)在加州(California)迪克遜(Dixon)短波台的設施裝備，直到1944年為止。Robert Sobel, *ITT: The Management of Opportunity* (Beard Books, 2000), pp. 102-104. 網頁資料：http://www.sfmuseum.org/hist/poulsen.html 下載時間2007年8月2日。http://en.wikipedia.org/wiki/Federal_Telegraph_Company. 下載時間2007年8月2日。

12 此一看法為援用美國無線電公司內部討論中國投資案的文件，收錄於 The Chairman of the Board of the Radio Corporation of America(Young) to Mr. James R. Sheffield, Dec. 7, 1921, enclosure in *FRUS, 1922*, Vol. I, p. 830. 馬可尼公司創立於英國，在美國的馬可尼公司為在美國的跨國企業，向美國政府註冊，同時有英、美股東。

的新發報機——發出威爾遜總統送到柏林的信號，直接向德國民眾訴求和平解決戰爭，使得威爾遜成為第一位向「全世界」致詞的國際大人物。大戰後期威爾遜因而鼓動美國人應有獨資且強大的無線電企業，他大力促使奇異公司(General Electric Company, 簡寫GE或GEC，譯名或為「通用電器公司」)總裁楊格(Owen D. Young)併吞美國馬可尼公司成為美國人的企業。在美國政府的支持下，1919年奇異公司宣佈買下美國馬可尼公司的英國股權，並併購美國電話電報公司(American Telephone and Telegraph, AT&T)、西電公司(Western Electric)、聯合果實(United Fruit)公司，合併成為「美國無線電公司」(Radio Corporation of American, RCA)[13]。而這間美國無線電公司亦即本章所探討的個案中最後成為合眾電信案的合作夥伴，也由此可見美國政府的介入因素。

(一)英、日等國捷足先登

大戰初期，美國尚未參戰，1915年4月間美國國務卿藍辛(Robert Lansing)要求駐華公使芮恩施(Paul S. Reinsch)探詢與中國建立無線電報網絡的可能，芮恩施隨即緊密拜訪郵傳司司長周萬鵬、交通總長梁士詒[14]。芮使表示目前中美電報費用過高(每通3.05墨西哥銀元)嚴重不利中美商務關係的發展，對各項情報的掌握亦造成不便，希望

13　Emily S. Rosenberg, *Spreading the American Dream, American Economic and Cultural Expansion, 1890-1945*(New York: Hill and Wang, 1982), pp. 92-95.

14　Lansing to Reinsch, Apr. 16, 1915, in United States National Archives, *Records of Department of State Relating to Internal Affairs of China, 1910-1929*(hereafter cited as NA.)No. 893.74/2a.

取得美國無線電企業在中國的登陸權，以改善此一窒礙情形。梁士詒答以中國政府受限於1912年和日本所訂長崎——上海線的協議，該協議中國政府允諾中國海岸的任何地點，如有任何電信設施的建立必須徵得日本的同意權。由於美國急於開拓太平洋線路，芮使提出另一補救辦法，是向葡萄牙政府商借澳門做爲無線電台基地，再經由中國政府發射電訊[15]。1915年6月，芮使獲知英國馬可尼無線電公司(Marconi Wireless Company)與中國陸軍部簽訂購置無線電器材，且涉及一筆60萬英鎊之借款疑雲，他表示由於中國政府財政之需求，以秘密外交換取特殊利益之情事時而可見，這件事值得同樣欲尋求在華投資無線電業的美國政府的密切關注[16]。

1917年3月北京政府參眾兩院通過對德絕交案不久，海軍部曾向丹麥政府訂購德律風根式無線電機器，消息曝光後，引發英、日國家反對，主要是德律風根式無線電爲德人產業，宣戰後改爲丹麥公司德律風根。由於涉及戰時情報之密碼截收，引起英日等同盟國家之反對。該項合同未經正式照會丹公使之前，海軍部亦以爲「我國當此戰爭期內，乃與敵國人民訂立此種有關軍用設備之合同，實駭外人聽聞，關係甚大，後患無窮」，於是電告外交部取消該合同[17]。

1918年8月，英國馬可尼公司與北京政府陸軍部經數年交涉簽訂無線電合同，第一、二款言明：

15　Reinsch to the Secretary of State, June 11, 1915. NA, 893.74/5.

16　Reinsch to the Secretary of State, Oct. 26, 1915. NA, 893.74/6.

17　《民國孤本外交檔案》(北京：全國圖書館文獻縮微複製中心，2003)，第16冊，《無線電合同事由》，頁6151-6198。

(一)(中國)政府現需購置行軍無線電話機器，公司願為政府
籌備所需款項英金60萬鎊借與政府，政府即以此項英金
60萬鎊之一部分，照下開價目向公司訂購馬可尼最新式
行軍無線電話機兩百架。

(二)該無線電話機器並配帶零件暨運費保險，訂明每架定價
英金1,500鎊、上海交貨，共計貨價30萬鎊；……[18]

依合同所言電話機器僅需30萬鎊之造價，而剩餘之30萬鎊則未交
代用途，不免啓人疑竇。馬可尼無線電合同曝光後，美、日等國家表
示應有一體均霑之權利。美國急於開拓中國無線電訊市場，卻苦無著
落。由於馬可尼合同中有以下文字，使得美國政府認為有排他性條
款，向中國提出抗議：

中(國)政府承認公司若辦理有效，必須雙方互相扶助，是以
允許若中國公司投標售賣物料物美價廉，若與他家公司相
仿，須購買該公司之物料，若中政府將來需用無線電報及無
線電話所需器具物料，均須專向該公司購買，若中政府在下
列之不致受虧，即行單獨囑託該公司脩理中國所有之無線電
報及無線電話之器具，並投標日用所需之各種物品。

美國駐華使館援引1844年中美望廈條約第15款「合眾民人販貨進

18　收陸軍部函，〈補送與馬可尼公司訂購電機合同請存案由〉，民國
　　7(1918)年10月4日。《民國孤本外交檔案》，第22冊，《中英無線電話
　　合同案》，頁8295。

口出口均准其自與中國商民任便交易不加限制，以杜包攬把持之弊」等語，以及1844年中法所訂條約第9款內載，將來中國不可另有別人聯情結行包攬貿易等語，以及1858年中法天津條約第14款類似之規定。認為馬可尼合同有限制貿易自由之意，有違條約體系的認知。表示美國政府「不能承認此項理論中政府給予他項公司包攬貿易之特權，惟須保存條約所得之利權，美國人民可與他國商人完全平等競爭貿易」[19]。

　　就在馬可尼合同批准之前，北京政府海軍部稍早於1918年2月21日，與日商三井洋行訂立無線電台合約。主要內容如下：「承辦人經中國政府許可，建設一大無線電台其發報電力及收報機械，可直接與日本歐美通報。資本金536,267鎊」。「資本金即係建築該電台之用。勻作三十年分還，即全數之資本，分為三十分，每年還一分，其未還之款，按每年八釐利息，於每年還款時加入。」「(中國)政府於三十年期內，無論何時，可將電台收回國有，屆時所有未還之款及其結至交款日之八釐利息，均由政府償還」[20]。細查三井合同初約中並未指明設置電台地點，亦未有專利獨占之意，但該年3月2日訂定之附件則

19　收美丁署使函，〈詢問中政府與英商所訂飛機及無線電合同是否含有包攬貿易之性質由〉，民國8(1919)年12月11日。《民國孤本外交檔案》，第22冊，《中英無線電話合同案》，頁8337-8339。

20　合同內容尚有：「承辦人擔保以上資本及按年利息，係由電台收入項下開支各項之後所餘款內償還，故承辦人獨自負有償還一切開支之責任，加收入不敷開支，其應償還資本及利息，亦由承辦人負責，惟中國政府於三十年內，須付承辦人以管理之全權」。外交部公表各項密約，《東方雜誌》，16卷8號(1917：8)，頁163。收有中日無線電密約全文。原件見：中央研究院近代史研究所檔案館藏，〈海軍部與三井洋行訂立無線電合同函達查照〉，03-02-055-01-002。

承認「三井行以外之人，無論為貴國政府自己及其他何人，在海軍部無線電運用開始三十年內，不得在貴國建造無線電台與外國交通」[21]。此一附件等於承認日本可壟斷中國無線電通信三十年。

英國公使朱爾典(John Newell Jordan)在得知三井合約附件許以壟斷後，甚感不滿，向中國海軍部抗議[22]。海軍部表示馬可尼公司之合同未能履行於4月11日60萬英鎊交款到期，且無分文之款交到，當然不能得最後之核准。海軍部的說法等於間接否認陸軍部與馬可尼公司的合同，因此引來陸軍部的關注。陸軍部的看法是：「現在中國與馬可尼公司所議無線電信之計畫，僅為本國國內通信之用，而海軍部與三井洋行所訂之合同，則切實指明限定對外跨海通信而言，彼此兩不相涉，並無牴觸」。陸軍部並條列出三井合同的內容，證明所言不虛[23]。

日本接著抗議馬可尼合同之失效，經中國政府駁稱，馬氏契約為國內之用，三井契約為國外聯絡之用，雙方利益，各不相犯[24]。然

---

21 《交通史電政編》(交通部交通史編纂委員會：1931)，第三冊，涉外事項，頁436-437。《中國近代郵電史》，頁117。韋羅貝(Willoughby)原著，王紹坊譯《外人在華特權和利益》，頁585。

22 收英朱使照會，〈海軍部與日商所訂無線電合同與馬可尼合同相背由〉，民國8(1919)年12月12日。《民國孤本外交檔案》，第22冊，《中英無線電話合同案》，頁8341-8343。原件見：北洋政府外交部檔，〈海軍部與日商所訂無線電合同與馬可尼合同相背由〉。03-20-024-03-015。

23 收陸軍部函，〈關於政府與英國馬可尼公司合辦大無線電台事抄送海軍部與三井洋行所訂合同希查照辦理由〉，民國9(1920)年12月30日。曹仲淵，〈吾國無線電界情形〉，《東方雜誌》，18卷13號(1921：7)，頁107-116。

24 發日本小幡使照覆，〈政府與英國馬可尼公司合辦無線電信事准陸軍部

而，就在日本三井合同尚未履行，接著北京政府交通部又和美國合眾電信公司交涉中美無線電報合同，於是出現海軍部、陸軍部、交通部分別與日、英、美三國的無線電借款合同，也顯示北京政府令出多門，事權混亂的情形。

(二)「中美無線電合同」的簽訂

美國政府一方面持續向中國政府抗議馬可尼合同中的專利條款之不合理；另一方面則要合眾電信公司為籌措資金做準備。1920年3月31日，美國政府再度致函外交部陳述關於無線電合同事，聲明美國公司反對馬可尼合同之壟斷，且美國可與其他公司均霑利益的理由[25]。

1920年11月合眾電信公司任命商務代表莫爾思(Barnes Moss)和中國電報局展開磋商。莫爾思對簽約一事相當樂觀，因他研判中國政府並不急於履行馬可尼合同[26]。但駐華公使柯蘭(Charles R. Crane)在進一步了解馬可尼公司、三井公司和其他公司在中國相關電信條約後，向國務院說明「即便美國有強力的理由要求締結無線電合同，但若無美國政府充分支持反對英國和日本，此一合約將無法發揮效力」[27]。美國政府維護門戶開放政策的立場至為明顯，所關注的焦點在於非壟

(續)

函覆各節照覆查照由〉，民國10(1921)年1月8日。《民國孤本外交檔案》，第22冊，《中英無線電話合同案》，頁8397。

25　收美丁署使函，〈關於無線電合同事聲明美公司可與他公司均霑利益由〉，民國9(1920)年3月31日。《民國孤本外交檔案》，第22冊，《中英無線電話合同案》，頁8377-8379。

26　The Minister in China(Crane)to the Secretary of State, Nov. 20, 1920. *FRUS, 1921*, Vol. 1, p. 404.

27　The Minister in China(Crane)to the Acting Secretary of State, Dec. 8, 1920. *FRUS, 1921*, Vol. 1, p. 405.

斷或剝奪機會平等原則，同時亦不致侵犯國際銀行團在中國的活動。美國國務院的立場在於保障簽訂合同的權利，至於條文內容則主要由合眾電信代表與中國交通部商議，美國國務院對合約細節並未有過多的介入[28]。

1921年1月8日，美國合眾電信公司與中國交通部簽訂「中美合辦無線電合同」十九條，在上海建造高電力電臺一座，另在中國四大城市安裝弧光式無線機器，電機收發力強大。合約內容要點如下：

(一)合眾電信公司承辦在上海建設高電力(1000KW)電臺一座，能和世界各無線電臺直接收發電報，並與國內所建設之各地無線電台彼此通報一律暢達無阻。且在下列各處安裝弧光式無線機器：哈爾濱(200KW電力)，北京、廣州、上海副台，各設中型電臺(60KW電力)無線電台一座。

(二)該數電台機器價目，包括運費鋼塔建築費用並全部裝設一切費用在內，計美金4,617,500(不含另十二項支出)。由交通部與合眾公司各半出資，中國政府方面約定即由交通部發行債券交與合眾電信公司，共計一半資本為美金2,308,750。由政府發給半數之債券暫定為美金四十萬元如或不足仍由政府補給，倘有餘存由公司將餘存之債券繳

28　The Acting Secretary of State to the Minister in China(Crane), Dec. 21, 1920. *FRUS, 1921*, Vol. 1, p. 406. The Minister in China(Crane)to the Acting Secretary of State, Dec. 22; 28, 1920. *FRUS, 1921*, Vol. 1, pp- 408. 12月22日的電報中，柯蘭亦提及法國一家無線公司也有意申請設置一強大的無線電台。關於一次戰後美國對門戶開放政策的立場，以1920年代出任美國國務院遠東司司長的項貝克(Stanley K. Hornbeck)為主導所形成的基本決策及其影響，可參閱：Hu, Shizhang, *Stanley K. Hornbeck and the Open Door policy, 1919-1937*(Westport, Conn.; London: Greenwood Press, 1995).

還政府。上項債券定為年息八釐，半年付息一次，其起息日期另行規定之[29]。

　　(三)上海總電台應於本合同發生效力之日起，六個月內著手建築總電台及一切機器配件以至附屬設置各物品，均應於興工後十八個月內一律完竣通報。

　　(四)在合眾公司管理期間，該公司每年應付給中國政府相等於其總收入百分之十的使用費。在這個管理期間任何時候，中國政府有權利在償還全部的借墊資本後，將各電臺的控制和管理權完全接收。

　　(五)十內年對於各電台，合眾公司有完全管理之權，在此期間，中國政府有自行出資監督電臺的經營、審查帳目、並派人學習無線電報等權利。如在十年期滿後，中國政府不能償還各無線電臺的費用以便接管，或未完全償清本利，中國政府應發行債券以之償付未清還的本息，並將承辦人(合眾公司)所建造的電臺置於中美共管之下[30]。

　　「中美合辦無線電合同」牽涉一筆460餘萬美元的借款，由於有這筆高額的借款，美國國務院建議合眾電信公司委託「美國中國國際銀行團」(American Group of the Chinese Consortium)處理[31]。接著2、3

29　《民國時期北京電信事業檔案資料匯編》(南京：全國明清檔案資料目錄中心編，1993)，頁65，稱利息7釐，資金462萬。韋羅貝的專書，則稱「聯邦公司應提供4,930,000美元供建、運送和裝置這些電台和租買土地等項之用」，由於合同原件明言4,617,500借款，為不含另十二項支出，韋氏的算法可能是包含這些項目之支出。見Westel W. Willoughby原著，王紹坊譯，《外人在華特權和利益》，頁587。

30　收交通部函，〈抄送本部與美國合眾電信公司訂立合辦無線電(台)公司華英文合同請密存備案由〉，民國10(1921)年1月25日。《民國孤本外交檔案》，第26冊，《中美合辦無線電台案》，頁10034-10047。

31　Secretary of States(under Secretary, Norman Davis)to Federal Telegraph

月之間,合眾電信公司和美國中國國際銀行團展開緊密聯繫;但很快便遭到美國中國國際銀行團代表摩根公司(J.P. Morgan& Co.)的拒絕。美國國際銀行團雖未表明原因,但由合眾電信公司再度和摩根的接觸應可研判,主要由於中國政局不穩定,銀行團不願意承擔龐大的借款風險[32]。然而美國國務院對促成中美無線電合同的興趣,遠高於美國國際銀行團,次國務卿戴維斯(Norman Davis)最後向合眾電信公司保證,「如果美國銀行團在合理的時間內未接受這項國務院視為當然的借款,那麼合眾電信公司可放手任意向其他單位借款,國務院亦將全力支持1月8日中美合同」[33]。

合眾電信公司致摩根公司的信函中,表達英、日各國抗議此項合同,而美國國際銀行團竟屈從於這些國家的質疑拒絕提供此項財政借款的計畫,不啻等於傷害合眾電信公司的聲譽,並嚴重影響中美間正直的感情,美國國際銀行團的這項舉動將造成不幸的後果,甚或導致美國公司放棄所有在華事業的投資[34]。3月,國務院另位次國務卿弗萊契(Henry P. Fletcher)致電合眾電信公司,表示對於該公司所提的中美無線電借款遭到美國國際銀行團的拒絕,美國政府允諾將從外交上全

<hr>

(續)————————

　　Company(R.P. Schwerin), March 9, 1921. NA, 893.74/92.此一電報有三個
　　附件,均為合眾電信公司董事長R. P. Shwerin(中文名史淮臨)、銀行團
　　代表摩根公司和國務院三者間的往來內容。

32　Federal Telegraph Company(R.P. Shwerin)to American Group, China
　　Consortium(J.P. Morgan& Co.)March 9, 1921. NA, 893.74/92. Enclosure.

33　Secretary of States(under Secretary, Norman Davis)to Federal Telegraph
　　Company(R.P. Shwerin), Feb. 25, 1921. NA, 893.74/92. Enclosure

34　Federal Telegraph Company(R.P. Shwerin)to American Group, China
　　Consortium(J.P. Morgan & Co.)March 9, 1921, NA, 893.74/92. Enclosure.

力支持此一合同的履行[35]。如前所言，鑑於無線電訊對中國市場和政治軍事價值的日益重要，美國政府極力促成中美無線電訊的合作，在交涉案中始終是合眾電信公司的強力後盾。

三、中美電信紛爭的國際化

中美無線電合同案簽訂後，引起英、日的強烈反彈；主要緣於在此之前，北洋政府曾與英、日兩國訂定有無線電合約：一、1918年2月21日，海軍部與日本三井洋行之合約。二、1919年5月24日，陸軍部與英國馬可尼無線電公司之合約，名曰「中華無線電公司」（China National Wireless Company）。此外，從清末即參與中國有線電訊事業的丹麥亦代表大北公司表示抗議。由於「中美合辦無線電合同」中的設施規模均超前巨大，各國焦點乃轉移至美國方面。

英國對中美合同的反應甚為激烈，指責中國背信，威脅要脫離中英關係。英駐華公使艾斯頓（Beilby Alston）責問當時交通部總長葉恭綽，但葉語多支吾，「葉君乃如此與本使談話直同兒戲。英政府以為此案情形重要，而馬可尼公司亦以貴國為不忠信之夥伴，現擬脫離關係」。又稱「若無圓滿了結，本國政府必致儆戒所有重要公司勿再與中國政府交易」之嚴厲詞令。英國與中國主要爭議有二：

（一）馬可尼合同第六款載，中國政府允許對於現在及將來無線電報話、電機件與材料及供應品，如中華無線電公司（即馬可尼合同所載

35　Secretary of States(under Secretary, Henry P. Fletcher)to Federal Telegraph Company(R.P. Shwerin), Mar. 29, 1921. NA, 893.74/105. 另收入 *FRUS, 1921*, Vol. I, p. 421.

中英合資公司)出品,其貨不在他廠以上均可由中華公司購買云云,於是英使以爲交通部應先行設法訪明中華無線電公司能否供給其所需各項材料,而不應先和美國訂約。但是中國政府認爲美國公司所訂合同係屬合資辦理性質,所需電機及建築一切費用均由合資公司墊付指定以該電台收入分年償還,該電機之由美國公司供給,與普通購買物品情形不同。

(二)馬可尼公司合同十二款載,中國政府允許中華無線電公司得用馬可尼公司專利特權之時間內,在中國境內防禁他人私行仿造。中國政府認爲所稱專利特權係專指馬可尼式而言,自不應包括美國公司所能製造之電機在內,且交通部與美國公司此次所訂之電機收發力極大,除美國合眾公司外無有能製造該電機者,故不得不由美國供給之。

北京交通部認爲將來中英合資之中華無線電公司可照舊進行經營中國內地電信事業,中美合辦之無線電組織則專辦與國外各大電台聯絡之事業,況馬可尼所供之電機力量較小,不能與世界各大電台通電,因此中華(中英)與中美兩組織彼此不相侵犯。但是英使不僅不尊重中方電信主權,且語多不遜,稱「中國未詢問中華公司,爲知中華公司不能製造所需大力電機,且中華公司屢向交通部呈請在上海建築大力無線電台一處,並在中國別處建設較小之小電台,葉總長(按:交通部長葉恭綽)只准該公司建設小電台,但累次拒絕建築上海大力電台之請,中華公司上海新廠甫經告成,此第一批大生意竟給予他人承辦」。英國公函中一再以「若無圓滿了結」,將斷絕中英經貿往來或

脫離政府關係做為威脅[36]。

　　美國得知英國的強烈反應後，非常震驚且感到不可思議。國務卿立即發函給駐英大使(John W. Davis)宣示美方堅定明白的立場。(一)按照條約，中國不能以壟斷或優先利益給予何國以致摒除其他國人民同享該項利益。(二)英國馬可尼合同實係違背中國門戶開放主義，美國政府對於任何偏惠外人在中國境內指定地點中之商業和工業之發展有特殊權利之協定，或任何壟斷阻止他國人民經營正當工商業之協定，抱有不承認之決心[37]。美國為表示門戶開放政策之貫徹，不惟要求其他各國，即如美國本國企業亦不例外，特別舉出西電公司(Western Electric Company)的案例說明美國的基本立場。1917年美國政府曾反對西電公司於該年10月20日與中國訂定中國電氣公司合同中訂有類似馬可尼之合同，即西電公司享有供給中國交通部所需機械器具及其他電話電報應用材料之優先權；美國政府在得知此一消息後，曾申明美國政府絕不能承認和支持此類優先權。美方強硬表示：「假使英國政府仍堅持馬可尼公司所要求之優先權，則美國政府將出於萬

36　同一封公函又稱：「……馬可尼公司以與貴國合夥之故，遂將該公司之特權與貴國製用。現在貴國竟不顧同夥之利益，而照顧一不問是非之美國公司，此實法外之舉，英政府斷難承認，若無圓滿了結，本國政府必致徹戒所有重要公司勿再與中國政府交易」。收英館會晤問答，〈抗議中美無線電公司合同事由〉，民國10(1921)年2月4日。《民國孤本外交檔案》，第26冊，《中美合辦無線電台案》，頁10065-10067。北洋政府外交部檔，〈英使抗議中美無線電合同事〉，03-02-055-03-007。

37　〈收美商代使面交黃秘書文電七件〉，10年8月2日。內收有1921年2月11日美國務卿致駐英大使的英文信函全譯文。《民國孤本外交檔案》，第26冊，《中美合辦無線電台案》，頁9897-9908。英文信見：The Secretary of State to the Ambassador in Great Britain(Davis), Feb. 11, 1921, *FRUS, 1921*, Vol. I, pp. 411-413.

不得已,而考量1917年西電公司合同所享之優先權應否予以國際上之
承認,且考慮應否予以供給電話電報設備之優先權」。美國也再度闡
明過去條約體系中所賦予各國利益一體均霑之權利[38]。英國外務部收
此電報後,亦不甘示弱回電美國,所謂西電公司的合約經長達二年的
交涉,直到1919年1月,美國政府才向西電公司表明不願承認和支持協
定中的特惠權利;像這樣開誠佈公的事應在馬可尼合同交涉之初就提
出,而非中英合同交涉已逾一年多才提出[39]。美國對英國此一暗示用
語亦表達不滿,雙方有一番唇槍舌戰[40]。

　　丹麥公使於2月初,根據1896年和1901年大北、大東電報公司與中
國所訂定的一項海線特許權利直到1930年的合同,認其政府有「天然
專利」(natural Monoply)之說,向美國政府抗議[41]。美國國務卿在致倫

38　The Secretary of State to the Ambassador in Great Britain(Davis), Feb. 11,
　　1921, *FRUS, 1921*, Vol. I, pp. 411-412.

39　The British Secretary of Sates for Foreign Affairs(Curzon)to the American
　　Chargé(Wright), April 14, 1921, *FRUS, 1921*, p. 435.

40　The Secretary of State to the Ambassador in Great Britain(Harvey), July. 1,
　　1921, *FRUS, 1921*, Vol. I, pp. 443-444.

41　The Secretary of State to the Ambassador in Denmark(Grew), Feb. 21, 1921,
　　FRUS, 1921, Vol. I, p. 415.據1896年7月11日與大北公司的合同,生效日
　　爲1913年12月22日:爲保護中國電報局與大北水線公司利益起見,除中
　　國電報局與大北水線公司允准外,自訂合同日起至1910年12月31日止期
　　內,一概不准他人在中國沿海一帶地方,或在中國洲島各處安設電報水
　　線,引登岸上,或將該水線與中國電線相接,或另設法傳遞各報,以致
　　與中國電報局及水線公司現在所有電線爭奪生意利權,惟若中國國家內
　　地各處設置水線,非與訂約各造爭利者,不在此例。另據1901年4月23
　　日,與英國大東公司的合同,爲數設一條自煙台至威海衛的水線。在這
　　合同中載入了1900年8月4日和10月27日中國電報總局和「大東」和「大
　　北」簽訂的兩項合同的內容,其中有段文字如下。「所有電報局與該兩
　　公司或其中之一之間現有的合同和讓與應繼續有效,至1930年12月31日

敦大使的信中，已表達不承認丹麥政府在中國的壟斷權利之外，亦不認爲有容納丹麥或他國海電公司，要求將專利權推及於無線電信之必要」。2月21日，國務卿致美駐丹麥公使格魯(Joseph C. Grew)的信函，再度申論門戶開放政策的立場[42]。3月初交通部說明大北水線和無線電不相干，以及當時簽大北合約的理由，係因中國電報局將臺灣水線讓渡日本，而大北、大東公司安設長崎至上海水線，故與之訂約，此一合同「自係專爲限制他人不得再在中國境內安設水線起見，至關於無線電台該合同內並未規定，自未便牽涉附會認爲與水線特權有違反之處」[43]。3月12日，外交部答覆丹麥駐華公使之質詢，「世界上斷無因有線電停止無線電之建設，故中美無線電合同不受何方拘束」[44]。

日本的抗議聲始終不斷，且發動各種宣傳攻擊中美無線電合同案。日本認爲門戶開放政策和三井合同中的特許權利二不相侔，不能

(續)————————————————————————

止。」因此大東、大北公司認爲有壟斷中國電信權利至1930年12月31日。丹麥館向北京政府之抗議函，原件見：北洋政府外交部檔，03-02-055-03-008。

42　The Secretary of State to the Ambassador in Denmark(Grew), Feb. 21, 1921, *FRUS, 1921*, Vol. I, pp. 416-417.

43　同一電文中，交通部並表示：「本部規畫此項電台一因出洋電報比較五年以前增加至一倍以上，經由水線傳遞恆多延擱，是以不得不趕設電台以期中外官商通信之便利，一因上海地方他人擅設無線電台侵犯中國電報權利，水線公司亦未能與電局協力抵抗，故中國不得不另設無線電台，以期抵制」。見：收交通部函，〈中美無線電台一事與水線特權合同無違反之處請核辦由〉，民國10(1921)年3月8日。《民國孤本外交檔案》，第26冊，《中美合辦無線電台案》，頁10130-10131。交通部原件見：北洋政府外交部檔，〈中美無線電台一事與水線特權合同無違反之處請核辦由〉，03-02-055-03-029。

44　《民國時期北京電信事業檔案資料匯編》(南京：全國明清檔案資料目錄中心編印，1993)，頁66。

相提並論，並以過去日本即使設置長崎、上海水線，亦必先商於大北公司，中美合同既侵犯日本國權利理應取消，日本屬言反批美國所謂的門戶開放政策，要美國率先反省：

> ……所謂門戶開放機會均等者，反對各國於中國領土設定之勢力圈而言，若能自由競爭之經濟行為亦受其波及，則素亂中國國家不能豫想將來而計畫其事與業。……美國對三國於中國之特權非可彼此同語也，且日本曾於長崎上海之間欲布設一線，先求大北電電報公司之諒解，再多付多額之特許費，美國政府當知之甚詳，若依美國主張對於一種事業要求特占權，則為違反門戶開放機會均等之主義，豈非中國不能認為有特許權之國乎，吾國應求列國相率促進美國之反省也。[45]

　　中國政府表明三井原合同附件內所載三十年內不論中國及任何外國有建築無線電台之事業，係指自三井電台開始運用時而言，現在該電台工程尚未完竣，中美電台當然不受其束縛。6月初日本在天津發行的《公聞報》（*China Advertiser*）刊出一些未經求證的消息，例如：「不合法的中美無線電合同即將取消，但據聞美國公司正設法給交通總長葉恭綽一些佣金，尋求回覆協定的可能」[46]。8月下旬，美駐華公

45　收駐日本使館函，〈對於中國無線電報之問題先促美國之反省〉，民國10年3月28。《民國孤本外交檔案》，第26冊，《中美合辦無線電台案》，頁10135-10137。

46　*China Advertiser*, June 2, 1921. Enclosure in the American Consulate

使舒爾曼在給國務院的電報中，直率分析了北京政府內部的派系鬥爭可能影響中美無線電案的進度，例如：

> 內閣總理靳雲鵬「簡單、膽怯和有些愚蠢」，長期以來和日軍有密切往來，他任陸軍部長任內和日本簽訂軍事密約，後來因輿論反對才廢止，頗令人懷疑他和日本之間有獻金往來。交通部長張志譚和靳雲鵬關係親密，都屬於日系人馬，他的政敵即是簽訂中美無線電訊的前任交通部長葉恭綽；因此可以判斷張志譚應傾向讓中美合約失敗。[47]

北京政府在英、日兩國的威迫壓力下左右為難，美國駐華使館代辦芮德克(Albert B. Ruddock)向美國國務院傳達中國政府在此事的表現予人「懦弱無能」的強烈印象。他提到外長顏惠慶一方面有意策略性地利用合眾電信案，讓英美兩國共同在華盛頓會議中倡導門戶開放政策，並促進中國主權的完整；但另一方面合眾電信合約問題卻又導致英、日兩國對中國政府的怨懟，令北京政府陷於兩難[48]。

(續)

General(Tientsin)to the Secretary of States, June, 2, 1921. NA, 893.74/153.

47　The Minister in China(Schurman)to the Secretary of State, Aug. 27, 1921, NA, 893.74/185.電報中也提到葉恭綽、梁士詒和周自齊都是所謂舊交通系人馬。

48　The Chargé in China(Ruddock)to the Secretary of State, Sep. 2, 1921, *FRUS, 1921*, Vol. I, p. 449. 該電報也提到顏惠慶試探美國對於藍辛石井協議中所言的「特殊利益」做何解釋。

四、附約簽訂與朝野回應

8月初，美駐華使館致函外交總長，條陳無線電台可以獲利的理由積極遊說，最主要的是無線電的發電成本較諸有線電訊便宜許多，目前太平洋海底電訊早已供不應求，而無線電訊的付費亦較有線便宜，將來各個機關肯定競相採用，上海無線電台一旦造成，可望獲利甚巨：

> ……因上海無線電台將來可成全球最巨之電台，深信其可攬國際上各處發電之生理，緣以上所提之理由並彙集之成案該公司之技士，深盼中國所建之電台不過數年，所獲之餘利即可償還所借之款，該公司之預算根據營業上之事現在經濟上一方面可得充足之信用。……49

9月19日，歷經波折的中美無線電台之合約附件簽字(係規定債券

---

49 收美館函，〈合眾電信公司之無線電台可以獲利臚舉原因函請查照由〉，民國10(1921)年8月9日。《民國孤本外交檔案》，第26冊，《中美合辦無線電台案》，頁9914-9916。在同一函電中，美方闡述的理由如下：(一)可獲甚巨之生理(按：原文如此)，因無線電之費比較有線電發電之費所減頗多。因現在太平洋海底電線供不應求，暨此項電線因有損壞須加修理時常停止營業。(二)將來中美兩國間之新聞需用此報可其發展達到極端，現在此項營業額頗有阻礙，因用費太鉅之故。(三)堪以發達報告市價之通信現尚未有此事。(四)無線電機關所需日費比較海底電線減少，且海底電線建造所用之經費其數較之尤多，將來仍須備有船隻，暨需用多數人役所費不貲。

之號碼數目與抵押品發行手續等項目），規定中國政府以20年8釐中國
無線電報局備還成本，債券發行總額（即中國政府之美金借款）提高爲
美金650萬元，分爲債票6,500張，每張美金1,000元。附件合約與最初
合約不同的是借期原爲10年延長爲20年，債券發行額原爲美金
2,308,750亦大幅提高，而債券年息仍維持8釐，每半年付息一次。
60KW電台擴增爲100KW合眾弧光無線電機。此一優惠條件亦是附約
能順利簽訂的原因[50]。

　　美國駐京公使舒爾曼（Jacob Gould Schurman）相信黨派政治其實是
影響債券附約進展緩慢的主因，若非靠著美國政府的堅定支持和門戶
開放政策給中方帶來的企盼，或許中國政府就在英、日的抗議聲中，
放棄中美無線電合同了。但他特別提到中國輿論對中美無線電合約頗
表支持，這也是英、日、丹麥的抗議聲愈來愈小的緣故。再者，中國
政府頗期待美國能在太平洋會議表達對中國的善意，希望中美兩國有
更密切的關係。總之，舒爾曼認爲中美無線電債券附約的簽訂從政
治、軍事和商業上都是令人滿意的[51]。

　　中美無線電債券附件簽約後，英、日使館再度表達抗議，英國責
怪中國政府「故意堅違」、「玩視態度」，「更未俟美外部與本國駐

50　附件合同，中文見：發美公使照會，〈中美無線電台之債券附件業經會
　　同簽訂照請查照由〉，民國10（1921）年9月29日。《民國孤本外交檔
　　案》，第26冊，《中美合辦無線電台案》，頁9994；另見：北洋政府外
　　交部檔，〈中美無線電台之債券附件業經會同簽訂照請查照由〉，03-
　　02-056-03-001。以上均未收錄附件案之內容。附件案內容見於美國務院
　　檔案：The Minister in China（Schurman）to the Secretary of State, Sep. 27,
　　1921, NA, 893.74/193. Enclosure.

51　The Minister in China（Schurman）to the Secretary of State, Sep. 27, 1921,
　　NA, 893.74/193. 另見 *FRUS, 1921*, Vol. I, pp. 450-452.

美大使館之商議得見結果，即將Federal Wireless公司(合眾電信公司)
之合同加以補成，以致對於本國政府殊深失信；更由交通部將馬克尼
公司(馬可尼公司)自出費用，在英教練之貴國學生於中國政府與該公
司定築之無線電台工程上急需任用者派往Federal Wireless公司工場，
誠似中國政府有意將其放棄對於本國利益一切所有責任之玩視態度益
加色彩，茲應遵奉本國政府之訓令，對於中國政府辦理此事之失信正
式聲明抗議」[52]。

日本公使對於中美雙方無視於日本的抗議，仍執意簽訂債券附約
亦表達強烈抗議：

> ……此事若果爲事實是不獨藐視帝國政府之迭次嚴重抗議，
> 且有違貴國政府自與三井洋行所訂立之合同而侵害日商之適
> 法既得權，使一切權利及利益失其保障，不可不謂爲一國政
> 府之大不信之行爲。[53]

北京政府外交部曾就內容、法理、科學和商業等方面，比較論中
日、中美、中英三合同之不同點，其中提到中英合同的部分，顯然與
其他二合同有牴觸，但中國政府仍可從中英合約找到有利中方立場，

52　收英館照會，〈中政府與美公司簽訂無線電合同奉本國政府訓令以此事
　　有失信用，應正式聲明抗議請查照備案由〉，民國10(1921)年12月2
　　日。《民國孤本外交檔案》，第26冊，《中美合辦無線電台案》，頁
　　1007-1009。
53　發交通部函，民國10(1921)年10月7日，〈日使抗議中美簽訂無線電合
　　同續約事請查核見覆由〉《民國孤本外交檔案》，第26冊，《中美合辦
　　無線電台案》，頁9998-9999。

以為補救，亦即「關於購辦機器一節中英合同與其他二合同顯有牴
觸，惟中英合同第六款有中政府應向合組公司採購一語，現可將政府
二字牢牢扣定而主張中政府應僅先向該合辦公司接洽者，僅以政府自
購之機器及政府自設之電台為限，至經政府讓與一種利益之其他各公
司其所設之電台當然不受此款規定之限制」[54]。

　　至於美、日兩合同，北京政府認為不僅在內容上尚無牴觸，「統
觀三合同內容中日、中美兩種尚無牴觸，如關於無線電台之建設經營
及電台發電力須足與遠方通報各條件大致相同，惟中日合同並未將設
立電台地點定明，中美合同內則稱總台應設在上海或上海附近，其他
如專利之利益，中日、中美兩合同均無特別條文，故中政府得建設其
他無線電台」[55]。北京政府也認為兩份合同在法理上亦無牴觸，「惟
海陸兩部各不相謀」，其性質類似經商彼此互相競爭「斯為可亦
耳」，顯示北京政府在美日之間確有態度曖昧。但美、日兩電台案的
互不相讓，顯然已讓外交部陷入此一僵局。北京政府從法理、科學和
商業等層面申述日、美兩合同，重點如下：

　　就法理論之，日美兩合同間並無牴觸之點，惟海陸兩部各不
　　相謀，曾與外國公司訂立合同組織一種中外合辦事業，其性
　　質類於經商彼此有互相競爭之嫌，斯為可亦耳。
　　就科學論之，一無線電台同時同地發出強大電力，不知在事

54　收狄顧問說帖，〈無線電合同事〉。民國10(1921)年2月11日。《民國
　　孤本外交檔案》，第26冊，《中美合辦無線電台案》，頁1089-1093。
55　收狄顧問說帖，〈無線電合同事〉。民國10(1921)年2月11日。《民國
　　孤本外交檔案》，第26冊，《中美合辦無線電台案》，頁1089-1093。

實上是否為可能，更不知是否不致發生別種障礙。

就商業而論，因中美合同關係致營業上發生競爭，若中國按照中日附則合同不計公司受損與否將甫行建成電台之營業收回，在日本公司似不能釋然置之也，至美國方面與中國訂立合同時若不知已先有一種中日合同，則對於中政府更振振有詞矣。[56]

　　美國政府在交涉中一再提及門戶開放政策，華盛頓會議召開前夕亦表示無線電訊問題，關係中國在遠東會議的地位，希望中國格外謹慎，勿對日本一再退讓，曾言「中國不惟維持美國為中國主張之主義一致進行，反欲退讓殊為詫異。」中國駐美公使施肇基則揣測美國如不能滿意「察其詞意……將來在會彼對我即持冷觀」，希望北京政府勿再延宕中美無線電台案[57]。施肇基委婉建言無線電案關係中國在遠東的利益，當時英日續盟問題正在倫敦召開，美國政府已轉達對英日同盟的不滿，中國亦惟有仰賴美國門戶開放政策，尋求保全與自強，而此一時機也有利於美國以具體行動落實門戶開放政策，並澄清美國對藍辛石井協定之立場[58]。由於1917年11月2日藍辛石井協議有：「美

56　收狄顧問說帖，〈無線電合同事〉。民國10(1921)年2月11日。《民國孤本外交檔案》，第26冊，《中美合辦無線電台案》，頁1089-1093。

57　北洋政府外交部檔，收駐美使館咨陳，10年(1921)9月2日，〈無線電台事〉。

58　北洋政府外交部檔，收駐美使館咨陳，10年(1921)9月7日，〈交通部與美商訂立無線電台合同事，美商再申明廣開門戶主義咨送譯文宣言等件請核由〉。施肇基的函電原文為：「我亦惟有仗美之廣開門戶主義謀其發揚闡明，俾各國有機會均等之權以拒，此次因交通部與美合眾電信公使訂立合同之案發生，一再遵照部電晤商美外部及東方股長均以廣開

國政府承認日本在中國，特別在中國之與日本屬地接壤的部分，有特殊利益」；「兩國政府永遠遵守『門戶開放』或在華工商業機會均等的原則」[59]。約文簽訂後，日本常援引為美國政府對日本在中國至高（paramount）利益的默許，然美國政府始終認為日本對於特殊利益有太過之解釋，甚至覺得誤中日本圈套。因此駐美公使施肇基敦促北京政府應盡快批准美約，且美國亦可藉無線電案澄清美方對藍辛石井協定的立場。

　　在中國輿論方面，由於合同內容未宣佈，外間不明真相，以致議論紛紜。其中《申報》要聞對於中美合約的報導，輿論對合眾電信合約尚稱肯定。例如：1月合約簽訂之初，《申報》消息：「中美接洽上海設一千邁爾大無線電站，關係四百萬美金，期限十年，管理人用華人，並無附帶約束」。同時，亦轉錄美國方面對於日本攻擊合同的看

（續）————————————

門戶主義回答是其所想望挽救之機至矣。⋯⋯適英日大使又均以續盟事向美不正式談論，美外部遂一方面將美國人民對於續盟之不滿意情形向英使明告，當此英屬地倫敦會議之際，得有美政府重言申明廣開門戶主義，或（英日）續盟可因以打消，並藉此次表示可將前（藍）辛石井換文中所言日本特利一語，日本有意誣為特權明白解釋矣。」

59　關於藍辛石井協定，照會原文見*FRUS, 1917*, p. 264.譯文可參見：《中美關係資料彙編》（下），（世界知識出版，1957），頁467-468。學術界對此一問題的解釋亦不盡相同，有人以為此一協議是美國對日本的讓步，一場不可避免的災難；也有人以為此係美國對日過制政策的高峰。普雷斯科特（Francis G. Prescot）的博士論文《藍辛石井》（"The Lansing--Ishii Agreement," Ph.D. Diss. Yale University, 1949）認為此一協議不僅是戰時聯盟的外交，試圖解決戰時迫切的問題的一種努力，也是處理戰後突出的困難問題，如太平洋海運問題、海軍競賽問題、中國商業問題的必要協議。詳見：Ernest R. May & James C. Thomson, Jr. eds., *American-East Asian Relation: A Survey*, pp. 199-200.

法，較傾向美方立場[60]。10月債券附約簽訂後，《申報》標題「上海
將築最大無線電台」，內文「上海將有電報六座，各高1,006呎，機力
極爲有力，將與世界各電台通電，十八個月築成，各種消息均可收
發……其便利商業亦可概見」[61]。但由於借款總額提高甚多，簽訂債
券附約的張志譚是否收受賄賂，引起政敵的砲轟，當時眾議員廖勁伯
指控張志譚，「借借債以賣國，借賣國以自肥之鬼蜮情形，尤不難概
見！」[62]顧維鈞回憶其任外交總長任內，合眾公司的一位代表(未指
名)企圖以15,000美元行賄他，令他感到震驚。雖然他個人以爲無線電
信案爲現代化通訊設施，非專供軍用，應歸交通部管理，因而較支持
合眾電信與交通部的合約，對於日本與海軍商的合約則持保留態度。
但合眾電信的此一舉措令他在當時不能作出抉擇[63]。這些事例或可說
明債券附約之簽訂過程頗不單純，亦說明美日無線電台案競爭之烈。

　　整體而言，當時輿論較傾向美國無線電案。在美、日無線電交涉
成爲懸案之後，1923年6月，全國商會聯合會長張維鏞致函國務院要求
「主管迅予決斷，即日對美進行，使上海電台剋日動工，以絕日人覬
覦」[64]。《申報》雖陸續仍有反對電話電信借款的文章，但主要針對

60　《申報》，民10(1921年)1月15日，第2張。此外1月28日，第2張，〈美
　　國之太平洋海電談〉轉錄美國方面對於日本攻擊合同的看法。

61　《申報》，民10(1921年)10月3日，第4張。

62　交通部交通史編纂委員會編，《交通史電政編》，第3冊，台北：中央
　　研究院近代史研究所收藏，頁464。

63　《顧維鈞回憶錄》，第1冊(北京：中華書局，1983)，頁319。文中亦提
　　到舒使得知合眾電信之代表意圖行賄後，同感震驚，而向顧維鈞承諾將
　　盡力設法讓這位代表離開，改派他人前來。顧維鈞於1922年8月首次出
　　任外長，北洋政府時期數度進出內閣。

64　北洋政府外交部，〈據商會聯合會長函中美無線電交涉懸案不結國家工

1918年與日本匯業銀行有線電借款日金二千萬元，較少有反對合眾電信借款之聲浪[65]。

五、履約變數與美日僵局

中美無線電合同與債券附件簽字後，接著是執行合約的效度和進度。首先便是美國合眾電信公司在「美國中國國際銀行團」拒絕提供貸款後，便向芝加哥銀行借款；但芝加哥銀行到了1921年11月仍觀望中國政情，在評估信用之後不願履約[66]。且合眾電信公司上市的中美無線電公司之債券到了1922年5月仍乏人問津。8月，美國合眾電信公司總裁史淮臨（R.P. Schwerin）致電美國國務院談到中國政府的政治信用破產，以致銀行家不願投入資金，加以芝加哥銀行又不願履行合約，又加深了投資人的疑懼。他同時向國務院請命如果資金問題仍無法解決，最後只有透過政府的協助[67]。

在美國政府的斡旋下，這件案子轉由1919年成立的「美國無線電公司」（Radio Corporation of American, RCA，詳前）共同參與[68]。1922

（續）────────────

　　商俱蒙其害，請迅予解決等語請核辦理由〉，民國12年06月。03-02-061-03-003。 文中亦提到「日人近日主張共管我財政，共管我鐵路，今又欲共管我電政，其訊昭然，我國瓜分之局，即由此起……政府當局對於此案，究竟有無方針，抑聽其宰割」。

65　《申報》，民13（1924）年2月2日，第4張。〈反對電信借款之繼起〉。

66　The Secretary of State to the Minister in China（Schurman）, Nov. 29, 1921, *FRUS, 1921*, Vol. I, p. 455.

67　Federal Telegraph Company（R.P. Schwerin）to the Secretary of State, Aug 2, 1922. NA, 893.74/244.

68　The Chairman of the Board of the Radio Corporation of American（Owen D.

年8月，合眾電信公司和美國無線電公司經過數月的交涉，終達成協議共同出資和承造中美無線電合同之五座電台，建造計畫將由改組後成立的新公司——德拉瓦合眾電信公司（Federal Telegraph Company of Deleware）承辦，它隸屬於加州合眾電信公司和美國無線電公司的共同財產和控管[69]。由於事涉1921年1月8日合同的移轉，合眾電信總裁史淮臨乃決定親赴中國，希望取得中國政府的同意，美國政府也允諾將給予外交上最大的協助[70]。

　　1922年10月26日，史淮臨抵達中國展開拜會，時已是第一次直奉戰爭結束後，直系掌權[71]。情況卻不如預期樂觀，主要是由於日本的抗議聲浪更勝從前，而英國之抗議稍弭。英國態度轉為緩和，或因太平洋會議後中國各項事務繁雜，無線電問題僅為其一，更有賴英美長期在遠東事務之友好關係之維繫。再則，馬可尼合同自簽約後，中國政府積欠庫券利息及複利五萬七千餘英鎊，財政部已核准以次年之鹽

（續）————————————————————

Young)to Mr. James R. Sheffield(Members of the Board of Directors, RCA), Dec. 7, 1921. in *FRUS, 1922*, Vol. I, p. 831.

69　Federal Telegraph Company(R.P. Schwerin)to the Acting Secretary of State, Aug 29, 1922. *FRUS, 1922,* Vol. I, p. 856. 就資料所見，美國無線電公司與合眾電信公司從1922年3月已開始談判合作事宜，並徵詢美國海軍部的意見。The Secretary of State to the Secretary of the Navy(Denby), Mar. 22, 1922. NA, 893.74/2201/2. 最後加州合眾電信在合併後的德拉瓦合眾電信持股分30%，美國無線電公司則有70%的股分。最主要的因素為加州合眾電信公司的大股東Rudolph Spreckels，同時也是美國無線電公司董事之一，促成此事。

70　The Acting Secretary of State to the Minister in China(Schurman), Sep. 7, 1922. *FRUS, 1922*, Vol. *FRUS*, 1922, Vol. I, p. 856.

71　The Minister in China(Schurman)to the Secretary of State, Nov. 23, 1922, *FRUS, 1922*, Vol. I, p. 857.

餘爲擔保,按月撥付[72]。

1923年2月,北京政府交通部仍拒絕美國無線電公司加入中美無線電合同,理由有二:(一)擔心國會指控交通部又簽訂新約;(二)日本的抗議及要求賠償[73]。中美無線電合同案進展雖不順,但舒爾曼個人對直奉戰後的北京政局頗具信心,仍不放棄交涉。駐華公使舒爾曼給代理外交部長黃郛一封長電報,說明美國政府對中美無線電合同的高度興趣,此一合同對中國商業發展的重要性,以及合眾電信公司在世界各地的承攬工程的豐富經驗等等[74]。在舒爾曼公使的一再努力之下,2月13日,交通部長吳毓麟(Y.L. Woo)終於承諾「經本部承認於本年7月13日,由本部在該公司來函中簽字所有該商臚列各條」[75]。

即使有交通部的承諾簽字,但舒使仍不放心。5月,舒爾曼訪見外交總長顧維鈞不客氣地說:「貴國政府一再聽信他國詐嚇(按:指日本),擱置美商合同是歧視美國商人」[76]。1923年6月,舒爾曼評估中

---

72 發英艾使照會,〈馬可尼無線電公司庫券利息墊款已經核准由〉,民國10(1921)年12月12日。《民國孤本外交檔案》,第22冊。《中英無線電合同案》,頁8428。

73 The Minister in China(Schurman)to the Secretary of State, Feb. 10, 1923, *FRUS, 1923*, Vol. I, p. 783.

74 The Minister in China(Schurman)to the Secretary of State, Feb. 13, 1923, *FRUS, 1923*, Vol. I, pp. 786-788.

75 The Minister in China(Schurman)to the Secretary of State, Feb. 13, 1923, *FRUS*, 1923, Vol. I, pp. 786-788. 北洋政府外交部檔案,〈中美無線電續訂換文〉,1923年2月。03-02-060-03-003。交通部亦致電施肇基轉達此一訊息,〈照繹交通部致駐美施公使電稿〉。1923年2月。此一該函號同時收合眾電信給交通部的續訂合同內容。。

76 北洋政府外交部檔,1923年5月30日,〈中美無線電合同事〉,03-02-

國情勢的演變,下任內閣應較能不受日本的影響,情勢對合眾電信公司有利[77]。美國政府並正式致電德拉瓦合眾電信公司表示國務院將全力支持此項合同的執行[78]。

　　日本方面爲阻撓中美無線電合同之履行,1923年年底發動一波波的文宣攻擊,且積極遊說北京內閣中的親日派反對此項合同。[79]12月,東京《朝日新聞》(*Tokyo Asahi*)刊出社評,並以一張政治漫畫描繪一個中國女人逢迎於美、日兩個男人之間,右邊的美國山姆大叔地上擺著多金包裹,親熱地挽起女子的小手,嘲諷中美兩國在無線電合同上的曖昧關係[80]。

(續)————————————

　　057-02-006。1923年4月28日,〈關於中美無線電合同事奉本國政府電令要求中政府切實履行速爲解決抄送來電請速核辦由〉。03-02-057-01-025。

77　The Minister in China(Schurman)to the Secretary of State, June 12, 1923, *FRUS, 1923*, Vol. I, p. 799. 此次改組後國務總理爲高凌霨取代張紹曾,外長爲顧維鈞取代施肇基,交通部長爲吳毓麟續任。

78　The Secretary of State to the President of the Federal Telegraph Company of Delaware(Schwerin), Nov. 5,1923, *FRUS, 1923*, Vol. I, p. 821.

79　The Secretary of State to the Minister in China(Schurman), Dec. 27, 1923, *FRUS, 1923*, Vol. I, p.824.

80　Embassy of the United States of American(Tokyo)to the Secretary of State, Dec. 20,1923, NA, 893.74/4 Dec. 20, NA, 893.74/418. 附錄爲《朝日新聞》1923年12月15日之剪報。

《朝日新聞》的諷刺畫，1923年12月15日

　　第二次直奉戰爭爆發，內閣再度改組，美國修約合同又告擱置。二次直奉戰爭爆發之間，中國情勢動盪不已，1923年5月6日又發生驚動中外的臨城劫案事件，相對地，使得此一時期的中美無線電合同之交涉退居次要。1924年11月臨時執政段祺瑞上台後，日本鼓動段祺瑞取消中美無線電合同的動作愈來愈大，外界紛紛傳言美國合同即將取消。為打開此一談判僵局，美國無線電公司派出另名助理戴維斯（Manton Davis）赴中國協助合眾電信代表莫爾思談判；但前景仍一籌莫展[81]。

　　北京政府出於財政上的困難，在與莫爾思談判時曾提出發行債券的修正案，到了1924年3月仍「迄無頭緒」，北京政府乃提出一份密函，要求與美國電信公司直接交涉。理由是：「上海地基尚未購妥，

81　Mr. Manton Davis to the Radio Corporation of America, Mar. 12, 1925. Schurman to the Secretary of States, Mar. 23, 1925, *FRUS, 1925*, Vol. I, pp. 901-902.

何日興辦殊無把握。因若於此時將債券遽交公司，則發行之權操之彼方，將來電台未興工，我亦須擔負還本付息」，因此要求另訂辦法。北京交通部提出七項有關發行債券的修正意見，這份極密函電是造成破局的關鍵因素，重點如下：（黑體為作者所加）

（一）政府將債券交與（美）公司暫存銀行，不在市面發行。如他人持有此項債券，政府概不承認。

（二）債券發交公司之前，所有週期息票應剪除作廢。

（三）日後公司如將此項債券在市面發行，事前須得**交通部之同意**。其起息日期，應自債券售出暨所募債款收到之日起計算。

（四）倘債券尚未發行而電台工程有必須支用款項情事，應由公司開具確實預算**呈請政府核准**，由公司暫行墊付，此項墊款利息按年息八釐計算，俟債券發行後再行扣還。

（五）將來公司政府計算帳目，只能以預算所列，並經政府核准者為限，**其未用之債券，應歸還政府**。

（六）公司所墊之款在未支付以前，應交存雙方同意著名殷實之銀行，列收政府之賬，**其存款利息仍歸政府所得**，將來債券發行後所募集之現款亦應照此辦理。

（七）倘電台不能如期建築完竣，公司所墊之款暨已發行之債券，本息應由公司自行清理，**政府不負償還責任**。[82]

---

82 〈中美無線電債券〉，收交通部密函，1924年3月22日，03-02-062-01-052。

　　北京交通部的修正意見令美國無線電公司董事會議大怒，覺得中國政府的要求太過苛刻，不僅罔顧美國利益，且隱瞞另有合作對象的事實，覺得被中方愚弄。加州合眾電信公司的大股東 Rudolph Spreckels，同時也是美國無線電公司董事之一，甚至質疑美國政府未能確實傳達該公司承接合眾電信合約的立場。大股東揚言退出，內部沸沸揚揚[83]。

　　鑑於大東與大北兩公司的合約即將於1930年底到期[84]，北京政府交通部於1925年曾研議讓美、日合辦無線電台，加上中方，等於是三國合辦無線電。1925年8月份，交通部照會美、日兩國公使提出「交通部重訂中美日無線電合同意見書」[85]。1925年9月關稅會議召開前夕，臨時執政段祺瑞為爭取美國在關稅會議支持中國，一度有意履行美國無線電合同之意[86]，然而，年底段政權旋告垮台，此事又不了了之[87]。至於合辦電台案，美、日雙方都不願讓步，在此雙重桎梏中，北京政府進退維谷，竟使此案一再擱延；一方是美國政府頻頻催促，另一方是日本堅持三十年專利協定，兩不相讓；竟纏鬥至北洋政府垮

83　The President of the Radio Corporation of American(J.G. Harbord)to the Secretary of State, Apr. 18, 1924, *FRUS, 1924*, Vol. I, pp. 574-577.

84　遯菴年譜匯稿編印會編，《葉遯菴先生年譜》（出版地不詳，1946），頁244。

85　〈交通部重訂中美日無線電合同意見書〉，全文見：《葉遯菴先生年譜》，頁266-267。

86　The Minister in China(MacMurray)to the Secretary of State, Sep. 18, 1925, *FRUS, 1925*, Vol. I, p. 925.

87　The Minister in China(MacMurray)to the Secretary of State, Dec. 29, 1925, *FRUS, 1925*, Vol. I, p. 935.

臺,中美無線電合同案始終未獲解決[88]。

六、小結

　　早在一次大戰爆發初期,美國便已開始探尋中國市場的無線電訊投資,由於無線電在經濟、政治、軍事和通訊上的用途,美國政府對於無線電業的投資甚為積極。從合眾電信之交涉案,可看出美國國務院與駐華使館對美國在華利益的重視,對於爭取合約之履行給予充分的支持,並與合眾電信公司有密切的電報往返。而該案的交涉適於華盛頓會議簽訂前後,它一方面代表美國政府對太平洋通訊的重視,以及開發中國市場的興趣;另一方面對於美國對門戶開放政策的落實具有宣示性意義,因此在交涉過程中不時以「門戶開放」政策做為擋箭牌,並以西電公司的個案來佐證強化美國政府的基本立場。合眾電信公司甚為看重此次在中國的投資案,不僅有談判代表,且合眾電信總裁史淮臨最後亦親赴中國交涉;然而美國銀行團對中國政府不具信

88　至於中日三井合約則於1920年4月擇地於雙橋開工,聲明一年竣事,拖至1925年始完工;但由於質量與合同規定不符,海軍部拒不接收。見:《民國時期北京電信事業檔案資料匯編》,頁55-56。另據阮湘等編,《第一回中國年鑑》(上海:商務印書館,1926),頁959-960,有關雙橋電台之描述:所造鋼塔每座不足40呎,與原訂合同不符。……動工之後,塔基所鋪土樁鬆泛開裂,似不耐重,嘗造成一塔至48呎之高,因係支線於楊樹,樹力不支,全塔崩折。電台要求能有500 KW,而實際其發電力只有200 KW。 對於1920年後中日三井合約雙橋電台及中美無線電的交涉,另可參考:貴志俊彥,〈通信特許と國際關係──在華無線權益をめぐる多國間紛爭〉,貴志俊彥、谷垣眞理、深町英夫編,《摸索する近代日中關係》(東京:東京大學出版社,2009),頁229-248。

心，明白拒絕借款，將資金籌措問題丟給合眾電信公司自行解決，所幸在美國政府的斡旋下，而有新成立的美國無線電公司加入，才得以繼續投資案之交涉。

中美無線電訊之交涉，最後演變為日、美雙方在外交上的角力，美國頗期待透過九國公約來規範三井合約的壟斷性條款。日本則以三井合約訂於九國公約之前，且九國公約亦有保障國家間的特殊經貿往來關係，不能等同視之。日本亦抨擊中美無線電附約的二十年期之規定，亦是一種壟斷。由於日、美兩國的彼此信任不足，使得透過美、日合作或國際合作的情況來尋求解決都不可能。例如：日本曾提出由英、法、美、日組成國際銀行團承擔借款，並由美國合眾電信公司、英國馬可尼公司、法國通用無線電公司(French General Wireless Telegraph Company)、三井公司共同投資；另一資方則為中國政府，而將電台之管理權歸中國政府[89]。駐華公使舒爾曼則懷疑日本的這一提議是要弄手段，先讓美國政府撤銷無線電投資案，即使日本所提國際銀行團的條件令人滿意，但日本也勢必將南滿鐵道區域或租界的獨占利益排除在此一條件之外[90]。顯現美、日雙方嚴重互信不足。

89　The Japanese Embassy to the Department of State, Memrandom, Dec. 24, 1924, *FRUS,1925*, Vol. I, p.893.

90　The Minister in China(Schurman)to the Secretary of State, Jan. 23, 1925, *FRUS, 1925*, Vol. I, p. 895.日本提議組成國際銀行團承辦中國無線電事宜磋商甚久，直到1928年初，美國政府和美國無線電公司對日本仍存有疑慮，更擔心同意日本的提議等於自違美國在合眾電信案中所堅持的立場；英國方面為維護本身利益則甚表贊同。The Minister in China(MacMurray)to the Secretary of State, Jan. 1, 1926 *FRUS, 1926*, Vol. I, pp.1043-1044; Department of State to the British Ambassador, Jan. 12, 1928, *FRUS, 1928*, Vol. I, p. 558.

　　在中美無線電信交涉案正值北洋政府時期，內閣更迭頻仍，加以
財政虧空、歲糜息款。交通部與美國無線電公司交涉的過程中，在發
行債券上提出不甚合理之修正，令美國懷疑是否與日本之間有秘密交
易。當時電信借款的目的確係與籌措政府財源最為相關。曾任交通部
長的葉恭綽坦言：「以辦理交通事業名義訂借債款而實則供給他項用
途，十餘年中逐遞層積，……名為本部污借，實際即不啻為國庫墊
支，歲糜息款不下數十萬」[91]。《東方雜誌》刊有一文說：「（無線
電）欲辦而不能辦，將辦而未即辦者，皆經費無著之故。近來國家財庫
盡入軍閥之手，今並教育交通兩項亦剝奪之矣，而國猶無寧歲。嗚
呼！軍閥誠民國之大罪人也已」[92]。此一嚴厲抨擊軍閥政治亂象的評
語，出自當時無線電訊交涉之際，絕非妄語。當時輿論普遍支持中美
無線電合同，認為有助於中國商業發展，顯係對美國政府和北洋政府
交通部的信任，或亦出自於對海軍部和陸軍部的疑慮。然平心而論，
北洋時期固因財政虧空，履興對外政治借款，但吾人不能因此就否認
政府技術官僚部門，特別是交通部展現借助外力以振興實業的各項作
為。

　　從全球視野而言，一次大戰後無線電訊的發展日新月異，更有賴
於國際合作的信任與交流，對世界提供最快捷、準確的資訊。當時世

91　葉恭綽，〈整理交通外債計畫書〉，《遐庵彙稿》（上海：上海書店，
　　1990），頁158-163。

92　曹仲淵的文章提到「自中美線電報借款契約發生之後，議者漸眾，知者
　　漸廣，然而無線電訊發展有賴資金投入，而中國無線電訊發展正是經費
　　無著，不得已之處則須借重外資，然外資又多半入於軍閥之手」。曹仲
　　淵，〈吾國無線電界情形〉，《東方雜誌》，18卷13號（1921：7），頁
　　116。

界主要無線電公司在南美洲已有這樣合作的經驗，並取得快速的成就；鑑於列強在中國因無線電問題的爭執，美國工業資本家和技術專家也提議通過國際合作或可能弭平爭端。美國無線電公司董事會主席楊格(Owen D. Young)在1921年、22年之交，曾向美國國務院建言在遠東限武會議(Conference of the Limitation)中討論列強在中國的無線電合作問題，並提到世界主要無線電公司在南美洲的合作經驗[93]。在召開華盛頓會議的遠東及太平洋會議和限武會議中，美國也曾寄望透過會議來處理中國無線電訊的國際化紛爭，由於此次會議主要討論華會出席國家的相關權益和國際秩序議題，因此合眾公司和三井公司雙方在中國的無線電案之爭並未被提出討論；該會主要針對更廣泛的問題：關於中國無線電交通實行國際化的可能，以及若干國家未經中國同意在華經營無線電台的問題[94]。英美兩國代表都曾表示應當設法使中國現有和將來的無線電讓予權彼此融合，並不侵害中國的主權；美國代表國務卿休斯(Charles Evans Hughes)更表示無線電問題應由中國政府決定根本原則：按照自由競爭的原則或按照合作的原則，建立一個無線電系統。但會議最後仍因各國各懷心機，僅消極承諾門戶開放精神，並未能解決各國在中國未經同意即設置無線電台的情形[95]。

93　The Chairman of the Board of the Radio Corporation of American(Owen D. Young)to the Secretary of State, Jan. 1, 1922, *FRUS, 1922*, Vol. I, pp. 837-838.

94　1922年出席遠東限武會議的英、法、日、美的工程專家亦有類似的看法，並在會議中有所討論；但由於各國各懷心機，並無結果。"Proposal for the International Cooperation in the Development of Radio Communications in and with China," in *FRUS, 1922*, Vol. I, pp. 830-835.

95　1921年12月7日，參與華盛頓會議討論太平洋及遠東問題之各國代表發表「關於在中國無線電台聲明書」，但這個決議案主要仍在維護門戶開

　　細查中美無線電合約的各項條文內容，不僅就中美合作之各項條件：貸款金額之優惠、尊重中國之主權、電台之設施、技術人員之訓練等等條件，比起中日、中英合同對中國確實有正面價值，並無約束或壟斷之條款。誠如當時《東方雜誌》有一評論：「以我國現時內政之紛擾，財庫之空虛，國民科學知識之淺薄，無線電政人材之缺乏、製造力量之不備，而圖發展新事業，步武歐美，假手外人未始非計，惟合同條約須審慎周詳，處處當留自管自營之機會。」[96]如何在內政紛擾、財政空虛的情況下，藉由外資外力發展中國的無線電訊，訂定合理的中外契約，達到「自管自營」的生機，未嘗不失為圖強之道。

　　然而，由於列強在中國之既得利益與新興勢力之間的糾葛、國際間彼此信任不足，加上內戰和派系政爭所導致的政治不安等因素，更加惡化了中外合作的情勢，遂使1920年代中國無線電訊市場的中美合作或國際合作的契機成為幻影。

（續）

　　放政策的精神，並未對未經中國准許，在租借地、南滿洲鐵路區或在上海法租界內的無線電台的地位作出決定。中國代表團在當日即正式聲明：中國政府不承認，亦不讓與任何外國或其人民，在使館界、居留地、租界、租借地、鐵路地界或其他同樣地界內，未經中國政府明白許可，而有安設或辦理無線電台之權。韋羅貝著，王紹坊譯，《外人在華特權和利益》，頁590-591，刊有太平洋與遠東問題委員會所同意的「關於在中國無線電台的議決案並附聲明書」。

96　倪尚達，〈對日美無線電交涉我國政府應行注意之點〉，《東方雜誌》21卷7號（1924年4月），頁41-44。

第七章

技術團隊投資案——
美國工程顧問公司與黃河鐵橋投標案

一、前言

　　民國初年，美國企業所參與的中國實業投資案中除無線電訊、鐵路和開礦等大型實業開發案，此外尚有一些規模不小的公共工程的投資案。這些公共工程可包含：橋樑、港口、燈塔、公園、自來水、電力、電話和公路等等，同樣於19世紀末由一批專業工程師引進中國，為中國實業市場的開發注入一股新興實力。這些專業工程師在中國形成一群技術團隊和人際網絡，同時也培養出一批中國工程師，對中國的近代化建設和工程人才的培育有相當大的貢獻。

　　本章探討的黃河鐵橋案，不同於前面幾章所述的國際大財團或跨國企業所參與的大型公共工程案，它是由一群專業工程師所組成的顧問工程公司，所參與的是規模相對較小，但需專業技術的公共工程。位於京漢鐵路的黃河鐵橋，挑戰造橋工程中如何抗拒河川激流和流沙沖刷等專業技術，工程之艱鉅和重要性不亞於導淮工程；如能順利完工，對於華北交通和經濟發展影響甚鉅。此一投資案論其規模和建設都非常重要，然迄今仍未有深入的研究。

　　黃河鐵橋的建造，並未涉及清末以來中國被迫給予的讓渡權

（Concession），例如鐵路或無線電訊的合同。而北洋政府為避免各國的關說壓力，決定向中外橋工界公開招標，並組織外籍顧問委員會評選之。姑不論其結果如何，它顯現北京政府在振興實業過程中，採取的靈活外交與商戰策略。本書運用台北中央研究院近代史研究所檔案館、美國國家檔案館中英文往來文件，以及相關中英文報紙，試圖探討以下問題：此一個案的交涉過程與結果，究竟反映了美國企業在中國的公共工程投資中所遭遇的何種困境？其對中國實業建設的進程又具何種意義？

二、黃河鐵橋案的由來

清末所建造的黃河鐵橋最主要有兩座，一在津浦鐵道上，係1909年8月由德國人所建，1912年12月完工。橋長1.255公里，位於山東濟南附近[1]。另一座位於京漢鐵路上，橋長3.010公里，1901年由比利時公司所造，1905年完工。兩座鐵橋之建造，均得克服黃河增水期之傾瀉、河底流沙和水流方位的橋柱工程[2]。本書所探討的個案為橋樑較長的京漢路黃河鐵橋。

這座建於光緒27年（1901），長約三里的京漢路黃河鐵橋，共有橋墩102座，建築費高達265萬兩，保固期限為十五年。由於此橋在設計

---

1 子懷，〈津浦鐵道之黃河大鐵橋〉，《東方雜誌》第9卷第8號（1913年2月1日），頁31-33。文中稱橋長「一二五五米突」。「米突」應為Meter（公尺）。

2 〈改建黃河鐵橋之籌議‧照抄沈技監意見書〉，《東方雜誌》第14卷10號（1917年10月15日），頁177。文中稱橋長三千零拾密達，「密達」應為Meter（公尺）。

時未計及行車時的衝力，而橋墩尚未堅固之際，即搶先通車。民國初年行車速率限定每小時僅十五哩，安全堪虞[3]。因此建造新橋之議此起彼落，民國2年（1913）便傳聞京漢鐵路管理局（即京漢路局）打算重建黃河鐵橋。由於民初以來京漢鐵路的營利狀況甚佳，以1915-1919年京漢鐵路的資產、外債、負債、累計盈餘、營運收入、淨利及扣除銀行貸款後的結欠，可知其概況（詳見附錄7-1：1915-1919年京漢鐵路營收狀況）[4]，因此，如以京漢鐵路的營利做為安全擔保，這項工程的建造與獲利，應無太大的風險。

1917年9月初，《遠東時報》（Far Eastern Review）披露北京政府有意公開招標黃河鐵橋案，工程總造價約為11,000,000元[5]。同年10月中旬《東方雜誌》亦刊載交通部長梁士詒致京漢鐵路管理局局長王景春改建黃河鐵橋之訓令，指示「該橋工程艱巨，設不早為籌備，臨渴鑿井，則無所措矣」，並有京漢技監沈琪之意見書。意見書中提到這座建於1901年的鐵橋，性質尚屬便橋路：「當比公司建造該橋時，其意固在工速費省。然若將該橋之建築資本與歷年防護特別管理以及特別行車所用之經費，統為計算，建一正式大橋亦不過如是……當時計畫不能不謂之失算」[6]。京漢路局對於鐵橋設在上游（舊橋）或下游，多

3　何漢威，《京漢鐵路初期史略》（香港：中文大學出版社，1979），頁32。

4　京漢鐵路於民國時期因改稱北京為北平，又稱平漢鐵路。該路的興築與華北經濟發展的關係，可參閱張瑞德，《平漢鐵路與華北的經濟發展，1905-1937》（台北：中央研究院近代史研究所專刊，1987）。

5　*Far Eastern Review,* Sep. issues, 1917, p. 668.

6　〈照抄沈技監意見書‧照抄沈技監意見書〉，《東方雜誌》14卷10號（1917年10月15日），頁177。對於此座比利時建造的京漢路黃河鐵橋的描述，亦提到：「所有橋墩，僅用螺絲鐵樁，鑽入地內，上搭鐵架，以

方詳考後，決定設在下游，避開南岸山洞。理由是「查新橋地點設在下游，則舊橋出險時，必受其沖擊，而施工卻較易；若設在上游，則沖擊則免，但施工較難」。預計以前三年為計畫籌備之期，後三年實行建築之期。並且招集中外於鐵路大橋研究有素之各國工程師，如津浦路濟南正段長史妻納(羅馬尼亞人，入德籍)，技監詹天佑、前技監總工程司酈孫謀、技正俞風華等技術人員，詳細籌備 [7]。

率先向美國國務院表態對黃河鐵橋工程有興趣的是溫德爾父子顧問工程公司(Waddell& Son Consulting Engineers)[8]。該公司老闆溫德爾(John Alexander L. Waddell, 1854-1938, 一般縮寫J.A.L. Waddell)於1918年3月即向美國務院毛遂自薦有意參與中國各地的造橋工程。為遊說國務院遠東司的協助，他提交了一本自撰的工程學專書，該書出版於1916年7月，主要暢言近年他在海外各地興建大型橋樑工程之心得和經驗，從工程學理論到建造個案的研究，兩大冊八十章節。同時還有一份美國各界對這本專書讚譽有加的剪報數種，總歸本書是「近年有關

(續)————————————

　　安橋樑，其體甚輕，更兼該樁入地，只深十三密達，尚在流沙之內，未
　　著實地，因易流動，故七十一號橋墩，稍有傾斜，其地亦微有沉陷者，
　　歷年投石河內，以資防護，十一年間用去石塊，已不知幾百萬方」。

7　〈改建黃河鐵橋之籌議〉，《東方雜誌》第14卷10號(1917年10月15日)，
　　頁177-178。史妻納，係羅馬尼亞人，因應聘稱德籍，一般以為德國
　　人。他曾設計及參與兩次津浦路黃河鐵橋之工程。但日後組成的外籍顧
　　問中並無此人。可能係因一戰時期中德斷交之故。同濟大學德籍教師名
　　錄中有其人。

8　J.A. Waddell to K.T. Williams(Division of Far Eastern Affairs), Mar. 11,
　　1918. United States National Archives, *Records of Department of State
　　Relating to Internal Affairs of China, 1910-1929*(hereafter cited as NA)No.
　　893.1541/35.

工程著作中最非凡的貢獻，工程師書架上非讀不可的一本書」[9]。溫德爾也發動國會議員向國務卿藍辛（Robert Lansing）關說他對黃河鐵橋工程的高度興趣。溫德爾確為當時美國橋樑工程界的重要人物，曾參與加拿大、日本、古巴、蘇俄和紐西蘭的大橋計畫[10]。溫德爾最後沒參與黃河鐵橋的投標案，卻因而獲得美國政府的推薦，擔任北京政府黃河鐵橋案外籍顧問中的美國代表，然而溫德爾曾有意承攬黃河鐵橋案的這件事情，在後來投標案交涉過程中被披露出來，亦使其立場受到質疑。

1921年4月初，美國鋼鐵公司（United Stats Steel Product Company），創建公司（Foundation Company）和慎昌洋行（Anderson, Meyer & Company）聯手向美國中國國際銀行團（American Group of the Chinese Consortium）主席摩根公司（J.P. Morgan & Company）要求提供600萬元的貸款，以參加黃河鐵橋的投標案。他們希望以京漢鐵路做為這項借款的擔保，不料這個要求，僅在十天之內很快地被美國中國銀行團堅決拒絕[11]。理由是這個合約根本無法確知是否能得標，不僅是中國政

9　United State Senate(John F. Shafroth)to the Department of State, NA, 893.1541/36.這批資料收錄於溫德爾的國會議員友人向國務院關說的附件中。

10　Robert Lansing to John F. Shafroth, July 1, 1918. NA, 893.1541/37.

11　United States Steel Products Company to the American Group, April 6, 1921. American group to Secretary of State, April 20, 1921. NA, 893.1541/40 慎昌洋行的創辦人馬易爾（Vilhelm Meyer）為丹麥人，1902年來華，任職上海寶隆洋行（East Asiatic Co., Ld），1906年在上海創辦慎昌洋行，主要進口紡織機、軋棉機等各式機器和零件。1915年該洋行改組為美國公司，居間牽線人即為本書第五章提到的廣益公司副總裁司戴德，兩人在中國時即為舊識好友。此後慎昌洋行代理奇異公司（General Electric）電燈，占有進口燈市場的60%優勢，1917年中國奇異愛迪生有限公司（China

府或是美國的投標公司都無法提出安全信貸，美國中國銀行團也無法轉介給其他美國銀行團。摩根同時舉出當時正在交涉的「合眾電信公司案」為例，該約已由中美雙方批准且準備發行證券，美國中國銀行團才予以考慮[12]。因此，黃河鐵橋案的貸款不是該銀行團目前的第一要務，同時該公司拒絕此案後，也不考慮提供給其他的美國銀行[13]。因此上述這三家有意聯手合作的美國公司也未能參加投標。

1920年底，京漢路黃河鐵橋十五年保固即將到期，各國已在觀望。京漢路局於12月將建築黃河鐵橋招標圖樣及詳細條件送達美、英、比、法、義及日本各國領事館，同時京漢鐵路管理局亦於英文報紙登載廣告，表明有承攬該工程者，可向上述國家駐京使館暨各該國中國使館領取相關招標資料。由於廣告內未提及荷蘭，還一度引起該國駐北京使館的抗議，北京政府隨即補送[14]。由此可見黃河鐵橋案受到各國的高度關注。

（續）————————————

　General Edison Co. Inc.）成立——為美國奇異公司的附屬企業。慎昌洋行除代理奇異公司產品外，在洋樹浦設有慎昌機器工廠，並從事各式進出口業務，1920年代已甚具規模。見：Christopher Bo Bramsen（白慕申），*Open Doors, Vilhelm Meyer and the Establishment of General Electric in China*（Richmond, Surrey: Curzon Press, 2001）, pp. 95-107. 作者白慕申為慎昌洋行創辦人馬易爾的外孫，曾任丹麥駐中華人民共和國大使（1995-2001），丹麥駐西班牙大使（2001-2004）。

12　中美無線電合同簽於1921年1月8日。事實上，最後美國中國銀行團仍拒絕提供合眾電信公司的貸款。詳見：本書第6章。

13　American group to Secretary of State, May 13, 1921. NA, 893.1541/42.

14　收交通部函，民9年12月21日。〈黃河鐵路橋招標圖樣及詳細條件已郵寄駐中國使館〉，孫學雷，劉家平主編，《民國孤本外交檔案》，第23冊，《京漢路局建築黃河鐵橋案》（北京：全國圖書館文獻縮微複製中心，2003），頁8853。

　　1921年1月1日，中國政府交通部對外發佈重建黃河鐵橋案的具體主要步驟：首先為資金之籌措，將由京漢鐵路自1918年7月以來的營運歲入中每月撥出150,000元，共達五百萬元，定存於可信任的銀行六年。其次為工期之估定，將先以工程師研究河床地質等問題，工程設計圖招標約需十個月，工程進行時間鎖定三年[15]。《密勒氏評論報》（*Millard's Review of the Far East Weekly*）喻之為「工程專業的一項有意義的實驗，獲獎的計畫書和合約絕對是橋樑技術的一大進步。」[16]交通部同時於上海《申報》連續數月以醒目版面刊出「京漢鐵路黃河新橋設計招標廣告」，新橋預計長約二千八百公尺，招請中外橋樑專家投設計之標，以設計最當者獲選，定於1921年6月30日於北京開標[17]。

　　由於黃河鐵橋工程艱鉅，必須借用外人技術，同時也為了平息各國紛爭。1921年3月起，北京政府交通部延攬英國、法國、比利時、美國等四國著名橋工專家，來華擔任黃河鐵橋工程顧問委員會，負責審查招標事宜，日本因未在委員會中，對此表達抗議。日本公使小幡酉吉表示：「日本於光緒33年曾借輸該路洋一千萬元，此次招商投標亦有日本在內，委員會中獨無日本委員參與其間，殊於日本體面有礙」，因此強烈要求顧問委員會中需設置一席日本橋工專家。交通總

15　*Peking & Tiensin Times*, "Construction of Yellow River Bridge." Statement by CHIAOTUNGPU, Jan. 1, 1921.

16　*Millard's Review of the Far East Weekly*, June 18, 1921. 上海社會科學院近代史研究所圖書館藏紙本。

17　《申報》（上海），1921年1月15日。廣告中提到所有詳細規劃及建築規範可向京漢路局或各國公使館索取，國內每份收取大洋30元，國外收費英金6鎊。

長葉恭綽表示聘請外籍顧問純屬技術上之研究，不以國籍爲標準：
「此事寔以學問爲主，並無國際觀念，以學術言我東洋各國於鐵路等
事較之歐米諸國本屬後進，此固無可諱言」[18]。又表示，聘用四國工
程師，並未與英法公使館商量，僅由工程師調查精於造橋學術之學者
開列名單，此中並無政治競爭一事[19]。日本再三抗議，最後北京政府
讓步，加入日籍顧問。這五名外籍顧問名單及其代表國家如下：（一）
溫德爾，美國代表。（二）H. Wilmer，英國代表。（三）A. Mesnager，法
國代表。（四）L. Dethiu，比利時代表。（五）F. Onhara，日本代表[20]。

　　1921年6月30日，黃河鐵橋工程顧問委員會審議公開招標案，據招
標公告擬以最優工程計畫書得標，工程自完成後五年爲保固期，保固
期間承包公司需挑選一名有經驗的幹部，並由中國鐵道部任命以監督
工程。此外，招標案中的第二、三名可分別獲得80,000、25,000元的設
計獎金，但設計圖得歸屬中國鐵道部的財產。建造期間的工程付款則
是視工程進度以年度付給承包公司，但這筆年度付款中的百分之十須
儲備於京漢路局做爲擔保金[21]。結果共有英、法、美、日、比及中國
本身等19家公司競標。最後由比利時出口公司（Belgian　Export

18　〈收日本舘會晤問答〉，民國10年(1921年)10年3月10日。《民國孤本外
　　交檔案》，第23冊，《京漢路局建築黃河鐵橋案》，頁8863。民國10年
　　(1921年)4月11日。頁8870-8871。

19　〈收日本舘會晤問答〉，民國10年(1921年)4月13日。《民國孤本外交檔
　　案》，第23冊，《京漢路局建築黃河鐵橋案》，頁8872。

20　Commercial attaché in Peking(Julean Arnold)to Department of Commerce,
　　Bureau of Foreign and Domestic Commerce, Washington, Aug. 6, 1921. NA,
　　893.1541/48.

21　General Specifications for the design and Construction of the Yellow River
　　Bridge. NA, 893.1541/47. enclosure.

Company)以10,500,000元獲得工程最優標案。同時也選出法國的兩家公司分居第二、三名[22]。

黃河鐵橋案開標後不久，即傳出種種投標之內幕疑雲，顯現各國對此案何以由比利時公司得標的結果不能釋懷。比利時固然最早參與清末黃河鐵橋的建造案，但論及建造巨大鐵橋的專業技術，則尚有歐美先進國家可言，且其他公司的開標單價格大都低於比利時公司。《北京日報》(The Peking Daily News)於8月初將所有角逐失利的投標公司及其標單悉數刊出，其中英國的克里夫蘭橋樑工程公司(Cleveland Bridge and Engineering Company)的標單是5,165,232元，幾為比利時公司的半價，該報語帶保留地說或許這個數字讓工程委員會覺得「荒謬可笑」(ridiculous)。該報也提到清末比利時建造黃河鐵橋這項巨大工程時，部分技術確係橋工界的創新嘗試，但近年來橋工技術已有驚人的進步，該報希望這項工程應是舉世工程界的盛宴之一，並提出對該橋工程的若干建議[23]。

8月初，外交部長顏惠慶會晤美國駐京代辦芮德克(Albert B. Ruddock)，表示北京政府交通部在這件事情上高度中立的立場，因為聘請各國橋工專家組成黃河鐵橋外籍顧問團，亦即是想避免外界對某些標單的不公或偏袒的指責。「交通部大費周章聘任外籍顧問團，最

---

22 *The Peking Daily News*, "The Yellow River Bridge," Aug. 5. 1921. NA, 893.1541/50. enclosure. 這兩家法國公司為巴黎的Compagnie generale d' Extreme Orient和Etablissement Dayd et. M.M. Schneider et Cie.

23 "Belgian Export Co.'s Tender is accepted by Ministry", *The Peking Daily News,* Aug. 4. 1921. 披露所有標單，次日該報刊出評論稿。*The Peking Daily News*, "The Yellow River Bridge," Aug. 5. 1921. NA, 893.1541/50. enclosure.

後又不探信他們的決議，那豈不是件荒謬的事」²⁴。然而美國工程公司對於開標過程的質疑，後續抗議聲不斷，引起不小的外交風暴。

三、美國工程顧問公司的抗爭

黃河鐵橋招標案開標後，美國共有三家公司參加競標，其中兩家公司均向美國政府告狀，陳述招標內情詭譎，希望美國政府能查明。這三家美國公司及其標單狀況如下：

表7-1：美國工程顧問公司的投標狀況表

美國投標公司	標單狀況
費禮門顧問公司（John R. Freeman, Consulting Engineer, Providence, Rhode Island）	投標程序未完備，被拒。
福布斯公司及其他合夥人（William Forbes & Co. Pour Arthur McMullen Co. et Minneapolis Steel and Machinery Co.）	三件計畫書： A: 12,457,137.11元 B: 13,369,720.00元 C: 12,818,074.55元
允元公司（Lam, Glines & Co., Shanghai and New York）	9,804,137元（標單規格不符）

資料來源："Belgian Export Co.'s Tender is accepted by Ministry," *The Peking Daily News*, Aug. 4, 1921.

三家公司中，福布斯公司（William Forbes & Co.）及其合夥人提出的三件計畫書都較比利時得標案價格高些，所以未表示異議。費禮門

---

24 Memorandum of interview, Ruddock called upon Dr. W.W. Yen. Aug. 10, 1921. NA, 893.1541/50. enclosure.

顧問公司(John R. Freeman Consulting Engineer)未得標原因係顧問委員會拒收其建造該橋圖樣標單，而允元實業有限公司(Lam, Glines and Company，亦稱「允元公司」)則是標單規格不符。費禮門顧問公司及允元公司因此向美國政府表達強烈抗議，他們一方面責怪中國政府的不公正；另一方面又責怪黃河鐵橋工程顧問團中的美國代表溫德爾，未能替美國公司爭取該有的權益，甚至抨擊美國工程代表可能收受賄賂。

費禮門顧問公司創辦人為來自美國羅德島帕維敦斯市(Providence, Rhode Island)的美國工程師費禮門(John R. Freeman, 1855-1932，中文或譯為「傅禮門」)。曾任大運河疏浚工程的顧問，在美國工程界頗有聲名(其生平經歷，詳見本書第5章)，因此對該公司的設計圖頗為自負。

允元公司創辦人為格萊因斯(Stanley E. Glines)，原任職「史東與韋伯斯特工程公司」(Stone and Webster Engineering Company)的工程股設計主任，史東(Charles A. Stone)為廣益公司總裁(見本書第4章)，在允元公司中亦有股本，創辦時間約於歐戰剛結束之際[25]。據胡光麃的說法，該公司為麻省理工學院和哈佛畢業的中國校友組織而成，主要業務為工程設計和進口機器物料。由於當時租界內的工程，大都被洋行和洋人勢力所壟斷，中國人還沒有經營工程的公司，只有少數由洋行訓練出來的繪圖員能設計圖樣，但不為租界當局認可，亦不發給准建執照，允元公司是最早一批有中國人參加的工程公司[26]。然由美

25　胡光麃，《波逐六十年》，(台北：新聞天地社，1976)，頁219。

26　胡光麃，《波逐六十年》，頁214-220。胡光麃(1897-1993)畢業於麻省理工學院，於1920年4月返國後任職於允元公司。據該書所記當時由麻

國檔案或《密勒氏評論報》對黃河鐵橋案的描述，得知該公司同時在紐約和上海註冊，登記爲美國公司，並未提到該公司有華人資本。因此，筆者研判這家公司法律上屬美國公司，應有最早一批留美歸國的華人工程師插股，但究竟中美各占多少股本不詳。北京政府外交檔案亦稱其爲「美商」。

　　費禮門合同係委員會拒收其建造該橋圖樣標單，而允元公司則是標單規格不符。美國駐京使館代辦芮德克，於7月25日和27日分別代表費禮門公司和允元公司表達不滿，要求在問題尙未解決之前，此項工程不得交與任何人承辦[27]。在8月5日《北京日報》刊出比利時得標的評論稿後，芮德克再度函達北京政府，詢問交通部是否已決定將此項

(續)————————————

省理工學院和哈佛大學的同學們懷著極大的抱負返國後組織允元公司，大家據所學分門別類。其中他和幾位同學曾在「史東與韋伯斯特工程公司」見習。史東本人也是畢業於麻省理工學院，曾於1922年來華考察業務。允元的上海總公司設於上海北京路4號3樓，在平津有分公司。但由於胡光麃任職允元公司的時間不長，對這公司的具體業務未必瞭解。例如，頁223，宣稱允元公司聯合美國另外兩家公司設計估價，在中外角逐黃河鐵橋案中得到第一名。但因直奉軍閥內戰，將預備用於該工程的款項約960萬元全數移作軍費，致使此一重要工程建設只得擱淺。此一說法根據本書的相關考證則屬謬誤之詞。

27　〈請將美國工程師傅(費)禮門所遞之圖樣及包辦工程之攬單加入黃河橋工程競爭之內〉，1921年7月25日。《中美往來照會集，1846-1931》(桂林：廣西師範大學出版社，2006)，第15輯，頁78-79。芮德克的函電中，稱京漢局黃河橋工設計委員會對於允元實業有限公司所遞之攬單(標單)未被列入黃河橋工程競爭之內，是由於該公司對於建造該橋基所開之攬單，係依據實價再加預定費核計開列價值，未依據總數開列價目，而委員會聲稱按照所佈告之計畫書應須開價值總數，但該公司認爲計畫書中並未有此規定辦法。〈允元實業有限公司所遞之攬單未被列入黃河橋工程競爭之內，此項工程不得交與任何人承辦〉，1921年7月27日。《中美往來照會集，1846-1931》，第15輯，頁78。

工程給予某人承辦及給予獎勵，如係屬實，美方必須再度重申前言，亦即「在問題尚未解決以前，不得進行此事」[28]。這場工程內幕風風雨雨，直到美國公使舒爾曼(Jacob Gould Schurman)上台後，才平息這場紛爭。

費禮門於1921年8月24日向美國國務院致送一份長達22頁的陳情書，希望美國政府徹底調查為何該公司被拒絕在外，以表示該公司在這次的投標中遭到中國鐵道部京漢路局「不公平的歧視」。根據京漢路局的說法，依規定各公司的投標案至少應於開標前十日送達該局，而該公司的投標計畫書卻晚了一天。然而據費禮門的說法，該公司的計畫書已在規定期限內送出，但可能是競爭對手的詭計而被中國郵政所延誤[29]。他們宣稱該公司的計畫書受到中國政府內部的各國工程專家所肯定，還列出一長串這些專家的名字，該公司自評不論經費和設計圖，他們都是最優秀的[30]。

在這件案子中，還有一錯誤資訊是費禮門公司的中國代表陶德(O.J. Todd，其生平詳見本書第五章)在開標前曾致電給京漢路局張君

28　〈請查北京英文日報所載已將黃河橋工程決定之語是否屬實〉，1921年8月5日。《中美往來照會集，1846-1931》，第15輯，頁84。英文收入8月10日的卷宗號：Albert B. Ruddock(charge d'affaires)to the Department of State, Aug.10, 1921. NA, 893.1541/48.

29　Petition of John R. Freeman, Aug. 24, 1921. NA, 893.1541/44. 該公司同時提出兩個方案：A方案是全長2,800米，含橋墩和每一結構的精細計畫圖和造價。B計畫是僅有500米長的改善計畫，兩者的計畫同時都兼顧整治黃河的最大經濟效益。寄給京漢路局尚有60餘張詳細設計草圖和標單，分三箱寄出。一式三份的計畫書於5月20日由羅德島掛號寄出，除開標的京漢路局之外，同時寄給美國駐京公使柯蘭(Charles R. Crane)和漢口揚子鋼鐵工程經理Wong Kwong，此人據悉是黃河鐵橋工程的合夥人。

30　Petition of John R. Freeman, Aug. 24, 1921. NA, 893.1541/44.

(T.S. Chang，中文名不詳)，被告知有收到申請案和計畫書，但6月30日開標時，京漢路局黃河委員會卻說只收到該公司的申請案，而無計畫書(含繪圖設計等)。因此，該公司認為他們的案子早於開標前已完成程序，但卻因計畫書為中國郵局或中國鐵道部或其他行政部門所延誤，他們希望費禮門公司的案子能重新被提到黃河鐵橋委員會中來討論[31]。

允元公司被拒絕的理由，據說是因該公司標單中所列的工程基地構造係採用「實價再加預定費」(cost plus fixed fee basis，或譯「成本加固定價格」)，而非一般投標規格採用的「價值總數」(Lump Sum Basis)。允元公司則表示北京政府的招標書有關一般規格的說明，並未規定如何開具標單的辦法[32]。在美國駐京公使館展開調查以及美國商務部(Department of Commerce)支持此案重新審議後，原本已放棄希望的允元公司，便向美國政府表示意願，希望繼續爭取投標案[33]。

由於此時美國駐京公使正值出缺，或是急於追究責任，代辦芮德克於8月10日向國務院報告說，經由各方訊息的判斷，他認為美國兩家公司的投標失利，最大的原因是在工程顧問團中的美國顧問代表溫德爾因個人的專斷和愛惡，根本罔顧這兩家美國企業的權益，更未能替他們全力爭取得標。對於費禮門公司文件未齊的情況，由於美國代表

31　Reinstating Proposals and Plans submitted by John R. Freeman, in the Yellow River Competition. July 9, 1921. NA, 893.1541/47.

32　A.B. Ruddock to the Department of States, Aug. 1, 1921. NA, 893.1541/47.這份電報中還附了一份 "General Specifications for the design and Construction of the Yellow River Bridge."

33　Lam. Glines & Co. to the Department of State, Aug. 30, 1921. NA, 893.1541/45.

在顧問團未能爭取該案，以致中國政府交通部官員更加以程序不符的理由，大膽排除費禮門公司的投標。而溫德爾還親口向他說，早在他從紐約來華之前他已警告允元公司不要採用「實價再加預定費」的規格，但該公司迫於信貸銀行的壓力仍選擇了這種標單。代辦芮德克認為北京政府並未列出這項規格要求，但這件事前後研判下來，不免令他懷疑溫德爾的立場[34]。

1921年8、9月間，這兩家美國公司繼續陳情的同時，溫德爾要求得標的比利時公司應修正其計畫書，包括一些不妥的設計所牽涉的不必要開支，否則他拒絕簽署顧問團的決議報告書。溫德爾拒簽決議報告的舉動，招致外籍顧問團嚴重不滿，除日本代表之外，其他三名外籍代表Major H. Wilmer（英國）、A. Mesnager（法國）、L. Dethiu（比利時）聯名在《北京導報》（Peking Leader）披露溫德爾有意以自己的設計圖參加工程投標案，因而拒簽比利時得標的同意案[35]。溫德爾也不甘示弱，9月16日《北京導報》刊載他在6月29日寫給「中美工程師協會」（The Association of Chinese and American Engineers）的原文信函，

34　Albert B. Ruddock（charge d'affaires）to the Department of State, Aug.10, 1921. NA, 893.1541/48. 在這份檔案附件亦有芮德克於8月5日致電外交部長顏惠慶，要求重新考慮美國兩家公司的投標案。過了二星期後，芮德克、溫德爾會談後，了解到自己有所誤解，他向國務院補充說明溫德爾事實上對所有的標單都不滿意，溫德爾自述係站在對全中國最大經濟效益的立場，認為外籍顧問應對黃河鐵橋提出一個最後方案（final plan），而他本人正有此打算。而目前外籍顧問團對於此案意見紛歧，尤其是謠傳得標的比利時公司，實際是英國人持股的公司，它們拒絕接受比利時投標計畫中有任何的變更。Albert B. Ruddock（charge d'affaires）to the Department of State, Aug.24, 1921. NA, 893.1541/52.

35　Peking Leader, Aug.30 and 31, 1921.

以澄清他在外籍顧問團中的立場。他從專業知識分析比利時公司的計畫書中有關基座深度、橋墩結構、墩距等技術不良問題，卻讓中國政府多浪費了三百萬不必要的支出[36]。9月初，他也寫信給北京交通部澄清他來中國擔任外籍顧問的職責，自陳就其橋墩專業為中國政府謀最大福利，而非保護美國或其他國家的利益，他再次申述中國應尋求最理想的標單，更不必浪費三百萬元或更多的支出[37]。

駐京公使舒爾曼抵華後給國務院的報告，一方面認為外籍顧問團對溫德爾的指責過於誇張，且惡意扭曲事實，但很不幸的是溫德爾在這件事上所扮演的角色——之前與他有關的美國工程顧問公司有意投標，雖然最後沒有投件——這件事並無證據來質疑他的正直和誠懇，卻有落人口實之譏，而他在外籍顧問團中所表現的態度，也讓他的同僚將整個事件導演到一個虛妄的假象而傷害到他的專業正直[38]。美國駐天津總領事福勒(Stuart J. Fuller)向國務院的報告中，更詳細說明美國工程專家溫德爾與外籍顧問團間的爭議。首先，他確信其中絕無涉及賄賂。他認為溫德爾對中國官場缺少一種「政治工程學」(Political Engineering)的熟悉，而且在工程專家組成的外籍顧問團中流露出毫無保留的自信，使他為同僚所不喜。再者，英、法和比利時專家批評他干預這次已為中國政府接受的比利時標單是出於個人的利益；他們更不客氣地說溫德爾本有意提交自己的計畫書，但當他無法獲得財政支持後，他轉過來支持日本的計畫書，因為日本的設計有不少是抄襲自

36　*Peking Leader*, Sep. 16, 1921.

37　Waddell to the Minister of Communication, Peking, Sep. 1, 1921. enclosure in NA, 893.1541/60.

38　Schurman to the Department of State, Sep. 14, 1921. NA, 893.1541/60.

溫德爾的工程學專書，而比利時標單已被證實有英國資本介入。情勢
演變成溫德爾和日本專家連成一線，反對毫無保留接受比利時的標
單。因此，溫德爾建議外籍顧問團應提出黃河新橋設計的要件，並重
新招標[39]。

四、中、比、美三方交涉與回應

儘管中國政府於8、9月間，兩度表達美國費禮門公司和允元公司
未能得標的理由，前者仍爲不符程序。後者則是和其他18件計畫書同
時審議，其結果係來自所有外籍顧問團的決議[40]。外交部在9月1日的
函電中，表示「去取允元之標，係加入競爭後，因其所開辦法比較不
適於用，故公決未取，並未拒絕其加入競爭，各顧問均爲著名之工程
專家，既由多數取決，自無不公之可言……」。「欲使人人得而悅
之，亦爲事實所萬不能者，允元及其他家審查後未取之標，本會亦徒
爲之扼腕而已」。外交部的措詞甚爲溫和，在同一信函中以橋工委員
會和外交部名義，兩度表達「扼腕」之詞，甚盼息事寧人[41]。

然而，鑑於溫德爾與外籍顧問間的爭議未決，兩家公司復燃起希
望。10月初，這兩家公司均通過美國商務部代理主席霍布金斯(O.P.
Hopkins)去函國務院遠東司司長馬慕瑞(J.V.A. MacMurray)表示黃河

39　Stuart J. Fuller to the Department of State, Sep. 22, 1921. NA, 893.1541/54.

40　Ministry of Foreign Affairs to Mr. Ruddock, Aug. 27 & Sep. 1, 1921. NA,
893.1541/55.

41　Ministry of Foreign Affairs to Mr. Ruddock, Sep. 1, 1921. NA, 893.1541/55.
文末再度提到「本部深爲扼腕」。中文原文見：《中美往來照會集，
1846-1931》，15輯，頁228-229。

鐵橋案可能重新開標,懇請其協助兩家公司及保護美國商人在華權益[42]。11月8日,費禮門直接向國務院請願,表示該公司所受到的不公正對待,而他們的抗議遭到北京政府的漠視,同時質疑為何北京政府對於該公司能替中國政府節省五百萬,且時間上可縮短三年,又富有工程經驗的投標單予以漠視[43]。

　　1921年10月中旬,北京政府外交部回函拒絕美國兩家公司的申訴案,11月中旬外籍顧問團解散,溫德爾回美,其他顧問則各奔前程[44]。溫德爾在給舒爾曼的報告總結他停留中國130天的心得,表示對黃河鐵橋案的遺憾,他說比利時的投標是「適宜但浪費」(Adequate But Extravagant),再度批評比利時公司不願修正計畫書,並說這批支持比利時得標案的派系,應恨不得他趕快離開中國,以使比利時案順利進行[45]。11月10日北京外交部長顏惠慶發函給美國商務部在華商務專員(Trade Commissioner)李亞(Frank Rhea)再次說明兩家公司之所以未能獲標的理由:(一)費禮門公司的文件在開標後方才送達,為根本失敗之原因。而京漢路局張君報告之錯誤,並非本案失敗之主因。(二)允元公司所用的規格標,與一般標單慣例不符,該公司不能因為說沒寫入招標單,就指稱中方未依照規定開標。「招標章程所未規定

42　Department of Commerce(O. P. Hopkins)to Chief, Division of Far Eastern Affairs(J.V.A. MacMurray), Oct. 4, 1921. NA, 893.1541/57.不到數日,兩家公司又再通過商務部和國務院遠東司,陳述兩家公司保證他們能造出質量佳且價格較低廉的鐵橋。見: Department of Commerce to Acting Chief, Division of Far Eastern Affairs(Lockhart), Oct. 15, 1921. NA, 893.1541/58.

43　John R. Freeman to the Department of States, Nov. 8, 1921. NA, 893.1541/62.

44　Schurman to the Department of State, Nov. 14, 1921. NA, 893.1541/63.

45　Schurman to the Department of State, Oct. 28, 1921. NA, 893.1541/64.

者,固可聽投標人之自由開具亦應歸招標人之自由審擇,此皆世界各
國之慣例也」。同時再度澄清允元公司的標單是不適用而失敗。總
之,北京政府再次強調對美國兩家公司的投標單和其他所有標單都是
公正公平,絕無偏袒[46]。北京外交部不理會美國的說詞,中美雙方已
無交集可言。

　　1922年2月,允元公司仍不放棄希望,他致函國務院遠東事務司表
示,由於目前工程顧問團的決審書仍擱置,合約及獎項亦尚未頒發,
該公司仍冀望爭取黃河鐵橋案是否有重新開標的可能,除仍抱怨美國
代表未盡全力爭取讓美國公司得標外,他同時希望美國政府能直接和
中國駐華盛頓公使施肇基或其他中國在華府的代表討論此事[47]。允元
公司顯然不了解中國官場政治,更不了解北京政府駐外人員的影響力
實甚薄弱。因本案已交涉多次,而北京外交部的立場已很清楚,美國
國務院認為此事不可能再有轉圜,顯然已不願再插足此事[48]。在此前
不久,美國商務部在華商務幫辦(Commercial Attaché)阿諾德(Julean
Arnold)又爆料說黃河鐵橋委員會中的英國代表Wilmer和得標的比利
時公司中的英國股東S. Pearson & Son關係匪淺,Wilmer顯然利用他
在黃河鐵橋顧問團中的影響力排除美國和其他競爭者,而讓英比公

46　W.W. Yen to Schurman, Nov, 10, 1921. NA, 893.1541/67.中文原件見：
　　《中美往來照會集,1846-1931》,第15輯,頁248-249。此文亦說明陶
　　德所稱京漢局的張君確有收到費禮門圖件之報告,惟並未有該項圖件已
　　屬完備之聲明,且京漢局收到各標件即隨送黃河鐵橋審查委員會,該員
　　非此事主管人員,自不能詳悉費禮門文件之內容。

47　Lam. Glines & Co. to the Far Eastern Division, Feb. 15, 1922. NA,
　　893.1541/69.

48　Department of State to Lam. Glines & Co., Feb. 18, 1922. NA, 893.1541/69.

司得標[49]。費禮門公司也研判北京政府可能重新開標，而顧問團的溫德爾已返美，因此向美國政府大力推荐導淮工程師陶德——正值和裕中公司解除合約，適爲美國政府所用[50]。由這些美國方面內部往來的文件看來，更顯現美國兩家公司對黃河鐵橋案百折不撓、多方嘗試的旺盛企圖心。

北京政府於1922年3月，曾向美方表達，仍以比利時標單爲最優，並無重新投標之事「惟尚需加以修正，並核減料價」[51]。而據資料所示，得標的比利時公司雖不願意修改計畫書，但交通部京漢路局的決審通知單和獎項贈予，也遲遲未能送達比利時領事館。1922年11月，比利時公使艾維滋（Robert Everts）爲此面晤外交總長顧維鈞，有云：

> ……（該公司）始終未得修改之通知，聞有某顧問從中作梗，該顧問爲中政府聘用人員開會審查亦在專家之列，自應遵守公理，詎料別有用意。蓋與其建造公司有利益關係在焉。比英公司派來華之工程師Bourne君屢曾催交通部將修改之處明白宣示，而該部稱已發交京漢局核辦。該工程師又往晤詢京漢局長，據稱黃河新橋現時不擬進行，前此決定歸比英公司承辦一節可酌給償金以取消之等語。查比英公司此次新定標圖價值由各國專家審查公認爲最優，斷不能憑空取消，若因

49　Julean Arnold（Commercial Attaché）to the Bureau of Foreign and Domestic Commerce. Washington. Jan. 9, 1922. NA, 893.1541/70.

50　John R. Freeman to Department of State, Mar. 6 1922, NA, 893.1541/75.

51　〈黃河橋工開標結果以比國建築鐵路公司之標爲最優並無重新投標事〉，1922年3月22日，《中美往來照會集，1846-1931》，第15輯，頁248-249。

財政困難亦可明白宣佈一面將修改之點告知，一面預先説明
建造時期。[52]

　　這份會談紀錄直接證實得標的比利時公司內含英國資本，因此上述會
談直接稱得標的比利時公司爲比英公司(即英比公司)。文中提到的某
顧問及其有利益之公司，顯然係指美國顧問溫德爾之行徑。至於交通
部曾有取消投標案一説，令顧維鈞甚感詫異，乃詢問比利時公使究
竟是誰決定取消決審會之議決結果，係出自京漢路局長之言或出自
交通部之決定？艾使證實係京漢路局長亦交通部之訓令。顧維鈞只
好含混答覆「恐係交通部以財政關係現難實行之，亦未可知」。艾
使乃表示「延期則可，若取消前議似乎不公，且此事由中政府正式
知照有關係使館，該英比公司愼重其事繪圖籌價，以期建造切實緊
要之工程」[53]。

　　究竟交通部京漢路局是否有正式照會給英比公司告知延期或取消決
審會決議？研究者並未發現交通部京漢路局的文件，但當時北京政府令
出多門，外交部和交通部之間意見相左或事權不一，亦時有所聞。就外
交部的資料看來，外交部自始至終堅持由英比公司得標。從英文資料看
來亦可證實顧維鈞的說詞，交通部京漢局確係財政困難，一時無法頒佈
通知書和獎金。一說是直皖戰後獲勝的直系將領吳佩孚虧空京漢局歲

52　外交部檔案，比館會晤問答，1922年11月22日。中央研究院近代史所檔
案館藏，館藏號03-11-014-02-008。
53　外交部檔案，比館會晤問答，1922年11月22日。館藏號03-11-014-02-
008。

入，致入不敷出。交通部鐵道司乃傾向採納溫德爾的建議[54]。

中國方面對於黃河鐵橋案的招標結果，一直到8月7日《申報》才以四行文字刊出投標結果及得獎的公司名單，可見中國輿論界對於此事所知有限[55]。9月初《申報》引用外電報導溫德爾曾有意投標但最後不果，以及對日人曾抄襲溫德爾設計圖樣的訊息：「日人圖樣渠不承認其為渠舊日教科書中之抄稿，亦未保薦日人圖樣為第一，但以此稿尚佳，宜得獎品而已」。至於溫德爾之所以拒絕所有標單，理由在於「渠意所有圖樣皆有錯處，宜拒絕其投標，但以獎品給予最優之圖，而由顧問團自繪一適當圖樣，附以詳細之說明，然後再招人投標，其他技士不贊成此議」。對於黃河鐵橋外籍顧問團內部之分裂，該報以為此事關係各國專家代表的名譽及評價，才是最主要的原因：「外界傳說彼此互訐，與各技士之名譽有關，故雙方現將此爭端提交美、英、法科學會研究之，華人現無解決辦法，頗覺左右為難」。《申報》記者直接詢問溫德爾關於外界傳言中國政府官員有可能接受比利時大宗回扣的說法。溫德爾表示絕無可能，因為「比人投標價昂，因照其所擬橋圖工程頗為浩大之故。但利益微細，不容有回扣也」。[56]

由於美國兩家公司的抗議聲不斷，比利時駐美大使戴卡提爾(Baron Emile de Cartier de Marchienne)也於1923年3月向美國務院遠東司表達他個人在比利時承受的壓力，他直指「在比利時最優秀的一批人」將黃河鐵橋案視為美國的「卑鄙手段」，由於美國駐京使館對黃

54　Julean Arnold(Commercial Attaché)to American Legation, Peking. Feb. 23, 1922. NA, 893.1541/78.
55　上海《申報》，1921年8月7日，第3張。
56　上海《申報》，1921年9月3日，第3張。

河鐵橋案的處置不當，不僅傷害美、比兩國邦交；更重要的是比利時
親王及其幕僚，將黃河鐵橋案視為該國在中國投資的偉大功勳，卻遭
到美國大力阻撓，此事可謂牽動比利時政界的神經中樞[57]。事實上，
這件事舒爾曼公使的立場最為尷尬，他需兼顧保護美商在華利益，又
必須扮演不偏袒的角色。3月24日，舒爾曼允諾此事已告一段落，不再
向北京交通部反映對比利時合約書的關切[58]。美、比雙方3月底在遠東
司的備忘稿中，對於美國駐京使館的處置有所諒解，同意該案係一年
前不同公司在決審書未送出前的激烈競爭所導致的雙方政府的一場誤
解，而舒爾曼公使已將此事結案[59]。

五、美國在華工程技術團隊的形成

　　民國初年京漢路黃河鐵橋的工程的投標案，係由各國工程精英團
隊所參與，可說是當時工程界的一項技術競賽。抗議的兩家美國公
司，其中之一的允元公司，除了為美國工程界精英組成外，亦有畢業
自麻省和哈佛之華籍工程師的參與；另一家美國公司的創辦人費禮門
則是整治大運河計畫的工程師，雙方都有意大顯身手，而費禮門因其
各項條件和人脈豐厚，更展露非我莫屬的自信。費禮門所列出與其計
畫相關的中外工程專家名單，這些人或肯定其計畫書，或提供諮詢或

57　Memorandum of Conversation with Belgian Ambassador(Division of Far
　　Eastern Affairs), March 13, 1923. NA, 893.1541/86.

58　Schurman to the Department of State, Mar. 24, 1923. NA, 893.1541/90.

59　Memorandum of Conversation with Belgian Ambassador(Division of Far
　　Eastern Affairs), March 31, 1923. NA, 893.1541/88.

與其有合作關係。包括長期擔任中國河川整治及保護的荷蘭灌溉工程專家范德萬(H. Van der Veen)，擔任直隸河川整治委員會的英國工程專家羅斯(Rose，全名不詳)、美國工程專家古德里奇(R.D. Goodrich)以及曾任紐約水利局的資深工程師暨中國大運河的署理工程師威京(Thomas H. Wiggin)，對其計畫的大力讚揚。費禮門在交涉案中亦曾委任山東導淮總工程師陶德做為該公司在中國的交涉代表[60]。陶德和費禮門的交情匪淺。1919年8月，費禮門曾受北京政府委託進行大運河整治工程的田野調查，陶德為其助手。此後，陶德參與紅十字會和華洋義賑會的導淮工程任務，負責山東省淮河段的整治工程。(關於費禮門和陶德對中國防治水患問題的貢獻，詳見本書第5章)

費禮門、溫德爾、古德里奇、威京、允元公司創辦人格萊因斯和陶德等美籍工程師，在1922年都是「中美工程師協會」(Association of Chinese and American Engineers)的會員，前二人是榮譽會員，其他人都是正式會員。此一組織成立於1919年11月22日，成員包括中美兩國工程師，主要為在華從事鐵路、公路、開礦、電訊、電力、電車和機械動力相關之工程，亦有少數大學教授參與。該協會出版英文刊物《中美工程師協會月刊》(*Journal Association of Chinese and American Engineers*)，以增進工程知識和實務經驗、維持高度專業和培養團隊合作之精神為宗旨。據1922年的會員名冊，除榮譽會員10人，共有一般會員147人，美國籍占87人，中國籍60人。此外，associate members共計49人，美籍占14人，中國籍35人。1922年的10名榮譽會員中，中美各占五名。美籍人士除本文提到的費禮門、溫德爾，另有以建造美

60　Petition of John R. Freeman, Aug. 24, 1921. NA, 893.1541/44.

國大北鐵路(The Great Northern Railway)和擔任巴拿馬運河首席工程師
(1905-1907年)享譽國際工程界的史提文遜(John F. Stevens)，以及前
駐華公使柯蘭、廣益公司高階主管亨利(Philip W. Henry)。中國籍的
五名榮譽會員爲：熊希齡、葉恭綽、潘復、沈琪、王景春，均具有鐵
路交通工程之背景及任職交通部或財經部門之經歷[61]。從這份名單看
來黃河鐵橋招標案的技術部門——交通部京漢路局的技術官僚，例如
沈技監——即沈琪、京漢鐵路管理局局長王景春，事實上也和「中美
工程師協會」頗有交情。美國兩家未進入投標程序的公司，他們主要
質疑的是整個北京政府在投標程序中的秘密外交，甚至收受賄賂的問
題，而非單獨針對京漢路局的技術部門而來。即使溫德爾對外宣示其
中絕無收賄之事，但由於內情詭譎，亦難讓美國投標公司釋疑。

　　陶德對中國的河川、灌漑系統、公路鐵路、交通運輸等議題所發
表的文章和照片，及他在「中美工程師協會」的發言稿，後來輯爲
《中國二十年》(*Two Decades in China*)一書，由該協會出版。這本書
陶德的題詞爲「獻給尊貴的柯蘭公使(Charles R. Crane)」，感謝1919
年初到中國時，柯蘭公使對他在工作上無私寬大的協助[62]。陶德從

61　1922年的「中美工程師協會」會員名冊全爲英文及其職務，如爲中國人
　　則有註記，但由於中國人習慣有字號，核對英文名字較不容易。五名中
　　國榮譽會員英文名：Hsiung Hsi-ling, Yeh Kung-cho, Pan Fu, M. H.
　　Shen(即沈琪，字慕韓)、C.C. Wang，這份名冊係根據美國國務院文
　　件。American Consulate General(Shanghai)to the Secretary of States, March
　　1, 1922, NA, 893.43as7/1. 該卷宗亦收錄《中美工程師協會月刊》，但並
　　不齊全，僅有三期，爲1921年5月號、1922年2月和5月。

62　George Gorman, "Major O.J. Todd," in O.J. Todd, *Two Decades in China*
　　(Peking: The Association of Chinese and American Engineers, 1938), pp. 3-
　　6. O.J. Todd, "Famine Relief and Road Buklding in Shantung," *Journal of the*

1920年代起，即活躍於中美工程界，擔任「中美工程師協會出版委員會主席」(The Chairman of the Publication Committee of the Association of Chinese and American Engineers)，他與溫德爾之間事實上有私交。但是由黃河鐵橋案的開標過程，可證實身為外籍顧問團一員的溫德爾，並未替陶德代表的費禮門公司爭取納入標案決審會中。當陶德於1938年出版《中國二十年》(Two Decades in China)文集時，溫德爾為之寫序，稱陶德為「人中豪傑，卓越的軍人，天生的領袖和真正大無畏的工程師」，兩人可謂惺惺相惜[63]。

本章提到的畢業於麻省理工學院的胡光麃，當時算是工程界的晚輩，亦為「中美工程師協會」會員，職業欄是允元公司機械部經理[64]。黃河鐵橋案交涉前後，允元公司曾承辦中國航空署在上海建築飛機站，為早期投資中國航空工程之先鋒[65]。此一工程據胡光麃所記為

(續)────────

　　 Association of Chinese and American Engineers, Nov. 1921. in Two Decades in China, pp. 203-215.

63　O.J. Todd, Two Decades in China, vii-viii, "Foreword" by J.A.L. Waddell. 原文為"He is a Man among men, a distinguished soldier, a born leader , and a truly fearless engineer."文中特意將Man大寫。《中美工程師協會月刊》的簡介，亦見於該書頁604。

64　American Consulate General(Shanghai)to the Secretary of States, March 1, 1922, NA, 893.43as7/1. 中美工程師協會會員名冊，全為英文。胡光麃的英文名"Hu, Kuang Piao"見於會員名冊，職業欄為允元公司的"Manager, Department of Machinery"。「中美工程師協會」的中國籍會員，大多具有留美背景，比胡光麃更資深、更早回國的一批工程專家，名冊中可見：曾於康乃爾大學研讀鐵路工程孫多鈺(Sun, Taoyu C., 1882-1951)、施肇祥(Sze. S.C. Thos., 1880-1961)和研讀土木的楊豹靈(Yang, Pao-Ling, 1886-1966)，或曾於哥倫比亞大學深造的凌鴻勛(Ling, H.H., 1894-1981)等人，於清末民初陸續返國服務，為中國現代化實業建設的先鋒。

65　據〈美商允元公司建築飛機站請撥欠款事之覆函〉，1922年2月27日；

1920年5月北京政府與英國維克斯公司(Vickers Company)訂立一百萬鎊飛機借款,次年海軍部又與英國簽訂「中英飛機借款」,於1921年統一設置航空署。第一期計畫的航線爲北京、濟南和上海之間,要在濟南和上海的虹橋兩地建飛機庫兩座,乃委交允元公司設計監工[66]。可見得美商允元公司在中國投資交通工程的內容相當廣泛,並且與中國早期留美歸國的工程師之間有密切的合作和豐厚的人脈。

(續)————

〈美商允元公司建築飛機站請撥欠款事〉,1922年3月18日。以上見:《中美往來照會集,1846-1931》,第15輯,頁282,291。這兩份資料說明允元公司承辦的上海飛機站,因航空署的工程款項左支右絀未能支撥,後經航空署與該公司協議停工三個月(1921年8月至11月中旬爲止)。但該公司於1921年10月31日宣稱已完工,因此要求派員驗收,並索取所有尾款11,000餘美金。但航空署認爲雙方當初協議停工,該公司未便擅自進行,而該公司函稱完工一事,航空署推說未收到該項文件是否確係完工,因而也未能派員驗收,以至於允元公司以拆卸建築房舍做爲抵償(實係威脅)。後來在美國公使催交和調停下,北京政府擬用鹽餘公債通融支撥,並派員驗收工程。北京政府的原件交涉檔共有三件,見:中央研究院近代史研究所檔案館藏,外交部檔案,03-11-002-02-001至002,〈允元公司包築航站事〉,以上二件公文與《中美往來照會集》內容相近。第三份文件中,外交部次長沈瑞麟與芮德克的談話中,提到允元公司如拆售材料以資抵債,不僅於事無益,反令雙方各負損失。但允元公司表示航空署如延不付款,該公司經濟困難,「若稍再延宕,勢必倒閉」。見:外交部檔案,03-11-002-02-003,1922年3月16日。可見得允元公司於1921年8月與航空署協議停工之際,同時亦交涉黃河鐵橋的投標失利案。1919年中國成立航空事務處,於1921年擴編爲航空署,統管飛行訓練、機械維修和航空郵運航線等。

66 胡光麃,《波逐六十年》,頁222。

《京津報》(*Peking & Tientsin Times*)，1922年3月17日

　　就在一戰爆發之後，早期留學歐美各國學習工程的中國工程人士，有感於工業化潮流的必然，不獨在國內之工程學人士，應力求團結；在外國求學之工程學人才，更有聯絡之必要，而於1918年於美國東部組織「中國工程學會」，以聯絡各項工程人才，協助中國工程事業及研究工程學之應用為宗旨。據研判這批有歐美留學背景的中國工程師，因工程學背景相近，且可用英語溝通，加入「中美工程師學會」的人應較多。胡光麃即是此一留美工程界背景下的代表人物，「中國工程學會」創辦之初他是籌備委員，回國後成為「中美工程師學會」會員，任職美國在華的工程顧問公司，參與了一次戰後中國急起直追的實業建設[67]。

67　胡光麃提到他於1917年時任麻省理工學院「中國同學會」副會長，一群美東工程界的留學生籌組「中國工程學會」，他負責招募會員，第一任會長為康乃爾大學的陳體誠(後來成為中國知名的公路專家)，副會長是麻省理工學院的張貽志。此一組織當時與「中國科學社」頗多聯誼。

　　民初實業建設開展中，美國工程技術團隊無疑扮演重要角色。在本書所探討的鐵路、公路、水利和港口等工程中時時可見美籍工程師的身影。1922年英文報刊《京津報》(*Peking & Tientsin Times*)，以斗大的報面刊出「吾望京津汽車大道成功」(We Want A Good Tientsin-Peking Road)內容是英美人士對改善京津公路的公開呼籲，祝願中國現代化公路設施有成。(如圖)陶德最爲人津津樂道的事蹟之一是1921年4月在山東，共發出35,000人次的薪餉，在90天中搶通了五百英里的機動車路(Motor Road)[68]。他也曾爲文感嘆他們這一批早期來華的外國工程師在中國所面臨的困境，既無前輩可傳承經驗，且要忍受中國不實官員的回扣要求，更不必說自然和人爲環境的險惡不安所招致的重重驚險[69]。

(續)────────────────

　　　見：胡光麃，《波逐六十年》，頁163-164。「中國工程學會」第一次年會於美國紐約州康乃爾大學舉行，初成立時有84人，此後快速增加，到1922年的會員共有258人，1923年增加到388人。此一組織與國內人士組成的「中華工程師學會」不同(創於1913年，首任會長詹天佑)，1920年代後期雙方有意合併，但幾度醞釀，直到1931年始於南京舉行兩會合併聯合年會，通過合併案，更名爲「中國工程師學會」。相關文獻資料見：吳承洛，〈三十年來中國之工程師學會〉，收於周開慶主編，《三十年來之中國工程》，下冊(台北：華文書局，1969)，頁9-13。

68　George Gorman, " Major O.J. Todd, " in O.J. Todd, *Two Decades in China* (Peking: The Association of Chinese and American Engineers, 1938), p. 3.

69　陶德曾爲文"Modern Highway in China"提到做爲外國工程師在中國所面臨的困境：其一是以現代科技投入的這個領域在中國並無前例可循，這是一個全新的領域，並無同道前輩可分享其經驗。其二是這個新領域阻礙年輕工程師在中國的發展，特別是建造公路，因爲社會大眾對於公路的開拓並無明顯感受到好處，例如多數農民認爲公路的開通是搶了農民耕作的良田，而讓商人和官員受益。他同時抱怨中國不誠實的地方官員在工程設施上的收受回扣，而外國工程師實在不擅於此道。此文發表於1926年9月號出版的《中美工程師協會月刊》(*Journal Association of*

　　黃河鐵橋案中相關的美國工程師皆有「中美工程師協會」的背景，顯示1920年代美國工程師群體已在中國形成一支技術團隊，而他們對中國交通等公共工程的參與以及由此培養的中國實業人才，對中國工程事業的貢獻甚大。

四、小結

　　黃河鐵橋招標案中的費禮門公司和允元公司，或曾受聘於美國跨國大企業、或曾擔任北京政府的技術顧問、或曾承攬中國政府的工程，他們已在中國累積有相當的實務經驗。由於對自我專業技術的自負，且標單價格低於得標的其他公司，然而最後不僅未能得標，甚至是未能進入決審會的標單中，因而延伸出對該工程競標案的種種疑雲。其中費禮門在國際工程界頗有威望，更使得投標案的結果，成為技術團隊的聲譽保衛戰。這些美國工程顧問公司的投資範圍，從美國本土、中國延伸到日本等遠東各國，甚至遠達歐洲；很不幸的是，他們在中國的投資卻沒遇到一個適宜的時機，和具政治穩定性的投資環境。黃河鐵橋招標案儘管經過中外專家遴選的程序，北京政府亦一再對外表示專業和公正的評選機制，但亦無法說服美國工程界對於北京政府充滿秘密外交的質疑。

　　這場關於黃河鐵橋招標案的風波經歷二年餘的纏鬥，頗令中國政府左右為難，以致開標決議遲遲未能發出。從美國工程顧問公司的角

（續）────────────────
　　Chinese and American Engineers），後收錄於：O.J. Todd, *Two Decades in China*, pp. 218-222. 以上所引見：頁219。

度而言,他們的專業團隊應是最優人選,竟然被公文往返的「程序問題」或不符「一般規格」的技術因素給扼殺掉。然而,究竟北京政府何以放棄美國公司的標單及其間是否有收受賄賂的內幕,即使考究中英文資料仍無法釐清真相。這其中也可能是由於美國顧問代表溫德爾不願接受投標之結果,導致美國公司見勢而為,從而引起沸沸揚揚的紛擾。表面上看來是比利時抗議奏效,但更多原因應是美國國務院對投標結果始終沒有太大的抗議動作,此與這家比利時公司的英國背景不無關係,美國政府顯然不願為一座黃河鐵橋同時觸怒比、英兩國,橫生外交枝節。

民國初年軍閥混戰與地方分裂的事實,固然削弱了北京中央政權的力量,同時政治的不安定也限制了外國企業在華投資的機會和商業活動的正常空間;但在一次大戰後,由於美國國力的進步和工程技術的躍升,他們對中國市場仍相當熱中,更且由於美國自威爾遜總統退出國際銀行團後,反而使得大企業有種失去中國市場的落寞和焦慮,因而在投資案中可看到美國企業代表們不斷遞交請願書給美國政府,要求保住他們的工程案,他們的不滿如同雪片般投向駐華使館和美國駐華商務處。儘管美國政府對於中國實業投資興趣盎然,但本案的交涉牽涉中國政府的招標程序,仍屬中國之內政範圍,此一情況與本書其他個案中已簽訂的中美合約大大不同,連駐華公使舒爾曼都有所保留。因此,美國政府雖多次表達維護美方公司的投標權益,但並未強力介入,更何況本案尚且牽涉美國與英、比兩國的邦誼,美國政府在盱衡各方條件下,僅採取適宜的聲明和抗議。

黃河鐵橋案的投標案,歷經二年餘的抗爭,最後雖仍是失敗的,但美國技術團隊對於改造中國公共工程的企圖心仍是相當旺盛。這批技術團隊在中國組成「中美工程師協會」,出版期刊,並與中國工程

師密切合作，形成一個專業化團隊的網絡。美國大企業對工程技術的引進、人才培育與中美合作的經驗，也種下中國日後工業化和國際化的種子。

第八章

未完成的藍圖——
孫中山「南方大港」與美國雷比特公司投資案

一、前言

　　1917年6、7月之交，中國發生南北分裂之局。而此一時期正值美國國力大增，工業技術的躍升帶動美國資本家對於海外市場的興趣，美國工礦企業界急於將其技術與資本輸出於落後國家。儘管廣州政府不具有國際法上的承認地位，但華南地區的經濟利益對於美國實業家仍充滿著吸引力[1]。

---

[1] 中國南北分裂的肇端，發生於第一次世界大戰爆發後，中國是否應參戰問題也進一步惡化內爭情勢。北京政府歷經府院之爭、國會被迫解散及張勳復辟事件一連串的餘波震盪，以段祺瑞復任國務總理而暫告落幕，但段自居「再造共和」之功，拒絕恢復國會。國會被解散後，孫中山南下護法，南北正式宣告分裂。廣州政府建立後，極力爭取美國和國際社會的外交援助和承認，但美國政府始終不予承認，廣州政府的各項實業建設亦因經費無著，難以施展。有關廣州政府爭取美國承認的問題，詳見：吳翎君，《美國與中國政治——以南北分裂政局為中心的探討》（台北：東大圖書公司，1996），第3章的討論。關於中國參與一次大戰的討論，詳見：Xu Guoqi, *China and the Great War: China's Pursuit of a New National Identity and Internationalization*. Ch1, pp. 19-48. 本文不贅。

廣州港的改良與擴建是孫中山「實業計畫」的建國藍圖之一，即所謂「南方大港」。1918-1919年間孫中山居住上海期間寫成《實業計畫》，除了建設鐵路等主張外，亦規畫有三座國際港：北方、東方和南方大港[2]。對於孫中山「南方大港」的主張，過去僅停留於理論階段，但並不知悉這項「南方大港」的主張，早在1921年孫中山當選廣州非常大總統、孫科任廣州市長後，隨即和美國雷比特公司(James A. Rabbitt)展開交涉，率先付諸行動。韋慕庭(C. Martin Wilbur, 1908-1997)的著作《孫中山——壯志未酬的愛國者(*Sun Yat-sen: Frustrated Patriot*)，曾以二頁的篇幅介紹本文提到的雷比特公司與廣州政府的投資案[3]，但未詳加探討其交涉過程，亦未援引收藏於史丹佛大學胡佛研究所(Hoover Institution Archives, Stanford University)的雷比特文件[4]。這件案子的特殊性在於廣州政府因財政困難，時以地方公產抵押外債，但是以實業爲名而確有規劃藍圖者則屬罕見。

本章主要運用美國國家檔案館和胡佛研究所等庋藏之中英文資料，披露出孫中山簽名並蓋用中華民國大總統的委託合約書，探討以下問題：此一個案的交涉過程與結果，究竟反映了美國企業在中國的

---

2 秦孝儀主編，《國父全集》，第一冊(台北：近代中國出版社，1989年11月)，實業計畫第一計畫中心爲北方大港；第二計畫中心爲東方大港；第三計畫爲建設一南方大港。其中有關南方大港的規劃，見：頁463-474。

3 C. Martin Wilbur, *Sun Yat-sen: Frustrated Patriot*(New York: Columbia University Press, 1976), pp. 107-108.

4 雷比特於1969年過世後，其夫人於1971年將其畢生資料捐贈史丹佛大學胡佛研究所。這批雷比特文件資料(James A. Rabbitt Papers)共有61盒，含文字及照片相當豐富。感謝胡佛研究所林孝庭先生之協助，提供這份雷比特公司與廣州政府的委託合約書原件。

公共工程投資中所遭遇的何種困境？在民初動盪政局及南北分裂的情勢中，美國公司的投資交涉與政府政治間呈現怎樣的互動關聯？其對廣州政府欲借助外力實現城市近代化又有何意義？

二、廣州政府與雷比特公司的合約

孫中山的《實業計畫》原爲英文「國際共同發展中國實業計畫書」（*The International Development of China*），由朱執信、廖仲愷、林雲陔分別譯爲中文，於1919年8月1日創刊於上海的《建設》雜誌分期發表，後再據《建設》雜誌修正，以單行本之《實業計畫》行世[5]。1920年4月3日，孫中山在美國《獨立雜誌》（*The Independence*）發表專文〈平白的話〉（Plain Speaking From China），說明中國現狀，並希望美國資本家能援助中國發展實業。略謂北方的軍閥和把持南方軍政府的政客都不能代表中國，外國資本家如與他們合作，就是助紂爲虐，中國人民不會屈從於債權者的壓力。中國是否要償還外債，須視債務的性質而定；中國不需要金錢，只需要外人的智力和機器。因此，建議美國資本家以平等互惠的立場與中國人合作，共同發展中國的實業[6]。當時廣州軍政府爲桂、滇系軍閥所操控，大元帥孫中山被迫下台，避居上海。孫中山於上海隱退時，曾將實業計畫的構想與美國實業家及銀行家有過接觸[7]，同時孫中山也和駐華公使芮恩施（Paul

---

5　秦孝儀主編，《國父全集》，第一冊。史料圖片，頁20。

6　秦孝儀、李雲漢增訂，《國父年譜》下冊，增訂本(台北：國民黨黨史會，1984)，頁1071-1072。

7　1920年4月，孫中山在上海曾和美國摩根財團的代表拉蒙特(Thomas W.

S. Reinsch)通信，針對中國工業改革的問題，交換過意見。芮恩施極
為讚賞孫中山「建立北方大港」的計畫，認為對河北省、華北和西
北，特別是內蒙和滿洲西部的商業價值極高[8]。1920年11月，陳炯明
率領粵軍打敗桂系操控之軍政府，孫中山重回廣州，繼續護法事業，
並於次年1921(民國10)年，成立正式政府。不久，即率先將建設廣州
為南方大港的計畫付諸行動。

　　1921年9月15日，廣州政府授予紐約雷比特工程公司(James A.
Rabbitt Engineering Corporation，中文稱「羅拔工務洋行」，又工程師
「拉壁」，因譯名不一，本文統一為雷比特)一項擴建廣州港的特許
狀，這份特許狀由廣東省長兼總司令陳炯明和廣州市市長孫科所簽字
同意，並蓋有「中華民國大總統孫文」的印信(如圖)。內文共十款，
於該年5月31日初擬，全名為「廣州市河岸及港口內之報告書」
(Canton City Water Front and Inner Harbor Improvements)。廣州市府同
意以成本之價每百加十為本位，授與雷比特公司承攬廣州港的擴建。

(續)

　　　Lamont)會晤，當時拉蒙特為新四國銀行團的美國代表，受命來遠東探
　　　詢日本態度，並考慮在中國投資的可能。孫中山在上海寓所會見了拉蒙
　　　特，並展示他的鐵路計畫。由於當時威爾遜總統正在推動中國南北和
　　　議，當拉蒙特表示，威爾遜要他探詢中國南北有無和平的可能，孫中山
　　　直接向拉蒙特開口說：「只要給我二千五百萬，我就可動員幾倍的軍
　　　隊，然後我們馬上就有和平了」，拉蒙特認為這個回覆會令威爾遜總統
　　　有點沮喪。詳見：C. Martin Wilbur, *Sun Yat-sen: Frustrated Patriot*, p. 99.
　　　關於威爾遜與中國南北和議的關係，可參見：吳翎君，《美國與中國政
　　　治——以南北分裂政局為中心的探討》，第3章第1節〈美國與南北和
　　　議〉。

8　　芮恩施著，李抱宏、盛震溯譯，《一個美國外交官使華記》(北京：商
　　　務印書館，1982)，頁291。英文原書見：Paul S. Reinsch, *An American
　　　Diplomat in China*(Doubleday, Page & Company, 1922), pp. 380-381.

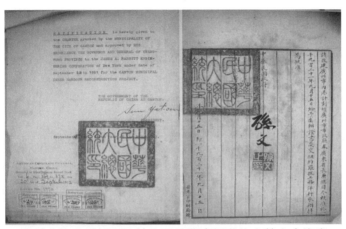

廣州市政府委任雷比特公司承攬廣州港的中英文合約書
說　明：蓋有「中華民國大總統」孫文的印章及簽名。
資料來源：*James A. Rabbitt Papers*, Box 24. Collected by Hoover Institution
　　　　　Archives, Stanford University.

這份特許狀主要內容如下：(一)廣州港和海濱的改善：在海珠島
(Dutch Folly Island or Pearl Island)建築一橋通過省河、興建長堤碼頭
及貨倉、填築河南(Honam)之河岸和建堤、興築河南灣點及建築黃沙
方面等工事。(二)所需物料機器無論在中國或在外國採辦，均由工程
師等招商公開投承之。(三)同意廣州市府以發行債票方式，向美方貸
款一千萬美元，同時以改造廣州市港口內借款債票等字爲此債票之名
稱，年息爲8%。債票由發行之日起計以十五年爲期。(四)在資金擔保
上，所有此項計畫包括之各產業及廣州市河岸各長堤、碼頭及貨倉等
之一切收入，作第一次典押(First Mortgage)以爲借款之擔保品。此

外，中方及美方各派有一名工程師，中國工程師薪資由廣州市府支付，美國工程師由美方支付[9]。這項特許狀中的計畫書，與孫中山對南方大港的理想目標，當然仍有段差距，然如對照雷比特合約(詳見附錄8-1)、設計圖與孫中山所繪南方大港規劃圖，可看出這項合約與孫中山蓄意改良廣州通海水路和廣州城之興建以為世界商港的理念是一致的[10]。

雷比特工程公司負責人雷比特(James Aloysius Rabbitt, 1877-1969)，是二十世紀初活躍於遠東的礦業工程師。早期他以代理機器零件、輪胎、留聲機零件等進出口事業而發跡。1920年代在中國從事開礦和冶金工業的技術改良(特別著重鎳合金的技術提升)和造船廠等事業。約1930年他的事業重心放在日本，1932-33年他和日本的三井公司(Mitsui & Co.)、淺野物產公司(Asano Bussan Co., Ltd.)簽訂商業協定，同時也在中國東北從事化學工業和經銷鎳的代理商。除了對日本的鎳礦藏和工業潛力進行調查研究外，他對日本的稻米和灌溉問題也深有研究。太平洋戰爭爆發後，他曾發表對日本、中國的經濟和政治分析，並對韓國、台灣、日本、蘇俄，甚至東南亞國家的工業發展潛

9　合同十款，見：American Consulate General in Canton to the Department of State, Oct. 11, 1921. NA, 893.156 R11/-. CHARTER. pp.5-12. "Canton City Waterfront and Inner Harbor Improvement," May, 1921. *James A. Rabbitt Papers*, Box 24. Collected by Hoover Institution Archives, Stanford University. 美國國家檔案館所藏的這份英文合約與胡佛研究所的版本一樣，但未蓋印章。胡佛研究所藏的《雷比特文件》才有廣東省長陳炯明、市長孫科及孫中山的親筆簽名和蓋印，並且同時收有這份中英文工程委任狀。

10　秦孝儀主編，《國父全集》，第一冊。頁463-468，收有南方大港之繪圖。胡佛研究所《雷比特文件》收有該公司的設計圖。

力有一系列的調查報告[11]。

根據雷比特公司與廣州政府的合同計畫書第五條，廣州市政府以工程本身做為貸款的條件，並且委託戴維斯有限公司(Davis Company, Limited，中文稱「爹維士有限公司」或「爹惟士行」，本文統一為「戴維斯公司」)做為財政代理人。戴維斯公司註冊於香港，名義是英國公司，實際由美國人所開設。此外，紐約公平信託公司(Equitable Trust Company of New York)同意發行廣州市府的公債，但前提是這項特許狀必須獲得美國國務院的同意，而美國政府並承諾保護美國公司的權利，避免有被其他國家取消這項特許的可能，因為這件事牽涉到英國與日本長期以來在華南地區的特殊勢力範圍。雷比特因而通過廣州總領事波賀勞(Leo Allen Bergholz)轉達該公司希望獲得美國政府的同意。由於廣州政府在法理上未獲國際承認，雷比特不希望這件事被解讀為政治性貸款，而是被認定為「一樁工程服務合同」(An Engineering Service Contract)，由貸方(美方)和借方(中方)共同組成一委員會掌管資金運作和工程建造，這項工程對廣州的現代化將帶來莫大的助益。雷比特將這件事的層級拉高到美國政府對華門戶開放政策，亦即任何意圖阻撓這件計畫的舉動就是背離美國對華政策，並干涉中國的主權獨立[12]。

11　1939年以後日本的米糧問題及日本稻米文化的研究也是雷比特關心的議題。例如他寫過"Rice in the Culture Life of the Japanese," 甚至對1918-1919日本米糧暴動亦有文章，"Rice Riots in Japan, 1918-1919"。見：*James A. Rabbitt Papers,* Box32-35. 有關他對蘇俄以及亞洲各國工業潛力的評估，見：*James A. Rabbitt Papers*, Box 26-31.

12　American Consulate General in Canton to the Department of State, Oct. 11, 1921. NA, 893.156 R11/-.

三、美國的承認政策與立場

　　對美國政府而言，這件事主要牽涉的是美國政府對北京政府的承認問題。1921年5月5日，孫中山宣誓就任非常大總統後即要求各國撤銷對北京政府的承認，改以承認廣州政府為中華民國惟一之政府。孫中山個人亦曾寫信給美國哈定總統，希望美國政府立即承認廣州政府，支持中國人反對北方軍閥及日本帝國主義以二十一條要求對中國的脅迫。但美國國務院始終不予理會[13]。至於美國人民在廣州政府所轄領域的商業活動，包含工商業和實業的投資，究竟美國政府採取怎樣的立場？據美國政府於1921年4月13日給駐京使館的函電中明白指示如下：「美國政府不贊成或鼓勵它的人民和獨立於中央政府之外的政治實體——廣州政府從事任何的交易」[14]。北京政府外交部於4月29日，亦曾給美國政府照會對於孫文、陳炯明等以公產押借外債，以及令造幣廠或粵漢鐵路向洋商押款，以兌軍餉，「中央政府，斷難承認」[15]。6月2日又重申照會，希望美國轉知各商，切勿受愚[16]。

13　Dr. Sun Yat-sen to President Harding, May 5, 1921, *Papers Relating to the Foreign Relations of the United States*(FRUS),*1921*, Vol. I(Washington, D. C.: Government Printing Office, 1936), pp. 338-339.

14　American Consulate General in Canton to the Department of State, Oct. 11, 1921. United States National Archives, *Records of Department of State Relating to Internal Affairs of China, 1910-1929*(hereafter cited as NA)No. 893.156 R11/-.

15　〈孫文陳炯明等以公產押借外債以兌軍餉如屬實中央政府斷難承認〉，1921年4月29日。《中美往來照會集，1846-1931》(廣西師範大學出版社，2006)，第15輯，頁185-186。

　　這份廣州大港的計畫，因牽涉一筆一千萬美元的貸款，美國政府的態度非常謹慎。由於北京政府對外三令五申所有地方政府的貸款如未獲中央政府的同意，北京政府概不承認與負責。美國國務院由助理國務卿狄倫（Fred Morris Dearing）給雷比特公司的代表庫克（Levi Cook）的回信中，表示美國政府拒絕就廣州大港的計畫以及貸款問題表示任何意見[17]。而另一方面，北京政府早已風聞此項借款，於11月21日致函美國駐北京使館請予制止，此時舒爾曼的回函仍表示不知有此事，直到12月12日才回覆已飭知廣州領事留意此事[18]。

　　美國國務院遠東司的備忘錄中亦記載孫中山的私人代表馬素（Ma Soo），為此事拜託華盛頓中國公使館秘書容揆（Yung Kwai）向遠東司請願，希望美國政府能支持雷比特公司廣州大港計畫中的貸款項目。馬素特別針對一千萬美元的貸款提出說明，表示這項貸款，係以工程本身做為貸款的條件，希望這件工程被視為單純的建設工程，不必和北京政府扯上關聯。容揆在轉達馬素的意見時，也無奈地表示駐華府中國使館非常樂見任何有助於中國人民的建設，然一旦牽涉貸款問題則無論如何需有北京政府的批准[19]。

（續）

16　〈孫文等押借外債中政府斷難承認請飭勿約承借〉，1921年6月2日。這份照會中更加具體指出，孫文、陳炯明向臺灣銀行和匯豐銀行買辦多方籌借款項，又以惠州及北江等處礦山分向外國資本家抵借鉅款。《中美往來照會集，1846-1931》，第15輯，頁197-198。

17　F.M. Dearing to Levi Cook, Nov. 17. 1921, NA, 893.156 R11/1.

18　〈不知有美國人與孫文商訂借款合同一事照事〉，1921年11月28日。〈美國人與孫文簽訂合同借款一事呈送美國政府並飭知駐廣州領事照事〉，12月12日。《中美往來照會集，1846-1931》，第15輯，頁129，頁136。

19　Department of State, Division of Far Eastern Affairs, Memorandum of

　　1922年2月，雷比特公司向遠東司陳情，強調廣州大港的合約書不涉及任何政治作用，完全是經濟和商業的一份合同，不僅使中國受惠，且建造完成後的廣州大港將開放為國際港，有助於國際貿易。它縷列出下述特殊性考量以說服美國政府：(一)貸款的方式：不同以往中國的外債。過去中國的外債，借方完全操縱資金引起中國人民的不滿，而國際銀行團的方式，由貸方操控資金，同樣也引起中國人民的怨懟。雷比特公司表示這項計畫係以更公平的原則從經濟上援助中國。這份廣州大港的合約，不論是借方或貸方任何一方，均未能完全掌控資金、工程或維護，而是合同的兩造各派代表組成一獨立的委員會來管理這筆資金，且雙方亦派有工程師代表，而材料和設備的採購均採取公開招標。(二)這項工程並不涉及過去中國常有的讓渡權，未給予外國任何權利讓渡的壟斷，更未涉及特殊利益。甚且外國公司並未從參與這項工程計畫的紅利或徵稅中獲利，而是依工程進度所獲得該有的利潤。(三)這項合約為一般工程合約，採固定費率或成本加價基準(Cost Plus Basis)的方式。(四)這項計畫為當地人士所企盼，如能順利完成，廣州港將開放為國際港，不受制於任何外國政府[20]。

　　1922年1月間，雷比特在美國西雅圖收到廣州大港計畫財政代理人戴維斯公司的來電，表示這項計畫的實際作用，不僅是廣州港的擴充，對整個華南地區的開發都是一個契機，但由於無法獲得美國政府背書，這項合約仍然觸礁。雷比特於是催促孫科務必盡快鼓動廣州政

(續)　　　　　　　　　　　　　　　

　　　　Conversation with Mr. Yung Kwai, Feb. 10, 1922, NA, 893.156 R11/3.

20　　Note on the Canton Harbor Development Project proposed by the James A. Rabbitt engineering Coporation of New York. Feb. 11, 1922. NA, 893.156 R11/4.

府的華盛頓代表去影響美國國務院的最後決定[21]。孫科在3月給馬素的函電，內容提到廣州大港中有關土地開發的計畫所帶來的龐大利益，希望馬素盡力促成廣州大港計畫的完成[22]。據雷比特公司的內部文件，他們從1921年10月另研擬兩份報告：「廣州三角洲和西江鐵路計畫初步報告」（Canton Delta and West River Railways Project, Preliminary Report）和「廣州外港和船廠擴建計畫」（Canton Outer Harbor and Dockyard Development）[23]。在國務院往返的相關函電中未見到這兩份報告是否有正式提出。但可以肯定的是雷比特公司對於廣州港的興趣，絕不僅在於廣州大港的興建，而是包含整個廣州附近的土地開墾、交通運輸和碼頭利益。

　　1922年2月13日，雷比特親自拜會助理國務卿迪倫，希望美國政府促成這項合約中的貸款，因為紐約已有某家銀行（即：紐約公平信託公司）表示只要獲得國務院的同意，願意提供貸款。助理國務卿迪倫以最直接的方式表示這項特許狀是由中國地方派系所授予，而這個派系正是國際所承認的北京政府的叛亂團體。迪倫舉希臘的動亂為例，說明近來美國政府對於希臘的貸款拒絕表示贊同或否定，理由即在於希臘新政府尚未獲得承認；同樣地，俄國大革命後也有不少美國商人抱怨無法和俄國人做生意，因為對俄國的貸款也很難有美國政府的同意背書（美國直到1933年才正式承認蘇聯）[24]。次日，雷比特求見遠東司司

21　Letter from James A. Rabbitt to Sun Fo, Jan. 16, 1922. NA, 893.156 R11/10.

22　Cable from Sun Fo to Ma Soo, Mar. 9, 1922, NA, 893.156 R11/10.

23　兩份報告的計畫書見：*James A. Rabbitt Papers*, Box 49.

24　Department of State, Division of Far Eastern Affairs, Memorandum of Conversation between Mr. Dearing and Mr. James A. Rabbitt, Feb. 13, 1922. NA, 893.156 R11/6. 雷比特在這次談話中，表示該公司可能可以從華府

長羅赫德(Frank P. Lockhart)，態度變得強硬。他說既然美國國務院不願認可該公司和廣州政府的合約，那麼他想採取另一種渠道，亦即「非正式」通過華盛頓中國使館取得北京政府的批准。雷比特要求遠東司是否可以給他一個信件讓他轉交華府的中國使館，看看這條非正式渠道是否可行。結果羅赫德斷然拒絕，他說國務院絕不能給任何美國公民一封介紹信，讓他們到華府的任何使館去要求這樣的事情，更何況國務院給雷比特公司代表庫克的函電中，已清楚表明國務院不介入的立場[25]。顯然雷比特公司想以非正式外交程序的方式，矇混取得美國國務院的同意。

由於得不到國務院的善意回應，雷比特於3月20日再度上了一封陳情書，除了增補之前的內容，語氣更加剴切，在文末主要強調這項合約應超越中國內部的中央與地方之爭。他強調這項合約係在中國尋求商業、工業和金融投資上的權利，無關乎侵犯任何現存條約或像華盛頓會議中有關限制軍備等高層次的問題。他以嚴肅的語氣說，如果這項計畫被技術性封殺，實際上即意味著中國重要口岸的關閉，其結果

(續)————————————

中國使館中獲得該公司的允許，但迪倫又表示這種允許仍必須獲得北京政府的批准才算。該次談話，雷比特無奈表示，如果一定得有北京政府的批准，而此一事實又爲廣州當局所知悉，那麼廣州政府肯定會取消這項特許。迪倫堅決表示這件事與國務院的認知不符，國務院不可能支持該公司的這項作爲。

25　Department of State, Division of Far Eastern Affairs, Conversation with Mr. Rabbitt, present: Mr. Lockhart. NA, 893.156 R11/7. 雷比特再次遊説美國政府「非正式管道」的好處，其結果可能是：首先如果北京政府否決這項許可，那麼這項計畫的失敗責任在於北京；反之，如果北京政府贊同這份許可，廣州政府就可能取消合同，因爲廣州政府不能承認北京政府的合法性，那麼這項合約的失敗責任便在於廣州。

將對中國商人及其海外代理人辛苦所建立的商業紐帶造成傷害；因此
美國政府以介入中國地方政府的理由，拒絕支持這項計畫絕對是項災
難。對他而言，中國人民的經貿交往是不應受制於中國地方派系的一
時之爭，更應超越北京中央政府的掌控[26]。國務院的回覆是在現行的
中國法律之下，找不出任何有利的條件，讓國務院有立場來表明贊成
這件合約[27]。

四、派系內戰中實業建設的難局

　　1922年6月16日，陳炯明部葉舉等叛變，圍攻總統府，孫中山脫
險後避難於永豐艦（後改名中山艦），史稱「陳炯明事件」或「616事
變」[28]。事件發生之後，陳炯明曾和美國駐廣州領事會面商議廣州大
港的計畫，舒爾曼公使指示廣州領事坦尼（R.P. Tenney）：由於美國政
府迄今仍不願對廣州大港合約延伸出的外交問題表態支持，今後關於
這件合約的事情，如未獲國務院指示不得給予陳炯明任何答覆[29]。9月
中旬廣東省長陳席儒和外交委員劉玉麟向雷比特公司表示廣東為獨
立自治的省分，廣州大港的計畫不必要和北京政府有任何討論或聯

26　James A. Rabbitt to the Secretary of State, Mar. 30, 1922. NA, 893.156 R11/8.

27　The Secretary of State to James A. Rabbitt, April 14, 1922, NA, 893.156
　　R11/8.

28　莫世祥，《護法運動史》（台北：稻禾出版社，1991），頁223。吳翎
　　君，《美國與中國政治，1917-1928》，頁119-125，探討美國對陳炯明
　　事件的反應。

29　Schurman to the Secretary of State, Sep. 15, 1922, and the letter to Tenney,
　　NA, 893.156 R11/9.

繫[30]。顯現陳炯明欲以「聯省自治」的主張說服美國同意這項合約，但美國政府依舊不爲所動。

1922年9月7日，美國駐京公使舒爾曼給國務院的電報，對雷比特公司的合約提出嚴肅且率直的觀點。此時距舒爾曼於去年9月奉派至北京剛好一年，他綜觀一年來交涉此案的經過，提出極爲個人的觀點，這在一般外交官的公文函電中較爲少見。這份報告有三個重點：

（一）舒爾曼根據廣東市府委託的財政代理人戴維斯公司的代表鮑瑞斯（C.E. Powris）個人的陳述，在廣州大港合約書中的第六款第四項，亦即前所述特許狀中有關這項計畫的安全擔保，第一抵押權（First Mortgage）爲該計畫所有的資產以及廣州濱水區內所有堤岸、碼頭及貨棧全部稅收。這項內容隱含著該公司對廣州濱水區有事實壟斷（Virtual Monopoly），甚至包括廣州港及鄰近地區亦然。舒爾曼提出質疑說這種事實壟斷，是否符合美國商業在中國發展的慣例[31]。顯然舒爾曼認爲雷比特最初給美國政府的訊息中，強調該項合約條文上雖沒有讓渡權（Concession）的字樣，但結果卻是造成該公司的事實壟斷。

（二）合約中對於到期未能付款的擔保，舒爾曼認爲很不恰當。他認爲中國人往往逃避履約付款的責任，或對於不受歡迎的合約動輒示威抗議，他以當時正發生的北京交通部與美國電車公司（General American Car Company）的交涉爲例，依他看來這個合約相當公正公平，但依然遭到中國人的示威，或許還有北京交通部在背後操縱做爲對付內部鬥爭的政經工具。他提出若以河南島（Honam Island）的實際

30　R.P. Tenney to the Secretary of State, Sep. 19, 1922, NA, 893.156 R11/10.

31　Schurman to the Secretary of State, Sep. 7, 1922, NA, 893.156 R11/11. pp.1-3.

資產做為附加擔保，如同鮑瑞斯後來所提議的，似乎是更實際而安全的擔保形式。舒使認為如果沒有適切的擔保，以中國目前如萬花筒般的政治亂象，即使廣州大港合約獲得北京政府的同意，這項合約的最後結果，也可能步入目前美國人與中國政府做生意，但中國仍無法履約的名單中再添一樁而已，而這些案例已消耗了美國政府太多心力[32]。

（三）舒爾曼認為姑不論這項合約的壟斷或擔保問題，目前這項合約仍有其他的疑問。戴維斯公司掛名英國公司，實際卻是美國人所有，他對於這種古怪的合作關係也有所疑慮。他提醒國務院留意這一企業的股份持有，以及該公司訴請英國政府支持他們利益之打算，一旦中國不履行付款時，甚至不惜藉由政府動用武力的這種態度。他認為美國政府如要批准這項計畫，應事先調查清楚上述的情況[33]。

舒使的這份長篇報告最後，還提到另一件事：約一年前在S.S. Woudrichem船艦上查獲戴維斯有限公司和雷比特公司進口的一批機器，這些物品全都是用來復原廣州兵工廠，這件事對美國駐京使館造成很大的困擾。總之，舒使提出他對戴維斯公司不利的報告，同時對於美國政府不宜支持雷比特公司參與廣州大港的計畫，等於打了一劑

32　舒爾曼列舉的中國政府無法履行合約的名單有：芝加哥銀行與太平洋開發借款(Chicago Bank and the Pacific Development Loan)、裕中公司企業(Siems-Carey Enterprises)，以及經營代理材料進口的慎昌洋行(Anderson, Meyer and Company)、大來公司(Robert Dollar Company)、中美貿易公司(China-American Trading Company〔Shanghai Mint〕)、中國電器公司(China Electric Company)等等。Schurman to the Secretary of State, Sep. 7, 1922, NA, 893.156 R11/11. p. 3.

33　Schurman to the Secretary of State, Sep. 7, 1922, NA, 893.156 R11/11. p. 4.

強心針[34]。

舒爾曼所指戴維斯公司運送軍火機器之事，係早在雷比特公司尚未和廣州政府簽訂南方大港合約之前，北京政府得知戴維斯公司在廣東運入機器，以及聘用美國人民整頓兵工廠兩事，曾要求美國使領館嚴予取締。當時美國政府聲明在其能力範圍之內，將竭力設法俾該項機器免於交入有關係人之手；然而，北京政府要求該項機器不得交付粵省，美國公使明白表示「此係難以辦到之事，本署公使頗為抱歉，因該洋行係註英冊，故此在法律上受英國管理，本署只能以非正式之辦法向該洋行本國之股東及經理人商辦」。[35]至於聘用美國人民整頓兵工廠一事，北京政府調查後確認就是雷比特等四人，曾向美國政府抗議美國人民「助長中國內亂」，要求美國政府將該工程師「嚴予制裁，免致助長亂源」。這份文件說明了雷比特和馬濟(桂系將領陸榮廷手下)、陳炯明等人的關係，至關重要：

> 爹惟士行Davis Co.(按：即戴維斯公司)製造軍火機器事，現復據報告，該行去年帶來總工程師拉壁(按：即雷比特)、子彈師孟克、炸藥師罷波龍、築造師波頓等四人，原由馬濟訂聘月薪五百元，係美國著名技師能製極烈炸藥及飛機。現陳炯明加給月薪五千元雇赴前敵助戰，聞皆受雇等語。查該工程師等以貴國人民，今竟在粵軍就役助長中國內亂，此種非

---

34 Schurman to the Secretary of State, Sep. 7, 1922, NA, 893.156 R11/11. p. 5.
35 〈已將聘用美國工程師整頓兵工廠之問題電呈美國政府〉，1921年6月25日。《中美往來照會集，1846-1931》，第15輯，頁69-70。該份檔案，亦將戴維斯公司稱為「爹核士洋行」

法舉動實屬不合。況貴國政府對於中國統一素具愛助之意，
該工程師等有此擾亂中國治安妨害統一之行為，貴公使當亦
深不以謂然，自必予以相當取締。相應函請貴公使迅即電飭
美領速行設法將該工程師等嚴予制裁，免致助長亂源。[36]

　　這份文件說明雷比特等四人原由馬濟所聘，陳炯明控制兵工廠後
將此四人的月薪由500元大幅拉高到5,000元，而這份函電稱雷比特是
美國著名技師，能製造威力強大的炸藥，又能製造飛機。雷比特是否
會製造飛機，英文資料並未顯示，也可能是北京外交部誇大說法，以
凸顯此事的嚴重性。及至1922年1月，北京政府又再度致函舒使，由於
「該機器轉運入粵後雖已由粵省先付定洋五十萬元，現向寄存沙面白
殼倉並未交給粵省，且當時所立合同並非製造鎗彈機器，其物件與書
面不符，故美領事自屬有權取締」。因此，北京政府要求美國駐廣州
領事館「設法將該機器扣留，萬勿交由粵省」[37]。該年3月，北京政府
得到消息稱陳炯明派兵圍守美商存儲此項機器之貨棧，並給美商現款
數十萬餘款運動港商擔保，即將陸續起貨，又再度要求美國與英國使
領共同出面取締[38]。

36　〈美總工師拉壁等四人赴陳炯明處受雇妨礙中國統一請將該人等嚴予制
　　裁〉，1921年4月30日，《中美往來照會集，1846-1931》，第15輯，頁
　　186。

37　〈粵省擬轉承廣西兵工廠所購美國製造軍火機器仍請設法扣留萬勿交付
　　粵省〉，1921年1月20日。《中美往來照會集，1846-1931》，第15輯，
　　頁151。

38　〈粵省擬轉承美國製造軍火機器仍請扣留切勿交付〉，1921年3月15日。
　　《中美往來照會集，1846-1931》，第15輯，頁173。

在上述製造機器軍火等事尚未了結，於今又有雷比特與廣州的南方大港合約，致使駐華公使舒爾曼必須採行明快的處置。

1922年9月，舒爾曼完成給國務院長篇報告不久，接獲桂系陸榮廷部下馬濟，在香港發表一篇揭發雷比特公司和戴維斯公司走私軍火等不法行徑的文章，並訴請香港政府能以國際法制裁這兩家公司。該文宣稱這兩家公司從1917-1920年間以進口機械的名義大量走私軍火，在這篇〈訴求國際法〉（Appeal to International Law）的英文文章中，馬濟首先表明自己是廣東兵工廠前廠長，屬桂軍第四軍的將領；從1917年開始，他便向戴維斯公司及雷比特公司購買炸藥、來福槍、子彈和左輪手槍等軍火。香港正是主要載運的船艦Woudrichem和領航到廣州的小船接頭的地方，由登記在香港的戴維斯公司負責偷渡和接應；回程時該貨船載運鴉片、酒和米等貨物返回美國。由於香港非公共租界區，因此他希望能以國際法起訴這兩家公司。該文將這兩家公司形容成無惡不作的黑幫老大，這件事被揭發的時機，正是陳炯明事件發生之後，幕後顯然有政治目的[39]。

39　Ma Chi, "Appeal to International Law," The Secretary of State to Schurman, Nov. 20, 1922, NA, 893.156 R11/11. 1922年陳炯明所部粵軍撤回廣東，陸榮廷重返廣西，就任邊防督辦，馬濟仍留上海，沒有返桂。馬濟在上海，同北洋軍閥頻繁接觸，爭取他們支持陸榮廷。因此，這篇馬濟揭發雷比特公司的文章，顯然亦是用來反對孫中山及廣州政府的意圖。馬濟又稱自己已退休，深為懊悔兩廣內戰及動亂造成廣東人民的無辜死傷，而這兩家公司走私軍火助長中國內戰的惡行，不應再坐視此景縱容不法。他指稱歷歷說，這兩家公司的作為簡直是黑幫大老，他們各自又有小摩托船，例如Vestal(屬雷比特公司)、Paulo(屬戴維斯公司)神出鬼沒，在中國從事秘密勾當，而其中又以雷比特公司最為惡名昭彰。

事實上，在陳炯明兵變事件的前一年(1921年6月)，孫中山才在陳炯明協助之下打敗馬濟所屬的桂系軍閥回到廣州。因此，馬濟當然不希望雷比特公司繼續接應廣州政府的任何計畫，包括軍火運輸等等。馬濟的這份指控，舒爾曼於1922年12月給國務院的電報中又再度被引用[40]，很顯然馬濟的文章更加促使舒爾曼公使不願意捲入中國軍閥派系的任何爭議[41]。

到了1922年11月，雷比特和戴維斯公司仍未放棄南方大港計畫，他們到北京拜會舒爾曼公使，甚且嘗試各種非正式管道尋求解決，但均無結果[42]。例如他們宣稱北京交通部基於財政的考量願意在合同上蓋印，以表示合同獲北京政府的批准，但傳話人「高先生」又表示這事絕不能洩漏給美國駐京使館[43]。兩家公司又說已透過新上任的國務總理王寵惠的一位兄弟(未指明名字)疏通，取得國務總理的蓋印和簽名，同時讓外交部給戴維斯公司一封信表示許可，但舒爾曼公使認為這樣的非正式程序毫無效力可言[44]。據推斷當時北京政府因財政困難是有可能批准這項雷比特公司的合約，讓北京政府從中獲得一部分的利益。然而，以上這些所謂極機密的非正式管道，全屬未經證實的一

40　Schurman to the Secretary of State, Dec. 19, 1922, NA, 893.156 R11/15.

41　*James A. Rabbitt Papers*, Box60.收藏有廣東兵工廠照片。標題湊巧是「廣東兵工廠被馬濟砲轟毀損俊所攝，1921」(Canton Arsenal after being destroyed by Ma Chai, ca. 1921). 此處Ma Chai 與報上Ma Chi譯音不同，均為馬濟。

42　Schurman to the Secretary of State, Nov. 20, 1922, NA, 893.156 R11/13.

43　American Legation, Peking, Memorandum. Nov. 7, 1922, NA, 893.156 R11/13.

44　American Legation, Peking, Memorandum. Nov. 20, 1922, NA, 893.156 R11/13.

面之辭，未有其他佐證資料。

在這兩家公司的陳情中，較特殊的意見是美國商務部駐華代表們的意見，他們的關注不在於維護雷比特公司在華投資的權益，反而更加關心整個廣州大港建造計畫，以及是否可在廣州建立連接廣漢鐵路和廣九鐵路的據點。美國在華商務專員(Trade Commissioner)李亞(Frank Rhea)指出廣州大港建設計畫除內港工程之外，將來的外港工程的區域涉及英國廣九鐵路沿線的利益，顯示這個計畫不僅是中、美間的問題，還有英國利益[45]。而李亞早於1921年6月即曾在和商務部幫辦(Trade Attaché)阿諾德(Julean Arnold)的備忘錄中，以長達九頁的篇幅論述廣州市的重要性及美國在華南的利益，這份報告包含以下內容：英國似有意拓展九龍租界的企圖、廣州市的工業發展與建設、防洪計畫和廣州港改善計畫，他同時強烈建議任何與廣漢鐵路相關的建造合同都應一併納入廣州港的聯外交通來規劃。結論是他認為廣州的開發非常重要，因此美國政府在仔細評估後，應以銀行團、部分銀行團或非銀行團的方式採取最適切的參與行動[46]。因此，針對雷比特公司所遭遇的派系政治難題，他們並不關注，一再強調的是如何開發廣州市及其所帶動的華南地區商機。

1923年2月21日孫中山重返廣州，續行大元帥職務。雷比特公司之前的舊合約迄無著落，到了1923年7月，雷比特又向廣州領事館呈交了一份「廣州濱水區和內港改善計畫」(Project for the Improvement of the Canton Water Front and the Inner Harbor)及兩份藍圖。計畫書分四大

45　Frank Rhea to Schurman, Nov. 7, 1922, NA, 893.156 R11/13.
46　Frank Rhea toArnold, June 7, 1921, NA, 893.156 R11/14.

項：一、廣州—河南橋。二、廣州濱水區的開發。三、河南島的開墾。四、Wong Sha的開墾(應為黃沙，沙面附近的地名)開墾[47]。這份計畫書和1921年9月15日簽訂的合約不同處，在於以土地開墾的方式來募集資金[48]。雷比特和新任廣州國民政府財政部長葉恭綽商議，希望能以這項土地開墾計畫做為籌募資金的替代方案，並且由該公司來監督，以此做為1921年9月15日合約的延續，但這件事尚未能獲得廣州市政府的首肯[49]。

　　1923年7月26日支持孫中山的廣州《民國日報》刊出一篇文章〈廣州的土地開墾〉(Canton Reclamation Project)報導廣州市府打算在海珠島(Dutch Folly Island or Pearl Island)上建一座橋，以連結廣州市和河南郊區，並開墾廣州濱水區的帶狀土地。這項報導大力宣揚廣州市長孫科展現建設市政的決心，不超過二年的時間內，肯定可完成這項土地開墾計畫。這項報導完全不提廣州政府之前和雷比特公司的合約，據雷比特公司的說法，廣州政府公共工程部門寧可不顧既往的合約，自行承擔這項土地開發工程[50]。這一說法是極有可能的，因當時廣州政府財政困難，不得不寬籌財源，開墾土地並招商承標，其使用權或

47　R.P. Tenney to Secretay of State, July 23, 1923. NA, 893.156 R11/16.

48　"Canton Reclamation Project," *Canton Daily News*, July 26, 1923. NA, 893.156 R11/18. enclosure.

49　James A. Rabbitt to R.P. Tenney, July 25, 1923. NA, 893.156 R11/18.

50　James A. Rabbitt to R.P. Tenney, July 25, 1923. NA, 893.156 R11/18. 附件為 Canton Daily News, July 21, 1923.這篇文章譯自中文。研判應為1923年6月創刊的《民國日報》(廣州)。但台灣收藏的《民國日報》(廣州)第一冊起始於1923年8月，因而筆者未見到這份7月25日的報紙，故引用英文。

財產權之所得為市府重要財源之一[51]，因此，假使與雷比特公司的合約不能獲得美方貸款，而是處理或變賣廣州市的公產，當然利益不大，而且還需受美方監督，因而廣州市政府傾向自己承擔是可以理解的。

雷比特與廣州政府的這項廣州大港的計畫從1921年9月以廣州港及濱海區的擴建開發計畫，向美方貸款一千萬美元，這項貸款表面上看來是實業建設，但仍不脫政治性貸款的意圖。在雷比特簽約不久之後，同年11月，北京政府得到消息，孫中山向美籍猶太人交涉借款一萬萬元，以六千萬元購辦各種機器，實交四千萬元，因此向美國表示「此關係國家主權及地方公產之契約等項」，希飭該商萬勿承諾[52]。

由於美國政府視孫中山的廣州政府為地方政府，甚至是叛亂團

51　孫科，〈廣州市政憶述〉，《革命人物誌》第13輯(台北：中國國民黨中央委員會黨史委員會，1983年再版)，頁90-93。提到廣州市因各項財源困窘，不得不廣開稅捐，孫科甚至以粵人嘗聞：「天下未聞屎有稅，廣州惟有屁無捐」的謔語自嘲。而在廣州市財政局的大宗收入中公有產業的收入為最主要來源，包括拆城開路所剩餘下來的畸零地段之出售、街坊廟產、長堤沿江北岸碼頭地位之招商承標等等各種方式。此外，廣州市政廳變賣官產的情形如下，這些官產大抵為存在已久的地方公益建築和田地，多為地方紳士所掌握，帳冊亦為彼等所保管，廣州市政廳長孫科在大元帥籌款的命令下，為增闢財源，決定變賣官產，但無帳冊契據可循，乃採取舉報方式，此事亦使得廣州商人團體對孫中山的不滿日益增加，埋下1924年廣州商團與孫中山發生衝突的導火線之一。詳見：李達嘉，〈商人與政府——1924年廣州商團事件原因之探討〉，收入楊聯陞等編，《國史釋論》(台北：食貨出版社，1987)，上冊，頁354-358。李達嘉，〈左右之間：容共改組後的國民黨與廣東商人，1924-1925〉，《中央研究院近代史研究所集刊》第71期(2011年3月)，頁8-9。

52　〈孫文私借外款中央政府不能承認希飭該商勿承諾〉，1921年11月21日。《中美往來照會集，1846-1931》，第15輯，頁253。

體，不願予以支持，1923年2月以後孫中山重返廣州，雷比特公司希望改以土地開發來籌款，但最後仍無結果。就在同一時間內，廣州政府由於財力困難，各項建設無法開展，乃有1923年9月震驚中外的孫中山截留粵海關的「關餘事件」[53]。雷比特公司的南方大港計畫案也在南北混沌不明的政治局勢中劃下句點。

五、小結

本章探討美國雷比特工程顧問公司對孫中山政府的投資案，此一個案爲民初中國南北分裂下的一個相當特殊的案例，爲孫中山「建國藍圖」中的重要計畫，歷經廣州臨時政府時期、陳炯明事件及孫中山重返廣州後，都無法完成。陳炯明事變發生後，陳炯明本人亦有意完成這項合約，但沒有下文。在孫中山重返廣州後，雷比特公司因無法獲得美國銀行的貸款，而希望改以土地開墾來籌募經費，然因政治動亂和財政困難卒無結果。

1921年9月廣州軍政府時期，雷比特公司的合約以廣州港做爲國際港口的目標，姑不論其是否意含政治性借款，然如與清末以來的利權

53　孫中山截留粵海關關餘的事件，引起英日法葡等國軍艦開往黃埔集結，向廣州政府示威，再次表達不承認廣州政府的立場。1924年舒爾曼公使爲調停此事而有廣州之行。南北交涉的結果，最後北京政府原則同意撥給廣州政府一部分關餘，做爲疏濬西江之用。詳見：吳翎君，《美國與中國政治——以南北分裂政局爲中心的探討》，頁125-140。呂芳上，〈廣東革命政府的關餘交涉，1918-1924〉，中華民國歷史與文化討論集編輯委員會編印，《中華民國歷史與文化討論集》（台北，1984年5月），頁253-279。

讓渡借款、北洋政府常見的秘密外交，或是民初受國際銀行團宰制操控的情形，相較之下條件確實較合理公允，且實有助於廣州市的建設與開發。無可否認，這項計畫當然也有讓雷比特公司獨占廣州利益的盤算，或擴張美國商人在華南利益的意圖。但因中國政治分裂和軍閥混戰問題，地方政府的合約無法獲得北京中央政府的許可，以致雷比特公司無法獲得美國政府的背書，進而美國銀行團無法放心提供貸款，最後這項廣州大港的建設因而延擱下來。

另一方面，廣州政府宣稱反對北京政府對外簽訂實業借款以行中國內戰之實，曾有言：「孫陳諸公均謂借款條約須由西南軍政府為主體方可同意，否則不能贊成。蓋軍政府之目的，在於以西南統一全國，若贊成北庭之簽押借款條約，而借以一部分現款，實與軍政府護法戡亂之宗旨大相違背」[54]。因此，廣州政府更不可能仰賴北京政府在對外借款中，移撥一部分做為南方發展實業建設之用，一些實業建設必須自行籌款。然而，廣州政府非國際認可之政府，與外國政府幾乎不可能簽訂正式的借款合約，甚至遭到各方勢力的阻撓。這是當時雷比特公司和其他美國公司所面臨的難局[55]。面臨北京中央政府無法

54　1921年2月21日《民國日報》，3版。這項報導提到美國銀行團對外宣稱，如果廣州軍政府不反對北洋政府向新銀行團簽押實業借款條約，新銀行團答應可從借款中相應移一部分資金給新政府，做為發展西南實業之用。然而廣州軍政府反對，遂有對外發表反對北京政府借款合約。據筆者的研判，這份報導應是廣州《民國日報》軍政府機關報的自我宣傳方式。因為美國政府在當時不僅不承認軍政府，軍政府的各種作為和反應，不是他們考慮是否提供中國借款的理由。

55　另外一個案例則是1921年1月17日，孫中山簽署「中華民國」政府與芝加哥商人山克(George H. Shank)的初步協議，約定以發售公債的方式致力於廣東工業發展，債券的收入用來支付從美國購買的物資的價款。美

有效控制地方勢力，且內戰與派系紛擾之下，1922年美國駐京公使舒
爾曼曾坦率表示他個人的想法如下：

> 很不幸的事實是，目前美國商人與中國政府打交道確實有許
> 多困難，因此，我不能說我們應警告美國人不該和中國政府
> 做生意，但是我認為他們應被勸告千萬不要和中國政府訂立
> 合約，除非有最適切的安全擔保，以及如果沒有獲得北京使
> 館和國務院仔細打量後給予的初步同意，就不應訂立合約。
> 因為如果不這樣做，我們目前在中國的困難將沒完沒了，對
> 美國人民沒有帶來相應的好處。[56]

　　雷比特公司固然同時有走私軍火之嫌，然而如同本文所述，雷比
特係1920年代活躍於遠東貿易和投資的工程公司，它和美國一些大型
工程公司或跨國企業一樣，在一次大戰後積極到中國尋找商機，儘管
中國處於南北政治分裂或地方派系內戰，只要能賺取巨額利潤，他們
極願意和地方派系打交道，而美國在華商務代表也極為重視廣州大港
的建造及其所帶來的華南地區的商機。然而，由於受限於美國國務院
的承認政策，最後只得敗陣下來。另一方面，華盛頓的中國使館外交
官，諸如容揆等人對於南方大港所帶來的建設和便利，私下也相當贊
成，然而由於無法獲得北京政府及美國政府對於南方大港合約的同
意，也僅能徒呼負負，莫可奈何。假使中國沒有南北分裂的情況，一

（續）

國國務院以為南方政府未經承認，無權發行債券，這種債券也毫無價值
可言。見：C. Martin Wilbur, *Sun Yat-sen: Frustrated Patriot*, pp. 105-106.

56　Schurman to the Secretary of State, Nov. 20, 1922, NA, 893.156 R11/11. p. 4.

個國際大港——廣州港是否可能提前完成？當然，歷史學沒有假設性的命題，但這樣的提問或有助於我們思考中國走向海洋和國際化的命題。雷比特與孫中山簽訂「南方大港合約」的失敗，不僅是中國南北分裂政局下的一個犧牲品，同時也讓廣州港和廣州城的建設，在1920年代失去一個城市近代化的機會。

結 論

一、領事制度、中美商約與清末中美商務關係

　　一次大戰以前，美國對華貿易在其外貿中的比重微少。據統計，1870年代到1901年以前均未超過1.0%，此後仍維持1.0%-2.0%之間。歐戰期間美貨主要供應歐洲市場，對華貿易比重降至0.9%。戰後逐漸提升，1916-1920年，對華貿易比重為1.1%，對日為3.9%。1921-1925年對華貿易上升到2.4%，對日為5.5%[1]。可見美國對華貿易的數值不高，一直到一次大戰結束後才愈趨重要。由於對華貿易值不高，且來華時間較歐洲國家普遍為晚，最重要的為保護和行使美國在華利益——在華領事制度和相關措施——都遠不如英、法、德等歐洲國家。

　　由於美國商人兼領事的情況相當普遍，對華商務交涉容易產生矇蔽和溝通窒礙，1860年代以後中國政府一再頒佈敕令，要求「領事不

1　Peter Schran, "The Minor Significance of Commercial Relations between the United States and China, 1850-1931," in Ernest R. May & John K. Fairbank, eds., *America's China Trade in Historical Respective, the Chinese and American Performance*(Cambridge, Mass.: Harvard University Press, 1986), pp. 239-240.

得兼商人」、「商人不得兼領事」，而美國公使鑑於在華交涉事務日愈繁雜，亦有意尋求專業化領事的建立，於是美國在華領事制度逐步獲得改善。1890年，總理衙門更要求查明各條約口岸各國領事身分及洋商行號，並按季呈報。此一政策更宣告清政府徹底清查各國領事必須為真正之專職領事，且有意掌握各口岸洋商行號之數目和人數。美國駐華領事制度的改善，進一步有助於清末中美關係在制度面上的推展。此外，在領事館設施方面，如與歐洲主要國家和日本相較之下，即使到1920年代初期，美國在華各地領事館建築普遍較為簡陋。1924年5月3日《密勒氏評論報》（*The Weekly Review of Far East*）刊出一篇長文〈美國應購買領事房產〉（United States Should Buy Consular Property），要求美國政府重視美國駐華各地領事館館舍和設施普遍破舊、不堪使用的窘況，希望美國政府另覓地點重蓋或租買新屋遷館。這篇文章一開始便提到1923年在安東領事館因舊朽倒塌，領事及其妻小幸而逃過一劫，這件事可說是「美國領事在華不受重視的典型案例」。該文提到，即使像上海領事館亦出現鋼骨暴露的問題，其他諸如南京、長沙、青島、漢口、福州等領事館情況，或是建築安全堪虞或是坪數過小，連美國在華各地商會都覺得盡失美國政府的顏面，他們多年來向國會請命而不得結果。該文還刊出日本的濟南領事館辦公室和官邸矗立街道宏偉氣派的外觀圖片，讓美國領事館相形之下顯得寒傖不已[2]。從海關統計資料看來，1872年美國約在中國有42間商號，美國僑民人數538人。1903年114間商號，2,542人。一次大戰結束

2　"United States Should Buy Consular Property," *The Weekly Review of Far East*, May 3, 1924, pp. 337-351.

的1918年，有234間商號，4,766人。1928年有574間商號，6,023名僑民（詳見：表2-3〈旅華各國人民與行號統計表，1872-1928〉）。也就是說從1903年中美商約簽訂之後的二十五年之間，美國在華商號和僑民成長率分別以5和2.5倍左右的比率大幅增加，而與領事職掌的相關制度和設施仍比不上歐洲和日本等主要國家。在美國駐華官員和商會代表的一再呼籲之下，此一情況逐漸改善，特別是1928年南京國民政府成立之後中美關係愈加密切，做爲美國政府在華的形象和威望表徵的領事制度和相關設施當然就愈爲重要，從人力和制度而言，亦更有助於中美關係的推展。

　　清朝政府要求的美國領事在華不得兼商人的情況，至少在1890年代已普遍爲美方遵守，而新一波的中美商務關係已蓄勢待發。在八國聯軍攻占北京後，美國政府發表門戶開放政策——至少在名義上做爲保全中國領土的宣示性政策，要求所有的國家在中國享有平等的商業和工業貿易權，此後成爲美國對華政策的指導性原則。《辛丑和約》中列強要求與清政府訂定一項爲解決長期以來通商行船等問題的商務性條約，顯現一個純粹以國際化市場和商務發展爲基礎的條約已是刻不容緩了。如何通過此一商務條約改善長期以來爲外商所詬病的釐金和稅則問題、改善中國混亂的幣制、建立保護現代所謂智慧財產權(商標、版權和專利)的相關法令，以及修改中國律法以與西方律法相近，更重要的是將實業開採等內容加以文字明確化，這是列強所關注的議題。作者認爲1899和1900年美國兩度門戶開放政策固然是美國對華政策的重要里程碑，但是1903年中美商約的重要性更不能忽略。就美國方面而言，它一方面是將門戶開放政策的精神落實於條約上的具體規範，且商約簽訂過程之中，美國堅持不與英國同調，反映出美國對華政策的強烈自主需求；在中美商約交涉中，在釐金、內地常關和海關

的交涉問題，美國甚至與英國爭鋒，更提出中英商約所無的版權和專利問題。就中國方面而言，商約內容則顯現中國迎向世界市場的現代性意義，中國雖有被迫讓步的條款，但亦有主動釋出的條款，而條約本身所牽涉的內容，例如版權、定國幣金準、實業開採，亦帶有中國進入世界體系的現代化意義。更重要的是，在1946年中美商約簽訂以前，1903年的商約規範了四十餘年的中美商務關係，因此，不論就近代中美關係或中外關係上，清末中美商約在近代中美關係史上都是件意義不凡的大事。

在清朝與各國議訂商約之際，1903年9月商部成立，統管工商業各項事務，頒發了一系列獎勵工商復興實業的章程，諸如商部章程、商會簡明章程、獎勵公司章程、鐵路章程、礦務章程、商標註冊章程等。明顯看出這些新措施，都是與1903年清政府與各國商約談判中列強所關注問題的相對應內容；溯自1898年美國在亞洲的商會團體「美國亞洲協會」(American Asiatic Association)上海分會成立後，已有五年餘，美國商人在中國的活動力和影響力逐漸受到重視。1910年美國上海商會總理祈露柏力博士到北京遊歷，親自訪見了郵傳部、農工商部、度支部，他向這些清政府大員提出的要求是：解決商標仿冒號、統一幣制、統一度量衡和銀行匯率問題。對清政府所頒佈的礦務章程，更希望能有利於外人投資的辦法，例如由中國招集外國巨股或中西合資等方式來籌辦礦務[3]。這些問題其實是和1903年中美商約一脈

3　《東方雜誌》，11期(7卷11號)，1910年12月26日，頁335-336。據查《美國亞洲協會期刊》，1910年12屆年會主席為Thomas H. Hubbard。1911年第13屆年會主席為Seth Low。與《東方雜誌》所記譯名略有出入，以Seth Low的可能性較大，姑且錄之。見：*Journal of the American*

相承的，顯現歐美主要國家意識到商標、貨幣、匯率和礦務開採等有利於拓展中國市場的條件，必須朝向制度化的進展，而此一問題則是一部中國與國際接軌的近代化過程。

在美國政府的指導下，19、20世紀之交，可說是美國工礦企業界來華投資的第一波熱潮。為了促進對華的投資，宣統2年(1910年)8月美國實業團一行25人來華考察，此行頗為熱鬧轟動。根據《東方雜誌》的報導，他們於8月12日抵達上海，考察上海、杭州、嘉興、無錫、南京、鎮江等江南各地紗廠、機器工廠，和各地勸業會晤談，在上海由前駐美欽使伍廷芳接待。8月26日以後在九江、漢口等地，參觀大治鐵礦廠及水泥廠、揚子機器廠、漢陽鐵廠和兩湖地區的學堂。9月4日抵達北京，由美使嘉樂恆(William J. Calhoun)帶領實業團訪見攝政王於養心殿，再乘車赴天津，參觀唐山路局製造廠、開平礦廠、洋灰公司和灤礦等處。9月12日他們抵達煙台，參觀張裕公司、義豐德纜房。9月15日後抵達福州、廈門、廣州，至9月22日全團離境。這個美國實業團在中國一個多月的時間，以當時的交通工具，如江上輪船、滬寧鐵路專車、京津「快車」和「頭等花車」趕赴中國正萌發的新興工業城鎮，考察各地的機器局和礦廠，尋找實業投資的機會。此外，遊歷中國各地名勝之餘，同時參訪了北洋大學堂、兩湖學堂，最令他們感到嘖嘖稱奇的是上海機器、印刷、絲紗等各廠，「咸謂中國工藝家智力優美，良頡頏東西各洋」[4]。這次參訪的愉快經驗，使美國實業

(續)————————————

　　Asiatic Association, May 1910, p. 101; May 1911, p. 101.

　4　《東方雜誌》當時共有三篇文章記載美國實業團訪華盛況。見：〈美國實業團來訪記〉，9期(7卷9號)，1910年10月27日，頁267-269。〈美國實業團來訪續記〉，10期(7卷10號)，1910年11月26日，頁315-318，〈美

團決定日後將舉辦中美商業聯合會,朝以下目標努力:一、議設中美商品陳列所:於上海和紐約兩地。二、議派中美兩國商務調查員,分駐兩國研究商業。三、設立中美聯合銀行。四、設立中美交通輪船公司[5]。

　　另據參與此次訪問團的航運實業家勞勃·大來(Robert Dollar, 1844-1932)[6]的日記,訪問團共有23位男士,7位女士,另有秘書2位。《東方雜誌》的記載全團為25人,應是省略女士之故。大來記述他們一行乘著經改裝的特別快車,沿途停站幾乎都看到中國人精心特製的燈籠,繪上中國龍旗和美國國旗,接待場合亦見特別裝飾的鮮花、歡迎布條和萬年青,中國人盛情歡迎的場面令他頗為感動。他的記載同時亦呼應《東方雜誌》的報導,不僅中國朝野對於此次美國實業團來

(續)————————————————

　　　國實業團來訪餘記〉11期(7卷11號),1910年12月26日,頁367-368。在〈美國實業團來訪記〉中,這批美國實業家對上海商務印書館的精美出版品頗為嘖嘖稱奇,「僕舉首四顧,見有皮條轆轆者,印轉機也,有聲丁然與耳謀者,知其鑄鉛也,有香馥然而鼻謀者,知其為排印之墨也,吾在此幾忘身之為客矣,……僕等來華所以求增見聞,而得師資耳,邦交之篤由商業之聯絡,而印刷業者,則固邦交民情商業之恃以呈身於世界者也。」

5　〈美國實業團來訪餘記〉,《東方雜誌》,11期(7卷11號),1910年12月26日,頁367-368。

6　勞勃·大來的事業起於1893年購得美國太平洋岸一間鋸木工廠,後來他和兒子史丹利(Stanley Dollar)建立大來輪船公司(Dollar Steamship Company,或稱Dollar Line),經營貨櫃運輸生意。1902年,該公司開始插足國際運輸業,經營租船航次(Chartered Voyage)到橫濱和菲律賓。1920年代,該公司購得美國政府七艘總統型號的輪船,以及接收太平洋郵船公司(Pacific Mail Steamship Company),成為全球獲利最大的船運公司之一。大來在中國的活動,詳見:吳翎君,〈珍珠港事件前美國企業在華北的投資活動——以大來和英美煙公司為例,1939-1941〉,《國立政治大學歷史學報》,34期(2010年11月),頁85-114。

訪非常重視，美國實業家亦對中國市場興趣盎然，中美之間可謂賓主俱歡[7]。訪談期間，美國實業家邀請中國商會組織實業團回訪美國。大來於1911年10月再度訪華，擔任美國太平洋海岸聯合商會（Associated Chambers of Commerce of the Pacific Coast）和籌辦1915年舊金山舉辦之巴拿馬博覽會的特別代表。為促進美國在太平洋地區的貿易，大來搭乘郵輪訪問菲律賓、香港、日本和中國等地，廣邀各地商會組團參加巴拿馬博覽會。大來抵達上海時適逢武昌革命爆發不久，他個人雖認為共和形式是最好的制度，但因中國尚未做好共和的準備，有限度的君權制或許較適合中國。整體而言，他對中國市場的潛力仍充滿想像和信心，在與上海聯合總商會的多次接待中，達成中國總商會藉巴拿馬博覽會回訪美國的默契[8]。在大來與中國實業家的斡旋合作下，最後促成1915年中國實業界赴美參加巴拿馬萬國博覽會的盛事；同時藉由此次中國商品的展示，打開中國對外貿易的網絡和

7 據勞勃‧大來的記載，他們一行從洛衫磯啓程經夏威夷、日本橫濱、神戶、長崎於1910年9月15日抵上海。雖西曆和農曆月分略有出入，但經查與東方雜誌所記日期不太符合，然此行不論美國方面或中國輿論界都甚為愉悦，賓主盡歡，則是一致的記載。該書亦收錄不少此行的照片。Robert Dollar, *Private Diary of Robert Dollar on His Recent Visits to China*, Published 1912, Printed by W.S. Van Gott & Co. in San Francisco. pp. 1-80. 本書有重印版(La Vergne, TN USA, 2010).

8 早於1911年，美國就已開始籌畫舊金山的巴拿馬萬國博覽會，大來於1911年10月再度訪問遠東，到次年3月1日離華。據大來的日記，記敘1911年10月從舊金山搭乘「西伯利亞號」出發前往日本和中國的經歷。*Private Diary of Robert Dollar on His Recent Visits to China,* pp. 86, 106-107, 186. 在與上海聯合總商會的接洽，見頁163。本書亦收錄他在中國的演講稿和告別演說，以及他對中國一些接待官員(附有照片)的評價，例如他稱讚曾任清帝國上海電報局總辦的唐元湛(Y.C. Tong，留美幼童之一)是中國最聰明的人士之一。

提高中國的國際形象。此一清末民初中國參與國際活動的歷程，可說是通過中美實業界的牽線完成的；儘管中國歷經革命動亂，中美實業家希望打開中國進入世界市場，互惠商機的努力始終沒變，而在民國初年，特別是一戰以後更為迫切[9]。

二、巴拿馬運河、一次世界大戰與中國市場的國際接軌

　　本書探討的美國在華企業投資的個案，主要集中於一次大戰爆發後，止於1921年華盛頓會議後的1920年代初期。作者認為一次大戰後美國對華投資的規模，不論就企業數量、資金、投資型態與項目，均比清末的投資風潮來得重要，且一戰期間美國大企業在中國的投資有其重要的國際化意義，但過去的研究比較偏重清末美國提出門戶開放政策後的第一波投資熱潮；相對地忽略一次大戰爆發後美國政府更加廣泛地參與中國政府的各項投資。由本書的個案顯示，一次戰後以下幾個因素加速中國市場對美國的重要性，並帶動中國與國際市場的接軌：

　　一、巴拿馬運河的通航：1914年巴拿馬運河由美國開鑿完工，這項工程縮短了太平洋和大西洋的距離，宣告了一個新的海洋貿易時代

9　　梁碧瑩，〈民初中國實業界赴美的一次經濟活動——中國與巴拿馬太平洋萬國博覽會〉，收入：顧雲深、石源華、金光耀主編，《鑑往知來：百年來中美經濟關係的回顧與前瞻》（上海：復旦大學出版社，1999），頁323-344。謝輝，林芳，《陳琪與近代中國博覽會事業》（北京：國家圖書館出版社，2009），頁132。

的來臨，並提高了美國對遠東地區的影響力。巴拿馬運河竣工之際，一部分的工程隊也風塵僕僕加入中國啓動的導淮和運河整治工程，美國同時打算以廉價出售一批巴拿馬工程的疏浚機給予中國，而中國實業家張謇與美國工程師在導淮工程案的合作與交鋒，寫下了民初中國與國際水利科技的接軌。再者，美國合眾電信公司的投資案亦爲因應巴拿馬運河開通後，日趨重要的太平洋區域的經貿與軍事價值。

二、一次大戰的爆發：1914年一次大戰爆發前夕，美國商人對於其在海外市場的投資自信滿滿，當年一群美國企業家聚集在美國外貿協會（National Foreign Trade Council）召開的國際商會組織大會（International Congress of Chambers of Commerce）中，咸信美國在海外的投資將蒸蒸日上。孰知7月以後歐洲主要國家紛紛捲入戰爭，美國一些設在歐洲的跨國企業，也受到波及，而不得不暫停營運，撤離在歐洲的分公司[10]。然而，由於美國未參戰，一個由美國銀行家和實業家爲促進海外投資所成立的國際大財團——廣益投資公司於1915年11月成立，其成員囊括美國最富有的銀行家和實業家，包括摩根公司、紐約花旗銀行和美孚石油公司等大公司，而中國正是它們所想要轉移和開發的市場之一。一次大戰期間爲獨立保護美國商人在華利益，「美國中國商會」（AmCham）」在上海成立，成爲美國對華政策的重要壓力團體，他們和「美國亞洲協會」互通聲息，爲促進美商在遠東的共

10　例如American Radio Company, United Shoe Machinery等大企業面臨撤離歐洲市場的困境，不得不移轉市場投資。一次大戰對美國跨國公司在歐洲事業的影響。詳見：Mira Wilkins, *The Maturing of Multinational Enterprise: American Business Abroad from 1914 to 1970*(Cambridge, Mass.: Harvard University Press, 1974), pp. 3-32.

同利益而發聲。再者，一次大戰的爆發，對中國內部的實業發展也帶來相當大的衝擊，舉例而言，中國主動尋求美國紅十字會協助的導淮工程案，即由於大戰爆發後資金來源的不穩定和搶救歐洲的難民潮，分散了紅十字會對華的救助資源，後來才在美國政府斡旋下交予大財團廣益公司承攬。此後情勢更惡化為日本認為大戰爆發後有繼承德國在山東的權益(據《中日民四條約》，即一般所稱的「二十一條要求」)，因而對於關係大運河工程在山東地段的利益一再阻撓或強烈主導。

三、技術升級：一次世界大戰是無線電訊發明後第一次用於壕溝戰，顯現無線電訊在軍事和商業的無窮價值。大戰時期，美國合眾電信公司之電訊器材為海軍部徵用，其與美國政府可謂關係緊密，對於亟於開拓遠東市場的美國企業而言，無線電報則為美國企業家在開礦與鐵路投資之外的新櫥窗商品。藉由合眾電信與北京政府簽訂的合辦無線電訊合同和技術轉移，也使中國從水線電訊升級到無線電訊。此外，壟斷中國煤油進口市場近四十餘年的美孚公司，在廿世紀初由於面臨英國石油公司的激烈挑戰，乃試圖在中國尋找原油市場，希望藉由開發中國油礦而拓展其事業版圖。美孚公司與袁世凱政府簽訂「中美合辦煤油礦合同」，其探勘和掘井工程都在大戰爆發後展開，而當時中國並沒有開採油礦的先進技術。因此，一次大戰前後，正是中國在無線電、水利工程、石油礦業等方面，與美國工程師密切合作的年代，亦是中國在技術工程與國際接軌的時代。

大戰期間與中國關係友好的美國，在歐洲主要國家捲入大戰期間更加積極投注中國市場，且以技術轉讓的合作方式與中國政府有密切的聯繫，期以參與中國實業現代化的方式，強化對中國事務的影響力，舉凡煉油、無線電訊、導淮與大運河整治等工程，都帶有技術轉

讓和國際化的性質，可惜當時中國實業市場中的內外不利因素，使得中國的整體投資條件並未臻成熟，不足成為美國實業家佈局海外市場的一個穩固經濟體。

一次大戰結束後，美國聯邦政府出於資本擴張以及推廣在華商務的利益需要，著手擬定《對華貿易法案》（China Trade Act），並且於1922年頒布。此一法案係為在中國營業的美國公司所專門設立的，其基本內容是特准美國公民依照此一法案，在美國本土向聯邦政府登記在法律上作為美國的國內公司，但是總、分公司都必須設在中國境內，並且在中國境內營業，其可享有聯邦政府稅捐的豁免權[11]。凡此，均可見美國政府對在中國貿易和市場投資中所扮演的重要角色。1922年「對華貿易法案」實施以後，到1949年以前，約有250家的美國公司是在此一法案下組成的，而其間只有4家公司最後解散或因執照過期而被註銷，可見得該法案的影響力[12]。

11　照Mira Wilkins的看法，獨立公司(Free Standing Company)是英國1870-1914年海外直接投資的一種重要形式，但美國在中國的投資型態基本上是營運公司(operating company)，大抵要到1922年簽訂《對華貿易法案》後才大量出現獨立公司。見：William J. Hausman, Peter Hertner, Mira Wilkins, *Global Electrification: Multinational Enterprise and International Finance in the History of Light and Power, 1878-2007*(Cambridge University Press, 2008), pp. 30-72.

12　詳見美國商務部網站：http://www.ita.doc.gov/ooms/ChinaTradeActRCS.pdf。下載日期，2010年1月10日。1922年的美國「對華貿易法案」，一部分亦仿照英國於1915年訂定的對華貿易法，給予專為中國貿易而成立的公司減免稅的優惠。

三、中國實業投資問題中的內外因素

　　本書探討的有關一次大戰前後美國所參與的中國實業投資個案中，真正履行合約開辦者僅有美孚石油公司與袁世凱政府的「中美合辦煤油礦合同」，但因帝制運動發生後政局的不安，加上美方工程師認為中國油苗過淺，以致1917年4月取消合同。袁世凱時期中美合作的個案，除了美孚石油公司合辦煤礦開採之外，尚有中美輪船運輸公司 (China-American Steaming Line)的個案，顯現袁世凱政府振興實業的企圖。緣於歐洲大戰爆發後，西洋航輪銳減，交通部長梁士詒認為此一機會有助於中國振興航運，乃向美國公使芮恩施籌辦中美合作航運事業。[13] 在芮恩施的引介下，由美國麻里蘭州麥登斯新士公司 (Metherns & Sons Co.)與中國簽訂組織一輪船公司，名曰「東方太平洋輪船公司」(Eastern Pacific Steamship Co.)，購備船隻，掛中國旗，道經巴拿馬運河，往來中國海岸、大西洋及美國海岸等處，純為商辦公司，股本二百萬，中美各占其半。中美輪船運輸公司的結局亦如同多數美國企業在中國的命運，空留遺憾。據梁士詒所言「帝制發生，干戈擾攘至新事業於焉中斷」[14]。此亦說明政治因素在中國市場投資

13　芮恩施著，李抱宏、盛震溯譯，《一個美國外交官使華記》(北京：商務印書館，1982)，頁129。

14　「依此一合同，中國政府擔保該輪船公司於若干年內，按照所投資本，足有若干利率。但凡中國貨物，該公司須與以特減費之利益；該公司並發行300萬美元債票，以籌足資本，若干年後中國政府有權收買該公司股票」。《民國梁燕孫先生士詒年譜》(台北：臺灣商務印書館，1978)，頁282-285，收有完整合同及交涉經過。據芮恩施所言，美國政

的重要性，政權的不安變動實影響外人投資與實業建設之成敗甚鉅。

北洋政府時期的數件大型公共工程個案，亦以失敗告終。美國合眾電信公司簽訂的「中美無線電合同」，最後演化成國際競爭，特別是美國與日本之間的微妙外交關係，讓美國政府介入最深，也纏鬥最久，北洋政府最後折中提出中、日、美三方合辦無線電，然而美、日雙方仍堅不肯退讓，以至於終北洋政府時期都無法解決。廣益公司所參與民初導淮工程和1,500英里鐵路計畫亦都未能完成，導淮工程固然有工程本身的艱難因素，但廣益公司所參與1,500英里鐵路計畫僅止於探勘，最後連一條鐵路都未能興建。不論是南方政府的廣州大港案和北京政府的導淮案，兩者都牽涉中央政府與地方政府的關係，前者由於美國政府不承認南方政府，因而不願批准雷比特公司簽署的廣州大港合約書。後者則因美國銀行團不信任北京中央政府的安全貸款，一度希望淮河流域所流經的省分的稅捐做為擔保金，而提出要有地方首長的背書。這兩個案顯示不論是一個失去對地方統治效力的中央政府，或不被承認的地方政府，在中美合作議題上都出現難以克服的障礙。黃河鐵橋投標案反映的是美國工程技術團隊，對於北京政府對外宣稱「世界橋工技術競賽」，但卻偏袒特定國家及其秘密外交的質疑。上述這些失敗的案例主要的問題，大都不是來自合約本身的不滿，而是超出合約內容，屬於國際勢力或中國內部的政治因素。

(續)────────────────────

府同意提供該項合同中三百萬美元的保證金。芮恩施，《一個美國外交官使華記》，頁129。此外，Noel H. Pugach 亦有文探討太平洋輪船公司，Noel H. Pugach, "American Shipping Promoters and the Shipping Crisis of 1914-1916: The Pacific & Eastern Steamship Company," *The American Neptune*, 35: 3(1985), pp. 166-182. 但筆者並未尋獲此文。

　　以本書的討論個案中，從國際因素而言，一方面牽涉清末以來各國在華的勢力，美國欲以門戶開放政策打破列強的壟斷。另一方面則是為大戰時期美國對日、英等國的外交，特別是1917年美國參戰後對遠東事務愈為溫和，既不願挑戰英國利益，且對日本亦頗有妥協；美國在「藍辛石井協定」中體現的對日本的曖昧態度，說明了戰時美、日兩國關係的緩解。舉例而言，在廣益公司交涉1,500英里鐵路投資案之初，美國並無銀行團的束縛，美國政府如趁此機會，打破中國勢力範圍，應可大力一搏，但銀行家瞻前顧後，美國政府外交決策亦多受英、日等國家掣肘而搖擺不定。在整治大運河的個案中，美國政府最後同意與日本採行合作方式，亦即是出於此一考量。在本書討論的個案中，日本往往舉出「藍辛石井協定」做為美國默許其在中國東北有特殊利益的盾牌，當然美國亦一再辯白美、日間曾有默許和諒解。大戰末期，美日兩國在中國的實業投資之競爭，顯現美國政府搖擺於門戶開放政策和藍辛石井協定之間，除了無線電台案的結局是美日互不讓步之外，其他個案多以對日妥協而告終，顯現美國在中國實業市場的投資與其遠東政策的不可切割。

　　在清末美國領事兼商人案或韋特摩耳公司設廠案的交涉中，均可看到美國政府態度平和，不輕易如德、日等國家率然採用武力威嚇要求中國予以條約權益。在民國初年美國所參與的實業投資個案中，如純就合約內容而言，其不僅有助於中國，且在管理權和經營權方面亦較尊重中國；就合作之條件而言，論貸款、建料、設施和技術人員之訓練等等，比起其他國家的合同，確對中國有正面意義。近代美國在中國的投資活動，確實比起其他帝國主義國家來得友善，誠如學者所稱「改良的帝國主義」（Ameliorative Imperialism）或「中美特殊之關係」。然而如僅持此一觀點，仍有未盡之處，需進一步分析。

　　撰述《影響中國現代化的一百洋客》的胡光麃，曾感歎美國在中國投資的成功個案，遠不如英國成功，甚至連德國都不如：「美國人口口聲聲要幫忙和親善，結果反倒望塵莫及，這是何故？是否由於美國人經營的國際貿易興趣和能力不夠，抑或性格習慣作風與華人不合？是值得檢討的。」[15]在芮恩施的回憶錄中，提到中國人非常不滿意美國律師起草合同的精準性，而美國律師則認為中國人起草合同的不嚴密簡直是一種罪過：

　　中國人對於他們(指美國企業)找來那麼多法律人才來參與談判，是感到很吃驚的。由於既沒有從法律上對合同條文進行仔細規定，因此起草合同的美國人過分注重細節，使中國人深感他們有著懷疑的氣質。中國人對於他們自己人之間的事務安排比較簡單和籠統，只要對雙方都公平就行了；而且，他們迄今同外國人簽訂的各種合同也較少從技術方面去考慮。……對他們(美國律師)來說，普通中國人起草合同的不嚴密簡直是一種罪過。要克服中國人內心的不滿，是要花費一些時間的。[16]

　　由本書援引廣益公司的文件，可知廣益公司所雇用的法律顧問和

15　胡光麃，《影響中國現代化的一百洋客》，頁103。文中提到中英公司有關的京奉和滬寧、粵漢等鐵路，與英國福公司有關的中福公司煤礦，中英合辦開灤礦務局等，而德商亦有西門子、禪臣、孔士等洋行。

16　芮恩施著，《一個美國外交官使華記》(北京：商務印書館，1982)，頁161。

代表們對於各項草約的咬文嚼字，即使簽訂草約後仍推敲細節，更提出一些瑣碎條件以強化本身利益的維護，這一方面如前引文所言美式作風與中國的不同，在法律談判上講求精準明確；另一方面與中國政府的合作條件和環境充滿太多不安的變數，也讓美國大企業瞻前顧後，而希望通過細密的法律文字，掌控借款程序，以確保投資者信心，並保障其利益。

美國實業家和銀行團期待參與中國市場的開發，但又對中國政局和經濟不具信心，以致儘管芮恩施公使一再希望擴大美國對中國現代化的參與，但美國銀行團對資金的籌措仍充滿焦慮與觀望，此或亦顯示當時美國資本家不像歐洲資本家有願意承擔風險的精神。1920年美國重返新國際銀行團後，在中國的任務最後亦再因中國政治亂象，務實的美國銀行家紛紛抽手，重蹈失敗的覆轍。

美國銀行家對中國政治沒有信心，所發行的中國債券乏人問津，是投資案失敗的重要原因。1923年1月，美國參議員戴爾（Leonidas C. Dyer, 1871-1957）亦即《對華貿易法案》之提案人訪華，此行的目的為聽取在華美商對於該法案的修正意見，以促進美商在華利益。戴爾對中國表示善意，陳述美國對華最無政治企圖。但他也率直的指出中國內戰不斷的政治紛擾，中央政府無法償還各項對外借款，包括積欠美國銀行的各項貸款的重重問題。從美國亟於促進美中貿易而言，中國並沒有相對互惠的精神來回應美國的友善[17]。在華英美人士對中國政

---

17 "China's Chaotic Condition," *Peking & Tientsin Times*, Jan. 30, 1923. 戴爾在華約停留半月，訪問上海、南京、天津和北京等地的美國商會，聽取他們對《美國對華法案》的修正意見。由於對北京中央政府不具信心，美國在華商民的人身安全是否可獲保障也令人懷疑，戴爾亦不客氣地指出

治亂象的評語，亦可從《密勒氏評論報》曾刊載一則救中國的徵文啓事看出。這則中英文啓事以斗大的標題「諸君如有實際辦法使中國和平者，請得壹千或五百元之巨獎」，徵文懸賞有切實辦法解決中國內政問題之方案，評審者爲「中英美國人之不染今日中國或外國政府彩色者」[18]。基於上述，或許可說北洋政府時期美國對中國投資的評估，政治性評估大於經濟因素，因爲當時公共工程的投資案受制於中國國內的政治作用過大，更遑論清末以來給予各國的讓渡權所引致的國際外交之紛爭。或許我們可以說中國的實業發展，固有來自列強勢力和中國政治內部等因素的影響力，然無疑的，中國本身的不良政治因素也加深了問題的嚴重性。

四、中美技術合作與近代中國的國際化

據統計第一次世界大戰開始的1914年，外國在華的工、礦、交通等企業的直接投資，總計達12.8億美元。其間持續增加，到了1931年，直接投資已上升到28.8億美元[19]。由本書的個案討論，可知美國在這波中國引進西方技術的過程中，在民國初年扮演相當重要的角色，儘管本書探討的合約個案多數並不成功，許多都僅止於探勘階

(續)————————————

沒有任何可信服的理由令美國政府取消在華領事裁判權，他坦率的言論獲得在《京津泰晤士報》記者的讚賞。"The Truth about of China," *Peking & Tientsin Times,* Jan. 30, 1923.

18　*The Weekly Review of Far East*, Oct. 27, 1923, p. 313.

19　雷麥(Remer, Charles Frederick)，蔣學楷、趙康節譯述，《外人在華投資論》(*Foreign Investment in China*)(上海：商務印書館，1937)，頁51、63。

段，但工程團隊的技術引進，無疑對中國工業化和技術人才的培育，有相當大的貢獻。長達三公里的京漢路黃河鐵橋，其挑戰如何克服黃河激流沖刷橋墩之專業技術，論工程之艱鉅不亞於導淮和大運河整治工程，而參與這兩個個案中的美國工程師多有關聯，一批相似的工程師團隊不停地穿梭於民初公共工程的場景。一個以中美在華工程師組成的團體──「中美工程師協會」（Association of Chinese and American Engineers）成立於1919年，在1922年約有百餘位會員，顯示1920年代美國工程師群體已在中國形成一支技術團隊，而且他們與中國工程師之間亦有豐厚的人脈和情誼。黃河鐵橋招標案中可見到一批早期自美歸國的留學生加入美國工程顧問公司，他們共同承接一次戰後正待起步的無線電訊、航空和動力機械等工程。如果放在近代中國與國際化的接軌脈絡，亦可以說這些美國大企業或專業工程師扮演了媒介者（Intermediaries）的角色。

在本書探討的個案中，導淮工程師陶德以二十餘年之力，投注整治中國河川的精神和他對中國貧困農民的同情；美國第一代來華鐵路工程師柏生士深入中國窮鄉僻壤，對改善中國交通提出的建言和貢獻；奉行美國門戶開放政策，並以中國現代化為念的駐華公使芮恩施辭去公使後，被禮聘為北京政府顧問；廣益公司副總裁司戴德辭世後，美國《亞洲》期刊對他的系列報導，顯現司戴德對中國文化的孺慕之情。上述這些來華人士不論是工程師、銀行家和外交官，對中國的現代化改造多少帶有傳教士的淑世情懷，是無庸置疑的。

一次大戰期間，是中國與世界在各方面緊密互動的階段。北京政府主動參與協約國家方面，派遣華工以工代兵的方式參與大戰，使戰後中國乃得以戰勝國的身分參與巴黎和會，試圖打破列強對中國的條約束縛，建立戰後中國的新國際秩序；儘管中國對巴黎和會的結果

感到失望，但中國因此對於世界有了新的想像，並由此探尋新的國家認同[20]。從近代中國的歷程而言，北洋時期更是中國從甲午戰敗後發憤圖強，努力藉由對外交涉與參與國際會議提升自身地位的一段重要歷程，一次大戰結束後北洋政府分別對戰敗國（德、奧）——廢除舊約改訂平等新約、對協約國——要求改正條約、對無約國和新成立諸國——堅持訂定平等條約，儘管中國政局動盪、內戰不斷，北京外交部仍排除萬難推動修約外交，並取得重要成就[21]。

從中國利用外力和外資的角度而言，民國共和肇建之初，各項新興制度與建設亟待開展，政府部會積極延攬外國財經與技術人員來華擔任顧問，並延續和開展清末以來推動的現代化建設[22]。及至北洋政府時代，儘管軍閥專橫，法治失序，內閣更易頻繁，但民初的實業建

20 詳見徐國琦的二本專書。*Xu Guoqi, China and the Great War: China's Pursuit of a New National Identity and Internationalization.*和*Strangers on the Western Front: Chinese Workers in the Great War.*

21 詳見：唐啓華，《被「廢除不平等條約」遮蔽的北洋修約史（1912-1928）》。

22 據胡光麃，《影響中國現代化一百洋客》（台北：傳記文學出版社，1983），頁97。云：「民國二年哈佛大學校長伊利阿特博士（Dr. Charles W. Eliot, 1834-1926）來華訪問。見到共和政府的新氣象，回美後便極力倡導和鼓勵美國的財經科技人士來華協助建設新的民主中國，因而吸引了少有志之士到北京擔任各項顧問，或到中國各省考察有無合作的機會。」不過該書的時間有誤，哈佛大學校長伊利阿特來華訪問時間應是1912年4月。伊利阿特此行受「卡內基國際和平基金會」（Carnegie Endowment for International Peace）贊助，回國後提出不少對中國、日本和遠東和平關係的建議。Charles W. Eliot, *Some Roads towards Peace: a Report to the Trustees of the Endowment on Observations Made in China and Japan in 1912.* Published by the Endowment, Washington D.C., 1914. *New York Times*, April 23, 1912.報導其在華行程。.

設，也在一批財經部和交通部技術官僚的領導下奠立基礎，中國政府確實也積極通過對華友善的美國尋求實業合作的機會；即如美國公使卸任後的芮恩施亦受北京政府重金禮聘，以年薪二萬美金擔任顧問一職，凡此均可見北洋政府欲借助外人之力，改變中國的努力。導淮和大運河整治工程為中國積極主動向美國求援，其他幾個美國參與的大型公共工程案，例如：煉油事業、無線電、黃河鐵橋，甚至廣州政府的南方大港交涉案，雖都有政治借款之企圖，但吾人亦不能就此否定中國政府(不論南、北)試圖仰賴西方先進科技以發展實業建設的努力。而此一脈絡則是延續自清末以來變法圖強和如何走向世界的主張。本書探討了清政府如何規範中國與美方在設置工廠與機器進口等問題的回應與轉變、1903年「中美商約」走向世界的積極意義，以及一次戰後中國在公共工程上的振奮作為，均可看出近代中國百年求索的軌跡。清末韋特摩耳案和機器進口案，反映的是中國欲利用西方機器，但絕不容許外人在華任意設廠，或是機器進口只能由華人起貨，不能聽憑洋人任意進口，其目的為保護中國初萌芽的棉紡織工業。民國初年中美合作的案例，則是同時展現如何尋求外國資本與外國技術來協助中國的實業化，儘管政局動盪，但中國政府技術部門仍努力尋求外資(外力)奮起直追，早期自歐美學習歸國的留學生更與美國大企業合作，共同參與了一次大戰前後中國實業技術的升級。

　　從中美實業個案的交涉來看，當然亦顯現中國人憂懼為帝國主義國家宰制的情結，儘管美國比起其他列強相對友善。近代以來列強在中國的「既得利益」和「利益均霑」形如中國的兩重鐐銬束縛，又以鐵路、無線電業和礦業所受影響最深。陝西礦區號稱「足以起環球石油界之革命」，袁世凱政府與美孚公司的合辦煤油礦合同，從技術引進而言，是中國近代石油工業的破天荒之舉。中國政府曾寄望油田大

量開採後，可以抵制洋油的進口，並藉此開發實業，發達中國資本。但自合約揭露之後，即遭遇陝西省仕紳的抨擊，將它冠以帝國主義侵華論的陰謀，並與清末列強在中國的鐵路瓜分運動聯繫起來。鐵路和無線電訊則是現代國家發展交通事業的兩大動脈。中國一方面要借助外人技術，一方面又擔心為列強所控制，於是一部中國實業發展史與帝國主義侵華史成為萬般糾葛、既愛且恨的歷程。鐵路和無線電，按其性質言是可通過中外合作或國際合作的方式來促進中國的工業化。觀諸世界各國的近代化歷程，落後國家的公共工程或大型實業建設，莫不仰賴先進國家的技術轉讓和中外合作的經驗，但須留意者為如何通過合理的合約，以保障經營權和財政自主權。在廣益公司交涉鐵路投資的個案中，英、美曾倡議統一中國鐵路的提議，然而在巴黎和會後民族主義的激昂氛圍中，加以北洋派系的政爭紛擾，「鐵路統一」被質疑為帝國主義「共同管理」中國的大陰謀。而無線電訊國際化的問題也曾出現於美國工業家的主張，並曾於華盛頓會議遠東限武會議中交換意見。上述兩項重大交通議題，中國方面並未能利用一次大戰結束後國際秩序的重整情勢，從具體方案的落實，主動求取有利於中國和國際合作的空間。北京政府各個部會或陷於派系政爭，或囿於個人視野，而未能把握此一國際合作契機，而此一無線電訊的國際化和統一中國鐵路的議題，因未能實施，也就成為無法檢驗其得失成效的課題。

美國在華的投資交涉中，可看出美國政府希望通過對中國的投資參與中國的工業化，以擴大對中國的影響力，進而遏制日本，此一想法始終存在美國決策者和駐華使領的函電中，但務實的美國實業家和銀行家，有時並不完全和美國政府站在同一線上。因此，從此一角度而言，1922年美國聯邦政府頒佈的《對華貿易法案》，就更加展現了

美國政府在一次大戰結束後，鼓動和支持美國企業界參與中國市場的決心。

本書所探討的美國在中國投資的個案均係以中國政府為交涉對象，因此不論中美兩國政府其實都扮演了「看得見的手」（Visible Hands）的綿密操作。在美國方面，係為鐵路、礦業、石油業、金融界等大財團，以本國政府為後盾，展開在中國的大型投資案；在中國方面則是清末自強運動以來的技術引進，由兵工業和機器繅絲工業的率先登場，以及隨後官督商辦帶動了中國工業化的契機，乃至民國初年正待開展的實業建設——從袁世凱政府和北洋政府，以至於廣州政府，都可看到美國企業參與中國工業化和技術升級的軌跡。作者探討從清末到民初美國企業在中國的投資活動所遭遇的具體問題，從而理解十九世紀末到二十世紀初期中國與世界的全貌。我們一方面看到中國借助外國技術和外資的扶植；而另一方面也受到外國勢力的左右或各國競爭勢力的拉扯，形成清末民初對外經濟關係中的兩個互為抵消的力量；特別是北洋政府初期的政治動盪，更加顯現列強對華投資問題中的政治考量，而中國內部派系利益有時又與國際因素互有交纏。這些個案本身雖不算成功，但交涉過程則是意義深遠，它承擔了清末以來帝國主義國家在中國的特權利益如何「退場」、中國如何擺脫不平等條約中的束縛、如何利用外力發展實業建設並擺脫中國的貧苦積弱，更進者是如何以開放且具競爭力的中國市場走向世界等等重大目標。

油礦開採、大型鐵橋、水利、港口、無線電訊等公共工程和實業事業，均涉及外人的技術轉移，在民國初期仍在起步當中，美國技術專家與實業家的參與，提供了中國實業建設改良的一個機會。一次大戰前後美國大企業在華的投資經驗儘管充滿挫敗，但他們的信心和企

求並未減弱，而這段歷程正是做爲後來美國參與南京政府的公共事業和實業建設的借鏡。例如1929年成立的上海電力公司(Shanghai Power Company)，該公司係於美國德拉瓦(Delaware)註冊，提供上海電力的跨國公司，這件案子的成功也說明中央政治的相對穩定性，對於美國投資者的吸引力[23]。同時南京政府成立後，中美關係更趨密切，1930年代美國大企業更加積極參與中國公路、飛航、電廠和油化等實業建設，從而奠定抗戰時期公共建設和軍火運輸的重要系統。

---

23 Mira Wilkins, "The Impact of American Multinational Enterprise on American-Chinese Enterprise on American-Chinese Economic Relations, 1786-1949," in Ernest R. May & John K. Fairbank eds., *America's China Trade in Historical Respective, the Chinese and American Performance*(Cambridge, Mass.: Harvard University Press, 1986), p. 275.

附錄

1-1　上海口岸領事身分調查表，1876-1880（光緒2年——光緒6年）[1]

發文時間	來往公文	調查結果	資料來源：《中美關係史料》，光緒朝
光緒2年4月21日（1876年5月14日）	總署發南洋大臣沈葆楨文	上海美總領事以美爾師（John C. Myers）補授請查其是否商人兼充	冊一，頁118
光緒2年閏5月初2日（1876年6月23日）	總署收南洋大臣沈葆楨文	上海美總領事美爾師查係眞正領事	冊一，頁128
光緒3年9月13日（1877年10月19日）	總署收南洋大臣沈葆楨文	上海新任美總領事井威立（G. Wiley Wells）查係眞正領事	冊一，頁305

1　本表據《中美關係史料》檔案整理，與《清季中外使領年表》，頁184所記1876-1880美駐上海領事略有不同。後者所記依序爲：Myers, Wells, Bailey, Denny, Stahel.

光緒4年3月17日（1878年4月19日）	總署收南洋大臣沈葆楨文	上海美副領事施達爾（Julius Stahel）即司塔立乃真正領事	冊一，頁355
光緒4年11月13日（1878年12月6日）	總署收南洋大臣沈葆楨文	上海美副總領事司塔立查係真正領事	冊一，頁444
光緒4年12月初9日（1879年1月1日）	總署收江蘇巡撫吳元炳文	駐滬美總領事貝禮（Davie H. Bailey）查非商人兼任	冊一，頁459
光緒6年4月初5日（1880年5月13日）	總署收署南洋大臣吳元炳文	美駐上海總領事德尼（O. N. Denny）查非商人兼充	冊一，頁662

1-2　廣州口岸領事身分調查表，1875-1880（光緒元年——光緒6年）

發文時間	來往公文	調查結果	資料來源：《中美關係史料》，光緒朝
光緒元年正月25日（1875年3月2日）	總署收兩廣總督張兆棟文	廣州美領事由田都祿（R. M. Tindall）接任查係真正領事	冊一，頁6
光緒元年3月初4日（1875年4月9日）	總署收廣東巡撫張兆棟文	廣州美領事田都祿係真正領事現改名田羅伯	冊一，頁13
光緒元年3月21日（1875年4月26日）	總署收南洋大臣劉坤一文	廣州美領事田都祿查非商人兼充現改名田羅伯	冊一，頁15
光緒元年10月11日（1875年11月8日）	總署收署兩廣總督張兆棟文	廣州美領事林幹（Chas. P. Lincoln）查非商人兼充	冊一，頁77

光緒6年11月26日（1880年12月27日）	總署收兩廣總督張樹聲文	廣州美領事司克濟（William L. Scruggs）查非商人兼充	冊一，頁737

2-1　中美直接往來貿易統計表，1864-1903

資料來源：楊端六、侯厚培等，《六十五年來中國國際貿易統計》，頁118。

西元	洋貨輸自美國	華貨輸往美國	共計
1864	＊3,183,021	＊4,482,859	＊7,665,880
1865	＊482,593	＊5,864,825	＊6,347,418
1866	＊289,832	＊6,316,130	＊6,605,962
1867	＊702,683	＊7,493,318	＊8,196,001
1868	741,569	5,891,182	6,632,751
1869	1,382,918	8,173,532	9,556,450
1870	373,563	7,599,223	7,972,786
1871	449,279	10,358,018	10,807,297
1872	369,161	11,942,614	12,311,775
1873	244,204	7,523,762	7,767,966
1874	265,535	6,451,701	6,717,236
1875	1,015,863	7,674,303	8,690,166
1876	738,528	7,259,018	7,997,546
1877	1,138,136	7,951,203	9,089,339
1878	2,253,148	6,576,125	8,829,273
1879	2,541,117	8,984,622	11,525,739
1880	1,204,525	9,119,988	10,324,513

1881	3,300,312	10,229,594	13,529,906
1882	3,276,728	8,420,130	11,696,858
1883	2,708,395	7,351,961	10,060,356
1884	2,418,367	8,279,598	10,697,965
1885	3,315,402	8,297,722	11,613,124
1886	4,647,333	9,685,691	14,333,024
1887	3,398,390	8,915,920	12,314,310
1888	3,145,712	8,962,569	12,108,281
1889	3,805,664	7,084,121	10,889,785
1890	3,676,057	8,164,748	11,840,805
1891	7,731,752	9,033,630	16,765,382
1892	6,061,900	10,784,655	16,846,555
1893	5,443,569	11,725,644	17,169,213
1894	9,263,082	16,442,788	25,705,870
1895	5,093,182	15,383,402	20,476,584
1896	11,929,853	11,123,599	23,053,452
1897	12,440,302	17,828,406	30,268,708
1898	17,163,312	11,986,771	29,150,083
1899	22,288,745	21,685,715	43,974,460
1900	16,724,493	14,751,631	31,476,124
1901	23,529,606	16,572,988	40,102,594
1902	30,138,713	24,940,152	55,078,865
1903	25,871,278	19,528,116	45,399,394

＊為上海銀兩非海關兩（Shanghai and not H.K. Tales.）

2-2　中國口岸英美船隻載運噸數出入統計表，1864-1903

資料來源：楊端六、侯厚培等，《六十五年來中國國際貿易統計》，頁134、137-138。

年份	美國		英國	
	隻數	噸數	隻數	噸數
1864	5,036	2,609,390	7,915	2,862,214
1865	4,721	2,645,906	7,798	3,467,980
1866	3,602	1,957,687	8,276	3,921,851
1867	2,926	1,673,754	7,964	3,711,080
1868	3,623	2,237,327	7,165	3,332,092
1869	4,165	2,746,515	6,727	3,052,320
1870	4,547	3,004,746	6,577	3,125,590
1871	4,600	3,187,643	7,160	3,330,881
1872	5,174	3,471,293	8,360	3,954,130
1873	5,001	3,483,203	6,955	3,645,557
1874	4,279	3,184,360	7,382	4,738,793
1875	3,836	2,777,367	8,277	5,167,435
1876	3,547	2,410,421	8,604	5,181,643
1877	1,446	556,112	9,042	6,497,352
1878	1,018	341,942	9,973	7,439,373
1879	931	270,632	10,609	8,126,004
1880	1,070	287,369	12,397	9,606,156
1881	870	224,730	13,416	10,332,248
1882	762	167,801	14,337	10,814,779
1883	593	150,703	14,205	11,003,296

1884	2,381	2,140,741	14,141	12,152,949
1885	2,524	2,261,750	13,522	11,842,255
1886	413	143,799	16,193	14,006,720
1887	255	66,539	15,917	14,171,810
1888	234	84,455	15,115	14,069,260
1889	178	75,077	15,763	14,903,750
1890	155	82,946	16,897	16,087,895
1891	113	67,095	17,718	17,438,995
1892	111	61,328	18,973	19,316,815
1893	63	78,175	19,365	19,203,978
1894	107	129,127	20,527	20,496,347
1895	92	86,427	19,579	20,525,798
1896	143	165,578	19,711	21,847,082
1897	333	269,780	21,140	21,891,043
1898	743	239,152	22,609	21,265,966
1899	716	310,107	25,350	23,338,230
1900	1,311	474,479	22,818	23,052,459
1901	1,241	898,063	25,012	26,151,332
1902	1,295	493,831	24,758	26,950,202
1903	1,736	559,686	25,297	28,122,987

2-3 旅華各國人民與行號統計表，1872-1928

資料來源：楊端六、侯厚培等，《六十五年來中國國際貿易統計》，頁
143-148。

年代	美國人 (行號／人數)	英國人 (行號／人數)	法國人 (行號／人數)	德國人 (行號／人數)	日本人 (行號／人數)	俄國人 (行號／人數)	旅華各國人民總額 (行號／人數)
1872	42/538	221/1,780	17/244	40/487		9/49	343/3,673
1873	52/518	215/1,530	9/338	45/357	1/23	10/44	345/3,457
1874	50/530	215/1,537	7/307	42/387	1/23	10/58	340/3,489
1875	46/541	211/1,611	6/311	52/367	1/26	12/55	343/3,579
1876	45/536	226/1,616	10/298	45/362	1/36	17/78	358/3,607
1877	37/383	218/1,851	8/176	46/353	9/168	18/76	349/3,817
1878	35/420	220/1,953	9/224	49/384	9/81	17/55	351/3,814
1879	31/469	299/2,070	20/228	64/364	2/61	16/79	451/3,995
1880	31/476	236/2,085	16/164	65/341	3/175	16/69	385/4,051
1881	21/406	289/2,292	8/274	50/408	18/311	17/71	422/4,792
1882	24/410	298/2,402	12/335	56/474	12/472	17/78	440/4,894
1883	18/423	220/2,463	12/332	62/532	11/525	15/75	351/5,297
1884	21/621	229/2,704	14/424	63/554	19/790	16/97	380/6,364
1885	27/761	233/2,534	23/443	57/638	24/747	15/112	396/6,698
1886	29/741	256/3,438	24/471	57/629	20/777	16/116	421/7,695
1887	28/855	252/3,604	18/515	65/597	25/651	11/94	420/7,905
1888	29/1,020	297/3,682	19/467	71/607	67/811	11/119	521/8,269
1889	27/1,061	290/3,276	20/551	72/596	26/794	12/111	474/7,905
1890	32/1,153	327/3,317	19/589	80/648	29/883	12/131	522/8,107
1891	27/1,209	345/3,746	24/681	82/667	31/883	12/146	547/9,067

1892	31/1,312	363/3,919	29/862	78/732	36/1,087	15/143	579/9,945
1893	30/1,336	354/4,163	33/786	81/777	42/1,017	12/118	580/9,891
1894	31/1,294	350/3,989	32/807	85/767	9/253	12/106	552/9,350
1895	31/1,325	361/4,084	31/875	92/812	34/669	13/116	603/10,091
1896	40/1,439	363/4,362	29/933	99/870	87/852	14/125	672/10,855
1897	32/1,564	374/4,929	29/698	104/950	44/1,106	12/116	636/11,667
1898	43/2,056	398/5,148	37/920	107/1,043	114/1,694	16/165	773/13,421
1899	70/2,335	401/5,562	76/1,183	105/1,134	195/2,440	19/1,621	933/17,193
1900	81/1,908	424/5,471	82/1,054	120/1,343	212/2,900	21/1,941	1,006/16,881
1901	99/2,292	427/5,410	64/1,361	122/1,531	289/4,170	19/1,148	1,102/19,119
1902	108/2,461	426/5,482	71/1,263	145/1,359	317/5,020	24/258	1,189/18,962
1903	114/2,542	420/5,662	71/1,213	159/1,658	361/5,287	24/361	1,292/20,404
1904	106/3,220	436/5,981	67/1,374	173/1,871	650/9,139	21/308	1,602/27,227
1905	105/3,380	434/8,493	77/2,143	197/1,850	729/16,910	19/682	1,693/38,001
1906	112/3,447	492/9,256	94/2,189	199/1,939	739/15,548	20/273	1,837/38,597
1907	115/2,862	490/9,205	99/2,201	239/3,553	1,416/45,610	24/479	2,595/69,852
1908	109/3,545	487/9,043	88/2,029	274/3,637	1,149/44,143	60/9,520	2,407/77,960
1909	113/3,168	502/9,499	84/1,818	232/2,341	1,492/55,401	58/9,952	2,801/88,310
1910	100/3,176	601/10,140	110/1,925	238/4,106	1,601/65,434	298/49,395	3,239/141,868
1911	111/3,470	606/10,256	112/1,925	258/2,758	1,283/78,306	313/51,221	2,863/153,522
1912	133/3,869	592/8,690	107/3,133	276/2,817	733/75,210	323/45,908	2,328/144,754
1913	131/5,340	590/8,966	106/2,292	296/2,949	1,269/80,219	1,229/56,765	3,805/163,827
1914	136/4,365	534/8,914	113/1,864	273/3,013	955/84,948	1,237/56,319	3,421/164,807
1915	157/4,716	599/8,641	102/1,649	244/3,740	2,189/101,689	1,258/56,230	4,735/182,404
1916	187/5,580	644/9,099	116/2,374	281/3,792	1,858/104,275	1,422/55,235	4,724/185,613

1917	216/4,618	655/8,479	127/2,262	132/2,899	2,818/144,492	2,914/51,310	7,055/220,485
1918	234/4,766	606/7,953	156/2,580	75/2,651	4,483/159,950	1,154/59,719	6,930/244,527
1919	314/6,660	644/13,234	171/4,409	2/1,335	4,878/171,485	1,760/148,170	8,015/350,991
1920	409/7,269	679/11,082	180/2,753	9/1,013	4,278/153,918	1,596/14,4413	7,375/326,069
1921	412/8,230	703/9,298	222/2,453	92/1,255	6,141/144,434	1,613/68,250	9,511/240,769
1922	377/9,153	725/11,855	229/2,300	184/1,986	3,940/152,848	1,141/96,727	7,021/282,491
1923	409/9,356	661/14,775	242/3,361	244/2,233	4,067/201,704	1,034/85,856	6,995/324,947
1924	470/8,817	726/14,701	255/2,715	253/2,733	4,278/198,206	934/85,766	7,286/320,829
1925	482/9,844	718/15,247	176/2,576	318/3,050	4,708/218,351	932/79,785	7,743/336,841
1926	510/9,401	714/14,670	192/2,270	314/2,963	4,446/235,339	964/74,089	7,574/346,883
1927	551/6,970	617/11,714	171/2,588	307/2,719	4,848/201,721	595/68,097	7,485/302,153
1928	574/6,023	682/12,383	181/2584	319/3,026	8,926/239,180	1,112/77,891	12,293/349,735

2-4　1903年《中美續議通商行船條約》

資料來源：于能模編，《中外條約彙編》（上海：商務印書館，1936），頁
　　　　134-135。世界知識出版社編印，《中美關係資料彙編》下
　　　　冊，（北京：1957），頁452-456。

　　大美國大伯理璽天德、大清國大皇帝因欲推廣彼此之商務及振興
兩國人民之利益，又因於1901年9月7日，會定議和條約之第十一款內
開：大清國國家允定將通商行船各條約內，諸國視爲應行商改之處，
及有關通商各地事宜，均行議商，以期妥善簡易等因，是以：

　　大美國特派欽差修定商約事宜駐紮中國便宜行事全權大臣康格
　　欽差修定商約事宜駐滬總領事古納
　　欽差修定商約事宜駐滬商董希孟
　　大清國特派欽差辦理商約事務大臣工部尚書呂海寰

欽差辦理商約事務大臣太子少保前工部左侍郎盛宣懷

各將所奉特賜之權，互相校閱，俱屬妥當。現將兩國從前所立之通商行船各條約，會議修改及議定增補各款，以期利便通商，開列於左：

第一款，現照公例，並因中國欽差辦理交涉大員，應得駐紮美國京城。其所享一切特權，並優例及豁免利益均照相待最優之國所派之相等欽差辦理交涉大員，一體接待享受。是以美國欽差辦理交涉大員，亦應得駐紮中國京城。凡有呈遞國書，或代遞美國大伯理璽天德與中國大皇帝之書，即可隨時覲見，其覲見之禮，以及接見之地，均須配定合宜與該大員品位相當，且始終相待。美國交涉大員之禮儀均應按照平等之國所用者，俾兩國彼此均不失體統，其所享一切特權並優例及豁免利益，亦按公例照相待最優之國所派之相等交涉大員，一體接待享受。至所有來往文函，美員所發者，應以英文作為正義。華員所發者應以漢文作為正義。

第二款，現因中國可派領事官員駐紮美國各地方，其所享分位職權並優例及豁免利益，均與別國駐美領事官員一律。是以美國可按本國利益情形之所宜，酌派領事官員前往駐紮中國已開或日後開為外國人民居住及通商各地方。此等領事官遇有事故，應以平行之禮，互敬之道，隨事酌情，或會晤，或行文，可直與該領事官員職守所及之地方官相商辦理。凡華官遇此等官員，均須以合宜之禮相待。至所享分位職權及優例豁免之事，並裁判管轄本國人之權，應與現在或日後中國施諸最優待之國相等官員者無異。此國官員如被彼國官員有侮慢欺藐等情，可將委屈情由，稟報各該管上司，務使徹底研究，秉公辦理。彼此所派領事官員，亦不得率意任性，致與駐紮之國官民動多牴牾。美國領事按例妥派到中國各通商處之日，應由美國駐京大臣知照

外務部，按照公例，認許該領事並准其辦事。

　　第三款，美國人民准在中國已開或日後所開為外國人民居住通商各口岸，或通商地方，往來居住，辦理商工各業製造等事，以及他項合例事業。且在各該處已定及將來所定為外國人民居住合宜地界之內，均准賃買房屋行棧等，並租賃或永租地基，自行建造。美國人民身家財產所享一切利益，應與現在或日後給與最優待之國之人民無異。

　　第四款，中國認悉，現在於轉運時，紛紛徵抽貨物之稅捐。其中以釐金為甚，難免阻滯貨物不能流通，勢必傷害貿易之利，是以允願將通國轉運向抽之釐金，以及各項行貨稅捐一概裁去，並將向有徵收此項行貨稅捐之局卡一併裁撤，不得另行設立局卡，以徵抽行貨稅捐。中美兩國彼此訂明，所有徵收此項收行貨稅捐之局卡，裁撤後不得改名或借詞將此項局卡復行設立。

　　美國允許美商運進之洋貨及運出外洋或運往通商他口之土貨，除照當地稅則應納正稅外，加完一稅，以為補償。中美國彼此訂明進口洋貨所加抽之稅，不得過於中國與各國光緒27年7月25日，即西曆1901年9月7日簽押之和議條約之進口正稅一倍半之數。此項進口正稅及加添之稅，一經完清，其洋貨無論在華人之手，或洋商之手，亦無論原件或分裝，均得全免重徵各項稅捐以及查驗或留難情事。至山口上貨所納稅之總數，連出口正稅在內，不得逾值百抽七五之款。

　　本款所載各節，毫無干礙中國主權徵抽他等稅項之意。只須不與此款有所違背，中美兩國心存以上各節為宗旨，故允願辦法如下：

　　中國允將十九省及東三省陸路鐵路及水道所設徵收行貨釐捐及類似行貨釐捐之各項局卡，概予裁撤。於本款照行之時，不得復設。凡有在沿海及設有新關之通商處所，並在十九省及東三省中國沿陸之邊

界，現有各常關，不在此列。凡有新關之地方或日後新關，不論設在何處，均可設立常關，及沿海沿陸邊界，不論何處，亦可一併安設。

美國允願洋貨於進口時，除按照光緒所訂和約內載進口貨稅增至切實值百抽五外，再加一額外稅，照和約所定之稅加一倍半之數。以抵裁撤釐金，並行貨別項稅捐及洋貨各項稅捐，並酬此款所載各項整頓之事。

中國可以將現在出洋土貨稅則，重新修改，以值百切實抽五之例為准。凡能改者，即當定為各該貨按色應完稅銀幾何，惟如欲加抽，須先六個月預行通知方可。現行稅則，有逾估價值百抽五之數者，亦須裁減無逾。但因裁撤釐金及內地各項行貨稅捐之故，所有土貨販運出洋或由通商此口轉運通商彼口，除出口正稅外，可在起運處或於出口時，加抽當時出口正稅之一半，以為抵補。

凡洋貨與土貨相類者，完納進口正稅及所加之稅後，該口新關若據貨主請領，即應逐包發給該貨已經完清各該稅項之憑單，免至在內地有爭執之虞。

凡民船運至通商口岸之土貨，將在本地銷售者，無論貨主是何之人，只應報明常關，以便照中國政府稅項章程辦理。

凡用機器紡成之棉紗及織成之棉布，無論係洋商在通商口岸，或係華商在中國各處紡織成，所應抽稅項均須一律無異。惟各該機器廠製成之貨物，於完稅時所用之棉花，若係外洋運來者，應將已完進口正稅全數及進口加稅三分之二發還。所用者若係土產棉花，須將已徵之各項稅銀全數一併發還。其出口正稅、出口加稅、復進口半稅，概行豁免。別項貨物與洋貨相同。在中國用機器造成者，亦須按照以上章程辦法辦理。

由每省督撫自行在新關人員中，選定一人或數人，商明總稅務

司，由該督撫派赴常關當差，為監察常關之辦法。凡有不合例之事，一經美國人民告發，即由中國派相當官員一名，會同美國官員一名及新關人員一名，彼此職位相等，查辦其事。如經該人員查出實有留難受汙各情，須由新關賠還。舞弊之員，應責成該省大吏從嚴參辦，開去其缺，倘查出實係瑣瀆或被誣，原告應罰還查辦一切費用。

此約一經兩國批准互換並與中國有約之各國允照本款各節後，則會定此款舉行之日期，即應明降諭旨，用謄黃布告於眾，通傳遍國，言明將向有之各項釐金及行貨稅捐全撤。並將徵收此項稅捐之局卡及徵收內地各項洋貨稅捐盡行裁除，其徵抽進口洋貨、出口土貨之加稅及本款所載他等更改稅項，暨整頓稅項之事，須一併同時舉行。所降上諭，亦須載明如有背此約文詞意之員，即責成該省大吏，從嚴參辦，開去其缺。

第五款，美國人民在中國輸納之進口貨物稅則，須載錄於此約附表之內，作為此約全體之一分，如有修改之處，只可按照本約第四款所載或照中美兩國彼此日後所定辦理。但訂明美國人民無論何時，輸約稅款，較之最優待之國之人民所輸納者，不得加重或另徵。又中國人民運貨進美境者，所納之稅不得較重於最優待之國之人民所納者。

第六款，中國允許美國人民在中國各通商口岸，將該管官核准之棧，作為關棧以便囤積合例貨物，及拆包改裝，或預備轉運。惟該棧須遵中國為保護稅課起見，隨時所定關棧專章輸納公道規費，至此項規費應納若干，按棧離關遠近、囤何貨物並工作早晚，酌情核定。

第七款，中國因知振興礦務於國有益，且應招徠華洋資本興辦礦業，故允自簽押此約之日起，於一年內自行將美國連他國現行礦務章程迅速認真考究，採擇其中所有與中國相宜者，將中國現行之礦務章程重新修改妥定，以期一面振興中國人民之利益，於中國主權毫無妨

礙；一面於招致外洋資財無礙，且比較諸國通行章程，於礦商亦不致
有污。美國人民，若遵守中國國家所定為中外人民之開礦及租礦地輸
約稅項各規條章程，並按照請願執照內載明礦務所應辦之事，可照准
美國人民，在中國地方開辦礦務及礦務內所應辦之事。至美國人民因
辦理礦務居住之事，應遵守中美彼此會定之章程辦理。凡於此項礦務
新章頒行後始准開礦者，均須照新章辦理。

第八款，還稅之存票須自美國商人稟請之日起。如查係應領者，
限於二十一日之內發給。此等存票，可用在發給之新關，按所載銀
數，除船鈔一項外，以抵各項貨稅。至洋貨入口後，三年之內轉運外
洋，凡執此等存票者，即准任便向發給之新關，按全數領取現銀。倘
請發存票之人，欲圖混騙，一經新關查出，照美國天津條約第二十一
款所載懲罰影射夾帶情事之辦法辦理。該貨若已運出中國界外，則由
本國領事將犯事人罰一合宜款項，其所罰之銀送交中國查收。

第九款，無論何國人民，美國允許其在美國境內保護獨用合例商
標，如該國與美國立約，亦允照保護美國人民之商標。中國今欲中國
人民在美國境內得獲保護商標之利益，是以允在中國境內美國人民行
鋪及公司有合例商標。實在美國已註冊或在中國已行用或註冊後即欲
在中國行用者，中國政府准其獨用，實力保護。凡美國人民之商標，
在中國所設之註冊局所由中國官員查察後，經美國官繳納公道規費，
並遵守所定公平章程，中國政府允由中國該管官員出示，禁止中國通
商人民犯用，或冒用，或射用，或故意行銷仿冒照標之貨物。所出禁
示，應作為律例。

第十款，美國政府允許中國人民將其創製之物在美國註冊，發給
創製執照，以保自執自行之利權。中國政府今允將來設立專管創製衙
門。俟該專管衙門既設，並定有創製專律之後，凡有在中國合例售賣

創製各物已經美國給以執照者，若不犯中國人民所先出之創製，可由人民繳納規費後，即給以專照保護；並以所定年數為，與所給中國人民之專照一律無異。

第十一款，無論何國，若以所給本國人民版權之利益一律施諸美國人民者，美國人民亦允將美國版權律例之利益給與該國之人民。中國政府今欲中國人民在美國境內得獲版權之利益，是以允許凡專備中國人民所用之書籍，地圖、印件、鐫件者，或譯成華文之書籍係經美國人所著作或為美國人民之物業者，由中國政府援照所允保護商標之辦法及章程，極力保護十年。以註冊之日為始俾其在中國境內，有印售此等書籍、地圖、鐫件或譯本之專利。除以上所指明各書籍地圖等件，不准照樣翻印外，其餘均不得享此版權之利益。又，彼此明言，不論美國人所著何項書籍地圖，可聽華人任便自行翻譯華文，刊印售賣。

凡美國人民或中國人民為書籍報紙等件之主筆或業主，或發售之人，如該件有礙中國治安者，不得以此款邀免，應按各律例懲辦。

第十二款，中國政府既於1898年將船艘可以行駛之內港，開為特行註冊之一切華洋輪船行駛貿易，以便載運搭客及合例貨物，美國人民、行鋪、公司均可經營此項貿易，其所享利益，應與給予他國人民者相同。嗣後無論何時，或中國或美國，如欲將當時內港行輪各章程再行修改，視為有益之舉，應由中國查看所擬修改之處，果為貿易所必需且於中國有利，則由中國政府應允和平採酌辦理。

中國政府應允俟此約批准互換後，將盛京省之奉天府，又盛京省之安東縣二處地方，由中國自行開埠通商。此二處通商場訂定外國人公共居住合宜地界並一切章程，將來由中美兩國政府會同商定。

第十三款，中國允願設法立定國家一律之國幣，即以此定為合例

之國幣。將來中美兩國人民，應在中國境內，遵用以完納各項稅課及付一切用款。惟彼此商明，凡納關稅仍以關平核計爲準。

第十四款，耶穌天主兩等基督教，宗旨原爲勸人行善，凡欲人施諸己者，亦必如是施於人。所有安分習教傳教人等，均不得因奉教致受欺侮凌虐。凡有遵照教規，無論華美人民，安分守教傳教者，毋得因此稍被騷擾。華民自願奉基督教，毫無限止。惟入教與未入教之華民，均係中國子民，自應一體遵守中國律例，敬重長官和衷相處；凡入教者，於未入教以前或入教後，如有犯法，不得因身已如教，遂免追究；凡華民應納各項例定捐款，入教者亦不得免納，惟抽捐爲酬神賽會等舉起見，而與基督教相違背者，不得向入教之民抽取。

教士應不得干預中國官員治理華民之權。中國官員亦不得歧視入教、不入教者，須照律秉公辦理，使兩等人民相安度日。美國教會准在中國各處租賃及永租房屋地基作爲教會公產，以備傳教之用。俟地方官查明地契，妥當蓋印後，該教士方能自行建造合宜房屋，以行善事。

第十五款，中國政府深欲整頓本國律例，以期與各西國律例改同一律。美國允願盡力協助，以成此舉。一俟查悉中國律例情形及其審斷辦法，並一切相關事宜皆臻妥善，美國即允棄其治外法權。

第十六款，美國茲允中國禁止莫啡鴉（嗎啡）及刺入肌膚莫啡鴉之各針進口。除爲醫治所必需者，於進口時照則納稅，應遵中國爲防有不因醫治使用起見所自定專章辦理，不在此禁例。此外無論由何國何地運來者，均應一律禁止，毫無歧視。中國亦允禁止國內之鋪戶製煉莫啡鴉或製造此項之針，以杜隱患。

第十七款，中美兩國彼此訂明，兩國所立各約章，如於1900年1月1日尚行者，現仍施行，至其爲現立之約或中美兩國別立之約所更改

者，不在此列。現訂之條約，須施行十年。換約之日起，直行至下文所載續修改定之日爲止。兩國又訂明或中國或美國在十年限期未滿之前，均可請將現約所載續修改定之日爲止。兩國又訂明或中國或美國在十年限期未滿以前，均可請將現約所載之稅則，及各款修改。倘十年期滿之前，尚未照請修改，則由該十年限期已滿之日起算，續行十年，以後均照此限辦理。

現訂之條約及附件三件，其漢英文均經詳細校對，惟嗣後如有文詞辯論之處，應以英文作爲正義。

本約及附件三件畫押後，須按照中美兩國之制度，恭候御筆批准，在於美京華盛頓城，一年限內會晤互換，以昭信守。本約立定，由兩國特派大臣在中國江蘇省之上海，將本約漢英文各二份畫押蓋印。

光緒29年8月18日

1903年10月8日

（大美國欽差修定商約事宜駐紮中國便宜行事全權大臣）康格（押）

（欽差修定商約事宜駐滬總領事）古納（押）

（欽差修定商約事宜滬商董）希孟（押）

（大清國欽差辦理商約事務大臣工部尙書）呂海寰（押）

（欽差辦理商約事務大臣太子少保前工部左侍郎）盛宣懷（押）

附件一

現因按照條約，美國人民業已不准作鴉片之貿易，是以本約未提徵抽鴉片稅捐之事。又因鹽斤係中國政府專辦之事，是以本約亦未提徵抽鹽斤稅捐之事。但彼此屢次辯論熟商訂明，在內地徵抽鴉片鹽斤稅捐之事，及保全稅捐防範走漏之法，均任由中國政府自行辦理。但

不得與本約第四款所載別項事物轉運時，不得阻滯各節有所干礙。

康格（押）

古納（押）

希孟（押）

中國全權代表 呂海寰（押）

盛宣懷（押）

附件二

中美兩國茲所修改通商條約第四款內，載明所留通商口岸之常關應由中國政府設立分關，以保中國各該處之稅餉，至其與總關相距合情理之遠近分口，必須各該口岸之新關華洋官員，以為徵收該口岸進出貿易貨稅所必需，方可設立。所有此項分口及總關，須照1901年和約所載辦法，由新關管理。

康格（押）

古納（押）

希孟（押）

中國全權代表呂海寰（押）

盛宣懷（押）

附件三

本約第五款所載進口貨之稅則，為本約之附表，現彼此聲明此附表即指中美所派大臣議定之稅則，係照1901年9月7日和議大綱，已於1902年9月6日美國大臣中國大臣在上海所簽押者。

古納（押）

康格（押）

希孟(押)

中國全權代表呂海寰(押)

盛宣懷(押)

3-1：中美合辦煤油礦合同

資料來源：中央研究院近代史研究所藏，《外交部檔》，03-03-3-4-1。國
務院公函，1914年3月6日。合同英文版，見：Reinsch to the
Secretary of State, Feb. 16, 1914, NA, 893.6363/1.

茲因中國陝西省內延長縣及他處有石油出產，又因該石油之性質
區域及所值若何未盡明曉，又因美孚於石油事業最有經驗且具有能
力，凡採取製煉以便銷售等事，均較他公司獨為優勝，是以雙方訂立
條款如左：

第一條：美孚允派極得力之專門家一人或數人立即前往陝西省延
安府延長縣直隸省承德府及兩處附連地方油場所詳細探查。中國政府
允派應用護導翻譯及足敷保衛之軍隊。所有費用由中國政府及美孚分
任。

第二條：一俟探查完竣或在探查期間，如按專門家之意見，其報
告足證明延安府延長縣或承德府油場雙方可獲利，中國股束及美國股
東即行組織一中美合資公司，此公司在美國領照，並在中國註冊，於
探查完竣後六個月內從事開採。

第三條：公司股本美國占百分之五十五，中國占百分之四十五，
此百分之四十五內有三十七分半，係由公司贈與作為取得中國政府所
給特權之代價，其餘七分半由中國政府於公司成立之日起兩年內照原
價購買，如過期不買仍作為美孚之股本。此合同日期內所有中國股

本,不得售與非中國人或爲非中國人所有,將來在第一條所開場所加增資本,應照上列辦法按數分攤。公司完全管理經辦之權授與董事部。以美孚人員及中國人員按照股本多寡平均分配組織之,一俟此合同簽字之後,即由中國政府之代表與美孚之代表會定公司之名稱及其規則章程。

第四條:中國政府應允美孚將陝西省延安府延長縣、直隸省承德府及其附連產油場所全行交與中美合資公司開採製煉及銷售。中國政府應允極力相助並加以保護,並應允無論何項外國人不給以產油場所專利之權,並允如中美合資公司所辦開採之事未得中國政府及美孚滿意,中國政府不將中國境內產油場所給與其他外國人辦理,惟自此合同簽押之日起,不得逾一年之限。

此合同自簽字之日起實行六十年爲滿,在此期內中國政府應允不准其他外國人或外國團體在上開採方出取石油及其副產品。

倘陝西省延安府延長縣、直隸省承德府及其附連油場查明不值開採,應准在直陝兩省內別處地方辦理,仍以專門家所指爲限。

第五條:中國政府應允凡中美合資公司所出石油及其附產物,由產油場所運至水道或用鐵路或用管線,均給予中美合資公司運輸之利便。中美合資公司爲利益起見,得以建築保管使用此種路線,惟先呈請交通部允准。

第六條:中國政府允與各地業主或租戶或在上開地方現開油井之人議定辦法,將所有應用產油場所均歸公司開採,別人不得開採。所有因讓地之一切費用由中國政府商訂並歸公司支給。

所產粗油按一千分之十五分報效中國政府在產油場所交納。

第七條:此合同所開各條款應俟美孚所派之專門家探查報告經美孚認可始能有效。

第八條：如中國政府欲在美國辦理債項，美孚公司應允暗中幫助。

第九條：此合同繕具漢、英文各四分，如有疑義以英文爲準。

4-1：美商裕中公司承造鐵路合同及其附件

資料來源：中央研究院近代史研究所藏，外交部檔案，03-05-067-001-034。

裕中公司台鑒逕啓者接

貴公司五月十七日來函內開關於承造鐵路知各項條件查此項條件前經面議妥洽茲復加審核開列如左

一、中國政府應規定長一千五百英里內之鐵道由裕中公司承造其起止地點如下：

由湖南省衡州府至廣西省南甯。由山西省豐鎮至甘肅省甯夏。
由甘肅省甯夏至甘肅省蘭州府。由廣東省瓊州至廣東省樂會。
由浙江省杭州至浙江省溫州。

二、如右列路線有不能建築之理由，由雙方協商同意亦得取消，惟中國政府須指定他線補入以符額定之一千五百英里爲度。

二、於前項鐵路將行完工時，中國政府得自由選派專門工程師一員，公司亦選派一員。復由選定之二員公推一員組織工程會議，調查本合同一切建築工 程費用較之中國境內他向鐵道是否便宜。會議結果如多數核定此項工程卻較省儉，則中國政府應准公司再造一千五百英里，其起止地點屆時再由雙方規定。一切手續均照本合同辦理即與列入本合同無異作爲本合同之一部分，惟債票息率折扣不得過當時中國鐵路債券通行市面，使中國政府欲於本合同內

規定之鐵道展長路線或建築支路時得委託公司仍照本合同辦理，並得歸入前項推廣一千五百英里之內作算債票息率，折扣不得過當時通行市面。

四、籌辦此項鐵路經費中國政府應照通行之例，發行金幣債票自簽訂合同之日起，每年一百萬元至前項規定鐵路造成為度。此項債款由公司照第五條之規定承辦，亦不得推託如遇債票市價較優之時，中國政府亦得於一年之內多發一百萬元。如以特別事故由雙方商議妥洽得於額外發行債票。惟總數不得逾一千萬元，關於本合同所發行之債票年息均以五釐計算。每批發行債票之交款均照債票上註明之條件辦理，每半年付息一次於發行後五十年內本利還清。債票式樣應由中國政府或中國駐美公使與承照人或其承續人於合同簽訂後從速規定；如日後票樣或因紐約暨他國銀市之需要必須更改，可由承造人或其承續人會商中國駐美公使酌改，惟關於債額總數及中國政府負債之義務兩層不得稍有更動。所有改易之處應由承造人或其承續人呈報中國政府。

此項債票惟用英文印刻交通總長之簽字及交通部之印均摹刻於上，以免逐張簽印之繁，但中國駐美公使英於債票未發行之先逐張蓋印，並將簽字摹印票上，藉示此項債票係由中國政府允准擔任。

此項債票每張須編列串號數由承造人或其承續人監督印刻中國駐美公使蓋印後，再由承造人或其承續人附加簽名。

此項債票倘有遺失或經焚毀則其遺失或焚毀之債票須照數補發，惟須有遺失或焚毀之正當證據照通用格式交與承造人或其承續人及中國駐美公使以便察核存案，承造人或其承續人並須得索補債票人之必需之擔保。由索補債票人償還關於補發債票等一切費用

並擔保賠償中國政府及或承造人或其承續人所有因補發債票而受之損失。

每次發行債票自發行後第二十六年起分期償本，每年償還票面金額百分之四至還清爲止一切手續，均照普通抽籤並於票面註明。

五、前項債券由公司照紐約證券交易所中國鐵路股票之市價發行並照票面金額扣取百分之五作爲發售此項債票之費用，如分給各行經紀費、分售費、分售經用電報告白、郵票、刊印招帖債票各費、印花稅、律師酬勞等及其餘一切用項均在其內。

六、一切關於工程之事由測勘路線建築軌道，以至購買機械材料等均由公司主任於代購機械材料用款項下提扣百分之五(惟購地產不在此例)作爲本公司酬勞。自合同實行起至債票還清之日爲止。

本合同債款專備勘路建築鳩工庀材及工程人員一切開支，不得移作他用債款費用儲存雙方指定之銀行。

機械材料品質價格相等時，應盡美國所有購買，惟若此項材料爲中國之所產品質價格，俱與他國相等則先盡華貨購買。

凡關於本合同所需之地畝由交通部購置其款項由借款內支出。

七、中國政府應於第一次發行債票時，與公司妥立契約。將本合同內開列之各項鐵路全數產業若路軌機械材料房產等，作爲本債款之抵押品，由雙方推定公正人任信託之責。

於前項擔保契約未經成立以前照美國律例本合同亦有擔保之效力，以後爲增益市面信用起見，應行重立擔保契約公司，得隨時通知中國交通總長協議辦法，一切費用由公司擔任。

八、中國政府應選派督辦一人爲行政長官。部下分設三科，一工程科由總工程司主任，一業務科由業務經理主任，一綜核科由總稽核員主任，三科主任均以饒有經驗及品學俱優者。由公司爲之保證

介紹於督辦，如督辦認可即分別委任，如督辦否認此項荐員得通知工司重行介紹。如督辦以為前項主任有不稱職者，得與公司商議，將該主任辭退。如公司一面於介紹之員任職以後，復得他員經驗學識優於前所介紹者，亦得呈請督辦更易。公司須於每月二十五或二十五以前將下月所需用之概算呈由督辦核准即以支票交付公司。

定料單須呈督辦核閱並批准。

承造人轉包之合同須呈督辦核准。

凡兩萬五千元以上之支票須由督辦簽字。

凡關於工程上所需之臨時特別費須呈督辦核准。

記賬辦法須照交通部規定則例辦理。

九、各員薪金多寡由交通部長官與公司協議定奪。

十、一切收支賬項須詳細登記，兩方面均得臨時派人查核。

十一、本公司正式議決之後六個月以內，應發行債票及實行組織手續，惟有特別事故時不在此例。

十二、關於購買工程用地及建築等事中國政府應盡力襄助保護。

十三、一切建築計畫及材料估算應先呈明交通部核准然後實施。

中國政府得隨時派員查視各項工程鐵路造成之後應由公司通知交通部派員查驗工程是否合格。

十四、本合同繕寫華洋文各三份。一份存交通部，一份存外交部，一份交公司收執，如有疑義之處以英文為準。

十五、本合同所規定各項權利義務兩方面，均有轉讓遞傳之權，各項條件繼續有效惟公司繼續之人須屬美籍。

十六、右列各條件彼此皆有遵守之義務。

十七、本合同成立以後如有應行加詳或申明之點，可有雙方會商同意

　　添入本合同內。

　　本合同於中華民國五年五月十七日即西曆一千九百十六年五月十七日由交通總會代表中華民國政府簽字。

　　中華民國政府代表交通總長　　　　曹汝霖

　　裕中公司台鑒逕啓者接

　　貴公司五月十七日來函內開添訂公司酬勞條件，並申明此項條件與正合同有連帶關係應同時核准等因茲以一一核准謹以奉聞並附錄原文諸維亮察

　　　　　　　　　　交通總長曹　中華民國五年五月十七日

　　公司於代辦鐵路材料用款項下得提扣百分之五(購地之費不在此例)。此外關於他項工程用款公司應得提扣百分之八每半年結算清付至每段工程完竣截止，鐵路開始營業之後，所有收入項下除應付一切開支及債款每期應還本利外，所餘淨利應以百分之二十五按年提交公司作爲酬勞紅利至債款全數清償爲止。

　　鐵路淨利項下每年應提百分之五作爲預備金，如以歷年所積彼此認爲過多應行分用時以百分之二十五提交公司。

　　本合同內所規定之職員薪水項下公司不得提扣佣金。

　　附件

此附件作爲關於承造鐵路交通總長代表中國政府與裕中公司代表本日所訂立合同之一部分，即與列入該合同無異，其所載各條如左：

一、建築時期內所有規定各路線動用之資本應付利息時，均由債款項
　　下支付。

二、建築時期內由債款項下支付之利息及無論何時支付之利息，公司

均不提扣佣。

三、凡為購地所用之款項，公司概不提扣佣。

四、凡所購料件不在中國交貨者，其所需驗料費及各種零星小費均歸公司擔任。

五、中國遇有戰事時，合同內規定之各路線所有全體職員均須遵守戒嚴命令，且各該路線所運軍隊及一切軍需品概收半價。

六、無論在戰事時及平時中國政府所運軍隊概收半價。

中華民國五年五月十七日

西曆一千九百十六年五月十七日

交通總長 署名蓋章 曹汝霖

裕中公司 代表簽字 W.F. Carey

4-2　美商裕中公司承造鐵路合同之增訂加詳及申明附件

資料來源：裕中公司增訂合同，中央研究院近代史研究所藏，外交部檔案，03-05-067-001-034。

中華民國政府代表交通總長與裕中公司代表卡利(一作嘉理)依據本年五月十七日簽訂之鐵路合同第十七條之規定，雙方會商同意後訂定附件如左。

一、合同第一款規定修築鐵路一千五百英里應行修改凡合同條文內有稱一千五百英里之處均改為一千一百英里。

二、一九一六年五月十七日送呈中國交通總長之合同附件第二條內及該合同或其附件內其他條款，凡有規定以該路營業所得淨利百分之二十五作為經手債票之酬費者，均改為百分之二十。

三、合同第四款第一段應修改如左。

一俟中國政府與裕中公司或其委託人決定應先行修築某路，其建築及設備費用即由雙方預為估計，並按照預算用款數目發售金款債票，其發售之權經中國政府准許後，即由裕中公司或其委派人或代理人按照後文之規定代中國政府發售債票，作為此事之經理人，此項債票或全部發售或分批陸續由雙方規定。

凡因雙方議定修築其他各路所需發售之債票，其發售之手續一律照此辦理。其第一批債票以及其他各次債票發售時中國政府與裕中公司或與其委派人或轉託代理人，以中國政府經理人名義，得因必要之情形更行續訂條件或合同以便規定此項債票之性質及發售之手續。其因臨時經濟狀況為發行債票合算起見，對於此項借款有存放轉撥等事亦得續訂條件規定之。

四、合同第五款內應加修改如左。

第四款規定之債票應由裕中公司或其委派人或轉託代理人代中國政府發售作為中華民國政府之經理人。其發售之價目由該經理人與中國政府正式委派之代表妥為訂定。裕中公司應竭力將該債票高價出售。

凡一路之建築及其設備品，業經決定辦理所有按照本合同前文規定建築及設備費之預算數目亦經雙方議定，則該發售債票經理人應與中國政府正式委派之代表商訂發售債票最合宜之時期。如有應咨中國駐美公使辦理之事並由中國政府代表按照咨行。如在所訂之時期內不能按照本合同所規定或雙方議定之條件發行債票，則中國政府與該經理人應議定雙方滿意之辦法，發行中國政府五年債券以資暫時墊辦，此項公債票之利息及折扣另行議定，

一俟情形完全良好可以發售中國長期債票時，再有發售此項債票之款內償贖上項債券，該項長期債券發行再由雙方議定另立合

同。

如合同訂立後發行債票尚未發布緣起，設因政治或財政上之變動，致金融市面或中國政府之抵押品價值受其影響，經理人認為不能在訂定之時期實行發售債票則經理人得商明政府展緩。履行合同之公道時期在議定之期限以內不能照本合同前文所定之條件發售債票，則中國政府與該經理人所商訂雙方滿意之暫時墊款辦法，總以力求路工不致停頓為主。

五、合同第八款第一段之後應增添左列一段：

三科主任總工程師一員由政府即行委派，總稽核一員俟必須時再行委派，業務主任一員俟通車必須時再行委派。三科主任之任期至債款還清之日為止，其餘任用各項職員規定薪費及其額數以及委派程序由督辦或局長先與主任商訂一合意辦法，以後彼此依據辦理，惟督辦或局長部分內所須人員有自由任用之權。

六、政府對於此合同發生之各鐵路，於該路債票未還清以前，應照待遇其他國有鐵路之法以公道主旨待遇之。

七、所有此借款之債票息票以及付利還本等事，在借款期內不納中國各項釐稅。

八、交通部所發布之各國有鐵路一切法令規章，本合同內各鐵路應一律遵守。

九、本合同及附件內所發生中國政府及裕中公司應有之權利義務，自本合同及其附件成立之日起至所發售之債票悉數償清為止為有效期限。

十、業經指定某路線雙方同意後即著手測勘。一切必須費用由已交墊款內開支，如測勘完竣一年以內，既不能發行債票又不能按照本附件籌備款項即可廢約，其已墊之款及其利息由政府於廢約之前

償還。

中華民國五年九月二十九日

西曆一千九百十六年九月二十九日

雙方在北京簽字

交通總長許世英

（Signed）William F. Carey

Witness:（Signed）Roy S. Anderson

交通總長

7-1 京漢鐵路營收狀況統計

單位：墨西哥銀元

Year	Assets	Permanent Government Investments	Foreign Loans	Total Capital Liabilities	Accumulated Surplus	Depreciation Reserves
	Mex. $	Mex. $	Mex. $	Mex. $	Mex. $	Mex. $
1915	99,645,357	33,639,906	65,180,057	98,819,964	6,447,868	6,547,909
1916	100,298,991	40,369,381	58,450,582	98,819,964	9,507,458	8,040,017
1917	99,132,800	40,369,381	57,158,563	97,527,944	9,842,274	9,534,160
1918	102,665,956	40,369,381	57,158,563	97,527,944	20,319,062	6,953,650
1919	104,004,942	40,369,381	54,373,952	97,527,944	29,842,797	8,413,465

Year	Operating Revenues	Operating Expenses	Operating Ratio	Net Operating Income	Net Income Debits	Credit Balance for Year.
1915	17,141,096	7,120,174	44.6	10,020,923	3,551,620	6,469,572
1916	20,466,622	7,027,542	34.3	13,439,080	2,688,699	10,770,381
1917	18,780,636	7,009,226	37.4	11,741,410	3,706,148	8,035,263

| 1918 | 23,822,621 | 7,977,854 | 33.5 | 15,844,768 | 2,456,900 | 13,387,868 |
| 1919 | 26,313,681 | 9,060,474 | 34.4 | 17,253,207 | 1,748,754 | 15,504,454 |

資料來源：Department of Commerce, Bureau of Foreign and Domestic Commerce, Washington. Trade Commissioner Frank Rhea, Peking, March 30, 1921. NA, 893.1541/41

8-1 改良廣州市河岸及港口內之委辦證書

資料來源：*James A. Rabbitt Papers*, Box 24. Collected by Hoover Institution Archives, Stanford University.

　　此委辦證係於一千九百二十一年九月十五日及中華民國十年九月十五日，由廣州市政廳經行政委員會會議以多數議決通過，及市長依照職權執行，並經廣東省長兼總司令（以上各官廳下文略稱爲市政廳）核准，發給與羅拔工務洋行（下文略稱爲工程師等）遵照辦理。此事係因工程師等曾將改良本城河岸及廣州市港口內之圖形策畫及預算，附載於民國十年五月三十一日名爲提議改良廣州市河岸及港口內之報告書（此項工程下文略稱爲計畫），呈請廣東省長兼總司令查核，又因廣東省長兼總司令曾將上開之報告書及內載各事款詳細參考，覺其中之圖形策畫及預算普通有益於廣東，而於廣州市尤爲得益。經與廣州市市政廳及市行政委員會會同商議，又因上開之各官廳以上開圖形策畫及預算等，均極有益於廣東而廣州市尤爲得益，一致贊同，茲市政廳特此將此委辦證書發給與工程師等遵照以下開各章程及事款妥爲辦理。

第一款　下開之計畫及按照上開民國十年五月三十一日報告書所繪列現市政廳將辦理該計畫所需之一切權利，以成本之價每百加十爲本位，由此授與工程師等或其委派之各員。

(一)在海珠建築一橋通過省河

(二)興建本城河岸

　　甲　填築及擴展省垣河邊之長堤，由西濠口至東，長四千英尺。
　　　　並建築碼頭四座，每座附建一貨倉。

　　乙　填築河南之河岸及建一長堤。另建築碼頭六座，每座附建一
　　　　貨倉。

　　丙　關於上開甲乙兩項之工程，須沿填築之線開濬河底，勻計深
　　　　一十六英尺，並將河底遇有各石焚炸至上開之深度。

(三)興築河南灣點

　　甲　填築河南河岸，由紅砲台起至河南灣點(即河南之洲頭嘴)，
　　　　又由河南灣點至流入大河之小涌，即與鳥巢石之北相距不遠
　　　　之處。其填築之闊度約三百二十英尺，並在該處建築貨倉，
　　　　其地址面積約三十八萬七千方英尺。

　　乙　開濬上開填築地前之水道一律深二十英尺，由填築地前計，
　　　　闊五百英尺。

(四)建築黃沙方面

　　甲　填築省垣河邊之河岸，由沙面至黃沙，約至二十英尺之水道
　　　　線，並在該處建築貨倉，其地址面積約三十萬方英尺，並設
　　　　備妥善之站尾各種利便，以接連粵漢鐵路各貨倉。

　　乙　建築一橋，由此興建地點連接沙面。

第二款　凡本計畫所需用之一切物料、機器，無論在中國或在外國採
　　　　辦，均由工程師等招商公開投承之，或由工程師等用其他方
　　　　法採辦。但該其他方法須經第七款所載之委員會核准。

第三款　建築上開之工程須受工程董事會之稽查其組合如下：

(一)由市政廳選派合格之中國人工程師一員

(二)由財政代理選派合格之洋工程師一員

(三)由上開兩員會同選擇合格之中國人或外國人工程師一員

第四款　辦理此項計畫需用之各地，由市政廳擔任取得業權或承租，並將該業保管歸入下開借款合約規定之典押章程辦理。此款彙合於本委辦證書，為本委辦證書之一部分。庶使工程師等由本日起，於一年內將此項計畫興工，及由興工之日起於三年內，工竣倘因工人罷工、火災、颶風、內亂或軍事衝突，或工程師等權力所不及之其他事故，則需寬展限期。

第五款　市政廳授權與工程師等，按照下開章程事項籌借必需之款，以應此項計畫之支銷，並派委爹維士有限公司為籌款辦理此項計畫所需發出債票之財政代理該公司有替易及取消之權至關，於建築費用一節，該公司亦有監視之權。

第六款　市政廳擔承簽押以本市政廳名義發出之債票，及肩任因此發生一切債務還款之責，其章程事項如下：

(一)借款之數以美金一千萬元為額。

(二)以改造廣州市港口內借款債票等字為此債票之名稱。

(三)利息每年週息百分之八[2]。

(四)所有此項計包括之各產業及廣州市河岸各長堤碼頭，暨貨倉等之一切收入，作第一次典押以為借款之按保品。

(五)倘上開第四節所載之收入有不敷支付利息及撥存款項備還債票時，市政廳需每年籌撥款項歸入每年預算表中辦理。

2　作者按：比照英文版本"The interest shall be 8 per annum," 應譯為年息百分之八，較不致產生誤解。

(六)此項債票由廣州市長簽名,並由廣東省長兼總司令加簽於內。

(七)此項債票由發行之日起,計以十五年爲期。

(八)發行之期以由發給本委辦證書之日起,計以一年爲限。

(九)發行此項債票所給各費用,照借款百分之二計算。

(十)發行此項債票所給之佣,照借款百分之三計算。

(十一)此項債票發售之價值不得低逾九十五。

(十二)第五年以後,若市政廳經市行政委員會會議多數議決通過,自
　　　願將此項債票贖回,隨時均可照辦,其特別之章程如下:

　　甲　所有各項債票於第十五年之前贖回,市政廳當補給佣費百
　　　　分之五。

　　乙　凡債票擬於未滿期之前贖回,須將號數當眾抽出。但此項
　　　　抽號之佈告,須於期前至少六十天,在省垣及香港華文及
　　　　英文報紙登載。

(十三)凡按照本條將債票還款或贖回之時,須將如此交還或贖回所需
　　　之款項,於佈告還款或宣佈抽號贖之時,交由在中國之美國銀
　　　行存貯。

(十四)按照本條將債票還款或贖回,其匯款至美國之費用由市政廳擔
　　　負。

第七款　凡關於處理所借人款項之一切事務及工程建築事項,暨所有
　　　　交出作此項借款按保品之各產業及其收入,須授權與下開組
　　　　織之委員會管理之:

(一)廣州市長

(二)廣州市工務局長

(三)廣州市財政局長並同時兼任副司庫員

(四)由財政代理委派三人,其中一人爲在中國之一外國銀行之司理人

並同時兼任司庫員

會內各員均送以相當之酬勞費列入於半年報告及清冊之內，此項報告及清冊隨時發佈至債票完全清還時爲止。

市政廳對於副總工程師及副會計長兩缺有自行委任之權。

倘因管理中之問題有發生爭執，則須交由仲裁會判決，其組織如下：

(一)由委員會中之中國會員選出一人

(二)由委員會中之美國會員選出一人

(三)其第三之一員由上開兩員選擇之

第八款　所有關於財政代理及處理借款委員會之一切帳目，須經審核委員股審核，該委員股由下列各員組成之：

(一)由市政廳選派合格之會計員一人

(二)由財政代理選派之外國人會計員一人

(三)由上列兩員會同選派一人

第九款　本條所載之債票於一概清還之時，則項借款按保品之典押亦因而取消，所有各產業及其收入均當退還與市政廳。至其增高之價值工程師等暨財政代理，概不索問。

第十款　本委辦證書內載條文如有爭執或必要解釋時以英文爲準。

前開各條文及事項，均經雙訂合茲於一千九百二十一年九月十五日，即中華民國十年九月十五日互相簽名加印爲據。

廣東省長兼總司令 陳炯明

廣州市市長兼市行政委員會主席 孫科

承辦人

工程師等羅拔工務洋行 James A. Rabbitt

財政代理爹維士有限公司 Albert M. Jacobs

　　該改建廣州市內港計畫經廣州市市政廳奉廣東省省長兼總司令核准於一千九百二十一年九月十五日給予委辦證書，委交紐約羅拔工務洋行承辦，特爲批准

　　中華民國政府　（大總統印）　　　孫文

　　民國十年九月十五日即一千九百二十一年九月十五日

徵引資料

一、中、日文部分

(一)檔案、報紙、公報、雜誌

1.中央研究院近代史研究所藏，外交檔案：總理各國事務衙門

　函號，01-09，郵電

　函號，01-11，礦務

　函號，01-31，禁令緝捕

2.中央研究院近代史研究所藏，外交檔案：外務部(1901-1911)

　函號02-04，礦務

　函號02-09，地方交涉

　函號02-11，租地租界

　函號02-13，通商稅務

3.中央研究院近代史研究所藏，外交檔案：外交部(1912-1926)

　函號，03-02，郵電

　函號，03-03，礦務

　函號，03-05，陸路交通

函號，03-11，各館會晤問答

函號03-16，租地租界

函號03-17，開埠設關

函號03-18，商務

函號03-19，稅務

4.中央研究院近代史研究所藏，實業部檔：商業司，函號128-130。

5.《申報》（同治11年—光緒13年，上海）

6.《東方雜誌》（光緒30年—民國23年，上海）

7.國史館重印，《中華民國海關華洋貿易總冊》，1902-1933，台北：國史館史料處，1982年重印。

8.《盛京時報》（大正三年）

9.《順天時報》（光緒33年—民國5年，北京）

(二)史料彙編

1.《民國時期北京電信事業檔案資料匯編》，南京：全國明清檔案資料目錄中心編，1993。

2.上海社會科學院經濟所編，《英美煙公司在華企業資料匯編》，1-4輯，北京：中華書局，1983年。

3.中央研究院近代史研究所編，《中美關係史料》，光緒朝一至五。

4.中央研究院近代史研究所編，《中美關係史料》，同治朝。

5.中央研究院近代史研究所編，《中美關係史料》，嘉慶、道光、咸豐。

6.中央研究院近代史研究所編，《礦務檔》，同治四年至宣統三年（1865-1911），1960年。

7.日本外務省編，《日本外交文書》，大正三年，東京：日本外務

省，昭和40年，1965年8月發行。

8. 交通部交通史編纂委員會編，《交通史電政編》，第3冊，交通部交通史編纂委員會：1931，台北：中央研究院近代史研究所藏。

9. 宓汝成編，《中國民國鐵路史資料，1912-1949》，北京；社會科學文獻出版社，2002。

10. 南京中國第二歷史檔案館、中國海關密檔——赫德、金登干函電匯編，1-5輯，北京：中華書局，1994。

11. 南京中國第二歷史檔案館、財政科學研究所編，《民國外債檔案資料》，1-12卷，南京：檔案出版社，1991。

12. 南京中國第二歷史檔案館編，《中華民國史檔案資料匯編》，第1-4輯，南京：古籍出版社，1986。

13. 孫學雷，劉家平主編，《民國孤本外交檔案》，北京：全國圖書館文獻縮微複製中心，2003。第23冊，《京漢路局建築黃河鐵橋案》。第26冊，《中美合辦無線電台案》。

14. 程道德等編，《中華民國外交資料選編》，第1-4卷，北京：北京大學出版社，1988。

15. 廣西師範大學出版社編印，《中美往來照會集，1846-1931》，2006。亦即美國國家檔案館1996年出版之 *Selected Records of the U.S. Legation in China, 1849-1931.* 編號1898，共20份微捲之影本。

(三)論著

1. 入江昭(Iriye, Akira)、孔華潤(Cohen, Warren I.)編，《巨大的轉變：美國與東亞(1931-1949)》，收入汪熙主編，中美關係研究叢書第7，上海：復旦大學出版社，1987。

2. 于能模編，《中外條約彙編》，上海：商務印書館，1936。

3. 中井英基，《張謇》，日本札幌市：北海道大學圖書刊行會，1996。

4. 中國社會科學院近代史研究所翻譯室，《近代來華外國人名辭典》，北京：中國社會科學出版社，1978。

5. 中國第一歷史檔案館、福建師範大學歷史系合編，《清季中外使領年表》，北京：中華書局，1997，2刷。

6. 天津社會科學院歷史研究所編譯，《1901年美國對華外交檔案》，濟南：齊魯出版社，1983。

7. 王建朗，《中國廢除不平等條約的歷程》，南昌：江西人民出版社，2000。

8. 王爾敏，《晚清商約外交》，香港：中文大學出版社，1998。

9. 王爾敏、陳善偉合編，《清末議訂中外商約交涉》，香港：香港中文大學出版社，1993。

10. 世界知識出版社編譯，《中美關係資料彙編》，北京：世界知識出版社，1957。

11. 外交部編，《中外條約彙編》，台北：文海出版社，1964。

12. 左旭初，《中國近代商標簡史》，上海：學林出版社，2003。

13. 申力生主編，《中國石油工業發展》，第2卷《近代石油工業》，北京：石油工業出版社，1984年1月。

14. 田濤主編，《清朝條約全集》，第一、二、三輯，哈爾濱：黑龍江人民出版社，1999。

15. 全漢昇，《漢冶萍公司史略》，香港：中文大學出版社，1972。

16. 何漢威，《京漢鐵路初期史略》，香港：中文大學出版社，1979。

17. 吳心伯，《金元外交與列強在中國，1909-1913》，上海：復旦大學出版社，1997。

18. 吳孟雪，《美國在華領事裁判權百年史》，北京：社會科學文獻出版社，1992。

19. 吳翎君，《美孚石油公司在中國，1870-1933》，台北：稻鄉出版社，2001。

20. 吳翎君，《美國與中國政治(1917-1928)──以南北分裂政局爲中心的探討》，收入張玉法主編《中國現代史叢書》(8)，台北：東大圖書公司，1996年。

21. 李育民，《中國廢約史》，北京：中華書局，2005。

22. 李育民，《近代中國的條約制度》，長沙：湖南人民出版社，2010年2月。

23. 李定一，《中美早期外交史》，台北：傳記文學出版社，1978年。

24. 李恩涵，《北伐前後的「革命外交」》，台北：中央研究院近代史研究所，1993。

25. 汪敬虞編，《中國近代工業史資料》，第2輯，北京：科學出版社，1957。

26. 李鴻章(清)，《李文忠公全集‧奏稿》，卷43，台北：文海出版社，1962。

27. 宓汝成，《帝國主義與中國鐵路，1847-1949》，上海：上海人民出版社，1980。

28. 芮恩施(Paul S. Reinsch)著，李抱宏、盛震溯譯，《一個美國外交官使華記》，北京：商務印書館，1982。

29. 威羅貝(Westel W. Willoughby)原著，王紹坊譯，《外人在華特權和利益》(Foreign Rights and Interests in China)，北京：三聯書店，1957。

30. 胡光麃，《波逐六十年》，台北：新聞天地社，1976。

31. 胡光麃，《影響中國現代化的一百洋客》，台北：傳記文學出版社，1983。

32. 唐啓華，《被「廢除不平等條約」遮蔽的北洋修約史(1912-1928)》，北京：社會科學文獻出版社，2010。

33. 孫毓棠編，《中國近代工業史資料》，第1輯，北京：科學出版社，1957。

34. 海關總署研究室編譯，《辛丑和約訂立以後的商約談判》，北京：中華書局，1994。

35. 秦孝儀、李雲漢增訂，《國父年譜》，增訂本，台北：國民黨黨史會，1984。

36. 秦孝儀主編，《國父全集》，第一冊，台北：近代中國出版社，1989 年11月。

37. 張玉法，《近代中國工業發展史》，台北：桂冠圖書公司，1992。

38. 張忠民，《艱難的變遷──近代中國公司制度研究》，上海：社會科學院出版社，2002。

39. 張武存《中美工約風潮》，台北：中央研究院近代史研究所，1966。

40. 張瑞德，《平漢鐵路與華北的經濟發展，1905-1937》，台北：中央研究院近代史研究所專刊，1987。

41. 張瑞德，《近代鐵路事業管理的研究──政治層面的分析，1876-1937》，台北：中央研究院近代史研究所專刊，1991。

42. 應俊豪，《砲艦與外交的迷思──1920年代前期長江上游航行安全問題列強的因應之道》，台北：臺灣學生書局，2010。

43. 應俊豪，《丘八爺與洋大人──國門內的北洋外交研究，1920-1925》，台北：國立政治大學歷史系，2009。

44.曹均偉，《近代中國利用外資》，上海：上海社會科學院，1991。

45.郭衛東，《不平等條約與近代中國》，北京：高等教育出版社，1993。

46.郭衛東，《轉折——以早期中英關係和南京條約為考察中心》，北京：河北人民出版社，2003年8月。

47.郭衛東主編，《近代外國在華文化機構綜錄》，上海：上海人民出版社，1993。

48.陳有清，《張謇》，南京市：江蘇古籍出版社，1988。

49.陳眞、姚洛合編，《中國近代工業史資料》，第1輯，民族資本創辦和經營的工業，北京：三聯書店，1957。

50.陳眞、逢先知合編，《中國近代工業史資料》，第2輯，帝國主義對中國工礦事業的侵奪和壟斷，北京：三聯書店，1958。

51.陳慈玉，《近代中國的機械繅絲工業(1860~1945)》，台北：中央研究院近代史研究所，1989。

52.費維愷(Albert Feuerwerker)著，虞和平譯，《中國早期工業化》，北京：中國社會科學出版社，1990。

53.郵電史編輯室編，《中國近代郵電史》，人民郵電出版社，1984。

54.黃文德，《非政府組織與國際合作在中國：華洋義賑會之研究》，台北：秀威出版社，2004。

55.黃剛，《中美使領關係建制史，1786-1994》，台北：臺灣商務印書館，1995。

56.黃嘉謨，《美國與台灣》，台北：中央研究院近代史研究所，1979，2版。專刊第14。

57.楊端六、侯厚培等，《六十五年來中國國際貿易統計》，國立中央研究院社會科學研究所專刊，第4號，出版地不詳，1931。

58.葉恭綽，〈整理交通外債計畫書〉，《遐庵彙稿》，上海：上海書店，1990。

59.葉遐庵口述，俞誠之筆錄，《太平洋會議前後中國外交內幕及其與梁士詒之關係》，收入：《近代中國史料叢刊續輯》，第19輯，（台北：文海出版社，1974），頁24-33。

60.虞和平，《商會與中國早期現代化》，上海人民出版社，1993。

61.遐菴年譜匯稿編印會編，《葉遐菴先生年譜》，出版地不詳，1946。

62.雷麥(Remer, Charles Frederick)，蔣學楷、趙康節譯述，《外人在華投資論》(Foreign Investment in China)，上海：商務印書館，1937。

63.鳳岡及門弟子編，《民國梁燕孫先生士詒年譜》，台灣商務印書館，1978。

64.閻廣耀、方生(選譯)，《美國對華政策文件選編——從鴉片戰爭到第一次世界大戰，1842-1918》，北京：人民出版社，1990。

65.濱下武志，《近代中國的國際契機——朝貢貿易體系與近代中國亞洲經濟圈》，北京：中國社會科學出版社，1999。

66.濱下武志，《中國近代經濟史研究：清末海關財政與通商口岸市場圈》，南京：江蘇人民出版社，2006。

67.謝輝，林芳，《陳琪與近代中國博覽會事業》北京：國家圖書館出版社，2009。

68.羅志平，《清末民初美國在華的企業投資，1818-1937》，台北：國史館，1996。

69.嚴中平，《中國近代經濟史統計資料選輯》，北京：科學出版社，1955。

70.顧雲深、石源華、金光耀等著，《鑑往知來——百年來中美經濟關係的回顧與前瞻》，收入汪熙主編，《中美關係研究叢書19》，上海：復旦大學，1999年。

71.顧維鈞口述，《顧維鈞回憶錄》，第1冊，北京：中華書局，1983。

(四)論文

1.梁碧瑩，〈民初中國實業界赴美的一次經濟活動——中國與巴拿馬太平洋萬國博覽會〉，收入顧雲深、石源華、金光耀主編，《鑑往知來：百年來中美經濟關係的回顧與前瞻》，上海：復旦大學出版社，1999，頁323-344。

2.王洸，〈外人在華航業實況與收回航權問題〉，《外交評論》，南京：外交評論社，1934年4月，頁72-73。

3.王立新，〈中美關於粵漢路權交涉與中國民族主義運動的興起〉，收入顧雲深、石源華、金光耀主編，《鑑往知來——百年來中美經濟關係的回顧與前瞻》，上海：復旦大學出版社，1999，頁233-252。

4.李達嘉，〈左右之間：容共改組後的國民黨與廣東商人，1924-1925〉，《中央研究院近代史研究所集刊》，第71期，2011年3月，頁1-50。

5.吳承洛，〈三十年來中國之工程師學會〉，收入周開慶主編，《三十年來之中國工程》，下冊，台北：華文書局，1969，頁9-13。

6.吳翎君，〈清末中美商約之簽訂——中國市場、條約利益與現代化意義的考察〉，收入，《走向近代》，台北：東華書局，2005年1月。

7.吳翎君，〈珍珠港事件前美國企業在華北的投資活動——以大來和英美煙公司爲例，1939-1941〉，《國立政治大學歷史學報》，34期，2010年11月，頁85-114。

8.吳翎君，〈民初美國企業對黃河鐵橋和南方大港的投資——企業、政府與外交關係的考察〉，《臺大歷史學報》，47期，2011年6月，頁61-106。

9.吳翎君，〈1923年北京政府廢除《中日民四條約》之法理訴求〉，《新史學》，19卷第3期，2008年09月，頁151-186。

10.吳翎君，〈從徐國琦新著Strangers on the Western Front: Chinese Workers in the Great War談國際史的研究方法〉，《新史學》，22卷第4期，2011年12月，頁183-215。

11.吳翎君，〈1946年中美商約的歷史意義〉，《國立政治大學歷史學報》，第21期，2004年5月，頁41-66。

12.吳翎君，〈民初中美合辦無線電合同之交涉——企業、政府與外交關係的考察〉，收入金光耀、王建朗等主編，《北洋時期的中國外交》，上海：復旦大學出版社，2006年8月，頁459-489。

13.吳翎君，〈民初美國廣益公司與裕中公司對中國公共工程的投資參與——企業、政府與外交關係的考察〉，收入王建朗、欒景河主編，《近代中國：政治與外交》，北京：社會科學文獻社，2010年8月。

14.吳翎君，〈清末民初中美版權之爭〉，「中國與周邊國家的關係」國際學術研討會，台北：中央研究院近代史研究所，2011年11月24-25日。

15.吳機鵬，〈「約開」還是「自開」？——1903年中美商約關於開放口岸問題〉，收入顧雲深、石源華、金光耀等著，《鑑往知來——

百年來中美經濟關係的回顧與前瞻》，上海：復旦大學，1999，頁253-263。

16.呂芳上，〈廣東革命政府的關餘交涉，1918-1924〉，中華民國歷史與文化討論集編輯委員會編印，《中華民國歷史與文化討論集》，台北：1984年5月，頁253-279。

17.李恩涵，〈中美收回粵漢路權交涉〉，《中央研究院近史所集刊》，期1，1969，頁149-215

18.汪熙、吳心伯，〈司戴德與美國對華金元外交〉（上、下），《復旦學報》（社會科學版），上海：1990：6；1991：1，頁90-97，頁80-85。

19.柯偉林(Kirby, William C.)著，程麟蓀譯〈國民政府時期的中外合資企業、技術轉讓與技術組織，1928-1949〉，《中國近代經濟史研究資料》，第9輯，頁122-142。

20.孫科，〈廣州市政憶述〉，《革命人物誌》第13輯，台北：中國國民黨中央委員會黨史委員會，1983年再版。

21.崔志海，〈試論1903年中美《通商行船續訂條約》〉，《近代史研究》，2001年第5期，頁144-176。

22.張力，〈陝甘地區的石油工業，1903-1949〉，收入中央研究院近代史研究所編，《中國近代化論文集》，台北：中央研究院近代史研究所，1991年3月，頁477-505。

23.張建俅，〈清末自開商埠之研究，1898-1911〉，台北：臺灣師範大學歷史研究所碩士論文，1991。

24.張寧，〈跨國公司與中國民族資本企業的互動：以兩次世界大戰之間在華冷凍蛋品工業的發展為例〉，《近代史研究所集刊》，37(2002：6)，頁187-227。

25.郭衛東，〈近代中國利權喪失的另一種因由〉，《近代史研究》，
　　1997年第2期。

26.貴志俊彥，〈通信特許と國際關係——在華無線權益をめぐる多國
　　間紛爭〉，收入貴志俊彥、谷垣眞理、深町英夫編，《摸索する近
　　代日中關係》，東京：東京大學出版社，2009。

27.楊天宏，〈清季首批自開商埠考〉，《歷史研究》，1998年第2
　　期，頁149-154。

28.廖敏淑，〈互市から見た清朝の通商秩序〉，日本北海道大學大學
　　院法學研究科博士論文，2006。

29.廖敏淑，〈清代對外通商制度〉，收入王建朗、欒景河主編，《近
　　代中國、東亞與世界》，北京：社會科學文獻出版社， 2008年7
　　月。

30.劉廣京，〈中英輪船航運競爭，1872-1885〉，《經世思想與新興
　　企業》，台北：聯經出版公司，1990，頁525-565。

二、英文部分

（一）、檔案、年鑑、雜誌、報紙

1.*Chinese Year Book*, London and Tientsin, 1921-1931, 中國年鑑。

2.*First Annual Report of the Proceedings of the Executive Committee of American Chamber of Commerce for the Year Ending, Aug. 18, 1916.* 台北：成文出版社印行，1971。

3.*Second Annual Report of the Proceedings of the Executive Committee of American Chamber of Commerce for the Year Ending, April, 1918.*

4.*James A. Rabbitt Papers*, Box 24. Box32-35. Box60, Hoover Institution Archives. Stanford University, U.S.A.

5.*Journal of the American Asiatic Association, 1898-1921*, Harvard University, U.S.A.

6.*Jules Davids ed. American Diplomatic and Public Papers--the United States and China.* Series I : *The Treaty System and the Taiping Rebellion, 1842-1860* . Wilmington, Del.: Scholarly Resources Inc., 1973. Series II: *The United States, China, and Imperial Rivalries, 1861-1893*. Wilmington, Del.: Scholarly Resources Inc., 1979. Series III: *The Sino-Japanese War to the Russo-Japanese War, 1894-1905*. Wilmington, Del.: Scholarly Resources Inc., 1981.

7.*Millard's Review of the Far East Weekly*, 1921-23.

8.*New York Times, 1912-1921.*

9.*Peking & Tiensin Times*, 1914, 1921-23.

10.*Peking Daily News*, 1914.

11.*Peking Leader*, 1921.

12.*Shanghai General Chamber of Commerce, Annual Meeting and Report, 1876-1879*, 上海市檔案館藏. W1-OA-359, 1880-82, W1-OA-360.

13.*Warren Robinson Austin Papers*, China files, University of Vermont, Burlington, U.S.A.

14.*The Weekly Review of Far East*, 1923.

15.U.S. Department of States, *Regulations Prescribed for Use of the Consular Service of the United States*, Washington, 1896.

16.United States National Archives(Microfilms), Washington, D.C.

——. RG59, *Despatches from United States Consuls in Canton, China,*

1790-1906.

——. RG59, *Despatches from United States Consuls in Shanghai, China, 1847-1906.*

17.United States National Archives(Microfilms), Washington, D.C. *Records of Department of State Relating to Internal Affairs of China, 1910-1929.* 台北:中央研究院近代史研究所藏。

18.United States Government Printing Office. *Papers Relating to the Foreign Relations of the United States, 1861-1928.* (*FRUS*)Washington, D.C.: Government Printing Office.

19.United States. Commission on International Exchange, *Stability of International Exchange: Report on the Introduction of the gold-exchange Standard into China and other Silver-using Countries.* Submitted to the Secretary of State, October 1, 1903, by the Commission on International Exchange. Hugh H. Hanna, Charles A. Conant, Jeremial W. Jenks, Commissioners. Washington : Govt. Print. Off., 1903. 台北:中央研究院近代史研究所藏。

20.廣西師範大學出版社編印,《美國駐中國廣州領事館領事報告, 1790-1906》(英文原件影本),25輯,2007年出版。此一文件亦即 United States National Archives. RG59, *Despatches from United States Consuls in Canton, China, 1790-1906*(Microfilms).

(二)一般論著

1.Alfred.Chandler Jr., D. *Inventing the Electronic Century.* New York: the Free Press, 2001.

2.Anderson, David. *Imperialism and Idealism, American Diplomats in*

China, 1861-1898. Bloomington: Indiana University Press, 1985.

3.Anderson, Irvine H. *The Standard-Vacuum Oil Company and United tates East Asian Policy, 1933-1941.* New Jersey: Princeton University Press, 1975.

4.Christopher, Bo Bramsen. *Open Doors, Vilhelm Meyer and the Establishment of General Electric in China,* Richmond. Surrey: Curzon Press, 2001.

5.Curry, Roy W. *Woodrow Wilson and Far Eastern Policy, 1913-1921.* New York: Bookman Associates, 1957.

6.Cochran, Sherman & Strand, David ed. *Cities in Motion: Interior, Coast and Diaspora in Transnational China.* Berkeley: University of California Institute of East Asian Studies, 2007.

7.Cochran, Sherman. *Big Business in China, Sino-foreign Rivalry in the Cigarette Industry, 1890-1930.* Cambridge, Mass.: Harvard University Press, 1980.

8.Cochran, Sherman. *Chinese Medicine Men: Consumer Culture in China and Southeast Asia,* Cambridge, Mass.: Harvard University Press, 2006.

9.Cochran, Sherman. *Encountering Chinese Networks: Western, Japanese and Chinese Corporations in China, 1880-1937.* University of California Press, 2000.

10.Cohen, I. *Warren. American's Response to China--A History of Sino-American Relations.* New York: Columbia University Press, 1990.

11.Cohen, I. Warren. *Roger S. Greene, Thomas W. Lamont, George E. Sokolsky, and American-East Asian Relations.* New York: Columbia University Press, 1978.

12.Cooper, John Milton Jr. *Warrior and the Priest, Woodrow Wilson and Theodore Roosevelt.* The Belknap Press of Harvard University, Cambridge: Mass. & London,1983.

13.Cooper, John Milton Jr. *Reconsidering Woodrow Wilson: Progressivism, Internationalism, War, and Peace.* Woodrow Wilson Center Press, 2008.

14.Cosgrove, Fukuda Julia. *United Foreign Economic Policy toward China, 1943-1946: From the End of Extraterritoriality to the Sino-American Commercial Treaty of 1946.* New York & London: Garland Publishing Inc., 1987.

15.Croly, Herbert David. *Willard Straight*, New York, Macmillan Company, 1924.

16.*Dennett, Tyler. Americans in Eastern Asia*, A Critical Study of the Policy of the United States with Reference to China, Japan and Korea in 19th Century. New York: Branes & Noble, 1941.

17.Dollar, Robert. *Memoirs of Robert Dollar.* San Francisco: Privately published for the author by Schwabacher-Frey, 1918.

18.Dollar, Robert. *Private Diary of Robert Dollar on His Recent Visits to China*, Published 1912, Printed by W.S. Van Gott & Co. in San Francisco.本書有重印版(La Vergne, TN USA, 2010)。

19.Eliot, Charles W. *Some Roads towards Peace: a Report to the Trustees of the Endowment on Observations Made in China and Japan in 1912.* Published by the Endowment, Washington D.C., 1914.

20.Fairbank, John King. *Trade and Diplomacy on the China Coast: the Opening of Treaty Ports. 1842-1854.* Stanford: Stanford University

Press, 1953. Harvard University Press, 1964.

21.Feuerwerker, Albert. *Shen Hsuan-Huai and Madarin Enterprise.* Cambridge, Mass.: Harvard University Press, 1958.

22.Graves, Louis. *Willard Straight in Orient: with Illustrations From His Sketch-Books,* New York: Asia Publishing Company, 1922. reprinted form Graves, Louis, "An American in Asia," *Asia,* from 1920 Sep. to 1921 May,

23.Gibb, S. George. and Knowlton, H. Ecelyn. *The Resurgent Years, 1911-1927.* Volume II in *History of Standard Oil Company.* New York: Harper & Brothers, 1956.

24.Hausman, J. William, Hertner, Peter & Wilkins, Mira. *Global Electrification: Multinational Enterprise and International Finance in the History of Light and Power, 1878-2007.* Cambridge University Press, 2008.

25.Hidy, W. Ralph. and Hidy, E. Muriel. *Pioneering in Big Business 1882-1911.* Volume I in *History of Standard Oil Company.* New York: Harper& Brothers, 1955.

26.Hody, Cynthia Ann. *The Politics of Trade: American Political Development and Foreign Economic Policy.* Hanover, N.H. : University Press of New England, 1996.

27.Hu, Shizhang. *Stanley K. Hornbeck and the Open Door Policy, 1919-1937.* Westport, Conn.; London: Greenwood Press, 1995.

28.Hunt, H. Michael. *Frontier Defense and the Open Door: Manchuria in Chinese-American Relations, 1895-1911.* New Haven: Yale University Press, 1973.

29.Hunt, H. Michael. *The Making of a Special Relationship: the United States and China to 1914*. New York: Columbia University Press, 1983.

Iriye, Akira & Cohen, Warren I. eds. *The Great Transformation, The*
30.*United States and East Asia*. Scholarly Resources Inc., 1987.

31.Iriye, *Akira. After Imperialism: The Search for a New Order in the Far East, 1921-1931*. New York: Atheneum, 1969.

32.Iriye, Akira. *Across the Pacific*. New York: Harcourt, Brace & World, Inc., 1987.

33.Iriye, Akira. *The Cambridge History of American Foreign Relations.* Vol. III, *The Globalizing of America, 1913-1945.* Cambridge University Press, 1993.

34.Iriye, Akira. *China and Japan in the Global Setting*, Harvard University Press, 1992.

35.Iriye, Akira. *Cultural Internationalism and World Order*, Johns Hopkins University Press, 1997.

36.Iriye, Akira. *Global Community: The Role of International Organizations in the Making of the Contemporary World.* University of California Press, 2002.

37.Kirby, C. William. *Germany and Republican China.* Stanford, Calif.: Stanford University Press, 1984.

38.LaFeber, Walter. *The Cambridge History of American Foreign Relations.* Vol. II, *The American Search for Opportunity, 1865-1913.* Cambridge University Press, 1993.

39.Larson, M. Henrietta. Knowlton, H. Evelyn and Popple, S. Charles. *New Horizons, 1927-1950.* Volume III in *History of Standard Oil Company,*

New York: Harper & Row, 1971.

40.Lee, En-han. *China's Quest for Railway Autonomy, 1904-1911: A Study of Chinese Railway-Rights Recovery Movement.* Singapore: Singapore University Press, 1977.

41.MacMurray, A.V. John. *Treaties and Agreement with and Concerning China, 1844-1919.* New York, 1921.

42.May, Ernest R. & Thomson, James C. Jr. eds. *American-East Asian Relation: A Survey.* Cambridge, Mass.: Harvard University Press, 1972.

43.May, R. Ernest & Fairbank, K. John. *America's China Trade in Historical Perspective, the Chinese and American Performance,* Cambridge, Mass.: Harvard University Press, 1986.

44.McCormick, Thomas J. *China Market, America's Quest for Informal Empire, 1893-1901.* Chicago: Elephant Paperbacks, Ivan R. Dee, Publisher, 1967.

45.Parsons, B. William. *An American Engineer in China.* New York: McClure, Phillips & Co., 1900. 台北：成文出版社重印，1972。

46.Pugach, H. Noel. *Paul S. Reinsch, Open Door Diplomat in Action.* Millwood, N.Y.: KTO Press, 1979.

47.Reinsch, Paul S. *An American Diplomat in China.* Doubleday, Page & Company, 1922.

48.R.P.T. Davenport-Hines and Jones, Geoffrey eds. *British Business in Asia Since 1860.* Cambridge; New York: Cambridge University Press, 2002.

49.Rosenberg, Emily S. *Spreading the American Dream, American Economic and Cultural Expansion, 1890-1945,* New York: Hill and

Wang, 1982.

50. Spence, Jonathan D. *To Change China- Western Advisers in China*. First published in Boston: Little, Brown and Company, 1969; Penguin books,1980, reprinted in 2002. p. 210.

51. Todd, O.J. *Two Decades in China*. Peking: The Association of Chinese and American Engineers, 1938.

52. Vevier, Charles. *The United States and China, 1906-1913. A Study of Finance and Diplomacy*. Rutgers University Press, 1955.

53. Wilbur, C. Martin. *Sun Yat-sen: Frustrated Patriot*. New York: Columbia University Press, 1976.

54. Wilkins, Mira. *The Emergence of Multinational Enterprise: American Business Abroad from the Colonial Era to 1914*. Cambridge, Mass.: Harvard University Press, 1970.

55. Wilkins, Mira. *The History of Foreign Investment in the United States to 1914*. Cambridge, Mass.: Harvard University Press, 1989.

56. Wilkins, Mira. *The History of Foreign Investment in the United States, 1914-1945*. Cambridge, Mass.: Harvard University Press, 2004.

57. Wilkins, Mira. *The Maturing of Multinational Enterprise: American Business Abroad from 1914 to 1970*. Cambridge, Mass.: Harvard University Press, 1974.

58. Williams, *Frederick Wells. Anson Burlingame and the First Chinese Mission to Foreign Powers*. New York: Scribner's, 1912.

59. Willoughby, W. Westel. *Foreign Rights and Interests in China*. Baltimore: the John Hopkins Press, 1927.

60. Xu Guoqi. *China and the Great War: China's Pursuit of a New National*

Identity and Internationalization. Cambridge, UK and New York: Cambridge University Press, February 2005.

61.Xu Guoqi. *Strangers on the Western Front: Chinese Workers in the Great War*. Cambridge, Mass.: Harvard University Press, 2011.

62.Yang, Daqing. *Technology of Empire: Telecommunications and Japanese Expansion in Asia, 1883-1945*. Harvard University Asia Center, 2011.

(三)論文

1.Austin, Warren. "The American International Corporation," *The Far Eastern Review, 13*, March 1917, pp. 370-371.

2.Berger, W. Henry. "Warren Austin in China, 1916-1917," *Vermont History,* Winter 1972, Vol. 40, No. 1.

3.Braisted, William R. "The United States and the Amerrican China Development Company," *Far Eastern Quarterly*, Vol. 11, No. 2, Feb. 1952, pp. 147-165.

4.Brewer, Karen Lynn. "From Philanthropy to Reform: the American Red Cross in China, 1906-1931," Thesis, Ph.D. Case Western Reserve University, 1983.

5.Bush, Vannevar. "Biographic Memoir of John Ripley Freeman, 1855-1932," in *National Academy of Science of the United States of America Biographical Memoirs*, Vol. XVII- Eighth Memoir, present to the Academy at the Autumn Meetings, 1935.

6.Cochran, Sherman. "Business, Governments, and War in China," in Iriye, Akira & Cohen, I. Warren eds., *The Great Transformation, The United*

States and East Asia, Scholarly Resources Inc., 1987.

7. Graves, Louis, "An American in Asia," *Asia*, from 1920 Sep. to 1921 May, collected by Harvard University. Series combined as, *Willard Straight in Orient: with Illustrations from His Sketch-Books*, New York: Asia Publishing Company, 1922.

8. Gillams, James Thomas Jr., "The Standard Oil Company in China, 1863-1930," The Ohio States University Press, PH.D. Dissertation, 1987.

9. Gorman, George. "Major O.J. Todd," in O.J. Todd, *Two Decades in China*, Peking: The Association of Chinese and American Engineers, 1938.

10. Hunt, Michael H. "American in the China Market: Economic Opportunities and Economic Nationalism, 1890s-1931," in *Business History Review*, 51: 3 , Autumn 1977, pp. 277-307.

11. Hunt, Michael H. "Internationalizing U.S. Diplomatic History," *Diplomatic History,* No. 15, Winter 1991, pp. 1-11.

12. Iriye. Akira "Culture and Power: International Relations as Intercultural Relations," *Diplomatic History*, 3, No. 3 ,1970.

13. Iriye. Akira "The internationalization of History," *American Historical Review*, 94, No. 1, 1989.

14. Kim, S.S. "Burlingame and the Inauguration of Cooperation Policy," *Modern Asia Studies*, Vol. 5. No. 4, 1971, pp. 337-354.

15. Kingsnorth, Winckworth John. "The Consortium and Mr. Stevens," *Millard's Review of the Far East Weekly*, Jan. 1, 1921.

16. Kirby, William C. "China Unincorporated: Company Law and Business Enterprise in Twentieth-Century China," *The Journal of Asian Studies*,

54:1, Feb., 1995, pp. 43-63.

17. Kirby, William C. "China's Internationalization in the Early People's Republic: Dreams of a Socialist World," *China Quarterly*, December 2006, pp. 870-890.

18. Kirby, William C. "The Internationalization of China: Foreign Relations at Home and Abroad in the Republican Era," *China Quarterly*, Special Issue: Reappraising Republic China, 150:2, June 1997, pp. 433-458.

19. Lee, En-Han. "China's Response to Foreign Investment in Her Mining Industry(1902-1911)," *The Journal of Asia Studies*, vol. 28, No.1, Nov. 1968, pp. 55-76.

20. Lorence, James John. "The American Asiatic Association, 1898-1925: Organized Business and the Myth of the China Market," Ph.D. dissertation, University of Wisconsin, 1970.

21. Paterson, Thomas G. "American Businessmen and Consular Service Reform, 1890's to 1906," *The Business History Review.* Vol. 40. No. 1, Spring, 1966, pp. 77-97.

22. Platt, D.C. "The Role of the British Consular Service in Overseas Trade, 1825-1914." *The Economic History Review*, New Series, Vol, 15, No. 3, 1963, pp. 506-507.

23. Pugach, Noel H. "Standard Oil and Petroleum Development in Early Republican China," *Business History Review*, 45, Winter, 1971, pp. 453-473.

24. Pugach, Noel H. "Making the Open Door Work: Paul Reinsch in China, 1913-1919," in *Pacific Review*, V. 38, 1969: 5, pp. 152-175.

25. Pugach, Noel H. "American Shipping Promoters and the Shipping Crisis

of 1914-1916: The Pacific & Eastern Steamship Company," *The American Neptune*, 35: 3(1985), pp. 166-182.

26.Scheiber, Harry N. "World War I as Entrepreneurial Opportunity: Willard Straight and the American International Corporation," *Political Science Quarterly*, 84, Sep. 1969, pp. 486-511.

27.Schran, Peter. "The Minor Significance of Commercial Relations between the United States and China, 1850-1931," in May, R. Ernest & Fairbank, K. John eds., *America's China Trade in Historical Respective, the Chinese and American Performance,* Cambridge, Mass.: Harvard University Press, 1986, pp. 237-258.

28.Siu, Victoria. "Sino-American Relations, 1882-1885. The Mission of John Russell Young," PH.D. dissertation, Georgetown University, 1975. Ann Arbor, Mich.: University Microfilms International.

29.Todd, O.J. "Famine Relief and Road Building in Shantung," *Journal of the Association of Chinese and American Engineers*, Nov. 1921. Collected in O.J. Todd, *Two Decades in China,* Peking: The Association of Chinese and American Engineers, 1938.

30.Tourgee, Albion W. "Our Consular System," *Independent*, LIV, Jan. 23, 1902.

31.Wilkins, Mira. "The Impact of American Multinational Enterprise on American-Chinese Economic Relations," 1786-1949. in Ernest R May & John K. Fairbank eds., *America's China Trade in Historical Respective, the Chinese and American Performance*, Cambridge, Mass.: Harvard University Press, 1986. pp. 259-292.

32.Wu, Lin-chun (吳翎君), "Oil and War: Petroleum Problem in China and the America's Response, 1937-1945," *3rd International Conference on Oil History*, Feb. 11-12, 2010, Paris. *Journal of American-East Asian Relations*（accepted）.

33.Qian Jian（錢健），"Harnessing the Huai River Planned by Zhang Jian and the American Red Cross,"《張謇與近代中國社會：第四屆張謇國際學術研討會論文集》（出版地不詳，2006），頁377-392。

中英對照表

Alston, Beilby　艾斯頓

American China Development Co.　美國合興公司

American Asiatic Association　美國亞洲協會

American Asiatic Squadron　美國亞洲艦隊

American Chamber of Commerce of China　美國中國商會

American China Development Company　華美合興公司

American Group of the Chinese Consortium　美國中國國際銀行團

American International Corporation　美國廣益投資公司

American Marconi Company　美國馬可尼公司

American Red Cross, ARC　美國紅十字會

American Society of Civil Engineers　美國公共工程師協會

American Standard Oil Co.　美孚石油公司

American Telephone and Telegraph　美國電話電報公司

Anderson, Meyer & Company　慎昌洋行

Anderson, Roy　安德遜(孫明甫)

Armour Meatpacking　阿蒙肉品加工公司

Arnold, Julean　阿諾德

Asano Bussan Co., Ltd.　淺野物產公司

Asiatic Petroleum Company　亞

細亞石油公司

Association of Chinese and American Engineers 中美工程師協會

Augustine Heard and Company 瓊記洋行

Austin, Warren Robinson 奧斯敦

Baker, Karl 貝克

Belgian Export Company 比利時出口公司

Bemis, W.E. 班米斯

Bergholz, Leo Allen 波賀勞

Boardman, Mabel T. 博德曼

Brandt, Von 勃蘭特

Breck, William 畢理格

Bredon, Robert Edward 裴氏楷

Brice, Calvin 布萊斯

Brice, Calvin S. 布賴士

Bridgman, E. C. 裨治文

British American Tobacco Company 英美煙公司

Burlingame, Anson 蒲安臣

Calhoun, Walliam J. 嘉樂恆

Carey, William F. 開瑞

Carnegie Steel Corporation 卡內基鋼鐵公司

Carnegie, Andrew 卡內基

Carnegie Endowment for International Peace 卡內基國際和平基金會

Charles River Dam Commission 查爾斯河水壩委員會

Chase National Bank 大通銀行

Chenoweth, B.P. 陳士威廉

Cheshire, F.D. 哲士

China Trade Act 對華貿易法案

China-American Steaming Line 中美輪船運輸公司

Clapp, F.G. 馬棟臣

Cleveland Bridge and Engineering Company 克里夫蘭橋樑工程公司

Committee on American Interest in China 美國在華利益委員會

Commercial Pacific Cable Co. 太平洋商務電報公司

Conger, Edwin H. 康格

Cook, Levi 庫克

Copmann, J.W. 考普曼恩

Cotman, Robert Jr. 考特曼

Council of Foreign Relation 外交協會

Crane, Charles R. 柯蘭

Crosby, Admiral Pierce 克羅斯比

Davis, Arthur P. 戴維斯

Davis Company, Limited 戴維斯有限公司

Davis, Manton 戴維斯

Davis, Norman 戴維斯

Dearing, Fred Morris 狄倫

Denby, Charles 田貝

Denny, Owen N. 德尼

Diaz, Porfirio 戴茲

Dollar, Robert 大來

DuPont, F.I. 杜邦

Eastern Pacific Steamship Co. 東方太平洋輪船公司

Emery, D.A. 易美利

Equitable Trust Company of New York 紐約公平信託公司

Eastern Extension Australasia and China Telegraph 英國大東電報公司

Eliot, Charles W. 伊利阿特

Everall, Henry J. 艾文瀾

Everts, Robert 艾維滋

Far Eastern Review 遠東時報

Federal Telegraph Company 合眾電信公司

Fletcher, Henry P. 弗萊契

Foord, John 富爾德

Forbes, Frank B. 佛弼師

Foundation Company 創建公司

Freeman, John R. 費禮門

French General Wireless Telegraph Company 法國通用無線電公司

Fuller, Stuart J. 福勒

Garrison, Lindley 蓋瑞森

Holocombe, Chester 何天爵

Gattrell, Thomas J.N. Dr. 卡特爾博士

General Electric Company(GE) 奇異公司(或譯通用電器公司)

Goethals, George Washington 哥索爾氏

Goodnow, John 古納

Goodrich, R.D. 古德里奇

Grace Shipping 葛瑞斯輪船公司

Williams, Samuel Wells　衛三畏　　Young, John Russell　楊約翰

Wilson, Woodrow　威爾遜　　Yung Kwai　容揆

Yeijiro Ono　小野英二郎

謝辭

　　本書爲行政院國家科學委員會專書寫作計畫的成果，感謝國科會歷年來在研究經費上的贊助，及計畫審查者惠賜之寶貴意見。此外，作者於2006年獲國科會贊助，赴哥倫比亞大學東亞所（Weatherhead East Asian Institute, Columbia University）進修，復於2009年1月獲富爾布萊特基金會贊助，擔任哈佛大學費正清中心訪問學者（Fulbright Visiting Scholar at the Fairbank Center, Harvard University），使作者得以利用一流的圖書資源，並就近赴美國國家檔案館查閱資料，在此謹致謝忱。感謝中央研究院近代史研究所提供訪問學者機會（2010年8月至2011年4月），使作者得以利用該院豐富的學術資源進行書稿的最後修正。本書各章雖曾分別發表於國內主要期刊，但在撰寫成專書時，不論是研究視野、架構、脈絡和文字都經重新梳理和改寫，以符合本書題旨「美國大企業與近代中國的國際化」。感謝政治大學彭明輝的鼓勵和協助，使作者得以數度遠赴異鄉廣蒐資料，感謝劉祥光居中聯繫，使作者得以赴哥大擔任訪問學者。美國弗蒙特大學（University of Vermont, UVM）特藏室館長Connell B. Gallagher、聖邁可學院（St. Michael College）王克文、哥倫比亞大學呂曉波、史丹佛大學胡佛研究所（Hoover Institution Archives, Stanford University）林孝庭、上海復旦大學金光耀、上海社會科學院馬軍、北京社會科學院近代史研究所王

建朗所長、台北中央研究院黃克武所長、張啓雄、張力和黃自進等諸位先生，對於我在查閱資料或曾提供訪問機會的熱心協助，以及東華大學台灣文化學系康培德主任、歷史學系許育銘主任和同仁們同意我的教授休假案，在此謹致謝忱。特別感謝哈佛大學柯偉林(William C. Kirby)教授對於我在研究視野上的啓發和幫助。初稿完成之後，中央大學王成勉教授、政治大學唐啓華教授和香港大學徐國琦教授，在繁忙的研究教學之餘，尙抽空針對部分章節提供意見，以及聯經出版公司兩位匿名審查者提出寶貴的意見，感謝上述學者們的嚴謹和用心，使作者得以依據他們的意見數易文稿。海洋大學應俊豪副教授，則是通讀了大部分初稿，在此謹致上深深的感謝。當然本書如有舛誤之處，則爲作者本人的責任。感謝聯經出版公司林載爵先生的盛情雅意，讓本書得以學術著作的面貌問世。學術叢書主編沙淑芬小姐的協助，亦在此深表謝意。感謝父母予我無盡的愛與包容，即使回到故鄉任教，但因教學和研究工作的繁忙，我陪伴他們的時間總是不足的。最後謹將本書獻給我人生與知識的導師張玉法院士，感謝二十餘年來老師對我的栽培，使我在人生境遇中，始終保有逆流而上的勇氣和對生命的開朗樂觀。

吳翎君謹誌於東華大學2011年8月27日

索引

聯經學術

美國大企業與近代中國的國際化

2012年2月初版　　　　　　　　　　　　　　定價：新臺幣580元
有著作權‧翻印必究
Printed in Taiwan.

著　　者	吳　　翎　　君
發 行 人	林　　載　　爵

出　版　者	聯經出版事業股份有限公司	叢書主編	沙　淑　芬
地　　　址	台北市基隆路一段180號4樓	校　　對	楊　蕙　苓
編 輯 部 地 址	台北市基隆路一段180號4樓	封面設計	蔡　婕　岑
叢書主編電話	(02)87876242轉212		
台北聯經書房	台北市新生南路三段94號		
電　　　話	(02)23620308		
台中分公司	台中市健行路321號		
暨門市電話	(04)22371234ext.5		
郵政劃撥帳戶	第0100559-3號		
郵撥電話	(02)23620308		
印　刷　者	世和印製企業有限公司		
總　經　銷	聯合發行股份有限公司		
發　行　所	台北縣新店市寶橋路235巷6弄6號2樓		
電　　　話	(02)29178022		

行政院新聞局出版事業登記證局版臺業字第0130號

本書如有缺頁，破損，倒裝請寄回台北聯經書房更換。　ISBN 978-957-08-3950-0 (精裝)
聯經網址：www.linkingbooks.com.tw
電子信箱：linking@udngroup.com

國家圖書館出版品預行編目資料

美國大企業與近代中國的國際化/
吳翎君著 . 初版 . 臺北市 . 聯經 . 2012年2月
（民101年）. 432面 . 14.8×21公分（聯經學術）
ISBN　978-957-08-3950-0（精裝）

1.跨國企業　2.國外投資　3.中美關係
4.個案研究

553.78　　　　　　　　　　　　　101000117